Der „Finnland-Goltz“

Graf Rüdiger von der Goltz und das weiße Finnland

Dörte Putensen

Aue-säätiön julkaisuja
Skrifter utgivna av Aue-Stiftelsen
Veröffentlichungen der Aue-Stiftung

44

Der „Finnland-Goltz“

Graf Rüdiger von der Goltz und das weiße Finnland

Dörte Putensen

Helsinki 2021

Unter dem Serientitel
Aue-säätiön julkaisuja / Skrifter utgivna av Aue-Stiftelsen / Veröffentlichungen der Aue-Stiftung
wird seit der Namensänderung des Urhebers die Schriftenreihe
Saksalaisen kulttuurin edistämissäätiön julkaisuja / Skrifter utgivna av Stiftelsen för främjande av tysk kultur / Veröffentlichungen der Stiftung zur Förderung deutscher Kultur
ab Stück 10 fortgesetzt.

ISBN: 978-952-7283-12-7 (nid.)
ISBN: 978-952-7283-13-4 (PDF)
ISSN: 1797-6154

Kustantaja: Aue-Säätiö

Layout und Umschlag: Jeanette Lindblom
Valmistaja: BoD – Books on Demand, Norderstedt, Saksa

Der „Finnland-Goltz“

Graf Rüdiger von der Goltz und das weiße Finnland

Dörte Putensen

Inhalt

Vorwort

Im Mittelpunkt der vorliegenden Edition stehen mit dem deutschen kaiserlichen Offizier Generalmajor Rüdiger Graf von der Goltz und dem finnischen Staatsmann Juho Kusti Paasikivi zwei sehr unterschiedliche Persönlichkeiten, die im Jahre 1918 die deutsch-finnischen Beziehungen entscheidend prägten. Sie wirkten während des finnischen Bürgerkrieges für einen Sieg des konservativ-monarchistischen weißen Finnland über die roten Garden und strebten, wenngleich aus teils unterschiedlichen Motiven, auch nach dem Bürgerkrieg danach, Finnland in den Machtbereich des kaiserlichen Deutschland zu integrieren. Deutschlands Niederlage im Ersten Weltkrieg bereitete dieser Politik ein jähes Ende. Was blieb, war nicht nur die Dankbarkeit des bürgerlichen Finnland gegenüber den deutschen Interventen, sondern auch die Freundschaft zwischen Rüdiger von der Goltz und J. K. Paasikivi. Zeugnis dieser Freundschaft ist u. a. der bisher unveröffentlichte Briefwechsel zwischen ihnen, der Hauptgegenstand dieser Publikation ist.

An ihrem Zustandekommen haben viele Kollegen und Freunde sowohl in Finnland als auch in Deutschland Anteil. Ihnen allen gilt mein Dank. Besonders möchte ich der langjährigen Vorsitzenden der Aue-Stiftung Dr. Sinikka Salo für die materielle Unterstützung und die Bereitschaft der Stiftung, diesen Band in der Schriftenreihe der Stiftung zu publizieren, danken. In gleicher Weise danke ich auch der jetzigen Vorstandsvorsitzenden Annamari Arrakoski-Engardt und ihrem Team.

Ein großes Maß an Dankbarkeit schulde ich dem Vorsitzenden des Forschungsausschusses der Aue-Stiftung Dr. Robert Schweitzer für sein Engagement, seine wertvollen fachlichen Ratschläge und seine Hilfe beim Entziffern schwieriger Textpassagen in den historischen Briefen.

Unschätzbare Anregungen und vielfältige ermunternde Unterstützung erhielt ich von Dr. Marjaliisa und Prof. em. Dr. Seppo Hentilä. Gleiches gilt für meinen akademischen Lehrer und Finnlandexperten Prof. Dr. Manfred Menger. Ohne deren Sachkenntnis, Engagement und freundschaftlichen Rückhalt wäre vieles für mich kaum machbar gewesen.

Freunden, an die ich mich jederzeit mit meinen Fragen und Problemen wenden konnte - wie Prof. Dr. Hannes Saarinen, Dr. Christine und Dr. Fritz Petrick, Dr. Birgit Wittenburg oder auch meinem Sohn Jan, und meinem Mann Gregor - danke ich für ihre Geduld und Unterstützung.

Mein Dank gilt nicht zuletzt Hans Dankwart von der Goltz, für seine Hilfe und seine Hinweise, durch die sich mir die private Seite und der Charakter seines Urgroßvaters Rüdiger von der Goltz besser erschlossen haben.

Einleitung

Die Idee zu dieser Edition entstand im Zusammenhang mit zwei historischen Jubiläen - dem 100. Jahrestag der am 6. Dezember 1917 proklamierten Unabhängigkeit Finnlands und dem Anfang 1918 einsetzenden Bürgerkrieg. Beide Ereignisse haben in der finnischen Öffentlichkeit ein ungewöhnlich starkes Echo gefunden. Die Feierlichkeiten zum Jubiläum der nationalen Selbständigkeit waren ohnehin Herzenssache aller Finnen. Aber auch das Gedenken an den Bürgerkrieg verlief ohne größere Kontroversen. Auffallend war das große Interesse vieler Finnen an den Ereignissen des Jahres 1918. Auf zahlreichen Veranstaltungen offenbarte sich deren Bedürfnis nach Aufklärung. Sie wollten wissen, was damals passiert war und wie die militärischen Auseinandersetzungen zu werten sind. Es zeigte sich, dass die über hundert Jahre zurückliegenden Ereignisse bis heute präsent sind und die gesellschaftlichen Debatten beeinflussen.[1] Aus gutem Grund sah sich Präsident Sauli Niinistö veranlasst, in seiner Neujahrsbotschaft für das Jahr 2018 an seine Landsleute zu appellieren und sie zur Versöhnung aufzurufen.

Für die Geschichtswissenschaft waren die Jubiläen Anlass neue Forschungsergebnisse vorzulegen. Inzwischen gehören die Geschehnisse der Jahre 1917/1918 zu den am besten erforschten Perioden der finnischen Geschichte. Es liegen insgesamt über 3.000 Publikationen vor, mehr als über die für Finnland überaus schwierigen und prägenden Ereignisse während des Zweiten Weltkrieges. Allein 2018 erschienen in Finnland 128 Veröffentlichungen über den Bürgerkrieg.[2]

Die wichtigste Publikation zum 100. Jahrestag der finnischen Unabhängigkeit war zweifellos das vom Nationalarchiv herausgegebene vierbändige Werk „Pro Finlandia", im wahrsten Sinne des Wortes ein „Jahrhundertwerk", bei dem vor allem die internationale Perspektive hervorhebenswert ist.

---

1 Eine Umfrage des finnischen Rundfunksenders YLE 1 vom 3. Januar 2018 hatte beispielsweise ergeben, dass von 1117 Befragten 68 Prozent der Meinung waren, dass der Bürgerkrieg bis heute die Meinungen der Finnen in irgendeiner Weise spaltet, 7 Prozent meinten sogar, dass es sich um eine starke Spaltung handelt, während lediglich 14 Prozent der Meinung waren, dass die Ereignisse von 1918 heute keine spaltende Wirkung mehr haben. Bei den 18-24-Jährigen waren 59 Prozent der Meinung, dass der Bürgerkrieg heute noch in gewisser Weise spaltet, 11 Prozent meinten, dass es eine starke Spaltung gibt und 13 Prozent verneinten eine Spaltung, Bei den 65-79-Jährigen waren es entsprechend 78 Prozent (gewisse Spaltung), 4 (starke Spaltung) bzw. 11 Prozent (keine Spaltung). 55 Prozent der Befragten waren der Meinung, dass die Roten mehr gelitten hätten als die Weißen.

2 Siehe: https://melinda.kansalliskirjasto.fi/F/BTIAE2CUR3KCM2NTGXTT1V8LHGHT126T8T-SUR24V7SB9Y17696-05933?func=short-jump&jump=000121.

Im Umfang, in der Aufmachung und der thematischen Breite mit „Pro Finlandia" kaum vergleichbar, aber dennoch äußerst wertvoll und aussagekräftig über die dramatischen Entwicklungen Finnlands und die finnisch-deutschen Beziehungen im ersten Jahr von Finnlands Selbständigkeit ist das Buch von Marjaliisa und Seppo Hentilä „Saksalainen Suomi 1918", das 2018 auch in deutscher Übersetzung erschien.[3] Obwohl die Ereignisse nach der Proklamation der finnischen Selbständigkeit im Dezember 1917, die Zuspitzung der inneren Gegensätze, die letztlich im Ende Januar 1918 beginnenden Bürgerkrieg kulminierten, die Intervention deutscher Truppen im Frühjahr 1918 und deren Konsequenzen für die weitere Entwicklung Finnlands schon vielfach dargestellt worden sind,[4] ist es Marjaliisa und Seppo Hentilä gelungen, eine überzeugende Gesamtdarstellung der Rolle Deutschlands im damaligen Geschehen vorzulegen, die an Tiefgründigkeit und Komplexität kaum zu überbieten sein wird.

Von Touko Perko wurde mit „Haastaja Saksasta 1918 von der Goltz ja Mannerheim" (Der Herausforderer aus Deutschland 1918 von der Goltz und Mannerheim) eine wertvolle Studie publiziert, die sich speziell mit den Rivalitäten zwischen Mannerheim und Rüdiger v. d. Goltz beschäftigt.[5]

Wie in den genannten Werken geht es auch in der vorliegenden Publikation um die deutsch-finnischen Beziehungen nach der Verkündung der finnischen Selbständigkeit.

Ihr spezieller Bezugspunkt ist das Wirken und das persönliche Verhältnis von Rüdiger von der Goltz und Juho Kusti Paasikivi.

Beide lernten sich während des finnischen Bürgerkrieges kennen und schätzen. Danach verband sie über viele Jahre eine enge u. a. durch ihren Briefwechsel dokumentierte Freundschaft.

Die Briefe des deutschen Partners befinden sich im finnischen Nationalarchiv in der Sammlung von J. K. Paasikivi. Von der Forschung wurden sie bisher

---

3 Hentilä, Marjaliisa, Hentilä, Seppo, Saksalainen Suomi 1918, Helsinki 2016, in deutscher Übersetzung: 1918 Das deutsche Finnland. Die Rolle der Deutschen im finnischen Bürgerkrieg, Regensburg 2018.

4 Siehe u.a. Nurmio, Yrjö, Suomen itsenäistyminen ja Saksa, Porvoo 1917; Paasivirta, Juhani, Suomi vuonna 1918, Porvoo 1957; Rautkallio, Hannu, Kaupantekoa Suomen itsenäisyydellä. Saksan sodanpäämäärät Suomessa 1917-1918, Helsinki 1977; Polvinen Tuomo, Venäjän vallankumous ja Suomi 1917-1920, I. Helmikuu 1917- toukokuu 1918, Porvoo 1967; Polvinen Tuomo, Venäjän vallankumous ja Suomi 1917-1920, II. Toukokuu 1918-joulukuu 1920, Porvoo 1971; Ikonen, Kimmo, J. K. Paasikiven poliittinen toiminta Suomen itsenäistymisen murrosvaiheessa, Helsinki 1991; Menger, Manfred, Die Finnlandpolitik des deutschen Imperialismus 1917-1918, Berlin 1975.

5 Perko, Touko, Haastaja Saksasta 1918 von der Goltz ja Mannerheim, Jyväskylä 2018.

aber nur fragmentarisch zur Kenntnis genommen und ausgewertet, was wohl auch der schwer lesbaren Schrift geschuldet ist. So entstand die Idee, sie Forschern und einer - wenn auch vermutlich begrenzteren - interessierten Öffentlichkeit durch die nun vorliegende Edition zugänglich zu machen.

Der Edition ist eine komprimierte Darstellung über Leben und Wirken von Graf Rüdiger von der Goltz und seiner Einstellung zu Finnland sowie über J. K. Paasikivi vorangestellt.

Der Briefwechsel, in dem persönliche und familiäre Informationen, aber auch Ansichten über politische Entwicklungen in Finnland, Russland und Deutschland ausgetauscht wurden, war rein privater Natur. Leider sind nicht alle Briefe erhalten geblieben – von Paasikivi existieren lediglich einige Briefe bzw. Briefentwürfe. Höchstwahrscheinlich sind Briefe von ihm an Rüdiger von der Goltz während des Zweiten Weltkrieges verloren gegangen, als das Goltzsche Haus in Berlin-Charlottenburg in der Kurlandallee 38 im Dezember 1943 einem der großen Fliegerangriffe auf die deutsche Hauptstadt zum Opfer fiel.[6] Eine gewisse Einseitigkeit der Darstellung ließ sich daher nicht ganz vermeiden. Außerdem bildet der Briefwechsel lediglich einen Bruchteil der Beziehungen zwischen von der Goltz und Paasikivi ab, da sich beide über die brieflichen Kontakte hinaus fast jährlich getroffen, sich ausgetauscht und intensiv miteinander diskutiert haben.

Die Briefe werden in chronologischer Reihenfolge wiedergegeben, durch Archivrecherchen ermittelte weitere Quellen ergänzt und die wichtigste einschlägige Sekundärliteratur wurde herangezogen.

Den Dokumenten wurde ein standardisierter Dokumentenkopf vorangestellt, der den genauen Fundort und die präzise Datierung enthält.

Erläuterungen zu Personen und wichtigen Begriffen, auf die in den Briefen Bezug genommen wird, erfolgen in Fußnoten.

Bei der ersten Erwähnung von finnischen Orten wird in Klammern der schwedische Ortsname bzw. bei Orten mit überwiegend schwedischer Bevölkerung in Klammern der finnische Ortsname angegeben. Die schwedische Bezeichnung für die finnische Hauptstadt „Helsingfors“ wurde dort beibehalten, wo sie Bestandteil der entsprechenden Quelle ist.

Die Rechtschreibung von Originaldokumenten wie Briefen und Zeitungsartikeln wurde unverändert übernommen. Fehlerhaft erscheinende Schreibweisen zitierter Passagen sind durch den zeitgenössischen Charakter und individuelle Schreibgewohnheiten legitimiert.

---

6 Siehe: Gerlach, Hans, Nachrichten über die Familie der Grafen und Freiherren v. d. Goltz 1885-1960, Neustadt an der Aisch 1960, S.192.

Zur Person: Graf Rüdiger von der Goltz[7]

Herkunft und Familie

General Rüdiger v. d. Goltz stammte aus einer weitverzweigten Adelsfamilie. Schon vor dem Dreißigjährigen Krieg gab es namhafte militärische Führer, die diesem Geschlecht angehörten. Später dienten dessen Angehörige in erster Linie in der brandenburg-preußischen Armee. Aus der Goltz-Dynastie gingen 32 preußische Generale hervor, ferner ein Admiral; neun weitere brachten es im kaiserlichen, sächsischen, polnischen und portugiesischen Heer zu Generalen. Unter Peter dem Großen war ein v. d. Goltz preußischer General der erste russische Feldmarschall im Nordischen Krieg.[8] 19 derer v. d. Goltz erhielten den Orden Pour le mérite.[9] Der letzte Vertreter dieses Adelsgeschlechts, dem dieser Orden verliehen wurde, war Graf Rüdiger v. d. Goltz.

Zeit- und Geistesgenossen schätzten ihn als Mann von „besonderer Tatkraft und Entschlossenheit", ebenso galt er als ausgesprochener „Bolschewistenschreck und -hasser".[10]

Rüdiger v. d. Goltz war stets und ist bis heute eine umstrittene Persönlichkeit. Die einen haben ihn verehrt und bewundert, die anderen abgelehnt, ja verachtet. Die einen haben ihn geliebt, die anderen gehasst.

Zweifellos war er klug, sehr gebildet, willensstark, ehrgeizig, durchsetzungsfähig, selbstbewusst, ein schneidiger Offizier mit ausgeprägten Führungsqualitäten, ein brillianter Redner, ein gewievter Taktiker und last but not least ein Familienmensch. In seiner großen Familie, in der seine Verdienste geschätzt wurden, hieß er seit 1918 der „Finnland-Goltz".[11] Im Familienverband, dessen Vorsitzender er zwanzig Jahre war, genoss er das Vertrauen der Familienangehörigen, er war geachtet auf Grund seines Verständnisses für deren Sorgen und Nöte, aber auch wegen seiner Strenge, wenn es um die Ehre der Familie ging.[12]

---

7 Im Folgenden wird der Einfachheit halber von der Goltz mit v. d. Goltz abgekürzt.

8 Bundesarchiv-Militärarchiv Freiburg (Barch) Nachlaß Rüdiger Graf v. d. Goltz Generalleutnant, N 714/3, Möller-Witten, Hanns, Ein preußisches Soldatengeschlecht.

9 Der Orden Pour le Mérite wurde durch König Friedrich II. gestiftet und war die höchste Tapferkeitsauszeichnung, die im Königreich Preußen vergeben werden konnte.

10 Barch, Möller-Witten.

11 Goltz, Hans v. d., Hans-Dankwarts Rede über Rüdiger v. d. Goltz, in: Hans v. d. Goltz (Red.), Goltz Briefe 2018, Nürnberg 2018, S. 40. siehe auch: Gerlach, S. 191.

12 Im Familienverband derer v. d. Goltz, dessen Vorsitzender er zwanzig Jahre lang war, besaß er große Autorität, „Er genoß das uneingeschränkte Vertrauen aller Angehörigen der Familie, die

Auf Grund seines Charakters und seiner zügigen militärischen Karriere war er das Führen gewöhnt, hatte Probleme sich ein- oder gar unterzuordnen. Und er war sein Leben lang ein enthusiastischer Verfechter von Kaiserreich und Monarchie. Sein tiefer Hass gegen gesellschaftlich progressive, demokratische Auffassungen, die er alle unter dem Begriff „Bolschewismus" subsumierte, verstellte ihm oft eine realistische Sicht auf politische Entwicklungen.

Rüdiger v. d. Goltz wurde am 8. Dezember 1865 in Zillichau (Westpreußen, heute Sulechów in Polen) als zweites von vier Kindern geboren. Er wuchs in einem spartanisch geführten Elternhaus auf, da seine Eltern der Meinung waren, dass „die Dinge des äußeren Lebens im Grunde ganz irrelevant sind und nur der Kern des Menschen in den äußersten Belastungen des Lebens entscheidet."[13] Sein Vater Gustav v. d. Goltz war Verwaltungsjurist und Ministerialbeamter.[14] Cäcilia von Perband, mit der Gustav v. d. Goltz verheiratet war, starb, als Rüdiger 6 Jahre alt war. Der Vater kümmerte sich um die Erziehung der Kinder, heiratete 1876 dann erneut, aber auch seine zweite Frau Agnes Brandt von Lindau verstarb früh.[15] Nach dem Abitur ging Rüdiger v. d. Goltz ein Jahr in die Schweiz, um Französisch und auf Wunsch seines Vaters Jura zu studieren. Nach zwei Jahren brach er die Ausbildung ab und beschloss Soldat zu werden. Dieser Entscheidung fühlte er sich sein ganzes Leben lang verpflichtet, obwohl er seine erfolgreiche militärische Karriere bereits 1919 auf eigenen Wunsch beendete.

Seine Frau, Hannah von Hase, hatte er als junges 17-jähriges Mädchen 1891 bei einem Ball in Potsdam kennengelernt und zwei Jahre später am 5. März 1893 in der Potsdamer Garnisonkirche geheiratet. Sie war die Tochter des ehemaligen Militärpfarrers, kaiserlichen Hofpredigers und Professors Karl

---

sich auch mit privaten Sorgen an ihn wenden konnten und wußten, daß diese Sorgen bei ihm tiefe menschliche Güte und Verständnis finden würden. Als echter pater familias konnte er aber auch von unnachsichtiger Strenge sein, wenn die Ehre der Familie auf dem Spiel stand", wie es Dr. Joachim Freiherr v. d. Goltz formulierte. Siehe: Verzeichnis der gegenwärtig lebenden Glieder des Geschlechtes der Grafen und Freiherren v. d. Goltz, herausgegeben im Auftrage des Familienvorstandes von Dr. Joachim Freiherr v. d. Goltz, Sprockhövel 1952, Siehe auch: Gerlach, S. 192.

13 Gerlach, S. 190.

14 Er arbeitete als Landrat von 1862 bis 1878 im Kreis Züllichau-Schwiebus der Provinz Brandenburg. Danach wurde er preußischer Wirklicher Geheimrat und zum Vizepräsidenten der Preußischen Oberrechnungskammer in Potsdam ernannt.

15 In dritter Ehe war der Vater mit Dora Freiin von Bissing, verw. Brandt von Lindau, verheiratet. Siehe: Verzeichnis der gegenwärtig lebenden Glieder des Geschlechts der Grafen und Freiherrn v. d. Goltz, herausgegeben im Auftrag des Familienvorstands von Prof. D. Eduard Freiherr v. d. Goltz, Greifswald 1934. S. 24.

Alfred von Hase[16] und seiner Frau Klara von Kalckreuth, die einer Familie berühmter Künstler entstammte und das Interesse und die Leidenschaft für Kunst und Musik in die Familie brachte. Ihre Tochter Hannah spielte gut Klavier und begeisterte offenbar auch ihren belesenen Mann Rüdiger für die Musik und das Klavierspielen, denn sonst hätte er wohl kaum ein Klavier zu seinem Einsatz in Finnland mitgenommen.[17]

Rüdiger und Hannah v. d. Goltz hatten drei Söhne: Rüdiger, geboren 1894, Hans, geboren 1895 und Georg Conrad, 1902 geboren.

Rüdiger und Hannah 1896 mit den beiden ältesten Söhnen Hans und Rüdiger (Familienbesitz, Hans von der Goltz)

Die beiden Älteren studierten ebenso wie ihr Vater Französisch in der Schweiz, besuchten danach die Militärakademie in Potsdam und wurden Offiziere. Beide zogen ebenfalls wie ihr Vater in den Krieg. Hans ist bereits am 23.8.1914 gefallen. Rüdiger schied nach schwerer Verwundung und Beinamputation 1915 aus dem aktiven Dienst aus. Er studierte dann Jura in Genf, Tübingen

16 Karl Alfred von Hase war auch Großvater des späteren Widerstandskämpfers Dietrich Bonhoeffer.

17 Siehe: Fröman, Tom, Wie meine Großeltern Rüdiger v. d. Goltz kennen lernten, in: Goltz, Hans v. d., (Hrsg.), Goltz Briefe 2017, Nürnberg 2017, S.56.

und Berlin. 1919 wurde er in Greifswald zum Dr. jur. promoviert. Von 1922 bis 1934 praktizierte er als Rechtsanwalt in Stettin.[18] 1934 zog er nach Berlin um, wo er als Rechtsanwalt und Notar wirkte. Er gehörte 1933 zu den Gründungsmitgliedern der nationalsozialistischen Akademie für Deutsches Recht. Ab 29. März 1936 war er für die NSDAP Mitglied des Reichstages und Mitglied der Strafrechtskommission beim Reichsjustizministerium. Seit 1935 vertrat er mehrere Wirtschaftsunternehmen in Prozessen, verteidigte u. a. den späteren Propagandaminister Goebbels, aber 1938 auch die Generäle Fritsch und Blomberg gegen Reichsmarschall Göring.[19] Mit Beginn des Krieges wurde er 1939 kurzzeitig zum Militärattaché in Brüssel versetzt; sein Reichstagsmandat legte er 1943 nieder. [20] Eine gewisse Ernüchterung gegenüber dem nationalsozialistischen System brachte ihn seit 1942 in Verbindung zu Männern des 20. Juli 1944 wie v. Tresckow, Graf Schulenburg und Graf Hardenberg.[21]

Der jüngste Sohn von Rüdiger und Hannah v. d. Goltz Georg Conrad war Finanzfachmann. Er arbeitete einige Jahre in der Firma des schwedischen Streichholzkönigs Ivar Kreuger, war Bankdirektor bei der Sloman Bank in Hamburg und während des Zweiten Weltkrieges für eine Exportkreditbank in Stockholm tätig.

Beide Söhne waren mit den Töchtern des bekannten norwegischen Meeresbiologen Johan Hjort Astrid und Wanda Hjort, die sie während eines Urlaubs kennengelernt hatten, verheiratet.[22] Das Schicksal von deren Bruder Johan Bernhard Hjort, der in Oslo Rechtsanwalt war, hat seit Ende der 1930er Jahre die Familie sehr beschäftigt und trug wohl – neben anderen Faktoren wie seiner betont monarchischen Auffassung[23] – auch mit dazu bei, dass General Rüdiger v. d. Goltz auf eine gewisse Distanz zum Nationalsozialismus ging.[24]

---

18 Bekannt wurde er als Verteidiger in mehreren Fememord-Prozessen (Edmund Heines, August Hermann Fahlbusch) sowie im Goebbels-Prozess. Er wurde im Frühjahr 1933 Präsident des Provinziallandtages der Provinz Pommern. Im Mai 1933 wurde er zum Reichstreuhänder der Arbeit für Pommern und zum Preußischen Staatsrat ernannt.

19 Goltz, 2018, S. 47.

20 https://de.wikipedia.org/wiki/Rüdiger_von_der_Goltz_(Jurist) (entnommen am 10. September 2018).

21 Gerlach, S.194.

22 Rüdiger und Astrid hatten 10 Kinder, Ihr ältester Sohn Rüdiger ist im Zweiten Weltkrieg an der Ostfront gefallen. Georg Conrad und Wanda hatten 5 Kinder, von denen zwei allerdings früh verstorben sind.

23 Gerlach, S.193.

24 Johan Bernhard war von 1933 bis 1937 Mitglied der faschistischen norwegischen Nasjonal

Militärische Karriere

Die militärische Laufbahn von Graf Rüdiger v. d. Goltz verlief beispielhaft. Sie begann 1885 im 1. Garde-Regiment zu Fuß, dem Leibregiment der preußischen Könige, das von 1720 bis 1732 unter dem Soldatenkönig den Namen v. d. Goltz getragen hatte, ehe es Regiment des Kronprinzen wurde. In ihm dienten auch die Söhne des Kaisers. Es war für seine strenge Disziplin bekannt. Ziel der Ausbildung war die Erziehung zu Pflichtgefühl, Standhaftigkeit und Selbstdisziplin – eine gute Schule, wie v. d. Goltz später eingestand.[25]

Rüdiger von der Goltz 1886 als Secondeleutnant im Ersten Garde-Regiment (Familienbesitz, Hans von der Goltz)

Samling, geriet in Auseinandersetzungen mit Quisling, trat aus der Partei aus, wurde von Terboven 1941 verhaftet, nach Deutschland verschleppt und in einem Lager in Groß Kreutz interniert. Hier beteiligte er sich aktiv am Widerstand, sammelte Namenslisten von skandinavischen Inhaftierten und legte auf diese Weise mit die Grundlagen für die Rettungsaktion mit den „weißen Bussen". Die Familie bemühte sich an höchster Stelle um seine Freilassung. Siehe: https://no.wikipedia.org/wiki/Johan_Bernhard_Hjort (entnommen am 20. Februar 2019).

25 Siehe: Hentilä-Hentilä, 2018, S. 95.

Nach dem Besuch der Kriegsakademie kam v. d. Goltz in den Generalstab, war u. a. Generalstabsoffizier der 1. Garde-Division, 1. Generalstabsoffizier des damals von Hindenburg befehligten IV. Armeekorps und beim Oberbefehlshaber in den Marken (Gouvernement Berlin) sowie Abteilungschef im Großen Generalstab.[26] Diese Zeit hat ihn offensichtlich sehr geprägt, denn voller Stolz und Dankbarkeit gedachte er später „der vielen bedeutenden Vorgesetzten und Kameraden, an deren Beispiel ich mich weiterbilden konnte. Die Generale, denen ich als Generalstabsoffizier dienen durfte, waren jeder eine besondere Persönlichkeit, sie sind ein Beweis dafür, dass der scheinbar so gleich machende militärische Dienst die Persönlichkeit nicht unterdrückt, sondern Charaktere gezüchtet hat."[27] Die Verbindungen aus dieser Zeit sollten ihm und seinen Familienangehörigen in den 1930er Jahren von Nutzen sein.

Zu Beginn des Ersten Weltkrieges zog v. d. Goltz als Oberst und Kommandeur eines Infanterie-Regiments an der Westfront in den Krieg, wo er am ersten Tag der Marneschlacht verwundet wurde. Nach seiner Genesung war er Kommandeur der 34. mecklenburgischen Infanterie- sowie der 5. und 1. Infanterie-Brigade. Seit 1916 Generalmajor, befehligte er ab Juni 1917 die 37. Infanteriedivision.

Am 25. Februar 1918 wurde er Kommandeur der 12. Landwehr-Division, die ab 20. März zur Ostsee-Division umformiert wurde, um im finnischen Bürgerkrieg den Weißen militärische Hilfe gegen die den Süden des Landes beherrschenden Roten Garden zu leisten. Anfangs vermutete er darin eine militärische Degradierung, letztlich war jedoch sein Einsatz in Finnland der Höhepunkt seiner Karriere, er avancierte zum „politischen General" und gewann einen festen Platz in der finnischen Zeitgeschichte. Er hat das genossen und fühlte sich fortan als eine Instanz in Finnlandfragen und mit dem Land bis an sein Lebensende verbunden.

Ab 1. Februar 1919 übernahm General v. d. Goltz in Libau das Generalkommando aller im Baltikum stationierten, etwa 40.000 Mann starken Truppen[28], darunter reguläre Einheiten, Freikorps und einheimische Truppen lettischer, russischer und baltendeutscher Nationalität in einem vielschichtigen, bürgerkriegsähnlichen Konflikt gegen die Armee Rätelettlands - in einem Krieg, in dem Mord, Totschlag, Plünderei, Leichenraub an der Tagesordnung

26 Siehe. Möller-Witten, Hanns, Rüdiger Graf von der Goltz, In: Deutsches Soldatenjahrbuch 1965, 13. Deutscher Soldatenkalender, München-Lochhausen 1965, S. 161.

27 Goltz, Rüdiger v. d., Meine Sendung in Finnland und im Baltikum, Leipzig 1920, S. 8.

28 Ebd., S. 156; Wette, Wolfram, Gustav Noske, Eine politische Biografie. Düsseldorf, Droste 1988, S. 561.

waren[29], es zu standrechtlichen Erschießungen kam und in Riga am 9. Mai 1919 vierhundert „Flintenweiber" von deutschen Freiwilligen getötet wurden.[30]

Nach einer zunächst stillschweigenden Unterstützung der Westmächte verlangte die englische Regierung schließlich die Ablösung von v. d. Goltz mit der Begründung, dass dieser nach den Roten auch „die rechtmäßige Regierung Lettlands mit deutscher Waffengewalt gestürzt habe".[31] Als auch die USA wegen der Vorgänge im Baltikum harte wirtschaftliche Pressionen gegen Deutschland ankündigten, falls die deutsche Regierung nicht energische Schritte zur Rückführung der deutschen Verbände unternähme, beschloss die Reichsregierung die Sperrung der Geldmittel für die Truppen sowie die Abberufung von v. d. Goltz. Letzteres erfolgte gegen die Stimme von Reichswehrminister Gustav Noske, der die Auffassung vertrat, der General habe von sich aus das Möglichste getan, um die Truppen zur freiwilligen Rückkehr zu bewegen. Zum Nachfolger von v. d. Goltz berief Noske den Generalleutnant Walter von Eberhard, nicht ohne dem abberufenen Goltz gleichzeitig mitzuteilen, dass er auch weiterhin auf seine „bewährte Hilfe" rechne.[32] Reichskanzler Bauer und Reichsaußenminister Müller hatten sich gegen Noske mit den Argumenten durchgesetzt, General v. d. Goltz gelte „in den Augen der Welt als Träger des östlichen Expansionsgedankens"[33] und in Deutschland herrsche gegen ihn großes Misstrauen.

Engagement gegen die Weimarer Republik und für ein „Drittes Reich"

Am 3. Oktober 1919 legte v. d. Goltz dann das Kommando nieder und beendete seine militärische Laufbahn, da er dem republikanischen Deutschland nach eigener Aussage in „persönlicher Opposition" gegenüberstand.[34] Versuche, ihn davon abzuhalten, lehnte er mit der Begründung ab, dass er sich einen Ruf „als Charakter erworben hätte und keine Lust hätte, als Opportunist zu enden."[35]

29 Sauer, Bernhard, Vom „Mythos eines ewigen Soldatentums" Der Feldzug deutscher Freikorps im Baltikum im Jahre 1919, in: Zeitschrift für Geschichtswissenschaft 10/1995, S. 875.

30 Siehe: Ebd., S. 883.

31 Ebd., S. 881, Siehe auch: Rauch, Georg von, Die Geschichte der baltischen Länder, München 1977, S. 67 f.

32 Sauer, S. 892, Siehe auch: Wette, S.569.

33 Zit. nach: Ebd.

34 Vogelsang, Thilo, "Goltz, Rüdiger Graf von der" in: Neue Deutsche Biographie 6 (1964), S. 634 f.

35 Goltz, 1920, Anmerkung auf Seite 274.

Seine Unzufriedenheit mit den Verhältnissen in Deutschland ging so weit, dass er des Öfteren mit dem Gedanken spielte, das Land in Richtung Finnland zu verlassen. Zumindest deutete er in seinen Briefen an Paasikivi mehrfach an, bei weiterer Verschlechterung der Verhältnisse in Deutschland in Finnland leben zu wollen. Dafür wollte er sich mit Paasikivis Hilfe die ökonomische Grundlage schaffen.[36]

Bei dem gegen die Weimarer Republik gerichteten Kapp-Putsch 1920 fungierte v. d. Goltz als „Kommandant des Verteidigungsabschnitts Berlin" und war im Falle eines Sieges als Chef des Truppenamtes[37] vorgesehen. Von 1924 bis 1930 leitete er den Jungdeutschland-Bund und die aus ihm hervorgegangene Arbeitsgemeinschaft der vaterländischen Jugend, die sich unter seiner Führung zunehmend rechtsextremistisch, völkisch und rassistisch orientierte. Sie sah ihre Hauptaufgabe in der Wehrerziehung der Jugend. Ab 1925 war er als Erster Vorsitzender der Vereinigten Vaterländischen Verbände Deutschlands (VVVD), einem Zusammenschluss verschiedener rechtsgerichteter Wehrverbände, politisch tätig, nachdem er in einem erbitterten Machtkampf Fritz Geisler von der Position des Geschäftsführenden Vorsitzenden verdrängt hatte.[38] Unter seinem Vorsitz kam es zu einer Militarisierung der Vereinigung. Zugleich erstrebte er unter Führung des VVVD einen Zusammenschluss aller Rechtsverbände gegen die Locarno-Verträge.[39] Sein Aufruf, Kundgebungen im ganzen Reich durchzuführen, stieß jedoch kaum auf Resonanz. Bei aller Unterschiedlichkeit der einzelnen Verbände sah v. d. Goltz die verbindende Klammer zwischen ihnen in deren gemeinsamen Zielen: „Die meisten Verbände stehen der Alleinherrschaft des Parlaments mit ihren unsittlichen Sumpfblüten, ihrer aussenpolitischen Erbärmlichkeit und Unsittlichkeit ablehnend gegenüber, weil sie wissen, dass sie in den Abgrund führt. Sie wollen aber schon deshalb keine gewaltsame Gegenrevolution, weil sie nach allen Erfahrungen der

---

36 Kansallisarkisto (KA), J. K.Paasikiven arkisto, Kotelo I:3, Brief v. d. Goltz an Paasikivi vom 29. Juni 1920 (Im Folgenden kurz: Goltz an Paasikivi bzw. Paasikivi an Goltz).

37 Die Reichswehr durfte nach den Bestimmungen des Vertrages von Versailles keinen Generalstab besitzen. Artikel 160 des Vertrags bestimmte: „Der deutsche Generalstab und alle ähnlichen Formationen werden aufgelöst und dürfen unter keiner Gestalt neu gebildet werden." Die Rolle des Generalstabs übernahm das Truppenamt (eine Tarnbezeichnung) im Reichswehrministerium. Siehe: https://de.wikipedia.org/wiki/Generalstab_Weimarer_Republik (entnommen am 12.2.2018).

38 Geisler war seit 1920 Reichstagsabgeordneter für die DVP, 1922 trat er aus der DVP aus, wurde fraktionsloser Abgeordneter und schloss sich 1924 der DVNP als Gast an. V. d. Goltz begründete seine Aktivitäten gegen Geisler damit, dass ein Vorsitzender der VVVD parteiunabhängig sein müsste. Er selbst hatte das Angebot der DVNP zu kandidieren, abgelehnt. Siehe: Barch, Nachlaß Rüdiger Graf v. d. Goltz Generalleutnant, MSG2/17652 Vereinigte vaterländische Verbände.

39 Barch, Reichskommissar für die Überwachnung der öffentlichen Ordnung, betr. Deutsch-Völkische Freiheitspartei, Wiking R 1507/2028, Bericht vom 30.11.1925, S. 21.

letzten Jahre unausführbar ist. Dagegen werden sie jeden unterstützen, der Deutschland mit staatlichen Mitteln wieder national geachtet und wirtschaftlich lebensfähig macht. Sie sind meist monarchistisch, aber die Staatsform ist ihnen nicht das wichtigste."[40] Dennoch gelang kein Zusammenschluss, was nicht nur, aber auch an der Person des Vorsitzenden der VVVD lag. Selbst in einzelnen Verbänden der VVVD und „bei den selbständigen regionalen Zusammenschlüssen stieß die „ausschlaggebende und alleinige autoritative Vertretung der VVVD" durch die Berliner Geschäftsstelle unter Führung von Rüdiger v. d. Goltz „auf starke Abneigung". Die politische Bevormundung wollte man sich nicht länger gefallen lassen.[41] Die von Rüdiger v. d. Goltz erhoffte Zusammenarbeit der VVVD mit den völkischen Parteien gelang also nicht, ebenso wenig glückte es, die großen paramilitärischen Verbände an die VVVD heranzuführen. Anders als gedacht übernahm nicht die VVVD die Führungsrolle der „nationalen Opposition", sondern diese lag seit 1926/27 beim Wehrverband „Stahlhelm, Bund der Frontsoldaten". 1929 war der Einfluss der VVVD so stark gesunken, dass sogar überlegt wurde, die Organisation aufzulösen. Dennoch spielte sie im rechten Spektrum weiter eine gewisse Rolle. Sie gehörte zu den Gruppierungen, die 1929 die Kampagne gegen den Young-Plan mittrugen. Politisch unterstützte die VVVD die DNVP und die NSDAP. Sie war an der Harzburger Front beteiligt und warb 1932 bei der Reichspräsidentenwahl für Adolf Hitler.[42]

V. d. Goltz war als Vorsitzender der VVVD sehr aktiv, hatte trotz seines autoritären Führungsstils enge Kontakte zu einzelnen Verbänden, hielt zahlreiche Vorträge und entfaltete eine intensive publizistische Arbeit. Er schrieb viele Artikel, die zur Veröffentlichung in der Presse und als Informationsmaterial für die einzelnen Verbände angeboten wurden. Deren Hauptstoßrichtung war gemäß den Richtlinien der VVVD „die Befreiung vom Versailler Diktat, die Abkehr vom Geiste der Weimarer Verfassung und die Rückkehr zu der den Zeitverhältnissen anzupassenden Bismarck'schen Reichsverfassung, die Wiederherstellung der früheren Reichs- und Wirtschaftsgrenzen einschließlich der Kolonialgebiete, (die) Beseitigung der heutigen Parlamentsherrschaft und Schaffung einer erblichen starken monarchischen Gewalt...."[43] In zahlreichen Artikeln äußerte er sich zum

---

40 Ebd., Bericht vom 1. April 1926, S.37 f.

41 Ebd., S.38.

42 Siehe: Diel, James M., Von der Vaterlandspartei zur nationalen Revolution, in: Vierteljahreshefte für Zeitgeschichte, München, 33/1985, S. 628 ff.

43 Siehe: Barch, Nachlaß Rüdiger Graf v. d. Goltz Generalleutnant, MSG 2/17652 Vereinigte Vaterländische Verbände, Richtlinien der Vereinigten Vaterländischen Verbände Deutschlands.

politischen Tagesgeschehen.[44] Seit Ende der 1920er Jahre sprach er offen vom „Dritten Reich“ als erstrebenswertem Ziel und wurde zu einem der Wegbereiter der Hitlerdiktatur. In einer programmatischen Schrift von 1928 zeigte er sich davon überzeugt, dass das „Dritte Reich“, das er mit den Adjektiven „großdeutsch, völkisch und sozial“ charakterisierte, „durch eine neugeschaffene, am Ideal der Frontgemeinschaft orientierte „Führerschicht“ gelenkt werden würde. Vor allem hoffte er auf neue, entschlossene, kampffreudige Führer aus den Reihen des Landvolkes.[45] In einer klaren, aber dennoch fragwürdigen Absage an die traditionellen Ansprüche des alten Adels formulierte er weiter: „Im Herzen von uns Frontsoldaten (sitzt) als unausreißbares Erlebnis und innerste Überzeugung, daß wir Deutschen aller Klassen, Grenzen und Stämme ein einig Volk von Brüdern sind und auf Gedeih und Verderben zusammengehören. Wer heute noch Geburts-, Standes-, Bildungs – oder sonstige Vorteile hat, der gehört für uns zum alten Eisen. Den können wir für den Aufbau der deutschen Zukunft nicht gebrauchen.....“[46] Die enge Übereinstimmung dieser Ideen mit dem nationalsozialistischen Konzept von der Volksgemeinschaft war unverkennbar.

Am 17. Juli 1931 übergab v. d. Goltz dem Reichspräsidenten Paul von Hindenburg die berüchtigte Eingabe der Wirtschaftspolitischen Vereinigung Frankfurt am Main[47], in der eine Regierungsbeteiligung der NSDAP gefordert wurde. Im Oktober 1931 beteiligte er sich am Treffen der Harzburger Front, einem Bündnis antidemokratischer Nationalisten und Rechtskonservativer, das sich als „Nationale Opposition“ gegen die Weimarer Republik deklarierte und in einer Resolution den Rücktritt der Regierung Brüning, die Beendigung der Notverordnungen und eine Neuwahl des Reichstages sowie eine

44 Barch, Nachlaß Rüdiger Graf v. d. Goltz Generalleutnant Bestand: N714/10 Vorträge und Ausarbeitungen Bd.1 1924-1927, N 714/11 Bd.2 1928-1929, u. a.“Nachklänge zu den Hindenburg-Tagen 1927“; „Kreuzzug gegen Moskau“, November 1927; „Nürnberg“ 7.8.1929; „Revolution in Sicht“ 3.2.1930; „Kampf gegen die Reaktion“ 24.2.1930; „Ausland und Bolschewismus“ 18.5.1931; „Die Führerschicht des Wilhelminischen Zeitalters“ 29.7.1931.

45 Malinowski, Stefan, Vom König zum Führer. Sozialer Niedergang und politische Radikalisierung im deutschen Adel zwischen Kaiserreich und NS-Staat, Berlin 2003, S. 315 f.

46 Goltz, Rüdiger v. d., Ernste Gedanken zum 10. Geburtstag der deutschen Republik, Berlin 1928 S. 24, 27 und 31, zit. nach: Malinowski, S. 316.

47 Die Eingabe der Wirtschaftspolitischen Vereinigung Frankfurt am Main war ein Schreiben, das die Wirtschaftspolitische Vereinigung Frankfurt am Main am 17. Juli 1931 auf dem Höhepunkt der deutschen Bankenkrise an den Reichspräsidenten Paul von Hindenburg richtete mit der Aufforderung, die Regierung an die NSDAP zu übertragen. Das Schreiben wurde Hindenburg mit Begleitschreiben vom 24. Juli 1931 von Rüdiger Graf v. d. Goltz zugeleitet. https://de.wikipedia.org/wiki/Eingabe_der_Wirtschaftspolitischen_Vereinigung_Frankfurt_am_Main (entnommen am 3.9.2018).

Wiederherstellung der Wehrhoheit und einen Rüstungsausgleich forderte.[48] Rüdiger v. d. Goltz gehörte offensichtlich – ebenso wie der abgedankte Kaiser Wilhelm – zu denen, die sich gewisse Hoffnungen auf eine Wiederherstellung der Monarchie durch die Nationalsozialisten machten. Dies erschien damals insofern nicht ganz unrealistisch, als die in vieler Hinsicht für die Nationalsozialisten vorbildhaften italienischen Faschisten den König von Italien auch während Mussolinis Diktatur im Amt beließen. So hieß es beispielsweise in einer im März 1932 von ihm als Vorsitzenden der VVVD veranlassten und der Presse übergebenen Entschließung: „Nicht nur das heutige System hat sich als unmöglich erwiesen, nicht nur Parlamentarismus, Demokratie und Republik sind am Ende, sondern auch wir, weil wir nicht allein an Deutschland denken, sondern zu sehr an Verbands- und Parteiinteressen. Hieraus kann uns nur eines retten, die Monarchie.... Wir müssen folgendes Schlagwort in die Öffentlichkeit werfen: Die Monarchie ist im November 1918 illegal gestürzt worden, wir müssen sie legal wieder aufrichten. Ohne Monarchie werden wir niemals ein freies, gleichberechtigtes und wehrhaftes Deutschland sein. Deutschland wird ein Kaiserreich sein, oder es wird nicht sein. Es lebe der Kaiser!“[49] Derartige Hoffnungen erwiesen sich allerdings nach der Machtergreifung der Nationalsozialisten als Illusion und wurden von Rüdiger v. d. Goltz, obwohl er in seinem Denken und Fühlen bis an sein Lebensende ein Monarchist blieb, fortan auch nicht mehr öffentlich geäußert, wohl aber zu erklären versucht. So schrieb er 1935 als Vorsitzender des Reichsverbandes Deutscher Offiziere, es sei den alten Offizieren nicht zu verdenken, „wenn sie gehofft hatten, ihrem Kaiser noch einmal dienen zu können. Wer dachte, daß alles jetzt noch einmal so wiederkommen könnte wie früher, vergaß die Lehren des Lebens und der Geschichte.“ Daher müssten sich die alten Offiziere damit abfinden, „daß ihr Kaisergedenken eine Sache des Herzens und des Anstands, aber nicht der Politik ist.“[50] Keinen großen Unterschied sah v. d. Goltz zwischen dem alten kaiserlichen Deutschland und dem „Dritten Reich“. Deutschland

48 Dazu zählten die NSDAP, die DNVP, der Stahlhelm, Bund der Frontsoldaten, der Alldeutsche Verband, der landwirtschaftliche Reichslandbund und einzelne rechtskonservative Persönlichkeiten, wie u. a. der Sohn des ehemaligen Kaisers, der ehemalige Reichswehrgeneral Hans von Seeckt, der ehemalige Reichsbankpräsident Hjalmar Schacht. Siehe: Winkler, Heinrich August, Der lange Weg nach Westen. Erster Band, Deutsche Geschichte vom Ende des Alten Reiches bis zum Untergang der Weimarer Republik, München 2000, S.500.

49 Barch, Nachlaß Rüdiger Graf v. d. Goltz, MSG2/7652 Vereinigte Vaterländische Verbände Mitteilungen Nr. 2, März 1932 S 3.

50 Barch, Reichsverband Deutscher Offiziere R /72/1981 Generalmajor a. D. Graf v.d. Goltz, Der inaktive Offizier im nationalsozialistischen Staat. In: Sonderdruck aus der Zeitschrift „Reichsverband Deutscher Offiziere“ vom 25. Februar 1935, Nummer 6.

sollte wieder eine militärisch starke europäische Großmacht werden. Das zu erreichen war aus seiner Sicht nur Hitler in der Lage. In dieser Zielstellung lag die partielle Übereinstimmung mit Hitler und seinem Regime. Ähnlich sahen es die finnischen Rechten, auch für sie gab es keinen wesentlichen Unterschied zwischen Hitlerdeutschland und dem Kaiserreich.[51]

Anfang März 1933 hat v. d. Goltz Hitler in einem Brief im Namen des Präsidiums der Vereinigten Vaterländischen Verbände Deutschlands und im eigenen Namen sehr warmherzig zu dem „großartigen Wahlsieg" beglückwünscht.[52]

Am 1. Mai 1933 wurde Rüdiger v. d. Goltz Mitglied der NSDAP im Gau Berlin[53], ohne das merkwürdiger- oder interessanterweise in seinen Briefen an Hitler in den folgenden Wochen ausdrücklich zu erwähnen. Wie es scheint, lag ihm an einer ausdrücklichen Befürwortung seiner NSDAP-Mitgliedschaft und einem persönlichen Empfang durch den „Führer".

Nachdem er sich offensichtlich mehrfach vergeblich um eine Audienz bemüht hatte, stellte er Hitler im Juli 1933 in einem neuerlichen Schreiben direkt die Frage, ob er an der weiteren politischen Führung der VVVD durch ihn interessiert sei. Im Grunde handelte es sich um eine Anbiederung: „....Ihnen, Herr Reichskanzler dürfte bekannt sein, dass ich mich bei der 1. und 2. Reichspräsidentenwahl im Frühjahr 1932 für Sie als Einheitskandidaten der gesamten damaligen nationalen Front eingesetzt und seitdem dauernd die nationalen Verbände und die noch abseits stehenden nationalen Volksteile für die nationalsozialistische Bewegung zu gewinnen mich bemüht habe...... Ich selbst habe bisher nie einer Partei angehört, um bei der Führung der Vereinigten vaterländischen Verbände Deutschlands frei zu sein. Wenn ich

51 Jokisipilä, Markku; Könönen, Janne, Kolmannen valtakunnan vieraat. Suomi Hitlerin Saksan vaikutuspiirissä 1933-1944, Keuruu 2013, S. 52.

52 Wörtlich hieß es „...Nach meiner persönlichen Überzeugung ist dieser Tag in erster Linie Ihnen selbst zuzuschreiben. Das Volk glaubt an Sie, an Ihr reines und tiefes wollen, an Ihren durch keine Niedrigkeit herabzuziehenden Idealismus. Möge das so bleiben und mögen Sie immer für die jetzt beginnende Aufbauarbeit Männer finden, die denselben Idealismus besitzen wie Sie selbst und die nach ihren bisherigen Leistungen in ihrem bisherigen Wirkungskreise als charaktervolle und Vertrauen verdienenende Führer erkannt worden sind..... Was ich in meiner Tätigkeit als Führer der Vereinigten vaterländischen Verbände Deutschlands tun kann, um die nationale Einigkeit zu stützen und hinter die praktischen Leistungen des Kabinetts den Schwung der vaterländischen Bewegung zu stellen, werde ich tun. Unseres Erachtens kommt es jetzt darauf an, dass auch im nationalen Lager die Parteigegensätze zurücktreten und wir uns alle als Diener des Staates einsetzen wollen, der das dritte Reich herbeiführen will. Mit unseren und meinen allerbesten Wünschen und Gottes Segen zu Ihrem Tun bin ich Ihr Ihnen treuergebener gez. Graf v. d. Goltz" 7. März 1933 an den Herrn Reichskanzler Adolf Hitler, Berlin W 8 Wilhelmstraße, in: Barch, Nachlaß Rüdiger Graf v. d, Goltz V 714/6.

53 Barch, NSDAP-Gaukartei R9361-IX Kartei/11480443.

nach der Gleichschaltung nicht Parteigenosse geworden bin, so war es der Wunsch, als Vorkämpfer für die N.S.D.A.P. nicht den "Märzgefallenen" zugezählt zu werden, die noch einer Sichtung unterzogen werden. Sollten Sie aber selbst mich als Parteigenossen aufnehmen, so würde ich das als eine Anerkennung meiner vaterländischen Arbeit dankbar annehmen und mich bei der Berliner Gauleitung melden."[54] Das aber hatte v. d. Goltz zu dem Zeitpunkt längst bereits getan.

Da Hitler anscheinend noch immer nicht reagierte, wandte sich v. d. Goltz offensichtlich mit gleichem Anliegen am 5.9. an dessen Privatkanzlei, denn am 14. September teilte der Reichsschatzmeister der Gauleitung Groß Berlin der NSDAP mit, es sei der Wunsch der Reichsleitung, Graf Rüdiger v. d. Goltz „ausnahmsweise trotz der Mitgliedersperre" in die NSDAP aufzunehmen.[55]

Auch wenn das Geschehen um die Aufnahme des Rüdiger v. d. Goltz in die NSDAP nicht voll durchschaubar erscheint, ist jedenfalls sicher, dass es ihm offensichtich darum ging, Hitler seine Ergebenheit zu versichern und ihn nachdrücklich auf sich aufmerksam zu machen. Die dann im Januar 1934 erfolgte Auflösung der VVVD und die Gründung des Reichsverbandes deutscher Offiziere (RDO) unter Führung von Rüdiger v. d. Goltz bewies, dass v. d. Goltz erst einmal sein Ziel erreicht hatte und das Vertrauen Hitlers besaß. Schirmherr des neuen, nunmehr alleinigen Offiziersverbandes war Reichspräsident Hindenburg, der die Führung des RDO am 12. Februar empfing

54 Weiter hieß es in dem Brief: „...Diese Arbeit würde auch das Hauptziel der Vereinigten Vaterländischen Verbände Deutschlands in Zukunft sein. Dass ich mich dabei als ihrer politischen Führung unterstellt betrachten würde, bedarf nach dem Gesagten und dem bisherigen Eintreten für Ihre Ziele kaum noch der Versicherung.
Für meine etwaige Weiterarbeit erbitte ich das Aussprechen Ihres Wunsches, dass kleine oder überlebte Verbände mit grösseren noch lebensfähigen unter autoritärer Führung zusammengelegt werden. Ferner betrachte ich es als Hauptaufgabe der angeschlossenen vaterländischen Verbände, den Blick ihrer Mitglieder auf das grosse gemeinsame Ziel unseres Fortbestandes als gleichberechtigte, wehrhafte, freie und antibolschewistische Nation zu richten – ganz in Übereinstimmung mit Ihrer großen Reichstagsrede am 17. Mai d. Js. Hochverehrter Herr Reichskanzler, ich wäre Ihnen besonders dankbar, wenn ich auf diese offene Anfrage möglichst bald eine ebenso offene Antwort erhielte, damit ich für meine Weiterarbeit und Entschlüsse die lange ersehnte sichere Unterlage gewinne. Außerdem stehe ich natürlich zu mündlicher Rücksprache jederzeit zur Verfügung.
Wie auch ihre Antwort ausfallen möge, ich für meine Person werde stets Ihr treuer Anhänger und Mitkämpfer für Ihre Ideale bleiben. In grösster Hochschätzung
Ihr sehr ergebener gez. Graf v. d. Goltz", in: Barch, Nachlaß Rüdiger Graf v. d. Goltz Generalleutnant, N 714/6 „Berlin 8. Juli 1933 Herrn Reichskanzler Adolf Hitler, Hochwohlgeboren, Berlin W 8 Wilhelmstraße Persönlich! Einschreiben!"

55 Barch, Personenbezogene Unterlagen der NSDAP, Parteikorrespondenz R/9361 /II/307702 Blatt 0974.

und dem v. d. Goltz zusicherte, dass „der neue Verband unter Ausschluss aller anderen politischen Bestrebungen sich rückhaltlos und vertrauensvoll zum heutigen Staate bekenne und zur bedingungslosen Mitarbeit zur Verfügung stehe."[56] Am 17. Februar 1934 veröffentlichte v. d. Goltz einen Aufruf, in dem er hervorhob, dass "der Reichsverband jetzt die berufsständische Vertretung der alten Offiziere aller Kategorien ist. Er gewähre seinen Mitgliedern wirtschaftlichen Rat und Hilfe und Ehrenschutz. Oberster Grundsatz... sei der nationalsozialistische Grundsatz: Gemeinnutz geht vor Eigennutz."[57]

Hitler richtete an die erste Tagung des Führerrates des RDO im März 1934 ein „mit größter Begeisterung" aufgenommenes Begrüßungstelegramm, in dem es hieß: „Dem Reichsverband Deutscher Offiziere entbiete ich anläßlich seiner Führertagung meine besten Grüße. Ich habe von dem Aufruf des Generals Grafen v. d. Goltz gern Kenntnis genommen und freue mich, daß der Reichsverband Deutscher Offiziere gewillt ist, seine ganze Kraft für den Wiederaufbau des Vaterlandes einzusetzen. Reichskanzler Adolf Hitler".[58] Ende April meldeten mehrere Zeitungen, dass Hitler am 26. April den Führer des RDO Rüdiger v. d. Goltz mit seinem Stab empfangen hatte. Goltz meldete „dem Führer, daß der Reichsverband Deutscher Offiziere hinter ihm stehe und trug den Zweck und die Ziele des R.D.O vor."[59] Er überreichte Hitler eine streng vertrauliche, persönliche Adresse, in der er einen Plan vorlegte, wie er sich „die Einschaltung der Offiziere der ehemaligen Wehrmacht und der ausgeschiedenen Reichswehroffiziere im RDO zur Mitarbeit in Ihrem Wiederaufbauprogramm denke..." Ihm schwebte vor, dass der RDO „eine einheitliche staatliche Macht werden (sollte), ein Instrument in der Hand des Führers." Im August 1934 veranlasste Rüdiger v. d. Goltz, dass „Nichtarier oder mit Nichtariern Verheiratete... in den RDO nicht mehr aufgenommen werden (können), Mitglieder nicht arischer Abstammung, die bereits

56 Barch, Reichsverband Deutscher Offiziere R/72/1981 Germania, 43, vom 13. Februar 1934, Berliner Börsen-Zeitung vom 12. Febraur 1934.

57 Der Aufruf schließt: „Als der gewählte Führer des Verbandes rufe ich alle Kameraden auf, sich jetzt im R.D.O. zu sammeln. Wie wir einst in Not, Gefahr und Tod mit den von uns geführten Mannschaften zusammengestanden haben und noch heute stehen, so wollen wir jetzt und in Zukunft in treuer Kameradschaft Schulter an Schulter mit der Reichswehr mit und in der SA, SS, Stahlhelm sowie SA-Reserven und den Organisationen der NSDAP dem Vaterlande dienen, überall da, wo wir gebraucht werden." Siehe: Barch R/72/1981, Kreuz-Zeitung, 17. Februar 1934. Siehe auch: Deutsche Allgemeine Zeitung vom 17. Februar 1934, Berliner Börsen-Zeitung vom 16. Februar 1934.

58 Barch, Reichsverband Deutscher Offiziere, R72/1981, Berliner Börsen-Zeitung vom 17. März 1934.

59 Ebd., Berliner Börsen-Zeitung vom 27. April 1934.

Mitglieder sind, können bleiben, wenn sie am 1.8.1914 bereits Offizier waren oder im Weltkrieg an der Front für das Deutsche Reich gekämpft haben....".[60]

Antijüdische Äußerungen finden sich übrigens auch mehrfach in den Briefen von v. d. Goltz an Paasikivi.[61]

Im August 1935 nahm die Verbandsführung des RDO als erste von allen Verbänden zur Gründung eines großen Soldatenbundes Stellung. Eine Zentralstelle mit Nebenstellen bei den Landesverbänden wurde befürwortet, der RDO könnte sich eine Weiterarbeit in einer Arbeitsgemeinschaft oder als Mitglied eines solchen Verbandes vorstellen.[62] Möglicherweise unter Führung von Rüdiger v. d. Goltz? Das wurde zwar nicht ausgesprochen, v. d. Goltz sah das aber unter Umständen doch als eine Option für sich selbst an.

Ernüchternd waren für Rüdiger v. d. Goltz die scharfen Auseinandersetzungen zwischen der alten und der neuen Rechten am 27.1.1934 anlässlich der monarchistischen Feierlichkeiten zum 75. Geburtstag Wilhelms II., die Hitler zum Anlass nahm, die monarchistischen Verbände zu verbieten. Während im fernen Doorn die noch einmal versammelten Fürstlichkeiten in ihren alten, bunten Uniformen zu bestaunen waren, wurde die zentrale Festveranstaltung im Berliner Zoo von marodierenden SA-Schlägertupps gestürmt. Empört schilderte v. d. Goltz nach seiner Geburtstagsrede auf „unseren ehemaligen obersten Kriegsherren": „Zwei Stunden nach der Rede brach eine Horde teils in Zivil, teils unter Mißbrauch des braunen Hemdes ein und hauste wie die Bolschewiken, mißhandelte Offiziere und ihre Frauen, zerstörte Mobiliar und schoß Scheintotpistolen und Feuerwerkskörper mit lautem Knall ab, die die Damenkleider verdarben.... Ich sagte dann noch an die Versammelten: Das eben Erlebte wird A. Hitler niemals billigen. Lassen Sie sich in der Treue zu ihm nicht irre machen."[63] Dieses Entsetzen von Rüdiger v. d. Goltz und anderen anwesenden Adligen ist weniger ein Beleg für politische Differenzen zum NS-Regime als vielmehr für „das drastische Fehlurteil der gealterten Monarchisten, die neben den nationalsozialistischen Zielen auch die Brutalität der dazugehörigen Methoden falsch eingeschätzt hatten."[64] Das hat sicher v. d. Goltz veranlasst, zum Ende der 1930er Jahr hin - wie bereits erwähnt - auf

---

60 Geheimes Staatsarchiv Preußischer Kulturbesitz (GstA PK) Familienarchive und Nachlässe, FA v. d. Goltz Nr. 452, Schreiben vom 23.8.1934.

61 So schreibt er u. a. „von von der jüdischen Presse betrogenen Arbeitern (Goltz an Paasikivi vom 28.1.1929) oder von „römisch-jüdischer Minierarbeit" (Goltz an Paasikivi vom 18.12.1932).

62 Barch, Reichsverband Deutscher Offiziere R 72/1981, Reichsverband Deutscher Offiziere Nr. 24 vom 25. August 1935, Stellungnahme der Verbandsführung zur gegenwärtigen Lage.

63 Vertrauliches Schreiben Goltz an J.V. Leers vom 27.1.1934, zit nach: Malinowski, 2003, S. 511.

64 Ebd.

Distanz zu führenden Nationalsozialisten zu gehen. Vorerst gehörte er jedoch weiterhin zu denen, die den Adel im „Dritten Reich“ durch eine Umdeutung des Adelsbegriffs zukunftsfähig machen und Angehörige des Adels als unverzichtbaren Teil der neuen „Führerschicht“ etablieren wollten.[65]

In den Jahren 1934 bis 1938 war Rüdiger v. d. Goltz als Vorsitzender der RDO sehr umtriebig und auch fortgesetzt bemüht, Kontakt zu Adolf Hitler zu halten und dessen Gunst zu bewahren. So beglückwünschte er den „Führer“ im April 1935 im Namen der RDO nicht nur zum Geburtstag, sondern namentlich auch zur Wiedereinführung der Wehrpflicht.[66] Nach der Saarabstimmung ging ein Telegramm des RDO-Führers an Hitler, in dem es u. a. hieß: „Bei der Rückkehr der Saardeutschen ins deutsche Vaterland danken wir diesen für ihre Treue und unserem Führer und Reichskanzler Adolf Hitler für seine sichere Führung und zielbewußte Politik. Wir Offiziere der alten Wehrmacht erneuern gerade in diesen Tagen freudigen Herzens unser Treuegelöbnis zum Führer.“[67]

In zahlreichen während der Jahre 1934 bis 1938 in der Zeitschrift „Reichsverband Deutscher Offiziere“ erschienenen Artikeln rief v. d. Goltz die altgedienten Offiziere immer wieder dazu auf, “Vorbilder und Vorkämpfer für die Wehrhaftigkeit und gegen den Bolschewismus“ zu sein und der Tradition des alten Heeres getreu im Sinne Hitlers zu handeln.[68]

Obwohl er 1937 gegenüber Paasikivi noch äußerte, weiter Vorsitzender des RDO bleiben zu wollen[69], legte er 1938 den Vorsitz nieder, was er in einem weiteren Brief an Paasikivi damit begründete, dass der Reichsverband Deutscher Offiziere „ein Teil des allgemeinen Kriegerbundes werde. Unter-Führer zu sein ist natürlich nicht mein Ehrgeiz.“[70] In der Tat wurde der RDO eine von vielen Mitgliedsorganisationen[71] der 1936 gegründeten Vereinigung

65 Zu den Kriterien des neugestalteten Adels gehörten nordisches Aussehen, Kampfgeist, unbedingter Gehorsam zur Führung, „reines Blut“, Ehekontrollen nach „rassischen“ Kriterien „harte Erziehung“ für Geist und Körper und die Auswahl der tüchtigsten aus allen Schichten, die den Adel ständig ergänzen sollten. Siehe: Malinowski, S.552.

66 Barch, Reichsverband Deutscher Offiziere R 72/1981.

67 Ebd., Berliner-Börsenzeitung, vom 11. Januar 1935.

68 GstA PK Familienarchive und Nachlässe, FA v. d. Goltz 09.02.02 Reichsverband deutscher Offiziere, Nr. 461.

69 Goltz an Paasikivi vom 8.8.1937.

70 Siehe: Goltz an Paasikivi vom 14.8.1938.

71 Dazu gehörten weiterhin der Deutsche Reichskriegerbund (Kyffhäuserbund), die NS-Kriegsopferversorgung, der NS-Soldatenbund, der NS-Deutsche Marinebund einschließlich des Marine-Offizier-Verbandes und des Kolonialkriegerbundes, der Bund der Waffenringe und der Reichstreubund ehemaliger Berufsssoldaten.

Vaterländischer-Frontkämpfer-Verbände, die - von Ribbentrop initiiert - mit der Dienststelle Ribbentrop personell eng verknüpft war: Ihr Vorsitzender war bis zu deren Auflösung 1945 der Herzog Carl Eduard von Sachsen-Coburg-Gotha, ein Vertrauter Ribbentrops. Der Rückzug von Rüdiger v. d. Goltz aus dem Verband läßt darauf schließen, dass er, der das Führen gewöhnt war, enttäuscht und auch hier wieder nicht bereit war, sich ein- bzw. unterzuordnen. Das Ganze scheint einer der Gründe zu sein, die zu den bereits angedeuteten Diskrepanzen und zu einer gewissen Distanzierung von den führenden Nazis geführt haben.

Am Tannenbergtag 1939 erhielt Graf Rüdiger v. d. Goltz den Charakter[72] als Generalleutnant - er wurde geehrt, in dem er symbolisch in den Rang eines Generalleutnants erhoben wurde.[73]

Die Zuspitzung der internationalen Konflikte in der zweiten Hälfte der 1930er Jahre hat v. d. Goltz mit Sorge registriert, schob die Verantwortung dafür der Sowjetunion zu und beklagte die Uneinigkeit der „Kulturvölker".[74]

Hitlers Politik verteidigte er dagegen als notwendige Schritte zur Wiederherstellung alter Größe Deutschlands, ignorierte die von diesem Regime ausgehende Kriegsgefahr und äußerte an der Jahreswende 1938/39, dass „alle Deutschen sich für 1939 in erster Linie Frieden" wünschten.[75]

Über seine Empfindungen zu Beginn des Zweiten Weltkrieges gibt sein Briefwechsel mit Paasikivi keinen Aufschluss. Eindeutig äußerte er aber sein Mitgefühl für Finnlands schweres Geschick im Winterkrieg. Nach den Erinnerungen seines Enkels Hans war er auch stolz darauf, dass die kleine finnische Armee den weit überlegenen Sowjets erfolgreich erbitterten Widerstand leistete.[76] Trotz aller Emotionen für Finnland verteidigte und begründete Rüdiger v. d. Goltz jedoch im Großen und Ganzen die deutsche Politik der Zurückhaltung gegenüber Finnland in den Briefen an seinen Freund Paasikivi.[77]

Offenbar äußerte der General auf Grund seiner militärischen Erkenntnisse und Erfahrungen im Familienkreis bereits 1940 gewisse Zweifel an Hitlers

72 Charakter war die Bezeichnung von unbesoldeten Ehrentiteln. In Preußen und im Deutschen Kaiserreich konnten Freiberufler und Beamte mit „Charakter" geehrt – charakterisiert – werden. In der Weimarer Republik wurde mit dieser Tradition gebrochen, allerdings wurden noch in der Wehrmacht Oberste und Generale zum Teil mit dem nächsthöheren Rang in den Ruhestand verabschiedet. Siehe:https://de.wikipedia.org/wiki/Charakter_(Titel) (entnommen am 8.10.2018).

73 Möller-Witten, 1965, S. 161.

74 Goltz an Paasikivi vom 21.12.1936.

75 Goltz an Paasikivi vom 1.1.1939.

76 Goltz, Hans Graf von der, Unwegsames Gelände, Erinnerungen, Wien 1997, S. 67.

77 Siehe: Goltz an Paasikivi, Briefe vom 19.1.und vom 3.2.1940.

Kriegführung. Sein Enkel Hans registrierte zumindest mit Erstaunen, wie sein Großvater auf die Radiomeldung zum Überfall auf Dänemark und Norwegen am 9. Aril 1940 reagierte: „Mit diesem Krieg hat der Herr Hitler sich zuviel vorgenommen! Er überdehnt seine Front. Das kann nicht gutgehen!“[78] In seinen Briefen an Paasikivi gab er sich hingegen auch 1943 noch überzeugt vom deutschen Sieg. Insgeheim stellte er allerdings bereits Überlegungen an, falls sich „das Schlimmste ereignen sollte“: “Unsere Familie muss rassisch rein und wertvoll in ihrem Blut erhalten bleiben, eine Insel der Seeligen, des Rein-blütigen in einer proletarisierten, untergehenden Welt und Umwelt: das ist für mich der Weisheit letzter Schluss, meine letzte Bitte an meine Nachfahren, in diesem Sinne segne ich sie...“[79]

Den Ausgang des Zweiten Weltkrieges nahm Rüdiger v. d. Goltz mit tiefer Enttäuschung und Verzweiflung wahr. Im Potsdamer Abkommen sah er einen „Rückschritt in slavische Unkultur“[80]

Am 4. November 1946 verstarb er auf Gut Kinsegg in der Gemeinde Bernbeuren an den Folgen eines Schlaganfalls.[81]

Rüdiger von der Goltz 1944 auf Gut Kinsegg (Familienbesitz, Hans von der Goltz)

78 Goltz, 1997, S.68

79 Barch, Nachlaß Rüdiger v. d. Goltz N 714/9 Familienchronik und Eindrücke über den zweiten Weltkrieg, Handschriftliche Aufzeichnungen, Notiz vom 10.10.1943.

80 GStA PK, VI HA Familienarchive und Nachlässe, FA v. d. Goltz 09.03 Nr. 592 Diktat von Potsdam und II. Geschichte.

81 Über den Tod von Rüdiger v. d. Goltz wurde Paasikivi in einem Brief seiner Schwiegertochter Wanda vom 15. Dezember 1946 infomiert. (Anhang Anlage 15)

Die „finnische Mission" 1918

Intervention in den finnischen Bürgerkrieg

Wenige Tage nach der am 13. Februar 1918 im Bad Homburger Kronrat getroffenen Entscheidung, dem weißen Finnland militärische Hilfe gegen die aufständischen Roten zu gewähren, ernannte General Ludendorff den Generalmajor Graf Rüdiger v. d. Goltz zu dessen Überraschung zum Kommandeur der dafür vorgesehenen Truppenverbände der sich in Danzig formierenden Ostsee-Division. V. d. Goltz war nie in Finnland gewesen und nun auf verlässliche Informationen über Land und Leute und die schwer überschaubare militärische und politische Situation in dem nordischen Land, das gerade erst zwei Monate zuvor seine Selbständigkeit proklamiert hatte, angewiesen. Seine ersten finnischen Gesprächspartner waren der finnische Gesandte Edvard Hjelt und der nach einer riskanten Flucht aus Helsinki am 10. März in Berlin eintreffende Vorsitzende des Senats, der bürgerlichen Regierung, Pehr Evind Svinhufvud, ferner der finnische Verbindungsoffizier Oberstleutnant Wilhelm Thesleff sowie der Verbindungsmann des Senats zur Ostsee-Division Prof. J. J. Mikkola. Svinhufvud informierte v. d. Goltz am 12. März eingehend über die Situation in Finnland, warnte vor der Gefährlichkeit der Roten und bat darum, genügend Waffen mit nach Finnland zu bringen, die man an die Weißen verteilen könnte.[82] Diese Gespräche in Berlin legten bereits eine Grundlage für vertrauensvolle Beziehungen und langjährige Freundschaften zwischen v. d. Goltz und Svinhufvud, ebenso mit Prof. Mikkola, Ehemann der Schriftstellerin Maila Talvio[83], schon bald Finnlands größte Bewunderin und Freundin des Grafen und seiner Frau.[84]

Nach diesen Gesprächen machte sich v. d. Goltz auf den Weg nach Danzig, um sich von dort aus mit seinen Truppen und der gesamten nötigen Ausrüstung über die Ostsee nach Finnland zu begeben. Anfang April 1918 landete er dann an der Spitze der deutschen Ostsee-Division in Hanko (Hangö). Ergänzt wurde die Ostsee-Division durch eine wenige Tage später in Loviisa (Lovisa) angekommene Brigade von ca. 3.000 Mann unter Führung von Oberst Freiherr von Brandenstein. Der Einfall der kampferfahrenen und bestens ausgerüsteten deutschen Truppen in das Hinterland der militärisch

82 Räikkönen, Erkki, Svinhufvud baut Finnland. Abenteuer einer Staatsgründung, München 1936, S, 191; Häikiö, Martti, Svinhufvud. Suomen Leijona, Svinhufvud itsenäisyysmiehenä, Juva 2017, S. 285

83 Talvio war der Künstlername von Maila Mikkola. Sie wird im Folgenden – wie in Finnland üblich - Maila (Talvio) Mikkola genannt.

84 Siehe: Hentilä-Hentilä, 2018, S.227 f

nahezu unbedarften roten Streitkräfte hatte erhebliche Konsequenzen für das weitere Kampfgeschehen. Dem militärischen Einschreiten in Finnland waren längere Vorbereitungen und Auseinandersetzungen vorausgegangen. Nach der Zuspitzung innerer Gegensätze bis hin zum Bürgerkrieg, der Machtübernahme der Roten in der Hauptstadt und weiten Teilen Südfinnlands und der Flucht der meisten Mitglieder der bürgerlichen Regierung nach Vaasa (Vasa), erschien den regierungstreuen Kreisen deutsche Rückendeckung unabdingbare Voraussetzung für die Bewahrung des bestehenden Gesellschaftssystems sowie für die dauerhafte Respektierung der von Lenins Regierung am 31. Dezember 1917 anerkannten finnischen Selbständigkeit durch Sowjetrussland. Trotz mancher im Vorfeld der deutschen militärischen Intervention tatsächlicher oder vermeintlicher Eigenmächtigkeiten E. Hjelts, des mit einer Blankovollmacht Svinhufvuds ausgestatteten finnischen Gesandten in Berlin, nicht eindeutig autorisierten Hilfeersuchen und Vertragsabschlüssen sowie anderen Irritationen akzeptierten letztlich alle politischen Führungskräfte des weißen Finnland die Position: Wir brauchen deutsche Hilfe, koste es, was es wolle.[85]

Deutschland hatte aus militärischen, politischen und ökonomischen Erwägungen seinerseits ein erhebliches Interventionsinteresse, musste aber auch die möglichen negativen Konsequenzen einer militärischen Aktion in Finnland, das noch nicht vollständig von russischen Armee- und Marineeinheiten geräumt war, für das Zustandekommen und die Ratifizierung des erstrebten Friedens mit Sowjetrussland in Rechnung stellen. So erfolgten auf die finnischen Hilfsersuche zunächst keine eindeutigen Reaktionen. Während von politischer Seite, namentlich vom Auswärtigen Amt, noch bis Mitte März wiederholt für die Verschiebung oder gar für den Verzicht auf eine militärische Aktion plädiert wurde, hatte die Oberste Heeresleitung, unterstützt vom Kaiser, auf einen schnellstmöglichen Einsatz gedrängt.[86]

Trotz der zunächst anhaltenden Debatten um das Für und Wider einer Intervention war es bei der am 13. Februar, wenige Tage nach dem Abbruch der Brester Friedensverhandlungen durch Trotzki in Bad Homburg getroffenen Grundsatzentscheidung, in Finnland militärisch einzugeifen, geblieben. Um die Intervention zumindest formal zu legitimieren, hatte Ludendorff von Hjelt am 14. Februar 1918 einen neuen finnischen Hilferuf gefordert, den der Gesandte schon wenige Stunden später ohne Konsultation mit seiner Regierung wunschgemäß vorlegte. Eine Woche später erhielt er dann in

85 Ebd. S. 62 ff.

86 Siehe u. a.: KA, Auswärtiges Amt Abt. A Finnland, Nr. 1. Bd.1 A K055741, Kansio 124, Großes Hauptquartier, Legationssekretär Lersner an Auswärtiges Amt am 9.März 1918, am 10. März und am 11. März 1918.

Bad Kreuznach von Ludendorff genauere Informationen über das geplante deutsche Vorgehen.

Um die offene Parteinahme in das Bürgerkriegsgeschehen zu bemänteln, einigte man sich auf deutscher Seite Anfang März auf die gleichermaßen von Kaiser Wilhem II. wie von General Mannerheim empfohlene Formel, der Einsatz der deutschen Truppen sei keine Einmischung in die inneren Kämpfe der Finnen, sondern eine Hilfsaktion im Kampf des Landes gegen fremde Banden.[87] Ganz in diesem Sinne behauptete v. d. Goltz dann auch konsequent, sich in keiner Weise in die finnische Innenpolitik einmischen zu wollen und vermied es weitgehend, vom Kampf gegen die „Roten“ in Finnland zu sprechen. Obwohl er schon in einem Befehl vom 4. April „die finnische rote Garde“ als den voraussichtlichen Gegner bezeichnete[88] und bald völlige Klarheit darüber gewann, dass „die Masse der industriellen und landwirtschaftlichen Arbeiter im roten Lager“ stand,[89] blieb es bei der Rechtfertigung der militärischen Intervention als angeblich überparteiliche, humanitäre „Polizeimaßnahme“ gegen „Mord- und Raubgesindel“ und „fremde Räuberbanden“, die nicht dem internationalen Kriegsrecht unterlagen, also Freiwild waren und keine Gnade verdienten.

„Die Division steht auf dem Standpunkt, dass ihre Gegner rechtmäßig außerhalb des Völkerrechts stehen“[90], hieß es in einem Lagebericht vom 8. April.

Wenngleich v. d. Goltz in der Regel auch später an der Interpretation von der deutschen Befreiungsmission festhielt, gab er dennoch in seinen Erinnerungen „Meine Sendung in Finnland und im Baltikum“, die 1920 sowohl auf deutsch, finnisch und schwedisch, später auch auf englisch und 2004 sogar auf estnisch[91] erschienen und dann besonders in der überarbeiteten Fassung von 1936 „Als politischer General im Osten“ [92] deutlich zu verstehen, dass Deutschland mit der Intervention durchaus eigene Interessen in Finnland verfolgte, viel weitergehendere Ziele hatte als Finnland, das

87 Menger, 1974, S. 150.

88 Hentilä-Hentilä, 2018, S. 87.

89 Bericht des Generals v. d. Goltz vom 20. April „Über die innenpolitische Lage in Finnland“, zit. nach Menger, 1974, S.203 f.

90 KA, Ostsee-Division (OD), Kansio 2, Die Lage in Finnland, 8. April 1918.

91 Rüdiger von der Goltz, „Meine Sendung in Finnland und im Baltikum“; „Toimintani Suomessa ja Baltian maissa.“, „Krigsminnen från Finland och Baltikum 1-2“ „Minn missioon Sooma ja Baltikumis“, Tallinn 2004.

92 Rüdiger v. d. Goltz, Als politischer General im Osten (Finnland und Baltikum) 1918 und 1919, Leipzig 1936 – das war eine neu bearbeitete Auflage seines Buches „Meine Sendung in Finnland und im Baltikum“, Leipzig 1920.

eigentlich mehr Mittel zum Zweck war, zu „retten". Er gestand ein, dass es galt, „Sowjet-Rußland niederzuhalten....ihm jede Machterweiterung zu verbieten, die Bildung einer neuen Ostfront zu verhindern"[93] und jedem Einfluss der Entente auf Rußland entgegen zu wirken. „Deutsche Truppen und Schiffe in Finnland bildeten den Eckpfeiler der deutschen Seeherrschaft in der Ostsee, sie bedrohten Leningrad und flankierten die Murmanbahn, die Entente-Einfallsstraße in Rußland. Das Ziel war ein so großes, daß es sich schon verlohnte, schwache Kräfte dort einzusetzen und auch zu belassen."[94]

Vor der Landung der deutschen Truppen am 3. April in Hanko wurden über Südfinnland 40.000 finnisch-, ebenso viel schwedisch- und 30.000 deutschsprachige Exemplare eines mit Svinhufvud abgestimmten, von v. d. Goltz unterzeichneten Flugblatts abgeworfen, in dem es u. a. hieß:

> „Ihr rieft uns in Eurer Not. Wir kommen als Freunde, um Euch zu helfen in Eurem Kampfe gegen mörderische Banden, die Ordnung Recht und Freiheit in Eurem Lande vernichten. Uns treibt die Stimme der Menschlichkeit. Wir kommen nicht als Eroberer und werden uns kein Stück Eures teuren heimatlichen Bodens aneignen; auch werden wir uns nicht in innere Parteistreitigkeiten einmischen. Darum habt Vertrauen zu uns. Vorwärts für die Befreiung Eures schönen Landes!"[95]

Diese Propaganda stieß im bürgerlichen Lager auf eine überaus positive Resonanz. Das Eingreifen Deutschlands wurde sogar als „unvergleichliche Kulturtat" gepriesen.[96] Obwohl Ludendorff angesichts der finnischen Sympathiebekundungen in seinen Memoiren 1919 bereits klarstellte, dass nicht finnische, sondern allein deutsche Interessen die deutschen Truppen nach Finnland geführt hätten[97], konnte sich der Mythos von den uneigennützigen deutschen Befreiern, der „Finnlandkämpfer", unter Rüdiger v. d. Goltz in Finnland mindestens bis zum Zweiten Weltkrieg behaupten.

93 Goltz, 1936, S. 28.

94 Ebd. S. 29.

95 Zit. nach: Hentilä-Hentilä, 2018, S. 85; Siehe auch: Huldén, Anders, Finnlands deutsches Königsabenteuer 1918, Reinbek 1998, S.36.

96 Huldén, S.26.

97 Ludendorff, Erich, Meine Kriegserinnerungen 1914-1918, Berlin 1919, S.506.

Alles, was diesen Mythos in Frage stellte, wurde öffentlich kaum diskutiert. Auch in der finnischen Geschichtsschreibung erfolgte erst seit Ende der 1950er Jahre, beginnend mit den Arbeiten von J. Paasivirta, Y. Nurmio[98] und T. Polvinen[99], eine umfassende kritische Auseinandersetzung mit dem überkommenen Geschichtsbild. Es wurde überzeugend verdeutlicht, dass es auf deutscher Seite keinerlei Skrupel gab, die Not- und Zwangslage der finnischen Regierung auszunutzen. Besonders signifikant dafür waren die nach längeren Vorbereitungen der deutschen Seite am 7. März in Berlin abgeschlossenen drei Staatsverträge (Friedensvertrag, Handels- und Schifffahrtsabkommen, Geheimer Zusatzvertrag),[100] die Finnlands Souveränität und territoriale Integrität verletzt und das Land dem wirtschaftlichen und militärischen Zugriff Deutschlands auch über die Kriegszeit hinaus ausgeliefert hätten. Zudem übernahm die Svinhufvud-Regierung am 18. März die Verpflichtung, die Kosten für die deutsche Intervention sowie für alle Lieferungen von Waffen und sonstigem Kriegsgerät in Geld oder Landeserzeugnissen zu erstatten. Unter Berufung darauf wurde Finnland noch 1922 bei der Abgeltung der gegenseitigen Verbindlichkeiten ein Betrag von 70 Milllionen Reichsmark in Rechnung gestellt. Die Abkommen vom 7. März, deren Umsetzung Finnland in ein deutsches Protektorat verwandelt hätte, waren durch den Versailler Vertrag obsolet geworden.

Deutsches Kriegsschiff im Hafen von Helsinki im April 1918 (Työväen Arkisto)

98 Paasivirta, Juhani, Suomi vuonna 1918, Porvoo-Helsinki 1957; Nurmio, Yrjö, Suomen itsenäistyminen ja Saksa, Porvoo-Helsinki 1957.

99 Polvinen, 1967.

100 Zu den Verträgen im Einzelnen siehe u. a.: Hentilä-Hentilä, 2018, S. 54; Menger, 1974, S. 150 ff; Huldén, S. 46.

Die Ostsee-Division war nach riskanter Fahrt von Danzig aus über die von Packeis bedeckte und verminte Ostsee am 3. April in Hanko gelandet. Neben 10.000 Mann sowie fast 4.000 Pferden und 84 Kühen gehörten Waffen, Munition, Verpflegung und Ausrüstung zum Transport, für den 171 Schiffe unterschiedlicher Art und Größe zum Einsatz kamen.[101] Der ursprüngliche Plan, die Truppen im Raum Rauma/Pori (Björneborg) anzulanden und an der Seite Mannerheims in den Kampf zu führen, war wegen der schwierigen Eislage im Bottnischen Meerbusen aufgegeben worden. Letztlich erwies sich Hanko aber sogar als günstiger Landungsplatz, da sich so die Möglichkeit bot, die Rote Garde in getrennten Kampfabschnitten vom Norden durch Mannerheims Verbände und vom Süden her durch die Einheiten des Generals v. d. Goltz in die Zange zu nehmen. Zudem ersparte die Landung im Rücken der Front den Interventen ein frontales Vorgehen gegen die Hauptkräfte der Revolutionäre und stiftete in deren Reihen Depression und Verwirrung. Mannerheim, der zunächst keine deutsche Truppenhilfe wollte, hatte seine Auffassung nicht zuletzt unter dem Druck der stärker werdenden Roten Garde am 4. März unmittelbar, nachdem ihn die definitive Nachricht von der bevorstehenden deutschen Intervention erreicht hatte, geändert, aber die Unterstellung der deutschen Streitkräfte unter seinen Oberbefehl gefordert. Dagegen gab es von deutscher Seite offiziell keine Einwände, praktisch blieb die Unterstellung aber eine reine Formsache.[102] Mannerheim konnte weder bei der Wahl des Landungsplatzes der Deutschen noch während deren Operationen irgendein Wort mitsprechen. V. d. Goltz widerstrebte es grundsätzlich, sich Mannerheims Befehl unterzuordnen. Er wollte zumindest Helsinki (Helsingfors) unter alleiniger Führung seiner Truppen einnehmen. So kam es auch erst am 10. Mai zu einem Treffen der beiden Befehlshaber. Begründet wurde die fehlende Kommunikation mit den schwierigen funktechnischen Verbindungen – ein Argument, das wohl nicht völlig unzutreffend war, über das der Gesandte v. Brück indessen schrieb: „Daß... technische Schwierigkeiten vorlagen, glaubt wohl niemand. General Goltz wollte offenbar keine Verbindungen herstellen, bis er seine Aufgabe völlig selbständig gelöst hatte.... General Goltz legte keinen Wert darauf, nach den Dispositionen des früheren russischen Generals von Mannerheim zu handeln.“ [103]

101 Siehe: Hentilä-Hentilä, 2018, S.91.

102 Siehe u. a.: Meinander, Henrik, Gustaf Mannerheim. Aristokraatti sarkatakissa, Helsinki 2017, S.116, auch: Perko, S. 83 f.

103 KA, Auswärtiges Amt, A, Finnland, Kotelo 124, Von Brück an Hertling 26. Mai 1918; Siehe auch: Perko, S. 219 ff.

Erstes Zusammentreffen von Rüdiger von der Goltz und Carl Gustaf Mannerheim am 10. Mai 1918 im Hauptquartier der finnischen Armee in Mikkeli (Museovirasto)

Als die in Hanko schwachen Kräfte der Roten Garden völlig überrascht in der Morgendämmerung des 3. April 1918 die deutschen Schlachtschiffe und dahinter die lange Kette der Transportdampfer auftauchen sahen, beschlossen sie, die Stadt kampflos aufzugeben. Deutsche Patrouillen konnten daher schon mittags Hanko in Richtung Tammisaari (Ekenäs) verlassen. Während es bei Tammisaari zu einem ersten Gefecht kam, wurde v. d. Goltz mit seinem Stab in Hanko von der Oberschicht der Stadt feierlich in der blumengeschmückten Kirche empfangen. Allerdings hatte diese Huldigung einen „Schönheitsfehler", da sich zuvor deutsche Soldaten in der Stadt „umgesehen" und in zwei Fällen geplündert hatten.[104] V. d. Goltz entschuldigte sich dafür, versprach Entschädigung und zog daraus die Schlussfolgerung, gegen eine Wiederholung derartiger Vergehen durch äußerst strenge Befehle und die Ankündigung harter Strafen vorzugehen. Das Bild des „Freundes und Helfers" sollte trotz „notwendiger und berechtigter Requisitionen, vor allem von Fahrzeugen und Pferden", nicht getrübt werden.[105]

Die Kampfhandlungen der Deutschen waren innerhalb weniger Wochen beendet. Gegen die fronterfahrenen Soldaten konnten die zahlenmäßig oft überlegenen, aber unerfahrenen, kaum ausgebildeten und schlechter

104 Menger, Manfred, Feuer über Suomi, Berlin 1962, S. 6; Siehe auch: Goltz, 1920, S. 55.

105 KA, OD, Kansio 2, Die Lage in Finnland, 8. April 1918.

bewaffneten Roten trotz gebietsweise heftiger Gegenwehr nicht standhalten.

Gleichwohl ist auch in den Gefechtsberichten deutscher Kommandeure wiederholt vermerkt worden, dass es sich bei der Roten Garde um einen nicht zu unterschätzenden, achtbaren Gegner handelte.[106]

Entgegen dem zunächst vorgesehenen Plan, wonach der Ostsee-Division als erstes Operationsziel aufgetragen war, entlang der Bahnlinie Hanko-Karis (finn. Karjaa)-Hyvinkää (Hyvinge) bis Riihimäki vorzurücken, um diesen größten Eisenbahnknotenpunkt des südlichen Finnland zu besetzen, hatte Ludendorff am 25. März entschieden, die Truppe von Hanko aus entlang der Küste direkt gegen Helsinki einzusetzen. Die rasche Eroberung der Hauptstadt versprach einen politischen Prestigeerfolg und gestattete außerdem ein enges Zusammenwirken mit der Flotte sowie die Verkürzung der Nachschubwege.[107]

Helsinki, in dem es während der gut zweimonatigen Herrschaft der Roten überraschend friedlich geblieben war, wurde nach zweitägigen Kämpfen mit mehreren schockierenden Gewalttaten am 13. April erobert. V. d. Goltz hielt die psychologische und symbolische Wirkung der Einnahme von Helsinki durch die Deutschen für gravierend. Vom militärischen Standpunkt aus betrachtete er die Besetzung der Hauptstadt indessen als „das unwichtigere Ziel, sie war gleichsam das Vorspiel und der Gewinn einer neuen strategischen Basis für die entscheidenden Operationen."[108]

Senator Onni Talas begrüßt als Vertreter der Regierung Rüdiger von der Goltz in Helsinki (Museovirasto)

106 Siehe: Menger, 1974, S. 105, 201, 204.

107 Siehe: Ebd., S. 192.

108 Ebd. S. 72.

Ein Versuch des Generals, Vertreter der wenigen namhaften Sozialdemokraten, die sich nicht am Revolutionsgeschehen beteiligten, bei einem Gespräch in seinem Stabsquartier, dem Hotel Kämp, „zur Beruhigung“ der Lage zu einem Aufruf zur Niederlegung der Waffen zu veranlassen, wurde von den Eingeladenen, darunter V. Tanner und V. Wuolijoki, zwar positiv aufgenommen, aber ihr am 16. April unterzeichneter, zur Beendigung der Kämpfe auffordernder „Aufruf an die Arbeiter Finnlands“ fand nicht die erhoffte Resonanz.[109]

Nach den Erfolgen in der Provinz Uusimaa und der Einnahme der Hauptstadt eroberte die Division im Zusammenwirken mit der in Loviisa gelandeten Brigade das Gebiet zwischen Hämeenlinna (Tavastehus) und Lahti (Lahtis) und unterbrach die Bahnlinie Riihimäki – St. Petersburg, die Rückzugsroute der Roten in Richtung Osten. Die sich auch unter dem Druck der vom Norden her vorrückenden Truppen Mannerheims zurückziehende rote Westarmee geriet so im Raum Hämeenlinna-Lahti in eine tödliche Falle, wurde aufgerieben und gezwungen, den Kampf am 2. Mai endgültig aufzugeben. Wilhelm II. telegrafierte daraufhin den in Potsdam versammelten Veteranen des 1. Preußischen Garde-Infanterieregiments. „Die Waffenbrüder dürfte es interessieren, daß unser Graf Rüdiger v. d. Goltz am Jahrestag der Schlacht von Großgörschen in Finnland einen großen, die dortigen Kampfhandlungen entscheidenden Sieg errungen hat.“[110] Schon wenige Tage vor dieser Niederlage der Roten war es Mannerheims Truppen mit starken Kräften gelungen, Wiborg (finn. Viipuri, schwedisch Viborg), nach Helsinki Sitz der Revolutionsregierung, zu nehmen. Viele Rote sahen für sich in der Flucht nach Russland die einzige Chance zum Überleben.

Der Krieg war zwar kurz, aber überaus blutig. Die eigentlichen Kämpfe dauerten nur wenige Monate, aber der von beiden Seiten ausgeübte Terror und besonders die dem Krieg folgende Abrechnung forderten 36.640 Todesopfer, 27.038 davon auf der roten Seite.[111] An den Terrormaßnahmen außerhalb des Kampfgeschehens – mit 7.370 hingerichteten und weiteren 11.652 in den Gefangenenlagern vor allem durch Hunger und Seuchen umgekommenen Roten, die ihrerseits 1.424 Gewaltverbrechen begingen – sollen die Deutschen mit ca. 100 Hinrichtungen beteiligt gewesen sein, wobei die Angaben schwer zu verifizieren sind.[112] In den Kämpfen gegen die Deutschen fielen 1.700

109 Tanner, Väinö, Kuinka se oikein tapahtui, Helsinki 1957, S. 277-279, Goltz, 1920, S. 64.

110 Goltz, 1920, S. 73.

111 http://vesta.narc.fi/cgi-bin/db2www/sotasurmaetusivu/stat2; Siehe auch: Jussila, Osmo, Hentilä, Seppo, Nevakivi, Jukka, Vom Großfürstentum zur Europäischen Union. Politische Geschichte Finnlands seit 1809, Berlin 1999, S. 134.

112 Hentilä-Hentilä, 2018, S. 198.

Rote, auf deutscher Seite waren ca. 507 Tote zu beklagen.[113] Für sie wurden in Finnland ca. 30 Denkmäler errichtet.[114]

Von Mai bis Oktober 1918 wurden von einem speziell eingerichteten Hochverratsgericht mit 145 Kammern von den 90.000 Roten in den Gefangenenlagern über 67.000 zu mehrjährigen Gefängnisstrafen verurteilt. Von den 555 ausgesprochenen Todesurteilen wurde die Hälfte vollstreckt. Nach einer Änderung des Strafgesetzes im Juni 1918 sind 40.000 Gefangene bedingt entlassen, weitere im Herbst begnadigt worden, aber Ende 1918 befanden sich noch 6.100 Rote in Gefangenschaft.[115]

Die Gewaltakte des Frühjahrs 1918 hinterließen in der Erinnerung der Menschen tiefe Wunden, die auch im Verlauf von Jahrzehnten nicht völlig heilten.

Die Sieger des Bürgerkrieges deklarierten den Krieg als „Freiheitskrieg", die Verlierer als „Landesverräter" und die deutschen Interventen als „Befreier".

Deutsche Soldaten mit Maschinengewehr auf einer Straße in Helsinki (Työväen Arkisto)

113 http://vesta.narc.fi/cgi-bin/db2www/sotasurmaetusivu/results.

114 Sirola, Anna, Vuoden 1918 saksalaiset sotilasmuistomerkit Suomessa, Väyläkirjat 2018, S. 112; Siehe auch: Hentilä-Hentilä, 2018, S. 206.

115 Jussila, Hentilä, Nevakivi, S. 134.

Für den Bürgerkrieg, einen hauptsächlich innerfinnischen Konflikt, wurde im bürgerlichen Finnland nach 1918 für Jahrzehnte allein die Sicht einer nationalen Rettung vor dem bolschewistischen Russland maßgebend. Die deutschen Truppen hatten mit aller Härte gegen die Roten gekämpft. Dennoch wurde von deutschfreundlichen Kreisen, unterstützt von der Führung der deutschen Truppen, und später auch bestätigt in Memoiren von Roten[116], die Auffassung vertreten, dass die Deutschen weniger brutal mit den Roten umgegangen waren als die Weißen. Für eine solche Einschätzung kann ins Feld geführt werden, dass es zwischen Weißen und Roten auf Grund des angestauten Hasses und zahlreicher Ungerechtigkeiten in der Tat wesentlich häufiger zu Racheakten kam als zwischen Deutschen und Roten. Außerdem war vereinbart worden, die Verurteilung der roten Gefangenen den Weißen zu überlassen, ohne Beteiligung der Deutschen.[117]

Die generelle Bewertung des deutschen Einschreitens für den Ausgang der Kämpfe war nie einmütig. Nach der unterdessen aber eindeutig dominierenden Auffassung finnischer Historiker war der Einsatz der deutschen Truppen für den Ausgang des Bürgerkrieges nicht entscheidend, wohl aber für seine Dauer. Er verkürzte die Kämpfe um Wochen, wenn nicht um Monate. Jedenfalls beeinflusste die Landung der Deutschen und deren Schockwirkung auf die Roten und die Konsequenzen für den Einsatz ihrer Kräfte das Kampfgeschehen nicht nur im Süden, sondern sie verbesserte auch Mannerheims Siegeschancen im Norden ganz erheblich. Jetzt begann der Widerstand zu bröckeln. Am selben Tag, an dem die Deutschen in Hanko landeten, begannen die Weißen mit der Eroberung von Tampere (Tammerfors), wo ein erheblicher Teil der roten Verbände stationiert war.[118] So war es im Grunde nicht verwunderlich, dass sich beide Heerführer, Mannerheim und v. d. Goltz, als die entscheidenden Sieger und Befreier betrachteten. Mannerheim blieb bei seinem Standpunkt, dass „das Werk der Befreiung aus eigener Kraft" möglich gewesen wäre.[119] V. d. Goltz ließ dagegen in seinen Memoiren kaum einen Zweifel daran, dass es Mannerheim ohne die Ostsee-Devision kaum anders als Koltschak, Denikin und Judenitsch in Russland ergangen wäre.[120]

Weite Kreise des bürgerlichen Finnland und namentlich auch dessen verantwortliche Politiker des Jahres 1918 haben ihrerseits maßgeblich dazu

---

116 Siehe u.a.: Sohkanen, Viljo, Punakaartilaisen päiväkirja, Helsinki 1967.

117 Goltz, 1920, S. 64.

118 Meinander, Henrik, Finnlands Geschichte. Linien, Strukturen, Wendepunkte, Regensburg 2017, S. 189.

119 Mannerheim, Gustaf, Erinnerungen, Zürich und Freiburg im Breisgau 1952, S. 193.

120 Goltz, 1920, S. 45.

beigetragen, den ohnehin nicht von Minderwertigkeitskomplexen geplagten Grafen und General v. d. Goltz über alle Maßen zu hofieren und als ihren Befreier zu glorifizieren. Sie hatten keine Probleme damit, die entscheidende Rolle der Deutschen zu betonen.[121]

Erster Höhepunkt dieser Huldigung war die perfekt arrangierte Siegesparade der Deutschen am 14. April, unmittelbar nach der Einnahme Helsinkis. Im Überschwang der Gefühle feierten Vertreter der Regierung, der Stadt und der Universität den General auf dem Senatsplatz als hochherzigen Retter in der Not und selbstlosen Befreier.[122]

Dieser Ruf blieb ihm in Teilen des bürgerlichen Lagers über Jahrzehnte, bei manchen bis heute, erhalten. V. d. Goltz hat seinerseits nach Kräften dazu beigetragen, diese Glorifizierung zu nähren.

Am 16. Mai bekam auch Mannerheim seine Chance, sich in Helsinki hoch zu Ross mit 12.000 Mann seiner Armee zu präsentieren. Goltz war der nach seiner Darstellung an ihn ergangenen Aufforderung, sich mit deutschen Truppen an der Parade zu beteiligen, nicht gefolgt, „damit die Parade eine finnische Nationalfeier wurde."[123] Er verfolgte das Geschehen vom Treppenportal der Universität, gönnte Mannerheim, der enttäuscht darüber war, Helsinki nicht selbst eingenommen zu haben,[124] seine eigene Siegesfeier, wohl wissend, welchen Einfluss er selbst schon auf die führenden Politiker Finnlands hatte. Größte Aufmerksamkeit an der ganzen Inszenierung erregte letztlich wohl Mannerheims Appell an den Senat, „das Steuer des Staatsschiffes in eine kraftvolle Hand" zu legen.[125] Diese Forderung fand die von ihm beabsichtigte Aufmerksamkeit, wurde allerdings unterschiedlich interpretiert, als Forderung einer Militärdiktatur oder aber einer monarchistischen Staatsform.[126]

Trotz dieser Parade am 16. Mai, die das Ende des Bürgerkrieges signalisierte, blieb der Ruf von Rüdiger v. d. Goltz als „Befreier" Helsinkis bei der die Weißen unterstützenden Bevölkerung Helsinkis unangetastet.

Sowohl der 12. April als auch der 16. Mai wurden in den 1920er und 1930er Jahren in Finnland feierlich begangen. V. d. Goltz gab bei den Feierlichkeiten immerhin deutlich zu verstehen, dass er an der Spitze seiner Truppen Südfinnland mit der Hauptstadt Helsinki und Mannerheim Nordfinnland „befreit" hätten.

---

121 Meinander, 2017, S. 190.

122 Goltz, 1920, S. 63.

123 Ebd., S. 75.

124 Siehe: Screen, J.E.O. Mannerheim, Keuruu 2001, S.172.

125 Mannerheim, 1952, S. 220.

126 Ebd.

Mannerheim nahm zwei Wochen nach der glanzvollen Parade vom 16. Mai 1918 unter dem Druck der Verhältnisse seinen Abschied. Er war, ähnlich wie Goltz, nicht gern „Unterführer“, vor allem aber teilte er nicht den Glauben der Regierung an einen deutschen Sieg im Weltkriegsgeschehen, fügte sich nicht einer Politik im Schlepptau des „Deutschen Generals“, die Finnland de facto zum Vasallen des wilhelminischen Deutschland degradierte.

Rüdiger v. d. Goltz wurde für seinen Einsatz im finnischen Bürgerkrieg am 15. Mai 1918 der Orden Pour le Mérite verliehen, von finnischer Seite wurde er am 8. Juli 1918 mit dem Finnischen Orden des Freiheitskreuzes I. Klasse mit Edelsteinen und Schwertern geehrt.

„Deutscher General“ in Finnland

Rüdiger v. d. Goltz, der vor seinem Einsatz in Finnland kaum etwas über das Land gewusst hatte, war überrascht, dass er trotz der über hundertjährigen Zugehörigkeit Finnlands zum Russischen Reich dort nicht auf „Einöde, Unkultur und Schmutz“ stieß. So registrierte er einen „Kulturunterschied zwischen Finnland und den sog. ehemals russischen Randstaaten“.[127] Auffallend fand er die Sauberkeit der Städte und Dörfer, die hübschen und wohnlichen Holzhäuser. Er hielt die Finnen nun nach all seinen Hassbekundungen über das „rote Mord- und Raubgesindel“ für treu und ehrlich, für überdurchschnittlich intelligent und bildungsbewußt, sie waren in seinen Augen die geborenen Kaufleute und Bankiers und es war ihm unverständlich, „wie in solchem Lande der Bolschewismus aufkommen konnte.“[128]

Er war also von diesem „nordöstlichen Vorposten mitteleuropäischer Bildung“,[129] von seinen Menschen und auch von der Natur des Landes sehr angetan und hat sich in Finnland schnell und problemlos eingelebt. Im Spätsommer holte er schließlich „auf Einladung einiger Damen“, auch seine Frau Hannah und den jüngsten Sohn Georg Conrad nach Helsinki, wo die Familie in der Villa Kesäranta, heute offizieller Wohnsitz des Ministerpräsidenten, unter idealen Bedingungen Quartier bezog, von der „feinen Gesellschaft“ der Hauptstadt umworben und in deren gesellschaftliches und geselliges Leben einbezogen.

Zu der exquisiten Position verhalfen dem General nicht nur die militärischen Siege seiner Truppen, seine umfangreichen Machtbefugnisse und die Vertrauensstellung, die er beim Senat besaß, sondern auch der Rückhalt, den er seit seiner Ankunft bei großen Teilen der finnischen Elite fand. Zudem

127 Goltz, 1920, S. 34.

128 Ebd., S. 35.

129 Ebd., S. 36.

gab es in Helsinki eine Deutsche Gemeinde[130], deren Mitglieder Kunst-, Wissenschafts- und Wirtschaftskreisen angehörten. Unter den deutschen Staatsbürgern, die 1914 das Land verlassen mussten, aber nach und nach zurückkehrten, gab es nicht wenige Anhänger der Hohenzollern Dynastie und damit Gesinnungsverwandte des Generals. Die Dankbarkeit für die Rettung des weißen Finnland führte selbst bei vielen, die sich gegenüber Deutschland skeptisch verhielten und die steife preußische Kultur kritisch betrachteten, zu einer positiven Einstellung gegenüber den deutschen Helfern.[131] So wurde v. d. Goltz also freundschaftlich aufgenommen und zu den verschiedensten Veranstaltungen, privaten Feiern und Ausflügen eingeladen. Die Bewunderung und Verehrung, die er von seiner Klientel erfuhr, beförderten offenbar nicht nur sein Sendungsbewusstein, sondern gaben ihm und später auch seiner Frau das Gefühl, in Finnland eine „zweite Heimat" gefunden zu haben.

Dennoch vermittelt v. d. Goltz in seinen Memoiren den Eindruck, dass er Anfang Mai, nach der Niederschlagung der Roten beabsichtigte, an die Westfront zurückzukehren.[132] Ein Rückzug der Ostsee-Division und die Versetzung ihres Kommandeurs stand seitens der OHL oder der Reichsregierung aber völlig außer Betracht. Mit der Niederlage der Roten war eine Etappe, aber keineswegs die gesamte Zielstellung des deutschen Einschreitens in Finnland erreicht. Der deutschen Absicht, die in Finnland gewonnene Machtstellung zu behaupten und auszubauen, kam sehr entgegen, dass die finnische Staatsführung ebenfalls den Verbleib der Division wollte und schon am 4. Mai durch den Senatsvorsitzenden Svinhufvud v. d. Goltz darum ersuchte. Am 22. Mai bekräftigte Svinhufvud, der wenige Tage zuvor zum Staatsoberhaupt gewählt worden war, das Ersuchen in seinem Schreiben an v. d. Goltz unter Verweis auf die fortbestehende Gefahr „neuer" russischer Angriffe sowie der Notwendigkeit deutscher Hilfe zur Sicherung der Verteidigungsfähigkeit Finnlands und der „Säuberung" Ostkareliens von den durch die Entente unterstützten „russischen und finnischen Bolschewisten". Abschließend hieß es in dem Schreiben: „Aus diesen schwerwiegenden Gründen, die auch für die deutschen Interessen nicht ohne Belang sein dürften, erlaube ich mir, Ew. Hochwohlgeboren zu ersuchen, das weitere Verbleiben der deutschen Truppen in Finnland bei der Obersten Heeresleitung erwirken zu wollen."[133]

130 Siehe dazu: Sentzke, Geert, Deutsche Gemeinde Helsinki-Helsingfors 1858-1971 Geschichte der ev. luth. Gemeinde deutscher Sprache in Finnland, Helsinki 1972.

131 Hentilä-Hentilä, 2018, S. 226 f.

132 Goltz, 1920, S. 76.

133 KA, OD, K 2 Schreiben Svinhufvuds an v. d. Goltz vom 22. Mai 1918; Siehe auch: Hentilä-Hentilä, S. 222.

Der OHL kam das neuerliche Ersuchen sicher gelegen, aber ihre Entscheidung über den Verbleib der Ostsee-Division war längst getroffen, die Verlegung von Kampftruppen nach Südostfinnland für den „Kriegsfall“ gegen die Entente oder Russland bereits angeordnet,[134] nur zur Unterstützung des von der finnischen Staatsführung erhofften Anschlusses des russischen Ostkareliens an Finnland war man nicht geneigt.

Der Verbleib deutscher Streitkräfte in Finnland war die elementare Voraussetzung, um die weit über die Niederschlagung des revolutionären Aufstandes hinausreichenden Ziele der deutschen Intervention zu verwirklichen. Es ging nun ums Ganze, um ein Finnland zu Diensten des Reiches und damit am vordringlichsten um die Reorganisation der finnischen Streitkräfte nach deutschem Muster, um eine Streitmacht, die im Kriegsfall uneingeschränkt deutschem Befehl unterstellt werden sollte.

Die entscheidenden Gespräche über die Gestaltung, die Führung, die Struktur und die Aufgaben der finnischen Armee führten Mannerheim, der Senat und v. d. Goltz in der Woche vom 20.-27. Mai. Mannerheim hielt das Verbleiben der deutschen Truppen in Finnland aus militärischer Sicht nicht für unbedingt erforderlich, sah in ihnen andererseits aber einen Faktor für erhöhte Sicherheit. Eine große Rolle spielte in den Gesprächen auch ein möglicher Angriff auf Ostkarelien und St. Petersburg, den Mannerheim befürwortete, den der Senat aber nur bei einer Zustimmung der OHL und mit deutscher Beteiligung riskieren wollte. Eine militärische Operation in Richtung Murmanbahn, noch nicht gegen Petersburg, lag zwar - zur Blockierung eines Vorrückens der Ententetruppen - grundsätzlich im deutschen Interesse, sollte jedoch unter Einsatz kampfstarker finnischer Verbände erfolgen, die aber vorerst noch nicht zur Verfügung standen.

Zudem wurden unterschiedliche Vorstellungen zwischen Mannerheim und v. d. Goltz über den Charakter der zukünftigen finnischen Armee deutlich. Mannerheim wollte eine Struktur, die es gestattet hätte, alle männlichen Kräfte zu mobilisieren, eine ausreichend starke Armee unter finnischer Führung zu bilden und ständig unter Waffen zu halten, während v. d. Goltz für gut geschulte und ausgebildete, aber von ihrer Stärke her begrenzte Streitkräfte plädierte.[135]

Viel gewichtiger war indessen Mannerheims grundsätzliche Ablehnung einer Reorganisation und faktischen Führung der finnischen Streitkräfte durch deutsche Militärs. Folgerichtig forderte er daher für sich die uneingeschränkte Befehlsgewalt und Unabhängigkeit von dem am 27. Mai 1918 mit der Bildung

---

134 KA, OD, K 2 Denkschrift für die Befestigung der Enge von Karelien 20.5.1918; Siehe auch: Hentilä-Hentilä, 2018, S. 223.

135 Häikiö, S. 335.

der Regierung unter J. K. Paasikivi zum Kriegsminister ernannten Wilhelm Thesleff, eines Gefolgsmanns des Generals v. d. Goltz, und den Verbleib von 80 schwedischen Offizieren, die als Freiwillige unter seinem Kommando gedient hatten.

Für v. d. Goltz kam dagegen nur eine Reorganisation der finnischen Armee nach seinen Vorstellungen in Frage. Auch jede Unterstellung deutscher Militärberater unter Mannerheims Kommando hielt er für völlig ausgeschlossen. Er bezeichnete das unter anderem in einem Gespräch mit dem deutschen Gesandten Freiherrn von Brück als „absolut untunlich" und äußerte sich geringschätzig über Mannerheims militärische Fähigkeiten. „Ein militärischer Laie" - lautete sein kurzes und prägnantes Urteil! Zudem beklagte er die negative Einstellung des Generals zu den Jägern,[136] anerkannte aber dessen Energie und organisatorische Fähigkeiten. Insoweit sei ein Rücktritt Mannerheims zu bedauern. Auch gegenüber Svinhufvud betonte v. d. Goltz die Unmöglichkeit, deutsche Truppen dem Befehl Mannerheims zu unterstellen. Jedenfalls standen Svinhufvud, Paasikivi und der gesamte Senat vor der Wahl – v. d. Goltz oder Mannerheim.

Die Entscheidung in dem Machtkampf fiel, nach Lage der Dinge wohl kaum überraschend, am 30. Mai endgültig im Sinne der Befürworter einer noch intensiveren Orientierung auf Deutschland, also für Goltz und gegen Mannerheim.

Am 7. Juni legte v. d. Goltz einen in den Grundzügen offensichtlich schon in Danzig von ihm, W. Thesleff und Hauptmann Karmann, dem Stabschef der Ostsee-Division, ausgearbeiteten Plan vor, der auf eine völlige Neuorganisation des finnischen Heeres nach preußisch-deutschem Muster hinauslief und von der Regierung gebilligt wurde.[137]

V. d. Goltz bezeichnete 1920 den ihm durch Befehl der OHL und auf Ersuchen der finnischen Regierung erteilten Auftrag, finnische Streitkräfte aufzubauen und sie faktisch deutscher Führung zu unterstellen, als eine für einen Offizier nicht alltägliche, ungewöhnliche, herausfordernde, äußerst schwierige und wichtige Tätigkeit, die vielleicht nicht weniger als die Befreiungstat die engen Bande zwischen Deutschland und Finnland hat flechten helfen. „Denn unter deutschem Schutze hat Finnland trotz heftiger Parteikämpfe, trotz Bedrohung von außen seine erste staatliche Entwicklung festigen können."[138]

Mannerheims Rückblick auf die Vorgänge fiel selbstverständlich ganz anders aus. Er bekräftigte seine wohl nie ganz überwundene Frustration über das

136 KA, Auswärtiges Amt Abt. A Finnland Kotelo 124, v. Brück an Hertling, 28. Mai 1918, Gespräch v. Brück mit v. d. Goltz über Mannerheim.

137 Hentilä-Hentilä, 2018, S. 234 und 302.

138 Goltz, 1920, S. 77.

Geschehen noch an seinem Lebensende. In den erstmals 1952 veröffentlichten Memoiren referierte er die entscheidende Passage seiner Abschiedserklärung vom 30. Mai 1918 vor dem Senat mit den Worten: „Niemand könnte sich wohl vorstellen, dass ich mich jetzt - nachdem ich eine Armee aus dem Boden gestampft und nahezu unausgebildete, schlecht bewaffnete und ausgerüstete Truppen zu einem Sieg geführt hätte, der dank des Kampfgeistes des finnischen Soldaten und der Tüchtigkeit und Hingabe der Offiziere gewonnen worden wäre - darein finden würde, die Befehle mit meinem Namen zu unterzeichnen, die eine deutsche Militärkommission für notwendig zu halten glaubte."[139]

V. d. Goltz war letztlich aus dem Konkurrenzverhältnis mit Mannerheim als Sieger hervorgegangen. Er gab zu, dass die plötzliche Entlassung Mannerheims viel Staub aufgewirbelt habe. „Heute ist man sich wohl darüber einig", schrieb er 1920, „daß sie nicht als Akt von Undankbarkeit verurteilt werden kann, sondern dass in militärischer, innen- und außenpolitischer Hinsicht nach Beendigung des Krieges unüberbrückbare Gegensätze zwischen Mannerheim und der Regierung hervortraten."[140] Was er nicht erwähnte, war, dass diese Regierung, wie Mannerheim später äußerte „hinter meinem Rücken" und „in intimer Zusammenarbeit mit Generalmajor v. d. Goltz"[141] genau den Kurs steuerte, den er selbst vorgab und der geradezu zwangsläufig zur Demission Mannerheims führen musste.

Das angespannte Verhältnis zwischen den beiden Befehlshabern war für die mit den Interna vertrauten Personen selbstverständlich kein Geheimnis, „aber da es sich um zwei Herren von ausgezeichneten Lebensformen handelt, sind ihre Zusammenkünfte, denen ich mehrfach beiwohnte, immer außerordentlich höflich und freundlich gewesen...."[142], berichtete von Brück nach Berlin. Auch Mannerheim hatte sich in der Pflicht zur Zusammenarbeit gesehen und trat deshalb gegenüber v. d. Goltz und seinen Mitarbeitern korrekt und freundlich auf, „obwohl er den politisierenden deutschen General in mancher Hinsicht kritisierte", wie es Stig Jägerskiöld in seiner Biografie über Mannerheim diplomatisch formulierte.[143]

Während v. d. Goltz dann in den zwanziger und dreißiger Jahren bei seinen Reisen nach Finnland und seinen dortigen Auftritten den unterdessen zu einer

139 Mannerheim, S. 223 f, Siehe auch: Marskalkens minnen. Nationalupplaga av G. Mannerheim: Minnen I-II, Helsingfors 1954, S. 11O f.

140 Goltz, 1920, S. 84.

141 Mannerheim, S. 230.

142 KA, Auswärtiges Amt Abt. A Finnland, Kotelo 124, v. Brück an Hertling, Helsingfors 26. Mai 1918.

143 Jägerskiöld, Stig, Mannerheim 1867-1951, Herford 1985, S. 226.

weithin anerkannten Persönlichkeit von nationalem Rang aufgestiegenen Mannerheim sicher ganz gezielt stets lobend erwähnte und um eine Annäherung bemüht war, vermied Mannerheim in den zwanziger Jahren ein Zusammentreffen mit v. d. Goltz[144] und verhielt sich auch bei dessen Finnlandbesuchen in den Jahren 1933 und 1938 zurückhaltend gegenüber dem „Deutschen General". Auch in seinen Memoiren erwähnte er Goltz eher nur beiläufig.

Dagegen stilisierte v. d. Goltz Mannerheim seit 1933 geradezu zu einem Freund des Reiches und also auch seiner Person. „Mannerheims Stellung zu Deutschland und damit auch zu mir ist ein gutes zu nennen, seitdem Deutschland sich seit 1933 wieder auf sich selbst besann und im Rate der Völker wieder eine geachtete, vielfach gefürchtete Stellung einnimmt. Auch an diesem Beispiel können wir sehen, wie richtig die kraftvolle Außenpolitik Adolf Hitlers war und ist", hieß es in der überarbeiteten, bereits erwähnten Neuauflage seines 1920 publizierten Buches unter dem Titel „Als politischer General im Osten".[145]

Der Rücktritt Mannerheims hatte die Position von Rüdiger v. d. Goltz weiter gestärkt.

Er gehörte neben Svinhufvud und Paasikivi, seit dem 27. Mai Regierungschef, bis Ende 1918 zu den mächtigsten Personen in Finnland, forcierte den Aufbau der finnischen Armee nach deutschem Muster, war als „politischer General"- wie er sich selbst bezeichnete - wichtigster Repräsentant und Verfechter der Eingliederung Finnlands in den deutschen Machtbereich. Der ihm im Juli von Kaiser Wilhelm II. verliehene Titel „Deutscher General in Finnland"[146] unterstrich seine Sonderstellung, zielte auf eine weitere Aufwertung seiner Rolle und Person, war keine Formalie, sondern mit der Übertragung weiterer Machtbefugnisse verbunden, wie u. a. aus der Dienstanweisung für den Deutschen General in Finnland hervorgeht.[147] Finnischerseits gab es wegen der Bezeichnung - wie von Brück nach Berlin meldete - „neben einer vollen Würdigung der Schönheit und Einfachheit der Titulatur auch ernst zu nehmende Beanstandungen." Die Finnen wären ängstlich darauf bedacht, die volle Souveränität ihres Landes auch in reinen Äußerlichkeiten zu wahren. In der Bezeichnung Deutscher General in Finnland fänden sie „eine Art Präponderanz der militärischen Führung dokumentiert". Brück war sich darüber im Klaren, dass die Titelverleihung nicht rückgängig zu machen

144 Perko, S.377.

145 Goltz, 1936, S. 57 f.

146 Siehe: KA, Deutscher General in Finnland Kansio 5, Erlaß vom 13.9.1918 Nr. 9479.

147 Siehe: Anhang Anlage 1.

sei, empfahl allerdings „den Verdacht einer Einmischung in finnische Angelegenheiten durch allzu grosse Unterstreichung des Machtmoments zu vermeiden."[148]

Der „Deutsche General" erwies sich erforderlichenfalls, wie etwa in manchen seiner versöhnlichen Äußerungen über die Sozialdemokraten, durchaus auch als politischer Taktiker, war aber nach Naturell und Aufgabe vorrangig auf die Demonstration von Macht und Einfluss orientiert. Formell schon daran erkennbar, dass er keine Skrupel hatte, sich privat und dienstlich, geradezu symbolträchtig, in die Residenzen bzw. Dienstwohnungen der letzten russischen Generalgouverneure einzuquartieren - in der Villa Kesäranta familiär und im sogenannten „Smolna", nun „Deutsches Kommando", mit seinem Hauptquartier. Es war üblich, dass Svinhufvud und Paasikivi, wenn sie mit dem General zu konferieren hatten, ihn dort aufsuchten, statt ihn zu sich zu rufen.[149]

So konnte man denn auch in Helsinki hören: Früher waren wir „ryskt (russisch), jetzt sind wir „tyskt" (deutsch) – es hat sich nur ein Buchstabe geändert.[150]

Bezeichnend für die Situation war auch folgende Äußerung des Generalmajors Hannes Ignatius, grundsätzlich deutschorientiert, über ein im August 1918 mit Svinhufvud geführtes Gespräch: „Ich begriff klar, daß uns nur der Schatten der Unabhängigkeit geblieben ist, v. d. Goltz ist Finnlands wirklicher Reichsverweser und alle anderen sind nur Puppen in seinen Händen.... Ich wollte mit Svinhufvud über die Karelienfrage sprechen...Ich hatte versucht, meine Rede zu beginnen, als Svinhufvud sagte: Weißt Du, ich verstehe solche Sachen nicht, aber du solltest versuchen mit v. d. Goltz über die Angelegenheit zu sprechen."[151] Die Aussage war sicher zugespitzt, aber im Kern nicht abwegig. Finnland wurde von Juni bis Ende November 1918 von der Troika Svinhufvud - Paasikivi - v. d. Goltz regiert - über die Reihen- und Rangfolge differieren die Auffassungen, sehr weitgehend einig ist man sich aber darüber, dass Svinhufvud und Paasikivi überzeugt waren, dass das Wohl und Wehe ihres Landes die deutsche Rückendeckung erforderte und der dafür geforderte Preis zu zahlen war. Jedenfalls befand sich Rüdiger v. d. Goltz im Sommer 1918 auf dem Höhepunkt seiner Karriere. Er unterhielt sowohl zu den für ihn maßgeblichen deutschen Stellen als auch zur finnischen Führung enge Kontakte und verfügte über deren Vertrauen. Sein direkter Draht zu Ludendorff

148 PAAA, Abt. IV Norden I A Finnland R 6.139-1, v. Brück an Hertling vom 9.8.1918.

149 Huldén, S. 69.

150 PAAA, Abt. IV Norden I A Finnland R 6.139-1, v. Brück an Hertling vom 9.8.1918.

151 Zit. nach Häikiö, S.366, Siehe auch: Huldén, S.70.

verschaffte ihm auch Gehör beim Kaiser. Die erfolgreiche militärische Intervention und die darüber von finnischer Seite auch gegenüber Wilhelm II. wiederholt geäußerte Dankbarkeit hatten die Position und das Ansehen des Generals in der Obersten Heeresleitung weiter gestärkt. In Finnland wurden und blieben, neben vielen deutschfreundlichen Politikern und Militärs aus der zweiten Reihe, der Reichsverweser P. E. Svinhufvud und Ministerpräsident J. K. Paasikivi seine wichtigsten Stützen und persönlichen Freunde.[152]

Rumpfparlament - die erste Sitzung des finnischen Parlaments nach der Einnahme von Helsinki am 15.5.1918 – Rüdiger von der Goltz an herausgehobener Stelle, die Plätze der Linken unbesetzt, lediglich der Sozialdemokrat Matti Paasivuori durfte teilnehmen (Foto: Gunnar Lönnqvist, Museovirasto)

Svinhufvud beispielsweise hatte, wie der Gesandte von Brück dem Auswärtigen Amt meldete, mehrfach angedeutet, dass er sich in wichtigen Fragen an das deutsche Militär, sprich an v. d. Goltz, wende, da ihm zum

152 Siehe: Perko, S. 252 f.

Auswärtigen Amt das nötige Vertrauen fehle. Beim Militär fände er das weiteste Entgegenkommen. Vom Auswärtigen Amt glaube er dagegen nicht viel erwarten zu können. Er habe den Eindruck, dass es „Finnland beim Eintritt normaler Verhältnisse Russland gegenüber ruhig würde fallen lassen.“[153] Selbst wenn man unterstellt, dass bei derartigen Äußerungen Svinhufvuds auch politische Taktik im Spiel war, so steht doch außer Frage, dass für die Finnen kein Zweifel darüber bestand, dass in allen für sie entscheidenden Fragen der „Deutsche General in Finnland“ und nicht der Vertreter des Auswärtigen Amtes das Sagen hatte. V. d. Goltz war sich seiner Macht durchaus bewusst, nutzte diese wiederholt auch zu Alleingängen, überging den Gesandten von Brück auch bei politisch äußerst gravierenden Vorgängen wie im Fall der deutsch-finnischen Militärbündnisprojekte, deren Umsetzung Finnland in einen Staat ohne jegliches Mitspracherecht bei seiner eigenen Landesverteidigung verwandelt hätte.[154]

Die wesentlichsten Aktivitäten des Generals nach den Kampfhandlungen gegen die Roten sind inzwischen vielfach dargestellt und bewertet worden. Kurz resümiert, konzentrierte er sich in seinem Wirken nun vor allem auf folgende Aufgaben:

Militärisch ging es darum, Finnland als Eckpfeiler gegen die Entente und Sowjetrussland – wie Ludendorff meinte - fest in der Hand zu haben und die eigenen Kräfte, unterstützt durch finnisches Militär, zu befähigen, zum gegebenen Zeitpunkt auch offensiv in Richtung Petersburg und Murmanbahn wirksam zu werden.[155] Das erforderte Entscheidungen über Truppenstandorte, Geländeerkundungen im Hinblick auf mögliche Gefechtsschauplätze, operative Planungen und die weitere Befähigung der eigenen und elementaren Ausbildung der finnischen Truppen zu offensiver Kriegführung.

Der Befehlsgewalt des Generals unterstand auch die im Juni von der Obersten Heeresleitung in der Absicht, die Lenkung und Schlagkraft der finnischen Armee in deutschem Sinne voll zu garantieren, entsandte Militärmission unter Oberst von Redern. Der Oberst führte den Titel „Chef des deutschen Generalstabes beim finnischen Heere“, hatte faktisch das Oberkommando über die finnische Armee und war nur an die Weisungen des „Deutschen Generals in Finnland“ gebunden. Der formal noch amtierende finnische Generalstabschef wurde wenige Wochen nach der Ankunft von Rederns auf

153 PAAA, Abteilung IV Norden, I A Finnland R 6.140-3, v. Brück an Hertling vom 18.8.1918.

154 Siehe dazu: Hentilä-Hentilä, 2018, S. 344 f; Perko, S. 273 ff.

155 Siehe: Menger, Manfred, Deutschland und Finnland 1914-1918, in: Arcturus. Deutschsprachiger Raum und europäischer Nordosten, Blätter der Aue-Stiftung für Geschichte und Kulturkontakt, Veröffentlichungen der Aue-Stiftung 7/2018, S. 94, Fußnote 43.

Veranlassung von Rüdiger v. d. Goltz „wegen Unzuverlässigkeit“ entlassen, der Kriegsminister Wilhelm Thesleff hingegen konnte als treuer Gefolgsmann des „Deutschen Generals“ im Amt bleiben.[156]

Insgesamt wirkten etwa 100 deutsche Offiziere und weitere 100 Militärangehörige in den finnischen Streitkräften[157], deren Operationsarmee nach Ausbildung und Ausrüstung zur Kriegführung außerhalb der finnischen Grenzen befähigt werden sollte. In der zur Verfügung stehenden Zeit konnten aber nur mäßige Erfolge erzielt werden. Die Kampffähigkeit der mit ca. 12.000 Mann[158] auch zahlenmäßig schwachen finnischen Armee blieb gering.

Im Rahmen des im August/September vorbereiteten Unternehmens „Schlußstein“, mit dem durch im formellen Einvernehmen mit den Sowjets beiderseits des Finnischen Meerbusens vorgehende Truppen die Kontrolle über Petrograd und eine günstige Ausgangsbasis zur Blockierung der Ententetruppen an der Murmanbahn gewonnen werden sollte, wurde der finnischen Armee nur eine Sicherungsaufgabe auf eigenem Territorium zugedacht. V. d. Goltz, der nun ebenso wie die OHL die Möglichkeit sah, Lenins Regierung zu stürzen, führte im Zusammenhang mit den Operationsplanungen geheim gehaltene Gespräche mit einflussreichen russischen Monarchisten, die ihrerseits hofften, durch das deutsche Vorgehen ihre verlorene Macht zurückzugewinnen. In einer Wiedererrichtung des zaristischen Systems sahen die Finnen, die nur auf Umwegen von den Vorgängen erfuhren, jedoch zu Recht eine ernsthafte Gefährdung ihrer staatlichen Selbständigkeit. Daher reagierte nicht nur Svinhufvud auf die Vorgänge verärgert, während v. d. Goltz in seinen Erinnerungen schrieb: „Das Vertrauen zu mir war viel zu groß, als dass sie glauben konnten, ich würde Finnland dem zukünftigen Russland opfern.“[159] Das Unternehmen „Schlußstein“ musste schließlich Mitte September „mit Rücksicht auf die Gesamtlage“[160] zur großen Enttäuschung des „Deutschen Generals“ letztlich aufgegeben werden.[161] „Ein weltgeschichtlicher Augenblick ist versäumt worden“, war sein Resümee.[162]

156 Menger, 1974, S. 211.

157 Hentilä-Hentilä, 2018, S. 304.

158 KA, OD, Kansio 3, Anlagen zum Kriegstagebuch, September 1918 S. 54.

159 Goltz, 1920, S. 93.

160 KA, OD, Kansio 1, Kriegstagebuch des Stabes Nr. 3a 1.8.-31.10.1918, Eintragung v. 18.9.1918., S. 31.

161 V. d. Goltz gestand enttäuscht ein: „Täglich wartete ich mit meinem trefflichen damaligen ersten Generalstabsoffizier Hauptmann v. Falkenhorst, dem Nachfolger des Anfang Juni an die Westfront versetzten Hauptmanns Karmann, auf den telegrafischen Befehl zum Antreten, leider vergeblich.“ Goltz, 1920, S.92.

162 Baumgart, Winfried, Deutsche Ostpolitik 1918. Von Brest-Litowsk bis zum Ende des Ersten Weltkrieges, Wien und München 1966, S. 381 f.

Im Nachhinein vertraten auch Ludendorff und andere hohe Offiziere eine ähnliche Position.[163]

Als Führer der „Baltikumer“ hoffte v. d. Goltz im folgenden Jahr das mit dem Unternehmen „Schlußstein“ verfolgte Ziel doch noch zu erreichen.[164]

Das politische Wirken des Generals galt ebenfalls hauptsächlich der Festigung und dauerhaften Sicherung der deutschen Machtposition in Finnland. Obwohl er, wie schon bei der Rechtfertigung der militärischen Intervention, jede Einmischung in die inneren Angelegenheiten Finnlands in Abrede stellte und seine Truppenoffiziere Anfang Juli 1918 tatsächlich aufforderte, Gesprächen über innerfinnische Angelegenheiten auszuweichen,[165] engagierte er sich im Zusammenwirken mit der deutschfreundlichen, berechen- und beeinflussbaren Regierung Paasikivi in seinem politischen Wirken entschieden für die Etablierung eines monarchischen Systems mit einem “kerndeutschen Prinzen”, namentlich dem Prinzen Oskar, dem fünften der sechs Söhne des Kaisers, als König. Dafür gab es im Wesentlichen zwei Gründe: Zum einen war er ein überzeugter Monarchist und hielt bis an sein Lebensende an der Auffassung fest, dass die Monarchie nicht nur die beste, sondern letztlich die einzig funktionierende Staatsform sei. Das wilhelminische Deutschland mit seiner herausgehobenen Rolle des Militärs, in dem er ausgebildet worden war und seine militärische Karriere gemacht hatte, war und blieb für ihn der Idealtyp eines Staates. Zum anderen war er davon überzeugt, dass eine Monarchie in Finnland die beste Garantie dafür sei, den deutschen Einfluss dauerhaft zu sichern. Ganz in diesem Sinne hatte er zudem aus Berlin den Auftrag erhalten, halbamtlich zu erklären, dass „Deutschland nur in einem monarchischen Finnland den festen Willen zu dauernder Abkehr Finnlands von der Entente und zu dauerndem

163 Ebd.

164 Ursprünglich hatte v. d. Goltz für seinen Einsatz im Baltikum lediglich eine begrenzte Aufgabe erhalten. Er sollte die Grenzen Ostpreußens vor den möglicherweise weiter vorrückenden Bolschewisten schützen. Dieses Ziel war Ende März erreicht, als der größte Teil des Kurlandes in deutschen Händen war. Doch damit gab sich v. d. Goltz längst nicht zufrieden. Er wollte, dass seine im Baltikum stehenden Truppen ein Bündnis mit den weißrussischen Armeen schließen, in Russland einmarschieren, die bolschewistische Regierung stürzen und mit dem so neu entstandenen deutschfreundlichen Russland Front gegen Versailles und die Westmächte machen, um doch noch die Ergebnisse des Ersten Weltkrieges zu wenden. Sauer, S. 877; Siehe auch: Guth, Ekkehart P., Der Loyalitätskonflikt des deutschen Offizierkorps in der Revolution 1918-1920, S. 166 f; Schulze, Hagen, Freikorps und Republik 1918-1920, Boppard am Rhein 1969, S. 140, 151; Nyberg, René, Der letzte Zug nach Moskau, München 2019, S. 80.

165 KA, OD, Kansio 3, Anlagen zum Kriegstagebuch Juli 1918 Anweisung vom 5. Juli 1918, S.24 f

Zusammengehen mit Deutschland erblicken könne und dass es daher seine Unterstützung der finnischen Wünsche in der ostkarelischen Frage davon abhängig machen müsse, dass Finnland sich jetzt für die monarchische Regierungsform entscheidet."[166] Obwohl auch namhafte finnische Republikaner ihre Deutschlandfreundlichkeit bekundeten[167], hegte v. d. Goltz starke Zweifel, „ob der junge, von Parteien zerrissene Staat in seiner heiklen äußeren Lage als Republik sich halten kann."[168] Überrascht und enttäuscht zeigte er sich allerdings über die Entscheidung von Kaiser Wilhelm, dass ein preußischer Prinz – also sein Sohn Oskar – für den finnischen Thron nicht in Frage käme. Er meinte, ganz zurecht, das müsse von den Finnen als Zweifel an der Stabilität ihres Staatswesens aufgefasst werden.[169] In Finnland hatte es eine Zeit lang eine freundliche Stimmung für die Wahl des Herzogs Adolf Friedrich zu Mecklenburg gegeben, den allerdings Ludendorff, v. d. Goltz und das Auswärtige Amt strikt ablehnten.[170] Dieser Ablehnung hatte sich Svinhufvud angeschlossen. Er bestand auf der Kandidatur des Kaisersohnes, da er durch eine möglichst nahe Verbindung mit dem Kaiserhaus verhindern wollte, „dass Finnland später einem erstarkten Russland gegenüber geopfert wird".[171] Sein Versuch, die Kandidatur von Oskar doch noch im persönlichen Gespräch mit dem Kaiser durchsetzen zu können, scheiterte jedoch und er kehrte enttäuscht von seiner Deutschlandreise zurück.[172] Nachdem Svinhufvud im Falle einer weiteren Kandidatur des Mecklenburger Herzogs mit Rücktritt seiner Regierung drohte[173], musste schnell ein Kompromisskandidat gefunden werden, den beide Seiten akzeptierten. Am 9. Oktober wurde dann schließlich in einem umstrittenen Verfahren Friedrich Karl von Hessen, zwar kein Sohn, aber immerhin ein Schwager des Kaisers, zum König gewählt.

---

166 KA, Auswärtiges Amt Abt. A Finnland, Kotelo 124, Fernschreiben An die Sektion Politik Berlin, Auf Pol 20217, vom 6. Juli 1918.

167 Siehe: Vares, Vesa, Kuninkaan tekijät: suomalainen monarkia 1917-1919: myytti ja todellisuus, WSOY, 1998, S. 137ff.

168 KA, Auswärtiges Amt Abt. A Finnland, Kotelo 124, v. d. Goltz an v. Brück vom 4. Juli 1918,

169 KA, Auswärtiges Amt Abt. A Finnland, Kotelo 124 Oberst v. Winterfeldt für den Herrn Reichskanzler 5.7. 1918.

170 Menger, Manfred, Das Scheitern der Ambitionen des Herzogs Adolf Friedrich zu Mecklenburg auf den finnischen Königsthron im Jahre 1918, in: Hösch, Edgar, Griese, Olivia, und Beyer-Thoma, Hermann (Hrsg.) Finnland-Studien III, Wiesbaden 2003, S. 113 ff.

171 PAAA, Abteilung IV Norden I A Finnland R 6-.140-3 v. Brück an Hertling vom 18.8.1918,

172 PAAA, Abteilung IV Norden, I A Finnland, R 6.141-2, Telegramm Großes Hauptquartier vom 27.8.1918 General Ludendorff an Exzellenz von Hintze.

173 Nurmio, S. 355; Huldén, S. 134.

Zu den zentralen Anliegen der tagtäglichen Bemühungen des schneidigen Generals gehörten nicht zuletzt sein Ringen um „Zucht und Ordnung" seiner nach der Rückberufung der Brigade Brandenstein noch ca. 10 762 Mann und 449 Offiziere umfassenden Truppen[174] und um die Bewahrung ihres Vertrauens in den Sieg des Vaterlandes. Zudem mussten die Truppen so geführt werden, dass sie den Kredit und das Ansehen, das sie bei der weißen Bevölkerung durch den Einsatz im Bürgerkrieg errungen hatten, nicht verspielten.

Indessen ereignete sich vieles, was das Missfallen, ja den Zorn des Generals erregte. So erreichten ihn, auch über den Gesandten von Brück, zunehmend „Klagen von Finnländern" über Soldaten, die das Gefühl für „Mein und Dein" verloren hatten, über Diebstähle, Tauschhandel, Zollüberschreitungen, unberechtigte Requisitionen sowie Warenschmuggel, besonders von Besatzungen der Transportschiffe, des wie Goltz meinte, „schlechtesten Elements, der Marine".[175] Angesichts der Not und der überaus schlechten Versorgungslage in Finnland einerseits und der gesicherten Lebensmittelrationen, die die deutschen Soldaten aus Deutschland erhielten, andererseits, kam es immer wieder zu Tauschgeschäften zwischen deutschen Soldaten und finnischen Bürgern. Mehrfach musste v. d. Goltz das Verbot, Lebensmittel an Finnen zu verkaufen, wiederholen und Strafen - wie die Versetzung an die Westfront - androhen.[176]

Aufs „Schärfste" verurteilte er auch die oberflächliche Handhabung des Bewachungsdienstes bei Arbeiten roter Gefangener für Zwecke der Division. Denen Lebensmittel oder Rauchwaren zu schenken, sei „tief bedauerlich".[177] Auch die Straßendisziplin seiner „Leute" schien ihm kritikwürdig. Es sei mehrfach vorgekommen, dass ihm die vorgesehene Ehrenbezeugung verspätet erwiesen wurde, auch im Menschengewirr der Großstadt dürfe es nicht vorkommen, dass er nicht gegrüßt werde, wenn er im Kraftwagen durch die Straße fahre. Er habe zuweilen den Eindruck, „daß unsere Leute sich von der mangelhaften Disziplin der werdenden finnischen Armee anstecken lassen, anstatt dass sie einen Ehrgeiz darin suchen, von ihnen bewundert zu werden."[178]

---

174 KA, OD, Kansio 1, Kriegstagebuch des Stabes vom 1.8.-31.10.18, S.19. Am 1.Oktober 1918 waren es noch 8.088 Mann und 359 Offiziere, Siehe: Ebd. S.50.

175 KA, OD, Kansio 3, Stab, Anlagen zum Kriegstagebuch, Juni 1918, v. d. Goltz an v. Brück, 22,6.1918, S.70,

176 KA, OD, Kansio 3 Stab, Divisionsbefehl vom 10.9.1918, S.41 ff. und u. a. Kansio 4, Deutscher General in Finnland Divisionsbefehl von v. d. Goltz vom 14. September 1918.

177 KA, OD, Kansio 3, Anlagen zum Kriegstagebuch, Juni 1918, Divisionsbefehl vom 22.6.1918, S. 56.

178 Ebd. Verfügung über die strengste Beachtung der Straßendisziplin v. 22.6. 1918. S.70.

Gegen Disziplinlosigkeiten und andere Verstöße griff v. d. Goltz mit scharfen Befehlen und der Ankündigung harter Strafen durch.

Deutschen Offizieren befahl er, auch bei außerdienstlichen Kontakten mit finnischen Offizieren nicht von den „strengen deutschen Offiziersanschauungen abzuweichen“ und dem werdenden finnischen Offizierskorps auch im außerdienstlichen und geselligen Leben Lehrer und Vorbild zu sein.[179]

Es wurde den deutschen Offizieren beispielsweise auch untersagt, mit Finnen Französisch zu sprechen. “Eitelkeit oder Charakterschwäche, wenn deutsche Offiziere so wenig vaterländisches Empfinden besitzen, dass sie sich im neutralen Ausland gegenüber den von ihnen selbst befreiten Finnen der Sprache eines Volkes bedienen, mit dem wir nun mehr über 4 Jahre hindurch den ernstesten Krieg führen...“ [180]

Auch im „Merkblatt für das Verhalten deutscher Offiziere in Finnland“ setzte v. d. Goltz strenge Maßstäbe.[181]

Etwa seit Anfang August beunruhigten den General viel mehr noch als die genannten Disziplinverstöße die Sorge um die Rückwirkungen der Entwicklung an der Westfront und in der Heimat auf „seine Leute“. Er sah sich und alle Kommandeure der Division nun in der erhöhten Pflicht, mit allen Mitteln auf die Erhaltung „vaterländischer und kaisertreuer Gesinnung“ und der „Liebe zum angestammten Hohenzollernhause“ hinzuwirken. Am 8. Oktober, nach der weiteren Zuspitzung der Lage, verkündete er dann sogar: Der vaterländische Unterricht ist jetzt unser wichtigster Dienst.[182] An den Beispielen Rußlands und

179 Dazu befahl er im Einzelnen: 1. Gasttage in den Offizierkorps – je nach den Verhältnissen – haben nicht häufiger als 1 bis 2 mal im Monat stattzufinden. 2. Diese Gasttage haben sich im Rahmen der einfachen Kasinoabende in unseren Friedensgarnisonen zu halten. Jeder Luxus ist verboten. Er widerspricht der ernsten Verpflegungslage in der Heimat, noch mehr der in Finnland & widerspricht dem Ernst der Zeit & den ernsten Kämpfen, die auch jetzt wieder an der Westfront stattfinden. 3. Die russische Sitte, ein Essen mit einem Schnaps zu beginnen & zwischen den Gängen eine Zigarette zu rauchen, findet in keinem deutschen Offizierskasino eine undeutsche Nachahmung. 4. Die gleiche Einfachheit gilt für etwaige Feste mit Damen. Ich empfehle hierfür einen einfachen Nachmittagstee. 5. Jeder Kommandeur ist mir dafür verantwortlich, dass keiner seiner Offiziere über seine Verhältnisse lebt. Wer den verführerischen Boden Finnlands nicht vertragen kann, ist an die ernste Westfront zu versetzen. 6. Der teure Verkehr in finnischen Lokalen ist im Interesse der Sparsamkeit & der ernsten Verpflegungslage Finnlands möglichst zu vermeiden. Einladungen hat der Ofiizier niemals in finnischen Lokalen ergehen zu lassen. 7. Vergessen wir nie, dass wir nicht durch russischen Luxus & Geldausgeben, sondern durch unsere tüchtige deutsche Arbeit den Finnen imponieren können. 8. Der Deutsche ist stets der Kulturbringer, niemals der Nachahmer“ in: KA, OD, Kansio 4 II a Nr. 19 Pers. Divisionsbefehl von v. d. Goltz vom 25.8.1918.

180 KA, OD, Kansio 4, Deutscher General in Finnland, Divisionsbefehl vom 14. September 1918.

181 Ebd. Siehe: Anhang Anlage 2.

182 KA, OD, Kansio 4, Deutscher General in Finnland, Pastorin asiakirjoja tammi-joulukuulta

Finnlands müsse gezeigt werden, dass die Ziele der Bolschewiki, „die sich mit denen unserer unabhängigen Sozialdemokraten decken", Raub, Mord, Brand im Inneren und Wehrlosigkeit des Vaterlandes nach Außen seien. Allen anständigen und fleißigen Leuten drohe die Gefahr „durch den Mob, durch Halunken, Pennbrüder und Verbrecher" geknechtet zu werden. „Für den deutschen Soldaten in Finnland gäbe es nur „eine Pflicht, unbeirrt durch alle Gerüchte mit hochgehobenem Haupte im Bewußtsein der deutschen Waffenerfolge seinen Weg zu gehen und stets dem finnischen Volke zu zeigen, dass wir Deutschen den Kleinmut nicht kennen und unverzagt bis zum ehrenvollen Frieden auf unsere gerechte Sache vertrauen".[183]

In den folgenden Tagen und Wochen überstürzten sich dann die Ereignisse:

Die Niederlage Deutschlands im Ersten Weltkrieg beendete im Herbst des Jahres 1918 ziemlich abrupt die deutsche Orientierung in der finnischen Politik. Noch Anfang Oktober 1918, als sich ein möglicher Abzug der deutschen Truppen abzeichnete, bestand Svinhufvud auf ihren Verbleib, zumindest solange, bis ein deutscher König gewählt war und sein Amt angetreten hatte.

Auch seitens der OHL bestand trotz der völlig aussichtslosen Gesamtlage die Absicht, die deutschen Truppen in Finnland zu belassen, wie Ludendorff dem Auswärtigen Amt noch Mitte Oktober mitteilte. Zugleich ersuchte er das Amt darum, sich dafür zu engagieren, dass Prinz Friedrich Karl von Hessen die ihm am 9. Oktober übertragene Krone annehmen und so schnell wie möglich nach Finnland reisen möge.

Trotz aller Erwägungen, die finnische Position zu halten, war spätestens Anfang November, unmittelbar vor der Aufnahme der Waffenstillstandsverhandlung von Compiègne absehbar, dass diese Vorstellung illusorisch war. Zudem hatte Goltz mit der Entlassung Ludendorffs am 26. Oktober vom Amt des Hauptquartiermeisters der OHL seinen stärksten Rückhalt in der Heimat verloren.[184] Um einer zu erwartenden Rückzugsforderung seiner Truppen durch die Feindmächte im erforderlichen Moment zuvorzukommen und so das eigene Gesicht zu wahren, forderte v. d. Goltz daher am 4. November eine Art Blankovollmacht, einer solchen Forderung durch eine eigene Erklärung über den bevorstehenden Abzug seiner Verbände zuvorzukommen.[185]

1918, Abt. Ia Nr. 421, 8.10.1918.

183 Ebd.

184 Siehe: Hentilä-Hentilä, 2018, S. 370.

185 Am 4. November hieß es in einem Telegramm des Legationsrates Lersner aus dem Großen Hauptquartier an das Auswärtige Amt, dass „General v. d. Goltz befürchtet, die Lage in Finland könne mit der Zeit zur Forderung Abzugs deutscher Truppen führen. Um dieser Aufforderung

Seit dem 9. November, als der erste Diener des Staates „das Opfer auf sich nahm, dem Thron zu entsagen“ (v. d. Goltz) und der zwei Tage später erfolgten Unterzeichnung des Waffenstillstandsabkommens konzentrierte v. d. Goltz seine Anstrengungen noch stärker als in den vorangegangenen Monaten vor allem darauf, dem Vaterland „trotz der roten Gefahr, die uns umgibt, eine politisch einwandfreie, unverseuchte Truppe ... zu erhalten“ und im Interesse der Sicherheit aller deutschen Truppen und der Einwohner Finnlands „Ruhe, äußerste Selbstzucht und rückhaltlose Disziplin“ zu bewahren“.[186] Um zu demonstrieren, dass unter seinen Truppen trotz des politischen Umsturzes und der Kapitulation weiterhin Zucht und Ordnung herrschte, veranlasste der General eine Parade-Aufstellung der deutschen Truppenteile der Garnison Helsinki am 12. November. Nach der Schaustellung erörterte Goltz zunächst in einem Vier-Augen-Gespräch mit Paasikivi die schwierige Situation und erhielt danach die Möglichkeit, vor dem versammelten Senat folgende Erklärung abzugeben:

> „1. Ich erkläre, daß die in Finnland verbreiteten Gerüchte, als ob die deutschen Truppen unter dem Druck einer roten Agitation nicht treu seien oder gar sich der roten Bewegung in Finnland oder von der russischen Grenze her anschließen könnten, unwahr und beleidigend sind. Ich habe den Geist meiner Truppen gut, zum Teil bewundernswert gefunden. Auch ist mir von meinen Kampftruppen die Bereitschaft, trotz des allgemeinen Waffenstillstandes weiterzukämpfen, wenn sie angegriffen würden, ausgedrückt worden.
>
> 2. Da es mir aber unzweckmäßig erscheint, die deutschen Truppen mit Ententesoldaten, die in Finnland erscheinen werden, in Berührung zu bringen und da dann in Finnland andere politische Verhältnisse eintreten könnten, habe ich in Übereinstimmung mit dem deutschen Gesandten den sofortigen Abtransport meiner Truppen beantragt. Ich hoffe, daß das Zusammenleben bis zum letzten Augenblick gleich freundlich wie bisher bleiben und der Abtransport von allen finnischen Behörden unterstützt werden wird.

---

von offizieller Seite, die für deutsche Truppen beleidigend, zuvorzukommen, will General Graf Goltz, wenn seinem Ermessen nach solche Erklärung unmittelbar bevorsteht, ehe sie erfolgt, erklären, daß Abzug seit langem geplant sei. Wenn auch dieser Fall zunächst nicht zu erwarten, bitte ich doch schon jetzt das Einverständnis des Auswärtigen Amtes zu dieser Maßnahme herbeizuführen...“ Siehe: PAAA, Abteilung IV Norden I A Finnland R 6144-2, Telegramm Gr. Hauptquartier 4. November Legationsrat Lersner an AA.

186 KA, OD, Kansio 4, Deutscher General in Finnland. Pastorin asiakirjoja tammi-joulukuulta 1918, Abt. Ia, Nr. 478 vom 9.11.1918. Vaterländischer Unterricht; Mitteilung über die Bildung der Ebertregierung vom 10.11.1918; Zusatz zum Aufruf des Zentralrats der Ostfront, 17.11.1918.

3. Ganz besonderen Dank möchte ich hierbei aber der jetzigen Regierung, allen den offiziellen und privaten Persönlichkeiten und Vereinen aussprechen, welche in dieser schweren Stunde meines Vaterlandes in wohltuender Weise ihre Anhänglichkeit und Dankbarkeit an Deutschland zum Ausdruck gebracht haben. Ich teile die Ansicht dieser Kreise, daß Deutschland trotz allem einer großen Zukunft entgegengeht.

Graf v. d. Goltz“[187]

Am 21.11. erteilte v. d. Goltz der Ostsee-Division den Abmarschbefehl. Um die heimkehrenden Soldaten auf den Transportschiffen vor „Belästigungen und Beeinflussungen“ durch Matrosen, die „das Vaterland in seiner schwersten Stunde verraten haben“ und anderen „verseuchten Elementen aus der Heimat“ abzuschirmen, befahl er den Offizieren, „ihre Leute vom Augenblick der Einschiffung nicht mehr (zu) verlassen“. Die „Unterrichtsoffiziere“ erhielten mehrere Anweisungen mit Stichworten für den vaterländischen Unterricht vor der Ankunft in der Heimat. Neben den Warnungen vor den für den Zusammenbruch Deutschlands und die Kapitulation des „siegreichen deutschen Heeres“ verantwortlichen „Vaterlandsverrätern“ ging es darum, die Soldaten auf „Aufgaben des Heimatschutzes“ einzustimmen. Nach Mitteilung der OHL war vorgesehen, bestimmte Teile der Ostsee-Division in Warnemünde auszuschiffen. „Der Auslaufhafen Warnemünde spricht dafür“, schrieb v. d. Goltz, „dass wir in den Städten Nordwestdeutschlands Ordnung zu schaffen oder mindestens das übrige Deutschland gegen ein weiteres Vordringen des Bolschewismus zu sichern haben.“ Sollte es nicht gelingen, „alle Radaubrüder“ ohne weiteres von der Straße zu vertreiben, „muss mit Gewalt und Waffen eingeschritten werden. Besser eine energische Operation, als ein langsames aber sicheres Hinsiechen, das ist bei jeder Krankheit so – auch der Bolschewismus ist eine Krankheit der Seele, des Charakters und des Verstandes. Seine Abwehr, die im Zusammenschließen aller guten Elemente besteht, ist einfache Notwehr der Guten gegen die Schlechten.“[188] – Der „Bolschewistenschreck“, wie sich v. d. Goltz in seinen Erinnerungen selbst bezeichnete, war also entschlossen, nach Finnland nun gegebenenfalls auch im teuren Vaterland mit Waffen „Ordnung“ zu schaffen.

Die letzten Tage vor der Abreise waren für Rüdiger v. d. Goltz persönlich, für seine Offiziere und die Mannschaften ausgefüllt mit zahlreichen Abschiedsveranstaltungen auf den verschiedensten Ebenen und mit den

187 Goltz, 1936, S. 75.

188 KA, OD, Kansio 4, Deutscher General in Finnland, Pastor Siebold, Stichworte für die Unterrichtsoffiziere; Stichworte für den Unterricht vor der Ankunft in der Heimat I und II vom 4.12.1918.

unterschiedlichsten Teilnehmerkreisen.[189] Hauptinitiatoren der Huldigungen waren Vertreter der deutsch sprechenden finnischen Elite, die in Finnland, hauptsächlich in Helsinki, ansässigen Deutschen und die deutschfreundlichen finnischen Politiker, die „Männer von 1918“. Überall wurde Rüdiger v. d. Goltz, seinen Offizieren und Truppen große Dankbarkeit bekundet, man ließ Kaiser Wilhelm hochleben, fast nichts erinnerte daran, dass er bereits abgetreten war und Deutschland den Krieg verloren hatte. Der General verkündete bei einer dieser Veranstaltungen seinerseits: „Deutschland hat die Schlachten, die Entente aber den Krieg gewonnen“.[190] Trotz seiner „Siegfriedtaten“ sei es unterlegen gegen den weltbürgerlichen Geist in einem Teil der Heimat, die durch Entbehrungen in ihrer Nervenkraft geschwächt war. Mit dieser, in späteren Äußerungen noch zugespitzten Interpretation gehörte v. d. Goltz zu den Urhebern der in den folgenden Jahrzehnten unheilvollen Legende vom im Felde unbesiegten, durch den Dolchstoß im Rücken zur Aufgabe gezwungenen Streitkräfte.

Von der Herzlichkeit und Wärme der Abschiedsveranstaltungen beeindruckt und seinen Einsatz in Finnland resümierend, stellte Rüdiger v. d. Goltz fest, dass der Zweck der deutschen Intervention vollständig erreicht wurde. Darüber hinaus wurde aus seiner Sicht ein Erfolg erzielt, der zunächst nicht erhofft werden konnte: „Deutschland gewann einen neuen Freund, fast den einzigen Freund, der ihm treu blieb, als der Krieg verlorenging und es nicht mehr lohnte, Deutschlands Freund zu sein, den einzigen Freund, der sich nicht mit Ekel und Verachtung von dem Deutschland der November-Revolution abwandte, weil er aus eigener Erfahrung deutsche Helden, deutsche Charaktere kannte und fest vertraute, daß ihnen die Zukunft Deutschlands gehört.“[191]

Er sah in dem militärischen Sieg in Finnland den einzigen bleibenden Erfolg des Weltkrieges und war stolz, daran beteiligt gewesen zu sein.[192] In Deutschland sah v. d. Goltz den „Vater des neuen selbständigen Finnland“.[193] Für sich selbst nahm er die Rolle des Befreiers vom Bolschewismus in Anspruch. Nicht gerade von Bescheidenheit zeugte auch seine Wahrnehmung, dass sein Wirken in Finnland von den Finnen als die „Zeit des Grafen“ empfunden wurde. Damit spielte er auf die für Finnland günstige Entwicklung unter dem schwedischen Generalgouverneur Graf Per Brahe im 17. Jahrhundert an, der geäußert haben soll „Ich bin mit dem Volke zufrieden gewesen und das Volk

---

189 Siehe: Hentilä-Hentilä, 2018, S. 370 ff.

190 KA, OD, Kansio 4, Graf v. d. Goltz, Rede in der Finnisch-Deutschen-Gesellschaft, 30.11.1918.

191 Goltz, 1936, S. 29.

192 Ebd.

193 Ebd., S 24.

mit mir."[194] Gleiches oder Ähnliches nahm v. d. Goltz für sich und sein Wirken in einer in Finnlands Geschichte nahezu beispiellosen Zeit des Massensterbens, des Hungers, Hasses und schärfster innerer Gegensätze in Anspruch.[195]

Gemälde von Rüdiger von der Goltz von Viljo Sjöström im Auftrag von Maila (Talvio) Mikkola (Satakunnan Museo)

194 Goltz, 1920, S. 102 f.

195 Hentilä-Hentilä, 2018, S. 390 f.

Erzwungene Heimkehr

Am 16. Dezember 1918 verließen v. d. Goltz und die letzten seiner Truppen Finnland an Bord des Ozeandampfers Buenos Aires. Der angestrebte Verbleib des Obersten von Redern und seiner Truppeninstrukteure war gescheitert. Dass, wie vermutet wurde,[196] v. d. Goltz selbst ernsthaft in Erwägung zog, in Finnland zu bleiben, erscheint fragwürdig. Anders als im Baltikum hatten, was absehbar war, England und Frankreich im Falle Finnlands auf den Abzug aller deutschen Militärs bestanden.[197] Nur 14 Offiziere schafften es, sich in Diensten der Schutzkorps[198] und verschiedener privater Unternehmen zumindest zeitweilig der Ausweisung zu entziehen.[199]

Die Überfahrten und Anlandungen der „Finnlandkämpfer" im Hafen von Stettin verliefen entgegen allen Befürchtungen des Generals reibungslos. So konnte er in seinen Erinnerungen dann auch mit Stolz darauf verweisen, dass es ihm gelungen war, in seinen Truppen am Vorabend und während der Novemberrevolution im Großen und Ganzen durch seinen persönlichen Einsatz größere Meutereien verhindert bzw. unterbunden oder im Keim erstickt zu haben.[200]

Der Abzug der letzten Deutschen markierte in Finnland eine Zäsur in einem bereits begonnenen Prozess einer Neuorientierung der politischen Ausrichtung und Strukturen. Am 27. November war der Senat unter Leitung von Paasikivi zurückgetreten, am 12. Dezember hatte Svinhufvud das Amt des Reichsverwesers niedergelegt, zwei Tage danach erklärte Friedrich Karl von Hessen den Verzicht auf die finnische Krone. Mannerheim wurde Reichsverweser.

---

196 V. d. Goltz selbst hatte in seiner Abschiedsrede in der Finnisch-Deutschen Gesellschaft am 30.11. davon gesprochen, „um sicherzustellen, dass Finnlands Armee ihre Kampffähigkeit entwickelt". Siehe: V. d. Goltz, Rede in der finnisch-deutschen Gesellschaft am 30.11.1918, KA, OD, Kansio 4. Außerdem hatten auch hohe finnische Offiziere den Eindruck, wie der Gesandte von Brück Gesprächen mit ihnen entnommen hatte, dass v. d. Goltz auf Grund seiner herausgehobenen Position in Finnland gern geblieben wäre. Siehe: KA, Auswärtiges Amt, Kansio 135, Bd. 19, Von Brück an AA vom 22.11.1918.

197 Hentilä-Hentilä, 2018, S. 380.

198 Die Schutzkorps waren eine 1918 gegründete freiwillige paramilitärische Organisation, die nach dem Bürgerkrieg neben der regulären Armee durch ein Gesetz vom 16. 9. 1921 zu einer fest organisierten bürgerlichen Armeereserve ausgebaut wurde. Die Schutzkorps hatten etwa 100.000 freiwillige Mitglieder. Sie wurden 1944 verboten.
Siehe: Virrankoski, Pentti, Suomen historia. Maa ja kansa kautta aikojen, Helsinki 2002, S. 337 und https://www.mv.helsinki.fi/home/evasara/skpolhist.html(entnommen am 29.2.2020).

199 Ebd., S. 382.

200 Goltz, 1920, S. 108 ff.

Das Thema Monarchie wurde gezwungenermaßen ad acta gelegt, im Juli 1919 wurde nach langen, zähen Auseinandersetzungen die Republik als Staatsform verfassungsmäßig verankert, zu deren prägenden Eigenheiten – gewissermaßen als Zugeständnis an die Verfechter einer Monarchie – die starke Stellung des Präsidenten gehörte. Die neuen finnischen Regierungen orientierten sich an den Siegermächten England und Frankreich.

Zu Veränderungen kam es auch im Parteiengefüge. Die nach wie vor nach einer Monarchie strebenden bürgerlichen Kräfte schlossen sich in der konservativen Nationalen Sammlungspartei zusammen. Ein großer Teil ihrer Führung und ihrer Mitglieder bedauerte zutiefst die Abreise der Deutschen, hielt weiter fest an der These von der Befreiungsmission der Deutschen und brach auch den Kontakt zu Rüdiger v. d. Goltz nicht ab. Ihre führenden Vertreter waren die Senatsmitglieder von 1918, allen voran P. E. Svinhufvud und J. K. Paasikivi. Der republikanisch und nach Westen orientierte Teil des Bürgertums, zu dem auch Mannerheim gehörte, war über den Abzug der deutschen Truppen erleichtert. Aus diesen Kräften formierte sich die Nationale Fortschrittspartei.

In den Reihen der Sozialdemokratie wurde der Abzug der deutschen Truppen mit Erleichterung, in der sozialdemokratischen Presse gar mit Spott und Häme begleitet.[201]

Dennoch war der Einsatz der deutschen Truppen und die damit verbundene Dankbarkeit auch in den folgenden Jahren bei großen Teilen der „weißen" Bevölkerung nicht vergessen. Am intensivsten wurde das kaiserliche Deutschland als „Retter" Finnlands weiterhin von denen gefeiert, die die Deutschen Anfang 1918 um militärische Hilfe ersucht hatten, die „Männer von 1918", und von den in Helsinki ansässigen Deutschen, ihren Vereinen und den deutschfreundlichen Bürgern, sowie von den Schutzkorps und den ehemaligen Jägern. Auch in der finnischen Armee ging die Saat auf, die v. d. Goltz und seine Offiziere 1918 gelegt hatten. Viele der jungen finnischen Offiziere, die ihre Ausbildung und ihre militärische Laufbahn unter deutscher Führung 1918 begonnen hatten oder schon seit 1915 in der „Ausbildungstruppe Lockstedt", seit Mai 1916 im Rahmen des Königlich-Preußischen Jägerbataillons Nr. 27, stiegen in den 1920er und 1930er Jahren in Führungspositionen auf und dominierten während des Zweiten Weltkrieges die Generalität.[202]

201 Hentilä-Hentilä, 2018, S. 376 f.

202 Menger, Manfred, Deutschland und Finnland im zweiten Weltkrieg, Berlin 1988, S. 31; Siehe auch: Dr. Kauko Rekola, Interview des Generalleutnants Graf v. d. Goltz 1942, (Anhang Anlage 14).

Traditionspflege in Zeiten gesellschaftlicher Transformationen

Die bei ihrer Verabschiedung 1918 in Finnland noch als „Sieger" bejubelten deutschen Truppen kehrten wenige Tage später als „Verlierer" nach Deutschland zurück – in ein Deutschland, dass ihnen mit Gleichgültigkeit oder sogar Hass und Ablehnung begegnete. „In Helsingfors bin ich unter den freundschaftlichen Kundgebungen von 25.000 Finnländern abgefahren...in Berlin habe ich das Glück gehabt, ohne Prügel zu bekommen, meine Wohnung zu erreichen", schrieb v. d. Goltz 1920 rückblickend in der Monatsschrift der deutschen Gemeinden in Finnland.[203] Angesichts der düsteren Realität in Deutschland erschien vielen - allen voran Rüdiger v. d. Goltz und auch seiner Frau[204] - die Zeit in Finnland in noch freundlicheren Farben. Viele seiner Offiziere wurden in Folge der im Versailler Vertrag festgelegten Reduzierung der deutschen Streitkräfte auf 100.000 Mann entlassen.

Rüdiger v. d. Goltz selbst wurde am 1. Februar 1919 als Militärkommandant nach Libau beordert. Wenig später wurde er Kommandierender General des VI. Reserve-Korps. Ihm schwebte neben einer Rückeroberung Kurlands der Sturz der bolschewistischen Regierung und eine Zusammenarbeit mit einem zukünftigen nationalen Russland im Sinne einer gemeinsamen Frontstellung gegen die Westmächte vor. Er galt als „eigenwilliger Offizier mit ausgeprägtem politischen Ehrgeiz".[205] Er selbst meinte, dass die Wahl auf ihn aus folgenden Gründen gefallen war: Erstens, weil er in Finnland Erfahrungen bei der Bekämpfung des Bolschewismus gesammelt hätte, zweitens, weil die Ostsee-Division als kampfkräftiger Verband nach Deutschland zurückgekehrt war und drittens, weil er bei vielen den Ruf als Bolschewistenschreck besaß.[206] Das Korps führte reguläre Einheiten, Freikorps und einheimische Truppen lettischer, russischer und baltendeutscher Nationalität in einem vielschichtigen, bürgerkriegsähnlichen Konflikt gegen die Armee Rätelettlands. In Folge alliierter Sanktionsmaßnahmen (u.a. der Ostseesperrung für deutsche Schiffe) musste v. d. Goltz, wie von Esten, Letten und Teilen der Reichswehr gefordert, das Kommando über seine Truppen im Oktober 1919 abgeben. Über dieses Vorgehen seitens der deutschen Regierung empört und verbittert, schied er anschließend auf eigenen Wunsch aus der Armee aus. Er betrachtete sich

203 Deutsch-evangelisch in Finnland. Monatsschrift der deutschen Gemeinden Nr. 2 vom 31.10.1920. S. 3.

204 Siehe: Brief von Hannah v. d. Goltz an Anna Paasikivi (Anhang Anlage 3).

205 Rauch, von, S. 67.

206 Deutsch-Finnische Brücke (im Folgenden DFB), Nr. 2/1919, S. 29.

selbst weiterhin als Anhänger des kaiserlichen Deutschland, dem er mit Leib und Seele als Offizier gedient hatte und konnte sich nicht in die neuen republikanischen Verhältnisse einordnen.

Angesichts dieser für ihn schwierigen Situation, die er im Unterschied zu seinem Agieren in Finnland letztlich als Niederlage empfinden musste, war er um so mehr daran interessiert, mit Finnland und den Finnen weiter in Kontakt zu bleiben.

In seinen Erinnerungen „Meine Sendung in Finnland und im Baltikum" vermittelte v. d. Goltz ein überaus positives Bild über seinen Einsatz in Finnland und über die Finnen. Den großen Anklang und die Resonanz, die die Deutschen in Finnland gefunden hatten, führte er in erster Linie auf die militärischen Erfolge zurück, aber darüber hinaus auch auf die „Wesensverwandtschaft" zwischen beiden Völkern.[207]

Er pflegte die während seines Aufenthalts in Finnland geknüpften Kontakte und Freundschaften, vor allem zu finnischen Militär- und rechtsgerichteten Kreisen, weiter. Sie hatten über viele Jahre Bestand - ebenso wie der Mythos von der „unvergleichlichen Kulturtat" der Deutschen. So blieb v. d. Goltz bis an sein Lebensende eng mit Finnland verbunden. Außerdem betrachtete er es als seine Aufgabe, Finnland auch in Deutschland bekannter zu machen. So wirkte er - allerdings recht selbstherrlich - als Vorsitzender des von ihm in Potsdam gegründeten „Deutsch-Finnischen Vereins (Finnlandkämpfer)". Dieser Verein trug im Wesentlichen den Charakter eines Traditionsvereins von Finnlandkämpfern - und unterschied sich damit von der im Juni 1918 in Lübeck gegründeten Deutsch-Finnischen Vereinigung[208], die sich vorrangig um die Entwicklung der wirtschaftlichen Beziehungen zwischen Finnland und Deutschland kümmerte und aus der dann schließlich 1978 die Deutsch-Finnische Handelskammer hervorging.[209] Bestrebungen zum Zusammenschluss der in Deutschland existierenden Deutsch-Finnischen Vereinigungen, die 1927 von der Lübecker Vereinigung ausgingen, stießen zwar bei der inzwischen unter dem Namen „Deutsch-Finnische Vereinigung von 1918" (Berlin) agierenden Goltzschen Vereinigung auf positive Resonanz, ein Zusammenschluss kam jedoch nicht zustande.[210] Es gab lediglich

207 Siehe: Goltz, 1936, S. 117.

208 Siehe: Buck, Kurt D., 50 Jahre Deutsch-Finnische Vereinigung e.V. 1918-1968, 1968.

209 Siehe: 100 Jahre Deutsch-Finnische Vereinigung 40 Jahre Deutsch-Finnische Handelskammer. Aus der Geschichte der Handelsbeziehungen zwischen Deutschland und Finnland. Festschrift zur Jubiläumsveranstaltung vom 3. bis 5. Juni 2018 in Lübeck. Auf der Grundlage der Jubiläumsschrift von 1998, neu bearbeitet von Robert Schweitzer, Bernd Fischer, Erik v. Knorre, Helsinki, Lübeck 2019.

210 Stadtarchiv Lübeck (AHL) 50.4 Deutsch-Finnische Vereinigung, Fasz. 091, 1927-1939 Zusammenschluss der Deutsch-Finnländischen Vereinigungen in Deutschland. Briefwechsel zwischen Dr. Keibel und Dr. Schreiber.

insofern eine gewisse Kooperation, als das Vorstandsmitglied der Lübecker Vereinigung mit Wohnsitz in Berlin, Konsul a. D. Georg Quandt, im Vorstand der Berliner Vereinigung mitarbeitete und 1929 sogar zu dessen Vorsitzenden gewählt wurde. In einem Brief vom 19.1.1929 informierte Konsul Quandt den Vorsitzenden der Lübecker Vereinigung, Dr. Kaibel, darüber, dass die Deutsch-Finnische Vereinigung von 1918 in Berlin beabsichtige, ihn als 1. Vorsitzenden zu wählen, „da der bisherige Vorsitzende, General Graf v. d. Goltz, die Absicht hat, von dem Vorsitz zurückzutreten, aber nicht ausscheidet. Es handelt sich hier um Vorstöße von ehemaligen Untergebenen des Generals, auf die dieser persönlich nicht reagieren will.“ Dass Konsul a. D. Quandt sich offensichtlich trotzdem mehr mit der Lübecker Vereinigung verbunden fühlte und zu der Goltzschen Deutsch-Finnischen Vereinigung kein allzu großes Zutrauen hatte, geht aus der abschließenden Bemerkung hervor: „Ich hoffe, Sie werden - wie ich - gegen eine solche Wahl nichts einzuwenden haben, obwohl mir andererseits auch herzlich wenig daran liegt, aber solange die Vereinigung besteht, halte ich es für gut, mir ihr in Verbindung zu bleiben.“[211]

Die Finnisch-Deutsche Gesellschaft und die Deutsch-Finnische Vereinigung von 1918

Neben der Deutsch-Finnischen Vereinigung von 1918 in Deutschland gab es auch in Finnland einen landesweit wirkenden Verein, der sich die Pflege der Tradition von 1918 auf seine Fahnen geschrieben hatte – die Finnisch-Deutsche Gesellschaft.

Die Gesellschaft beging jedes Jahr den 12. April als Gedenktag der Befreiung Helsinkis mit Kranzniederlegungen und anderen Gedenk- und Festveranstaltungen. Auch an anderen Orten fanden ähnliche Feierlichkeiten statt. So wurde zum Beispiel in Hanko, dem Ort der Landung der Ostsee-Division, ein „Freiheitsdenkmal“ errichtet, das am 16. Mai 1921 offiziell eingeweiht wurde und an dem in jedem Jahre am 12. April Kränze niedergelegt wurden.[212]

Die Finnisch-Deutsche Gesellschaft, deren Gründung bereits am 12. Juni 1918 beschlossen worden war und deren konstituierende Versammlung am 17. September 1918 in Helsinki tagte, verdankte - wie es in den Satzungen hieß -„ihre Gründung den Frühjahrsereignissen von 1918..., wo Finnländer und Deutsche sich im Kampfe für Freiheit und Recht in Finnland als

211 Ebd., Brief von Konsul Dr. Georg Quandt an den Geschäftsführer der Deutsch-Finnländischen Vereinigung vom 19.1.1929.

212 Siehe u. a.: Fröman, S. 56.

Waffenbrüder zusammenfanden, bezweckt das durch die Ereignisse erstarkte Freundschaftsverhältnis zwischen Finnland und Deutschland zu pflegen und weiter zu fördern, indem sie finnländischen und deutschen Männern ohne Unterschied der Partei die Möglichkeit eines zwanglosen geselligen Verkehrs gibt und für vertieftes gegenseitiges Verständnis wirkt."[213] Ein Teil ihrer Mitglieder waren Deutsche, darunter auch in Finnland verbliebene oder nach dort zurückkehrende ehemalige Angehörige der Ostsee-Division, die sich zusätzlich in einer gesonderten Vereinigung der Finnlandkämpfer formierten, die eng mit der Finnisch-Deutschen Gesellschaft liiert war, allerdings 1928 aufgelöst wurde bzw. sich ganz der Finnisch-Deutschen Gesellschaft anschloss. Zum Zeitpunkt der Gründung hatte die Finnisch-Deutsche Gesellschaft 84 Mitglieder, im Herbst 1918 119, nach dem Abzug des deutschen Militärs nur noch 60, am 1. Oktober 1919 dann immerhin 240, am 1. Oktober 1920 331 und nach 1921 lag die Mitgliederzahl ständig bei über 300.[214] 1925 waren von den damals 327 Mitgliedern 100 Deutsche, zum größten Teil in Finnland Ansässige. Das Gros der Mitglieder waren Finnen, darunter „viele hochgestellte, markante Persönlichkeiten."[215] Die Gründungsversammlung hatte den „überzeugten Freund Deutschlands"[216] Reichsverweser P. E. Svinhufvud und den ersten deutschen Gesandten in Finnland Freiherrn August von Brück zu Ehrenvorsitzenden ernannt. Zum 1. Vorsitzenden war der Rektor der Universität Helsinki Prof. Waldemar Ruin und zum 2. Vorsitzenden der Kommerzienrat und Konsul Albert Goldbeck-Löwe gewählt worden.[217] Die Mitgliedschaft war bis Ende 1926 ausschließlich Männern vorbehalten.

---

213 KA, Suomalais-Saksalainen Seura ry.n arkisto, Suomalais-saksalainen Seura, Satzungen, S. 3.

214 Siehe: Jahresberichte der Finnisch-Deutschen Gesellschaft für die Zeit von September 1918 bis September 1919, S. 3, vom 1.Oktober 1919 bis 1. Oktober 1920, S. 3 und vom 1. Oktober 1920 bis 1. Oktober 1921, S. 3.

215 Dickmann, Heinrich, Rückblick auf die Tätigkeit der Finnisch-Deutschen Gesellschaft Helsinki 1918-1944, Helsinki 1975, S. 4.

216 Ebd. S. 2.

217 Prof. Ruin (1857-1938) hatte in Leipzig (1882-1887) und anschließend in der Schweiz studiert. Konsul Albert Goldbeck-Löwe (1863-1934), in Holstein geboren, kam 1894 über St. Petersburg nach Finnland, gründete eine Handelsfirma, die zu den größten Importhäusern des Landes wurde, war langjähriger Vorsitzender des Deutschen Vereins und des Deutschen Schulvereins. Er war sehr aktiv in der Finnisch-Deutschen Gesellschaft, insgesamt sehr umtriebig, hatte Kontakte und Korrespondenzen mit einflussreichen Persönlichkeiten und Amtsstellen in Deutschland. Siehe: Dickmann, S. 3. Zu Goldbeck-Löwe siehe auch: Uta-Maria Liertz (Hrsg.) Vertrauensmann in finnischen Angelegenheiten. Berichte, Briefe und Erinnerungen von Albert Goldkbeck-Löwe zu Finnland und Deutschland im Ersten Weltkrieg, Helsinki 2017.

Zu Ehrenmitgliedern der Gesellschaft wurden berufen: General Rüdiger v. d. Goltz und Admiral Hugo Meurer am 12.4.1923, Prof. Waldemar Ruin und Konsul Albert Goldbeck-Löwe am 19.12.1933 sowie Professor Jean Sibelius im Jahr 1935 und der deutsche Gesandte in Helsinki Minister Wipert von Blücher am 12.4.1943.[218]

Die Gesellschaft, die nicht nur in Helsinki, sondern u. a. auch in Vaasa, Tornio (Torneå), Lappeenranta (Willmanstrand) und Mikkeli (S:t Michel) aktiv war,[219] war ein „Sammelpunkt konservativer Vaterlandsliebe und monarchischer Gesinnung. Mit der Weimarer Republik verband die Gesellschaft nichts, ihr Deutschland war das ‚alte' Deutschland", wie Hannes Saarinen in einem Artikel schrieb.[220] Auch nach 1933 setzte die Gesellschaft ihre Kontakte zu Deutschland wie gewohnt fort. Am 26. Februar 1935 wurden dann in der Deutschen Schule in Helsinki alle in Helsinki existierenden deutschen Vereine in der sog. „Deutschen Kolonie" als Sammelbecken des Deutschtums in Finnland zusammengeführt. Aus Sicht der Gesandtschaft war die bisherige lockere Zusammenarbeit der einzelnen Verbände, denen eine autoritäre Führung fehlte, „dem Geist der neuen Zeit" nicht gerecht geworden. Die Mehrzahl der Vereine und ihre Mitglieder waren offensichtlich mit dieser Gleichschaltungsmaßnahme einverstanden, die wenigen Skeptiker betrachtete die Gesandtschaft nicht als Hindernis und gab sich überzeugt, sie auch für die gemeinsame Organisation zu gewinnen.[221] Damit war ein Gremium geschaffen, dass die Verbreitung nationalsozialistischer Propaganda garantierte.[222] Die Finnisch-Deutsche Gesellschaft beschloss am 4. September 1944 ihre Mitglieder zum 12. September 1944 15 Uhr einzuladen, um die Auflösung der Gesellschaft zu beschließen.[223]

Eine zweite Vereinigung, die in gleichem Sinne wie die Finnisch-Deutsche Gesellschaft wirkte, war die schon erwähnte, am 25. Januar 1921 in Berlin

218 Dickmann, S. 5.

219 Siehe: Hietala, Marjatta, Finnisch-deutsche Wissenschaftskontakte. Zusammenarbeit in Ausbildung, Forschung und Praxis im 19. und 20. Jahrhundert, Berlin 2017, S. 20.

220 Saarinen, Hannes, Finnisch-Deutsche Gesellschaft 1918-1944, in: Silta-Brücke 102/2017, S. 8.

221 PAAA, Abteilung IV Norden Finnland Politik 25 Deutschtum im Ausland – Finnland R 80962 Deutsche Gesandtschaft Büsing an Auswärtiges Amt.

222 Siehe dazu: Westerlund, Lars, Absturz einer Oberschicht. Zur Situation der Finnlanddeutschen 1933-1945, in: Menger, Manfred, Poser, Burkhart, (Red.) Finnland im Blick. Historische und zeitgeschichtliche Studien, Berlin 2014, S. 215.

223 KA, Suomalais-Saksalainen Seura ry.n arkisto, Pöytäkirja tehty Suomalais-Saksalainen Seura ylimääräisessä kokouksessa, syyskuun 12 päivänä 1944.

gegründete und aus dem im Januar 1919 in einer Potsdamer Kaserne entstandenen „Deutsch-Finnischen Verein (Finnlandkämpfer)" hervorgegangene „Deutsch-Finnische Vereinigung von 1918". Das Anliegen des Vereins, die „Pflege der Kameradschaft und (der) Austausch von Erinnerungen aller an der Finnlandexpedition beteiligter Personen einerseits sowie (die) Aufrechterhaltung der freundschaftlichen Beziehungen und des Gedankenaustausches mit unseren finnischen Freunden andererseits" [224], fand seinen Niederschlag auch in der, allerdings erweiterten, bis zu ihrer Auflösung im Jahre 1942 gültigen Satzung der Deutsch-Finnischen Vereinigung von 1918.[225]

Die Umbenennung war als notwendig angesehen worden, da neue Mitglieder, vor allem Studenten und andere junge Leute hinzukamen, die nicht in Finnland gekämpft hatten.[226] Um die Finnlandkämpfer nicht zu verprellen, wurde aber ausdrücklich formuliert, dass sie, „die den Grundstein der Brücke von Deutschland nach Finnland, von Volk zu Volk gelegt und zum Ausbau dieser Bücke die Vereinigung gegründet haben, ... auch immer der Stamm und der Rückhalt der Vereinigung bleiben (sollen)." [227] Vorsitzender des Vereins bzw. der Vereinigung war Rüdiger v. d. Goltz, sein Stellvertreter zunächst Johannes Öhquist, der allerdings seine Funktion 1921 auf Grund des Führungsstils des Vorsitzenden niederlegte, aber weiterhin für die Vereinigung und die von ihr herausgegebene Zeitschrift „Deutsch-Finnische Brücke" wirkte. Geschäftsführer war während der gesamten Existenz der Vereinigung der Jurist Dr. Wilhelm Schreiber, der nicht nur die Geschäfte der Vereinigung führte, sondern darüber hinaus u. a. auch Reisen nach Finnland organisierte. Auf einem Kopfbogen der Vereinigung wurde mit folgenden Dienstleistungen geworben: „Die Reiseabteilung der Deutsch-Finnischen Vereinigung gibt kostenlos Rat und Auskunft in allen Reiseangelegenheiten/ Regelmäßige Studien- und Erholungsreisen nach Finnland/Kostenlose Ausarbeitung von Einzelreisen/Platzbelegungen/ Nachweis von Hotels und Pensionen/ Sämtliche Finnlandliteratur/ Prospekte kostenlos".[228] Wiederholt wurden Finnlandreisen auch zu besonders günstigen Konditionen, vor allem für ehemalige Finnlandkämpfer, in der „Deutsch-Finnischen Brücke" angeboten.[229] Auch eine Fahrt für Rüdiger v.

224 DFB, 1/September 1919, S. 1 ff.

225 Siehe: Anhang Anlage 4

226 Vereinsleben, in: DFB 10/1921 S. 159.

227 DFB 1-2/1922 S. 19.

228 Landesarchiv Berlin (LAB) Bestand: A Rep.001-02 – 891, Magistrat der Stadt Berlin, Generalbüro, Schreiben vom 22. Juni 1928.

229 Siehe: DFB, u. a. 2/1926, S. 26, S. 32-35; 2/1929, S.30.; 2/1930, S. 19.

d. Goltz nach Doorn zum 70. Geburtstag von Wilhelm II. im Januar 1929 wurde von der Reiseabteilung organisiert, was den finnischen Gesandten in Berlin veranlasste, bei der Deutsch-Finnischen Vereinigung eine kritische Nachfrage zu stellen. Das wiederum hatte v. d. Goltz bewogen, sich in einem Brief an Paasikivi zu rechtfertigen, die Reise sei kein politischer, sondern ein reiner „Pietätsakt" gewesen und es sei ihm unverständlich, dass seine „überparteiliche vaterländische Arbeit einen Gesandten beunruhigen kann". Sein offensichtliches Misstrauen gegen den Gesandten gipfelte in der Frage. „Oder ist er in erster Linie Sozialdemokrat?"[230]

Rüdiger v. d. Goltz wurde 1920 von der „Historischen Gesellschaft zu Berlin", die der Vereinigung kooperativ angeschlossen war, nach mehreren Vorträgen über das deutsche Eingreifen in Finnland und im Baltikum zum Ehrenmitglied ernannt.[231] Vermittelt wurde diese Ehrung sicher von Prof. Dr. Fritz Arnheim, der - schon lange für die finnische Auslandspropaganda tätig - Vorstandsmitglied der Deutsch-Finnischen Vereinigung und zugleich 1. Schriftführer der Historischen Gesellschaft zu Berlin war.

Die Deutsch-Finnische Vereinigung von 1918 entwickelte sich zu Beginn der 1920er Jahre insoweit erfolgreich, als nicht nur die Mitgliederzahlen stiegen, sondern auch Ortsgruppen in verschiedenen Städten Deutschlands gegründet wurden. Initiatoren waren meistens ehemalige Offiziere der Ostsee-Division. Die Vereinigung gab an, dass sie zu Beginn des Jahres 1921 2.377 Mitglieder und ein Jahr später 3.986 Mitglieder zählte. Von den 3.986 Mitgliedern gehörten 226 zum Hauptverein Berlin, weitere 812 waren in Deutschland in Zweigvereinen bzw. Ortsgruppen zusammengefasst. 1.971 Mitglieder wurden „als direkte Mitglieder bei der Deutsch-Finnischen Vereinigung geführt". Hinzu gezählt wurden allerdings auch 977 Mitglieder des Schwestervereins in Helsinki. Zu Beginn des Jahres 1921 hatte die Vereinigung neun Ortsgruppen bzw. Zweigvereine in Deutschland (Breslau, Dresden, Frankfurt a. M., Goslar, Hannover, Leipzig, Marburg, Münster i.W. und Potsdam). Zu Beginn des Jahres 1922 zählte sie 17 Ortsgruppen – es waren neun hinzugekommen – und zwar in Chemnitz, Halle, Hildesheim, Hagen i.W., Elberfeld, Duisburg, Hamburg, Magdeburg und Karlsruhe. Aufgelöst hatte sich die Ortsgruppe in Breslau.[232] Die Aktivitäten der Vereinigung und ihrer Ortsgruppen waren sehr überschaubar – sie beschränkten sich weitgehend auf Zusammenkünfte und Gedenkfeiern am 12. April anlässlich

230 Goltz an Paasikivi vom 28.1.1929. Finnischer Gesandter in Berlin war zum damaligen Zeitpunkt der Sozialdemokrat Wäinö Wuolijoki.

231 DFB 12/1920, S. 43.

232 DFB 1-2/1922, S. 20.

der Einnahme von Helsinki durch die Ostsee-Division, auf die Teilnahme von Mitgliedern der Vereinigung an den Feiern bzw. Kranzniederlegungen am 12. April in Finnland, auf gelegentliche Vortragsveranstaltungen und vor allem auf gesellige Zusammenkünfte, meistens auf Sommer- und/oder Oktoberfesten. Über das Vereinsleben wurde kurz in jeder Ausgabe der „Deutsch-Finnischen Brücke" berichtet, vor allem dann, wenn Rüdiger v. d. Goltz an Veranstaltungen der Ortsgruppen teilnahm.

Die von dem Verein bzw. der Vereinigung seit September 1919 herausgegebene „Deutsch-Finnische Brücke", die sich als „Zeitschrift zur Förderung der kulturellen und wirtschaftlichen Beziehungen zwischen Deutschland und Finnland" verstand, erschien zunächst jährlich mit sechs Einzel- und drei Doppelausgaben. Mehrmals wurde sie als „Sorgenkind" der Vereinigung bezeichnet, da ihre Herausgabe die finanziellen Möglichkeiten der Vereinigung zu übersteigen drohte. 1921 konnte vorläufig durch eine Spende des Schwestervereins in Helsinki Entlastung geschaffen werden und seit 1922 erschien sie unter Mitwirkung der Finnisch-Deutschen Gesellschaft in Helsinki, was vorübergehend zur Entspannung der finanziellen Situation führte. Außerdem konnte 1921 die Abteilung Finnland des Nordischen Instituts in Greifswald und danach das 1922 gegründete Institut für Finnlandkunde an der Universität Greifswald zur Mitwirkung an der Zeitschrift sowie der Leiter des Instituts Prof. Dr. Braun als Vorstandsmitglied der Vereinigung gewonnen werden. Trotz der finanziellen Probleme mit der „Deutsch-Finnischen Brücke" lehnte die Goltzsche Vereinigung deren von verschiedenen Seiten erwogenen Zusammenschluss mit dem „Finnländischen Merkur", der von der Deutsch-Finnischen Vereinigung in Lübeck herausgegeben wurde, ab.[233]

In der Zeitschrift wurden zweifellos vielseitige Informationen über Finnland, dessen Kultur, Wirtschaft und Brauchtum vermittelt[234], häufig erschienen auch Buchempfehlungen. Von J. K. Paasikivi wurde beispielsweise ein Artikel über Währungsfragen publiziert[235], sicher durch Vermittlung von Rüdiger v. d. Goltz. Berichtet wurde über Hilfsaktionen finnischer Vereine für deutsche Kinder, über Ferienaufenthalte deutscher Kinder und Studenten in Finnland

233 KA, Suomalais-Saksalainen Seura ry:n arkisto, Protokoll der Vorstandssitzung der Finnisch-Deutschen Gesellschaft am 17.10.1923.

234 Siehe u. a.: Alfred Baresel, Finnland und seine Musik, DFB, 8-9/1920, S. 12-14; Born, Dr. E.Frhr v., Die Entwicklung der Ålandsfrage, DFB,12/1920, S. 8-10; Born, Dr. E. Frhr.v., Die Reichstagswahlen in Deutschland und Finnland und ihre weltpolitische Bedeutung, DFB, 4-6/1924, S. 33-35; Heusler, Prof. Andreas, Gedanken über das finnische Epos Kalewala, 4-6/1924, S.35-41; Rudolf Virchow über Finnland, 4-6/1924, S.41/42; Die Finnländer als Sportnation, Heft 4-6/1924, S. 46 f.

235 Bankdirektor Dr. J. K. Paasikivi, Die Währungsfrage, in: DFB 10/1921 S. 145-148.

oder über Besuche finnischer Studenten in Deutschland. Eine besondere Rolle bei diesen Hilfs- und Austauschaktionen spielte Fräulein Dr. Jenny af Forselles, die Vorsitzende des Komitees für deutsche Kinder in Finnland und Vorstandsmitglied der Deutsch-Finnischen Vereinigung von 1918.[236] Ihr Name wurde entsprechend häufig erwähnt, aber auch der von Frau Ida Juslin, der überaus aktiven Schriftführerin der Finnisch-Deutschen Gesellschaft, vor allem im Zusammenhang mit Memoria Liberatorum, einer Stiftung, die von 1925 bis in die 1940er Jahre hinein jährliche Konzerte zugunsten von Kriegsinvaliden und der Pflege von deutschen Soldatengräbern organisierte.[237] Insgesamt gesehen war die Deutsch-Finnische Brücke jedoch in hohem Maße rückwärtsgewandt. Hauptgegenstand zahlreicher Artikel war immer wieder der „Freiheitskrieg" in Finnland und die deutsche Intervention. Der Befreiermythos wurde facettenreich kultiviert. Die Deutsch-Finnische Brücke wirkte im Sinne einer Traditionslinie, die systematisch im spätwilhelminischen Geist und in Konfrontation zur Weimarer Republik aufgebaut wurde und in der auch die in den zwanziger und dreißiger Jahren regelmäßig am 12. April durchgeführten Gedenkfeierlichkeiten ihren Platz hatten. Auf verschiedenste Weise wurde in der Deutsch-Finnischen Brücke immer wieder auf die Mission der Ostsee-Division und deren Nachwirkungen Bezug genommen. Zu den zentralen Themen gehörten Berichte über die Organisation und Finanzierung der Kriegsgräberpflege, die Einweihung von Kriegsdenkmälern in verschiedenen finnischen Orten[238], über die Schutzkorps, die „Lotta Svärd"-Vereine[239] oder den Martha-Verein. Fortgesetzt erschienen vor allem auch Artikel über die Ostsee-Division, zumeist verfasst von ehemaligen Offizieren.[240] Auf diese und ähnliche

236 Familienfeiern der in Finnland gewesenen Kinder zu Ehren von Frl. Dr. af Forselles, Vorsitzende des Komitees für deutsche Kinder in Finnland, in: DFB 12/1920, S. 12 f; Jenny af Forselles, Sommerkinder und Weihnachtsgaben, Bericht über die Tätigkeit des finnländischen Komitees für deutschen Kinderhilfe, 1/1924, S.1-3.

237 Siehe: Forsén, Annette, Tysk föreningsverksamhet i Finland och Sverige 1910-1950, Jelgava 2015, S. 218.

238 U. a. Enthüllung des deutschen Denkmals in Erkylä, in: DFB 8-9/1920, S. 5; K. Forssman u. K. Robolsky, Die Enthüllung der Denkmäler der deutschen und finnischen Heldengräber in Helsingfors, Sonntag, den 31. Oktober 1920, in: DFB 12 /1920 S. 6-8 oder: Erinnerungsfeiern in Finnland, in: DFB 5-6/1920, S. 91-93.

239 „Lotta Svärd" war eine freiwillige paramilitärische Hilfsorganisation für Frauen, die 1918 gegründet worden war um die Weißen zu unterstützen. In den 1920er und 1930er Jahren setzten sich deren Mitglieder ehrenamtlich für soziale Zwecke ein. Sie waren den Schutzkorps angeschlossen. 1944 wurde die Organisation verboten. Siehe:
https://en.wikipedia.org/wiki/Lotta_Svärd (entnommen am 28.1.2020)

240 U. a. Die Artillerie der Ostseedivision von Oberstleutnant a. D. Butz, in: DFB 12/1920, S.

Weise wurde das Geschehen von 1918 immer wieder aufgefrischt und das traditionelle Bild von der Befreiermission konserviert.[241]

Nach einer Kritik von Vereinsmitgliedern, dass fast ausschließlich über Finnland berichtet würde, erschienen bald auch Artikel über Deutschland. So wurde seit 1922 permanent nicht nur über Finnlands Wirtschaftsleben, sondern auch über Deutschlands wirtschaftliche Lage informiert. Kontinuierlich erschienen Beiträge des oder über den Vorsitzenden der Vereinigung Rüdiger v. d. Goltz. Er prägte nicht nur den Charakter der Vereinigung, sondern auch die inhaltliche Orientierung der Zeitschrift entscheidend mit. Auch er wiederholte immer wieder aufs Neue seine Auffassung von der großen Rolle Deutschlands beim Kampf um Finnlands Selbständigkeit, schwärmte von der Deutschfreundlichkeit der finnischen Politiker des Jahres 1918 und hielt an seiner Auffassung fest, dass die Monarchie im Falle eines deutschen Sieges im Krieg „Finnlands Glück geworden“ wäre. „Nur billige nachträgliche Weisheit kann aus dem Zusammenbruch Deutschlands den Schluß ziehen, daß diese Poltiik falsch war.“[242] Seine Einschätzungen führender finnischer Politiker des Jahre 1918 waren entsprechend subjektiv und stark geprägt von den freundschaftlichen Beziehungen, die sie zu ihm unterhielten: Reichsverweser Svinhufvud war aus seiner Sicht „Finnlands Hindenburg“ - „ein feuriger finnischer Patriot, der sein Leben lang die ganze Person furchtlos in den Dienst des Vaterlandes gestellt hatte. Ein Fels, an dem die Schwankenden sich aufrichteten, ein Optimist, der auch in trübsten Zeiten den Glauben an eine bessere Zukunft nicht verlor, ein edler Mensch von kristallklarer Seele, als Gatte und Familienvater vorbildlich in unserer dem Untergang zutreibenden Zeit...“

Über Paasikivi hieß es durchaus zutreffend: „Keinen besseren Mitarbeiter konnte sich der Reichsverweser nehmen, als diesen weitblickenden Staatsmann und geschickten Politiker, der Finnlands Staatsschiff durch die Klippen des wechselvollen Jahres 1918 mit feinem politischen und menschlichen Takt sicher gesteuert hat, und dessen diplomatisches Geschick Finnland und das Ausland noch bei den schwierigen Friedensverhandlungen mit Sowjet-Rußland 1920 bewundern musste. Ein Mann der Zukunft.“[243] Ähnlich positive Worte fand v. d. Goltz auch für andere deutschfreundliche Senatoren wie Setälä, Talas und Frey sowie für Senator Sario und General Thesleff.

19-22, 5-6/1921 S. 70-74.

241 Siehe u. a.: Rittmeister a. D. von der Groeben, Der Tag von Helsingfors, in: DFB 4/1921, S. 50 f.

242 General Graf v. d. Goltz, Finnlands Staatsmänner 1918, in: DFB 3/1921, S. 33 f.

243 Ebd.

Es hatte wiederholt den Anschein, als würde Rüdiger v. d. Goltz angesichts der misslichen Situation, in der er Deutschland und nicht zuletzt sich persönlich sah, voller Wehmut nach Finnland schauen.

Er prägte nicht nur das Finnlandbild, sondern brachte auch immer wieder seine ablehnende Haltung gegenüber der Weimarer Republik und seine nach wie vor ungebrochene Kaisertreue zum Ausdruck. In einer 1921 geführten Unterredung mit einem finnischen Journalisten meinte er, die Lage Deutschlands „gar nicht ungünstig genug" beurteilen zu können. Sie sei innenpolitisch als ernst, außenpolitisch fast als verzweifelt zu bezeichnen. Er zeigte sich von der Unschuld Deutschlands am und im Krieg überzeugt, im Versailler Vertrag sah er einen unakzeptablen Schandfrieden. Die Entente würde ihren Sieg zur völligen wirtschaftlichen Vernichtung Deutschlands ausnützen. Die französische Politik hielt er für „kurzsichtig und dumm". Die Entente würde „dem Bolschewismus in die Hand arbeiten und sich selbst das Grab graben". Die, wie er selbst, national denkenden Deutschen, denen seiner Meinung nach die Zukunft gehören würde, trügen „das uns auferlegte schwere Schicksal mit Würde und verhaltenem Ingrimm."[244] Am Ende der Unterredung richtete er ein „warmherziges Glaubensbekenntnis über das Ostmeer. Ich weiß, dem germanischen Kultur-Ideal, für das die weißen Finnländer und Deutschen 1918 zusammen zwischen Schären und Lappland gefochten haben, gehört die Zukunft, wenn anders die heutige Welt überhaupt eine Zukunft haben soll."[245]

Als er wenige Monate später erneut vom Berliner Korrespondenten einer finnischen Zeitung[246] interviewt wurde, sandte er an „das von mir unvergessene Finnland ein Wort treuen Gedenkens und den herzlichen Wunsch weiterer glücklicher Entwicklung als freies Land mit aufwärts weisendem Handels- und Wirtschaftsleben." Bevor er sich zur Entwicklung in Deutschland äußerte, drückte er seine Hoffnung aus, „daß die neue Geschichtsperiode Finnlands, die deutsche Soldaten wesentlich mit einleiten konnten, einen glücklichen Fortgang nehmen wird und deutsches Blut dort oben nicht umsonst geflossen ist." Deutschlands Situation war für ihn im Gegensatz zu Finnland hoffnungslos – er wiederholte seine These von der Unschuld Deutschlands am Krieg und seine Forderung nach Aufhebung des Versailler Vertrages. „So ist Deutschland entwaffnet und wehrlos, von

244 Deutschland. Unterredung des Generals Grafen v. d. Goltz mit einem finnländischen Berichterstatter, in: DFB 5-6/1921, S. 67 f.

245 Ebd., S. 68.

246 Offensichtlich handelte es sich um Tigerstedt von der Zeitung „Hufvudstadsbladet", den er in einem späteren Brief an Paasikivi als „nationalistisch, aber nüchtern und gründlich beobachtend, kein Fanatiker und wilder Mann" charakterisierte. Siehe: Goltz an Paasikivi vom 7.8.1932.

brutalen Feinden umgeben, der Staatsbankrott scheint unvermeidbar, sein Mittelstand, die Stütze des alten Regimes, am Bettelstab, Lebensmittel und Rohstoffe sind bald nicht mehr zu bezahlen, Arbeitslosigkeit, Verelendung und Hungersnot stehen vor der Tür...Ein Lichtblick für uns Deutsche“, so schloss Graf v. d. Goltz seine Ausführungen, „bleibt dabei immer die treue Anhänglichkeit und Dankbarkeit des besten Teils des finnischen Volkes. Sie ist ein Zeichen, daß es noch an einer Stelle in unserer materialistischen Welt Idealismus gibt, der Idealismus, der allein imstande ist, den drohenden Untergang des Abendlandes zu verhindern.“[247]

Solche Worte, die der realen Situation weder in Finnland noch in Deutschland gerecht wurden, zeigten gleichwohl Wirkung und trugen mit dazu bei, dass das Ansehen von Rüdiger v. d. Goltz bei einem großen Teil der konservativen, deutschfreundlichen Finnen nicht verblasste und dass er gewissermaßen als eine Art Idol betrachtet und dementsprechend behandelt wurde.

Höhepunkte in der Vereinsgeschichte der Deutsch-Finnischen Vereinigung von 1918 waren die Feiern zu den Jahrestagen der Einnahme von Helsinki am 12. April und zu den Unabhängigkeitstagen im Dezember. In den Jahren 1923, 1928, 1933 und 1938 wurden größere Delegationen von Finnlandkämpfern unter Führung von Rüdiger v. d. Goltz nach Finnland eingeladen. Deren Aufenthalte wurden von finnischer Seite finanziert. Ihnen wurde ein vielseitiges Programm geboten.

Nach 1933 war v. d. Goltz bereit, die Vereinigung der Goebbelschen Propagandamaschinerie unterzuordnen.[248] Sie blieb allerdings als selbständige Organisation erhalten. Höhepunkte in der Vereinsarbeit waren weiterhin die jährlichen „zwanglosen Beisammensein“, zu denen jeweils hochrangige Persönlichkeiten eingeladen wurden und bei denen v. d. Goltz die Festreden hielt.[249]

Der Berliner Polizeipräsident forderte Ende 1936 von der Vereinigung die Satzung und die vollständige Liste der Vorstandsmitglieder mit genauen Angaben zur Person (Geburtstag und -ort, Beruf, Wohnort) an, die er vom Geschäftsführer Dr. Schreiber mit der zusätzlichen Bemerkung

247 DFB, 1-2/1922, S. 15 f.

248 Jokisipilä, Könönen, S. 52.

249 So hieß es beispielsweise in einer gedruckten Einladung an den Polizeipräsidenten von Berlin vom 5.12.1936: „Einladung zu einem zwanglosen Beisammensein am Donnerstag, 10. Dezember 1936, 20 Uhr, im Hohenzollernsaal des Landwehr-Casino am Zoo, Jebenstraße, anläßlich des 75. Geburtstages des finnischen Staatspräsidenten P. E. Svinhufvud und des Jahrestages der Unabhängigkeits-Erklärung Finnlands.Ansprache des Führers der Veinigung, General a. D. Graf v.d. Goltz. Der Eintritt ist frei, Gäste sind willkommen.“ in: LAB, A Pr.Br. Rep.030-04 Nr. 1279, Blatt 1.

erhielt, dass die Satzung seit der Gründung der Vereinigung zwar besteht und auf Grund formeller Schwierigkeiten nicht geändert wurde, es aber einen „Generalversammlungsbeschluss (gibt), wonach die Berufung der Vorstandsmitglieder durch den Vereinsführer erfolgt und die Hauptversammlung ein Bestätigungsrecht hat. Ebenso hat der Vereinsführer das Recht, Mitglieder auszuschliessen bzw. den Erwerb der Mitgliedschaft zu verhindern."[250] Die Rechte des Vereinsführers waren praktisch im Vergleich zu der ursprünglich angenommenen Satzung erheblich ausgeweitet worden. Der Polizeipräsident schickte am 25.1.1937 die Unterlagen an das Außenpolitische Amt der NSDAP mit der Bitte um Stellungnahme, ob und gegebenenfalls welche Bedenken gegen den Verein und gegen dessen Vorstand erhoben werden. Die Reichsleitung des Außenpolitischen Amtes der NSDAP hatte sowohl gegen die Vereinigung als auch gegen ihren Vorstand keine Bedenken.[251]

Die Vereinigung existierte bis 1942. Laut einer Zeitungsnotiz veranstaltete sie noch am 29. Januar 1942 erneut einen Ball der Finnlandfreunde im Landwehrkasino am Zoo mit einer Ansprache des Führers der Vereinigung, General a. D. Graf v. d. Goltz, und musikalischen Darbietungen. Auf den Eintrittskarten wurden Reisen nach Finnland, Ostpreußen und Kopenhagen verlost.[252]

Die dann auf dem Höhepunkt der neuen, kriegsbedingten Hochphase deutsch-finnischer Kooperation am 3.11.1942 gegründete neue Deutsch-Finnische Gesellschaft besiegelte das Ende der Goltzschen Vereinigung. Die Finnisch-Deutsche Gesellschaft in Finnland begrüßte die Gründung der neuen Organisation ausdrücklich. Sie wäre „eigentlich ein Wiedererwachen der alten, schon im Jahre 1919 gegründeten Gesellschaft, deren Wirksamkeit inzwischen schon aufgehört hatte, die aber jetzt im Zeichen der neuen Waffenbrüderschaft besonders feierliche äussere Formen annahm, mit offiziellen Vertretern auf beiden Seiten."[253] Von finnischer Seite waren zur Gründungsfeier immerhin der Bildungsminister Antti Kukkonen, der Kanzleichef des Außenministeriums Aaro Pakaslahti, der Rektor der Universität Helsinki Prof. Rolf Nevanlinna und der Generalleutnant Paavo Talvela erschienen.[254] Der Vorsitz der neuen Gesellschaft, die alle nach

---

250 LAB, A Pr.Br.Rep.030-04 Nr. 1279, Schreiben von Dr. Schneider an den Polizeipräsidenten in Berlin vom 18. Dezember 1936, S. 8.

251 Ebd., Außenpolitisches Amt der N.S.D.A.P. Reichsleitung
Der Geschäftsführer V 5 Rl./Vt. 610/37 an den Polizeipräsidenten in Berlin Abteilung V.

252 Ebd., S. 14.

253 Jahresbericht der Finnisch-Deutschen Gesellschaft 1943, Helsinki 1944, S. 7

254 Lähteenkorva, Pekka, Pekkarinen, Jussi, Ikuisten poudan maa. Virallinen Suomi-kuva

Finnland wirkenden Vereine im Sinne der Gleichschaltung unter ihrem Dach zusammenführen sollte, lag in den Händen des Schriftstellers und SS-Offiziers Hanns Johst, der seit 1936 auch der Reichskulturkammer vorstand.[255] Auf eine Anfrage des Berliner Polizeipräsidenten, ob durch die im Auftrag des Reichaußenministers gegründete und am 25.11.1942 in das Vereinsregister eingetragene Deutsch-Finnische Gesellschaft die bestehende Deutsch-Finnische Vereinigung von 1918 gelöscht ist, teilte das Amtsgericht Berlin am 22. Dezember 1942 mit, „dass der Verein zwar noch besteht, aber wahrscheinlich binnen Jahresfrist zur Auflösung kommt."[256] Damit war das Ende der Goltzschen Vereinigung auch offiziell besiegelt. Rüdiger v. d. Goltz selbst wurde jedoch in der neuen Vereinigung zum Ehrenvorsitzenden gewählt.[257]

Siegesfeiern und Gedenkkult

Besonders intensiv wurde des Bürgerkrieges und der deutschen Intervention im Rahmen von Feierlichkeiten am 12. April 1923, 1928, 1933 und 1938 gedacht, nicht nur aber auch deshalb, weil Rüdiger v. d. Goltz daran teilnahm. Die deutschen Vereine in Finnland profitierten zweifellos von diesen Veranstaltungen. Sie konnten sich auf diese Weise profilieren, erlangten öffentliche Aufmerksamkeit und konnten die Verbindungen zu den „Männern von 1918" immer wieder aktivieren.

Rüdiger v. d. Goltz wurde bei diesen Besuchen stets mit Begeisterung und als Ehrengast empfangen, was er angesichts seiner unerheblichen Rolle in der Weimarer Republik besonders genoss. Außerdem hatte er die Möglichkeit, seine Wahrnehmung und seine Interpretation der Ereignisse von 1918 immer wieder öffentlich zu thematisieren. Er leistete damit einen nachhaltigen Beitrag zu einer Atmosphäre, in der die Gräben des Bürgerkrieges zwischen Weißen und Roten eher vertieft als überwunden wurden.

Während seiner Aufenthalte wohnte v. d. Goltz regelmäßig bei der Familie Paasikivi. Lediglich 1938, als Paasikivi Gesandter in Stockholm war, logierte er bei Erik von Frenckell.[258]

1918-1945, Helsinki 2004, S. 300 f.

255 Siehe u. a.: 100 Jahre Deutsch-Finnische Vereinigung 40 Jahre Deutsch-Finnische Handelskammer. S. 61.

256 LAB, A Pr.Br.Rep.030-04 Nr. 1279, S. 14.

257 Westerlund, Lars, Itsetehokuksesta nöyryyteen. Suomensaksalaiset 1933-1946, Helsinki 2011, S. 14.

258 Siehe: Polvinen, 1992, S. 454.

Mehrfach äußerte er, sich auch eine Übersiedlung nach Finnland vorstellen zu können, falls die Zustände in Deutschland für ihn noch unerträglicher würden.[259]

Auch Hanko als Ort der Landung der Ostsee-Division 1918 gehörte jeweils zum Besuchsprogramm von Rüdiger v. d. Goltz. Dort wurde er stets besonders freundlich und dankbar empfangen.[260] Er nutzte seine Aufenthalte auch, um private Kontakte aufzufrischen.[261]

Goltz berichtete im Anschluss an seine Reisen über unvergessliche Tage und zahlreiche Veranstaltungen, auf denen die Deutschen gefeiert und geehrt wurden.[262] Dabei versuchte er stets den Eindruck zu erwecken, als stände das finnische Volk geschlossen hinter den „Befreiern" des Jahres 1918, obwohl unübersehbar war, dass es sich im Wesentlichen um konservative, ehemals monarchistische und deutschfreundliche Kreise handelte. Außerdem wusste er von Auseinandersetzungen im Vorfeld seiner Reisen zu den Jubiläumsveranstaltungen in Finnland sowohl 1923 als auch 1928. Davon ließ er sich jedoch nichts anmerken.

1923 – Huldigungen und Unbehagen

Die Regierungen sowohl in Finnland als auch in Deutschland hatten in den 1920er Jahren an diesen Treffen kein sonderliches Interesse, waren sie doch für sie politisch problematisch. Die Ehrung kaiserlicher deutscher Truppen konnte mit Blick auf die außenpolitischen Kontakte Finnlands zu anderen Ländern, vor allem zu Russland und Frankreich, zu Komplikationen führen. Ein Vorgeschmack darauf waren Proteste aus Russland, denn die Zeitungen

259 Siehe u. a.: Goltz an Paasikivi vom 19.4.1920.

260 So richtete die Stadt Hanko, das Hankoer Schutzkorps sowie der Verein Lotta-Svärd in Hanko beispielsweise anläßlich des 20. Jahrestages der Landung der Ostsee-Division am 3. April 1918 in Hanko folgenden schriftlichen Dank an Rüdiger v. d. Goltz „Da Sie, Herr General, anlässlich dieses Jubiläums jetzt unser Land besuchen, bitten die Stadt Hangö, das Hangöer Schutzkorps und der Verein Lotta-Svärd in Hangö Ihnen ihre ehrfurchtsvolle Huldigung darzubringen, ihre warme Bewunderung und innige Dankbarkeit aussprechen zu dürfen." in: GstA, FA von der Goltz, 09.04.01 Gratulation zu Geburtstagen Nr. 434

261 Siehe u.a.: Fröman, S. 57

262 In der Deutsch-Finnischen Brücke schrieb v. d. Goltz zum Beispiel über seinen Aufenthalt in Hanko 1928: „Die Veranstaltungen wurden in Hangö wie überall getragen von der ganzen Bevölkerung, scheinbar fast ohne Ausnahme. Ernste Gottesdienste in der Kirche und auf den Friedhöfen der Gefallenen, die ohne Rücksicht auf Nationalität und Stand nebeneinander hier den ewigen Schlaf schlafen, an den Denkmälern, von denen das in Hangö in den Illustrierten Zeitungen der ganzen Welt bekannt wurde. Mitbürgerfeste und Festakte mit den Spitzen der Behörden, Kaffee bei den Lottas, eingerahmt von Musik, lebenden Bildern und Reden, Spalier der Schuljugend mit ihren blau-weißen finnischen Freiheitsfahnen..."In: DFB,1/1928, S. 4.

„Prawda“ und „Iswestija“ sahen den Goltz-Besuch als einen Affront gegen den Geist des Rapallo-Vertrages.[263]

Vor allem die „Iswestija“ als amtliches Organ der Sowjetregierung wandte sich heftig gegen v. d. Goltz und schrieb, dass die deutsche Regierung durch das Auftreten des Grafen, der gemeinsam mit dem Obersten Awaloff-Bermondt den aktiven Kampf gegen Sowjetrußland geführt habe, in ein schiefes Licht gerate, denn in Russland entstehe dadurch der Eindruck, als ob in Deutschland immer mehr die Kreise die Oberhand gewinnen, die Sowjetrussland feindlich gegenüberstehen.[264]

Im sozialdemokratischen „Vorwärts“ hieß es, dass die von russischer Seite erhobenen Vorwürfe „....nicht durch den Hinweis entkräftet werden (können), daß die Reise des Grafen eine ‚Privatangelegenheit‘ gewesen sei, denn durch die Anwesenheit des deutschen Gesandten und anderer Mitglieder der Deutschen Gesandtschaft haben die mit diesem Besuch verknüpften Veranstaltungen mindestens einen offiziösen Anstrich erlangt....“[265].

Außerdem gab es in beiden Ländern innenpolitische Gründe, diese Treffen auf einem möglichst niedrigen Niveau zu halten. In Deutschland nicht zuletzt wegen der Ruhrbesetzung. Finnische deutschfreundliche Universitätsangehörige, Pfarrer und vor allem Juristen hatten eine Adresse verfasst, in der sie die französische Haltung mit der zaristischen Unterdrückungspolitik in Finnland verglichen.[266] Da es in Deutschland kein Interesse gab, diese Adresse publik zu machen, gab der Staatssekretär im Auswärtigen Amt Freiherr A. O. von Maltzan sie nicht an die Presse weiter, sondern wollte sie „als eine Familienangelegenheit zwischen unseren beiden Ländern“ behandeln, was von finnischer Seite akzeptiert wurde.[267] So spielte die Adresse nur eine untergeordnete Rolle.[268] Außerdem wurde der finnische Gesandte in Berlin Harry Holma im Vorfeld des Goltz-Besuchs im Jahre 1923 inoffiziell durch von Maltzan informiert, dass es in Deutschland keine Sympathien für die Reise von Rüdiger v. d. Goltz gäbe angesichts der Befürchtungen, dass sie als deutsch-völkisch gedeutet und

263 Siehe: Polvinen,1992, S. 108.

264 Zit nach: Vorwärts vom 24. April 1923.

265 Ebd.

266 Die Adresse wurde von 70.000 Personen unterschrieben, u. a. von Svinhufvud, Gripenberg, Ruin, Kairamo, Suolahti, af Forselles; Paasikivi hat nicht unterschrieben, er fand sie unnütz und gefährlich, Siehe: Polvinen, 1992, S. 106 f.

267 Ebd., S.106 f.

268 Siehe u. a.: Saarinen, Hannes, Finnland und die Außenpolitik der Weimarer Republik, Berlin 1973, S.152 f.

der Wilhelminische Geist unterstrichen würde.[269] Holma hatte darüber den finnischen Außenminister Vennola offiziell informiert. Allerdings sah die finnische Seite keine Möglichkeiten einzugreifen. Goltz interpretierte diesen Vorstoß des Freiherrn von Maltzan dahingehend, dass in Deutschland gewisse Kreise, auch Regierungskreise, die „alten" deutschfreundlichen Kreise Finnlands für ausgeschaltet halten.[270] Außer v. d. Goltz hatte die Finnisch-Deutsche Gesellschaft auch den ehemaligen Gesandten von Brück und Admiral Meurer eingeladen und sie war bemüht, alle von v. d. Goltz geäußerten Wünsche[271] zu erfüllen.

August von Brück, Rüdiger von der Goltz und Admiral Meurer während der Feierlichkeiten im April 1923 (SLS)

269 Ebd., S. 108.

270 Siehe: Rumpunen, Kauko (toim.), „Olen tullut jo kovin kiukkuiseksi", J. K. Paasikiven päiväkirjoja 1914-1934, Helsinki 2000, S. 55 ff.

271 KA, Suomalais-Saksalainen Seura ry:n arkisto, Protokoll über die Vorstandssitzung am 13. März 1923 § 3.

Zudem war von einigen der Gesellschaft nahestehenden Damen auch eine Einladung an die Gattin von Rüdiger v. d. Goltz ergangen, da sie aber erkrankt war, begleitete an ihrer Stelle der Sohn Rüdiger seinen Vater. Die Reise wurde sowohl in Deutschland als auch in Finnland als Privatreise von Privatleuten deklariert, um Kritikern den Wind aus den Segeln zu nehmen. Dennoch erregte sie vor allem in der finnischen Öffentlichkeit Aufsehen, da an den Veranstaltungen mit den deutschen Gästen eine Vielzahl überaus prominenter Vertreter aus Politik, Militär, Wirtschaft und Kultur teilnahm.

Empfang für die deutschen Gäste im Hause der Familie von Erik von Frenckell (1. Reihe u. a. General Martin Wetzer, Minister Hjalmar Procopé, General v. d. Goltz, Esta von Frenckell, Baron Hamilton; hinten u.a.: Goltz jr., Goldbeck-Löwe, Paasikivi, Erik v. Frenckell) (SLS)

Auch die Generalität, die jeweiligen Stadtbehörden sowie Vertreter der deutschen Gesandtschaft waren unter den Gästen.[272] Die Teilnahme von Vertretern der Gesandtschaft führte zu scharfen Protesten im „Vorwärts“,

272 KA, Auswärtiges Amt, Abt.IV Norden, betr. Politische Beziehungen Deutschland-Finnland vom Januar 1924 bis Dezember 1929 Bd. 2, AA 5 Deutsche Gesandtschaft an AA vom 5. April 1923.

der darin eine „innenpolitische Diskriminierung“ der deutschen Republik sah.[273] Die Gesandtschaft wies die Darstellungen des „Vorwärts“ in allen wesentlichen Punkten als unrichtig zurück, da sie „offenbar auf einseitigen (bolschewistischen) Informationen“ basieren würden.[274] Dennoch führte die Kritik im „Vorwärts“ zu Nachfragen von Staatssekretär Maltzan, ob v. d. Goltz offiziell von der finnischen Regierung eingeladen worden sei, ob der Gesandte an der Jahresfeier teilgenommen hätte, ob die Feier eine offizielle Regierungsfeier war und „ob Graf Goltz und Genossen Pässe des Auswärtigen Amtes sowie deutsche Grenzempfehlungen gehabt haben“.[275]

Im Namen der Gesandtschaft antwortete Legationssekretär Völckers und stellte sich schützend vor seinen Chef, indem er aufführte, an welchen Veranstaltungen der Gesandte nicht teilgenommen hatte und ihn insofern verteidigte und sein Verhalten rechtfertigte, als er darauf hinwies, dass v. d. Goltz immerhin vom Präsidenten eingeladen worden sei, es sich bei der Jahresfeier der Finnisch-Deutschen Gesellschaft, an der der Gesandte jedes Jahr teilnahm, zwar um keine offizielle Regierungsfeier handelte, aber immerhin der Kriegsminister, der Magistrat, und verschiedene hohe Beamte von Universität und Militär anwesend waren und dass an der Parade und an der Feier an den Gräbern der Ministerpräsident, Kriegsminister, Landeshauptmann, Magistrat, Generalität und Schutzkoprs teilgenommen hätten. Zu der Passangelegenheit, die von Maltzan angesprochen hatte, wurde kurz und knapp geantwortet: „Paß Graf G. nicht vorgelegt. Meurer und Brück hatten gewöhnliche deutsche Buchpässe. Grenzempfehlung diesseits nicht ausgestellt.“[276]

In ihrer Ausgabe vom 25.4.1923 wandte sich auch die „Berliner Volkszeitung“ aufs Schärfste dagegen, „daß Vertreter Deutschlands im Ausland einem Manne ihre Huldigung darbringen, der ganz offen gegen einen anderen Staat hetzt und deswegen mit Recht von den Landesbehörden geschnitten wird und der zudem sich um die deutsche Republik, milde gesprochen, keine

---

273 Der „Vorwärts“ schrieb unter der Überschrift „Ungebetene Gäste. Die Auslandspropaganda der deutschen Monarchisten“: „Die abgetakelten Generäle kennen anscheinend auch während des Existenzkampfes des deutschen Volkes an der Ruhr keine andere Aufgabe als den Kampf gegen die Republik und die Diskreditierung der deutschen Politik im Auslande“. Der Besuch hätte bei breiten Kreisen der Bevölkerung Empörung ausgelöst, „da General v. d. Goltz als Leiter der deutschen 'Strafexpedition' im Jahre 1918, sich den Ruf eines erbarmungslosen Henkers in Finnland erworben hat.“ Siehe: Vorwärts vom 15.4.1923.

274 KA, Auswärtiges Amt, Abt. IV Norden betr. Politische Beziehungen Deutschland-Finnland AA 5 Deutsche Gesandtschaft an AA 5 vom 30. April 1923.

275 KA, Auswärtiges Amt, AA 5, Telegramm von Maltzan an Gesandtschaft vom 24. April 1923.

276 Ebd., Völckers an AA vom 25. April 1923.

sonderlichen Verdienste erworben hat. Was v. d. Goltz in Finnland treibt, ist Mißbrauch des Gastrechts. Die Herren von der Gesandtschaft sollten ihn deswegen zur Ordnung rufen, aber nicht mit ihm tafeln.....“[277]

Auch das Presseorgan der finnischen Sozialdemokratie „Suomen Sosiaalidemokraatti“ äußerte sich vor, während und nach der Reise in scharfen Worten gegen den Besuch von Rüdiger v. d. Goltz. In einem ersten Artikel wurde „im Namen der Selbständigkeit und des Wohles Finnlands an die finnische Regierung die Bitte gerichtet“, den Besuch von Rüdiger v. d. Goltz zu verhindern. Am 9.3. ging der Kolumnist Sasu Punanen der Frage nach, wer v. d. Goltz eingeladen hätte. Er kam zu dem Schluss, dass die Einladung nur von den Monarchisten Finnlands und nicht aus Regierungskreisen kommen könne, „denn die Ankunft eines solchen deutschen Kriegsherrn in Finnland werde sicherlich keinen günstigen Eindruck auf gewisse fremde Staaten machen, zu denen man jetzt in freundschaftlichen Beziehungen stehe....Sie würden einsehen, dass in Finnland noch der den preussischen und im allgemeinen den deutschen Militarismus bewundernde Geist lebt, der, als er 1918 die einflussreichen Kreise Finnlands beherrschte, keineswegs nur gegen die aufrührerische finnische Arbeiterschaft, sondern viel weiter gerichtet war....Ist es nicht so, dass Finnlands Selbständigkeit durch den Zusammenbruch des imperialistischen Deutschlands gerettet wurde?.... Wir hassen nicht das deutsche Volk... Aber wir bitten, dass man uns nicht die Gespenster der deutschen Kaiserzeit hierher beschwören möge...“[278].

Alle Veranstaltungen wurden auf Grund des fünften Jahrestages der Einnahme von Helsinki und der Anwesenheit der drei hohen deutschen Gäste mit größerem Pomp, in größerem Rahmen und mit größerer Öffentlichkeit gefeiert, aber im gleichen Geist und mit den gleichen Ritualen wie in den vorangegangenen Jahren.

Präsident Ståhlberg, 1918 führender Exponent der Republikaner und nicht den „Männern von 1918“ zuzuordnen, begrüßte am 7. April die Gäste in einem halbstündigen Gespräch als “Befreier“ Helsinkis „und gab sich überhaupt alle Mühe, seine natürliche Befangenheit zu überwinden, ein Bestreben, in dem er durch die gewandte und taktvolle Art des Grafen v. d. Goltz unterstützt wurde,“ wie der deutsche Gesandte von Zech berichtete. Am Abend des gleichen Tages nahmen die Gäste an einem Fest des Helsinkier Schutzkorps teil, auf dem Rüdiger v. d. Goltz zu dessen Ehrenmitglied

277 Zit. nach: PAAA, Abt. IV Norden, Politik Finnland, Politische Beziehungen Finnland-Deutschland März 1920 bis Dezember 1923 R 80887.

278 Zit. nach: KA, Auswärtiges Amt Abt. IV. Norden, betr. Politische Beziehungen Deutschland-Finnland, AA 5 Deutsche Gesandtschaft an AA vom 13. März 1923.

ernannt wurde. Am folgenden Tag nahm er gemeinsam mit Admiral Meurer am Runeberg-Denkmal sowie auf dem Senatsplatz den Vorbeimarsch des Helsinkier Schutzkorps ab. Rüdiger v. d. Goltz wandte sich von der Treppe der Domkirche St. Nikolai in einer Rede an das Schutzkorps, in der „er dessen Tüchtigkeit rühmte und es ermahnte, dem Vorbilde des glorreichen Generals Mannerheim nachzueifern."[279] Auch in seiner Rede auf dem Festakt im Alten Studentenhaus betonte v. d. Goltz, „dass die Finnland im Jahre 1918 gewährte deutsche Waffenhilfe nur eine – allerdings entscheidende – Mitwirkung an dem großen Befreiungswerke des Generals Mannerheim bedeutet habe". An einer weiteren Stelle seiner Rede hob er ebenfalls Mannerheims große Rolle „im finnischen Freiheitskrieg" hervor.[280]

Trotz des gespannten Verhältnisses, das er und Mannerheim 1918 zueinander hatten, bemühte sich v. d. Goltz bei allen Feierlichkeiten zur Erinnerung an den 12. April, an denen er in den 1920er und 1930er Jahren teilnahm, und auch bei anderen Anlässen[281], auffallend um eine Würdigung Mannerheims. Dabei ließ er sich sehr wahrscheinlich von taktischen Erwägungen leiten, um Mannerheims Positionen in finnisch-konservativen Kreisen zu stärken und ihn möglichst im Sinne deutscher, völkisch-nationalistischer Politik zu vereinnahmen und nicht zuletzt ihn auch für sich selbst einzunehmen. Im Gegensatz zu diesen öffentlichen Lobpreisungen brachte v. d. Goltz beispielsweise gegenüber Paasikivi eine gewisse Distanz zu Mannerheim zum Ausdruck.[282] Mannerheim hingegen zeigte wenig Interesse an einem Zusammentreffen mit v. d. Goltz bzw. ging einem solchen teilweise demonstrativ aus dem Wege. 1923 schrieb er beispielsweise an seinen Vertrauten Ignatius unumwunden: „Ich bin froh, dass ich während des Besuches von v. d. Goltz nicht in Finnland bin."[283]

---

279 PAAA, Abt. IV. Norden – Finnland, Politische Beziehungen Deutschland-Finnland R 80 890; Zech an Hertling vom 14. Arpil 1923.

280 KA, Auswärtiges Amt AA 5, K. Nr.2 48, Deutsche Gesandtschaft (Zech)an AA vom 23.4.1923.

281 Beispielsweise berichtete v. d. Goltz Paasikivi über die Feierlichkeiten zum 300. Jahrestag der Schlacht bei Lützen: „Die Vertretung Finnlands in Leipzig-Lützen und speziell Mannerheim haben hier besten Eindruck gemacht.......Meine Rede mußte wegen Erkältung verlesen werden. Alles in allem erfreuliche Annäherung". Siehe: Goltz an Paasikivi vom 18.12.1932. Interessant ist, dass Goltz in den internen Aufzeichnungen des Auswärtigen Amtes über die Gustav-Adolf-Feiern in Leipzig und Lützen vom 10. November 1932 mit keinem Wort erwähnt wurde. Siehe: KA, AA Deutsche Gesandtschaft Helsinki Politik 1919-1932 Kotelo 53.

282 Siehe: Goltz an Paasikivi am 7.8.1930.

283 Lappalainen, Matti, Hannes Ignatius. Mannerheimin harmaa eminenssi, WSOY 2005, S. 452, zit. nach: Perko, S. 350.

Auch der Feier an den Gräbern der gefallenen deutschen und finnischen Soldaten wurde 1923 ein besonders festlicher Charakter verliehen, nicht zuletzt durch die Teilnahme vieler hochrangiger Persönlichkeiten des öffentlichen Lebens. Gleiches galt für das Fest, das die Finnisch-Deutsche Gesellschaft am Abend im Helsinkier Hotel Fennia ausrichtete, zu dem über 600 Gäste geladen waren. Sie wollte den fünfjährigen Gedenktag besonders festlich begehen "und zwar nicht allein der grossen politischen Bedeutung des Tages wegen, sondern auch, um den Beweis zu liefern, dass die finnisch-deutsche Freundschaft trotz der Zeiten Wandel sich nicht verändert habe."[284] An Generalfeldmarschall Hindenburg und General Ludendorff wurden Telegramme gesandt, ebenso an Frau v. d. Goltz und Frau Meurer.[285]

Der deutsche Gesandte berichtete nicht nur ausführlich, sondern nahezu euphorisch über den Besuch nach Berlin. Er wertete ihn als Erfolg, da er „die Stimmung Finnlands für Deutschland in den bürgerlichen Kreisen auf einen Höhepunkt geführt" hätte.[286] Die Reden von Rüdiger v. d. Goltz wurden von ihm als „gemässigt und taktvoll", bezeichnet. Er betonte, dass „von ihm immer wieder die Bedeutung der Persönlichkeit des Generals Mannerheim" und seine Mitwirkung „an dem großen Befreiungswerke" hervorgehoben wurde, er den Dank des finnischen Volkes für seine Person ablehne - die Helden von 1918 wären in erster Linie die deutschen und die finnischen Soldaten gewesen.[287] Mit dieser demonstrativen Bescheidenheit kam er natürlich bei seinen Zuhörern gut an.

Besonders taktvoll und angenehm waren aus Sicht des Gesandten folgende Passagen in v. d. Goltz' Rede: „Weiterhin führte Goltz mit Nachdruck aus, dass es sich bei der deutschen Expedition nach Finnland nicht darum gehandelt habe, dass man sich deutscherseits in innenpolitische Zwistigkeiten des finnischen Volkes habe einmischen wollen. Die deutschen Truppen hätten seinerzeit in Finnland nicht für eine Partei und gegen eine Partei Krieg geführt. Sie hätten vielmehr das gesamte finnische Volk bei seinem Freiheitskampfe gegen den russischen Unterdrücker und gegen das von außen her hereingetragene Gift des Bolschewismus, dem einzelne Teile des finnischen Volkes damals anheimgefallen seien, unterstützt."[288]

Dass es im Frühjahr 1918 in Finnland um einen Bürgerkrieg, sehr weitgehend um einen inneren Kampf Weiß gegen Rot gegangen war, wurde auf diese

284 5. Jahresbericht der Finnisch-Deutschen Gesellschaft 1922-1923, S.6.

285 Ebd. S. 9.

286 KA, Auswärtiges Amt AA 5 Deutsche Gesandtschaft an AA vom 16. April.

287 Ebd.

288 KA, Auswärtiges Amt AA 5, Deutsche Gesandtschaft an AA vom 5. April 1923.

Weise immer weiter in den Hintergrund gerückt, stattdessen die deutsch-finnische „Waffenbrüderschaft" gegen den Bolschewismus beschworen.

An der Art von Zechs Berichterstattung war erkennbar, dass die deutschen Gäste ihm persönlich offensichtlich nahestanden und er mehr als nur seine diplomatische Pflicht erfüllte, indem er engen Kontakt zu ihnen hielt und an den entsprechenden Veranstaltungen teilnahm.

Die Presseresonanz auf den Besuch widerspiegelte deutlich, wer in Finnland Rüdiger v. d. Goltz Sympathien und Dankbarkeit entgegenbrachte. Während sich das der Regierung nahestehende Organ „Helsingin Sanomat" lange einer Stellungnahme enthielt und letztlich nur einige dürftige „lobende Worte für v. d. Goltz'" fand, widmeten ihm die konservativen Zeitungen wie „Hufvudstadsbladet", „Uusi Suomi" und „Åbo Underrättelser" zahlreiche, ausführliche Artikel voller Begeisterung und Dankbarkeit.

In einem am 6. April 1923 „Hufvudstadsbladet" gewährten Interview berichtete v. d. Goltz über seine Schwierigkeiten, mit den aus seiner Sicht auf so unerwartete Weise veränderten Verhältnissen in Deutschland klar zu kommen, und versicherte, dass die viereinhalb Jahre seit der Gründung der Deutschen Republik seine monarchistische Anschauung nur gestärkt hätten. Auf die Bitte, sich zu Hitler, Mussolini und deren Ideen zu äußern, sprach er von einem großen und „für die Genesung ganz Europas unentbehrlichen Gedanken".[289]

Nach seiner Rückkehr aus Finnland berichtete v. d. Goltz von überwältigenden Eindrücken, ebenso äußerten sich einige bürgerliche Zeitungen, wie der „Finnländische Merkur"[290] oder die „Deutsche Allgemeine Zeitung", die am 9.5.1923 schrieb, dass alle Deutschen, die an den Feierlichkeiten in Helsinki teilnahmen, einstimmig zu dem Urteil gelangten: „Endlich konnten wir mal wieder stolz darauf sein, Deutsche zu sein."[291] V. d. Goltz vermerkte in einem in der Zeitschrift für Wehrmacht und Wehrpolitik „Deutsche Wehr" veröffentlichten Artikel: „...Nie habe ich seit 1918 so viele schwarz-weiß-rote Fahnen, Girlanden und Kranzschleifen gesehen wie in diesem Lande, in dem man Deutschland liebt und an seine Zukunft glaubt, wenn es sich wieder den Idealen zuwendet, die das finnische Volk an den schlichten pflichttreuen und tapferen Finnlandkämpfern zu bewundern gelernt hat...... Bei unserer Rückkehr aber fanden wir zwar an Ruhr, Rhein und Saar unser Volk in seiner Mehrzahl im geschlossenen nationalen Abwehrkampf gegen den Erbfeind, in Berlin aber in widerlichem Parteizank und feiger Neigung zum Verhandeln,

289 Hufvudstadsbladet vom 6. April 1923.

290 Finnländischer Merkur vom 28.4.1923.

291 PAAA, Büro Reichsminister Akten betreffend Finnland vom 25. Sept.1920 bis 14. November 1929 R 28532, Deutsche Allgemeine Zeitung vom 9.5.1923.

die nur wie 1918 mit Kapitulation enden kann. Pfui Teufel! So stolz fühlten wir uns alle im Ausland als Deutsche und so sehr schämen wir uns jetzt der Deutschen, die auf feige und international denkende Volksverführer hereinfallen....“[292]

Auch Sohn Rüdiger v. d. Goltz war überaus beeindruckt von dem Erlebten. Angesichts der angespannten Situation in Deutschland während der Ruhrbesetzung kam ihm die Reise „wie ein Traum“ vor. Zum Stil und Verlauf der Reise registrierte er – großer Empfang, Festaufführungen, Reden, größte Herzlichkeit – alles in deutscher Sprache... Gottesdienst, Empfänge, der Wunsch, Freude und Freundlichkeit zu zeigen.

Er lernte sowohl bei den offiziellen Veranstaltungen als auch bei den persönlichen Einladungen die Freunde seines Vaters kennen: die Schriftstellerin Maila (Talvio) Mikkola, die Vorsitzende des Komitees für deutsche Kinder in Finnland Jenny af Forselles, den ehemaligen Reichsverweser Svinhufvud, den ehemaligen Ministerpräsidenten Paasikivi, den ehemaligen Kriegsminister General Thesleff, den Vorsitzenden der Finnisch-Deutschen Gesellschaft Prof. Ruin, Juho Jännes (finnischer Gesandter in Berlin von 1918 bis 1920) oder Politiker wie den Ministerpräsidenten Kyösti Kallio.

Auch Rüdiger v. d. Goltz jr. pflegte die 1923 geknüpften Kontakte weiter. Familie Jännes und Familie Paasikivi hatten ihn und seine Frau 1925 nach Finnland eingeladen, gestalteten dem Ehepaar einen erlebnisreichen Sommerurlaub auf dem Landsitz der Familie Jännes auf Ahtiala und reisten mit den Gästen durch Ostfinnland bis nach Wiborg.

Der Sohn blieb vor allem mit Juho Kusti Paasikivi in Kontakt. Die Familie Paasikivi war Pate seiner ältesten Tochter und Paasikivi machte ihr zur Konfirmation ein großes Geschenk.[293]

Nach dem Tode seines Vaters nahm Sohn Rüdiger die Korrespondenz mit Paasikivi um 1950 wieder auf und berichtete von der Familie. Der „alte Herr“ erwiderte ihm in einem drei Seiten langen, in seiner schönen leserlichen Schrift in deutscher Sprache, handgeschriebenen Brief in alter, für alles interessierter Verbundenheit und freundschaftlicher Gesinnung gegenüber allem, was zu seinen Eltern gehörte.[294]

292 GstA FA v. d. Goltz, 09.03 Nr. 563, „Deutsche Wehr“, Militärische Wochenbeilage der Deutschen Zeitung, 6. Jahrgang vom 12. Mai 1923.

293 KA, Pasikiven arkisto, Kotelo I:2 Briefe von Astrid und Regina v. d. Goltz an Paasikvi vom 14.2. und 6.4.1939 (Wortlaut der Briefe im Anhang, Anlagen 12 und 13).

294 Die Angaben zu den Erlebnissen von Rüdiger v. d. Goltz (jr.) gehen zurück auf ein Gespräch mit dem Urenkel von Rüdiger von der Goltz, Hans von der Goltz, am 22. März 2018.

1928 – Reaktivierung der Erinnerungen

Im weiteren Verlauf der 1920er Jahre drohte die Erinnerung an das deutsche Eingreifen in den finnischen Bürgerkrieg in der Öffentlichkeit und auch unter den Akteuren von 1918 immer mehr zu verblassen, der Enthusiasmus der unmittelbaren Nachkriegsjahre hatte sich gelegt, es wurde immer schwieriger, den „Geist von 1918“ am Leben zu erhalten. Die Aktivitäten der Deutsch-Finnischen Vereinigung von 1918 sowie deren Mitgliederzahlen stagnierten bzw. waren rückläufig. Daher kam den Feierlichkeiten zum zehnten Jahrestag der Einnahme von Helsinki eine besondere Bedeutung zu, um diesen Erosionsprozessen entgegenzuwirken. Dieser Jahrestag wurde mit weniger Dramatik begangen als der fünfte. In der großen Politik herrschte der „Geist von Locarno“[295].

Im Vorfeld dieser Feierlichkeiten gab es jedoch erneut interne Diskussionen, wer v. d. Goltz und die anderen Ehrengäste einladen sollte. In Frage kam die Regierung. Allerdings hatte die Abnahme der Parade der Schutzkorps durch Ministerpräsident Tanner in Vertretung des erkrankten Präsidenten Relander am 16. Mai 1927 im Gedenken an den „Freiheitskrieg“ zu heftigen Protesten sowohl innerhalb der SDP als auch bei den Schutzkorps und anderen rechtsorientierten Kreisen geführt. Daher neigten die Regierungskreise zur Zurückhaltung und schieden als Einladende aus. Auch die deutsche Gesandtschaft in Helsinki, die zwar die Kontakte zwischen den ehemaligen „Waffenbrüdern“ unterstützte, mahnte zur Vorsicht.[296]

In Frage kamen im Übrigen die Finnisch-Deutsche Gesellschaft, das Helsinkier Stadtparlament oder die Schutzkorps. Auch die Finnisch-Deutsche Gesellschaft hielt Vorsicht für angebracht. Sie wollte, laut Paasikivi, den Eindruck vermeiden, das die Einladung lediglich als ein Anliegen der ausgesprochen deutschfreundlichen Kreise erschien. Zudem hatte v. d. Goltz zu verstehen gegeben, dass er keine Einladung annehmen würde, die nicht von der Regierung oder der Stadt Helsinki käme. Eine private Einladung wie sie 1923 von der Finnisch-Deutschen Gesellschaft ausgesprochen worden war, war für ihn unakzeptabel.

Letztlich kam es zu einer Einladung durch das von bürgerlichen Abgeordneten dominierte Stadtparlament von Helsinki.[297]

---

295 Die Verträge von Locarno (Schweiz) beendeten die außenpolitische Isolation Deutschlands in Europa. Nach deren Inkrafttreten wurde Deutschland 1926 in den Völkerbund aufgenommen. Damit hatte Außenminister Stresemann sein Ziel, die internationale Isolation zu durchbrechen, erreicht. Deutschland verzichtete auf das Gebiet Elsass-Lothringen, während Frankreich die Entmilitarisierung des Rheinlandes akzeptierte. Die Westmächte reduzierten in der Folgezeit ihre strenge Überwachung der militärischen Abrüstung Deutschlands. Daher stehen die Verträge von Locarno symbolisch für eine friedliche europäische Politik in den 1920er Jahren. www.zeit.de/1953/21/was-war- eigentlich-locarno (entnommen am 28.1.2020)

296 Siehe: Forsén, S. 222 f.

297 Siehe dazu: Rumpunen, 2000, S.82 f.

V. d. Goltz interpretierte die Einladung „an ehemalige deutsche Kriegssoldaten.... als ein einzig dastehendes Ereignis.“[298] Er bedauerte zwar, dass die Einladung nicht von der Regierung selbst ausgegangen war, da sie Rücksicht auf die Entente nehmen müsse, war aber überzeugt davon, dass deren Mitglieder nicht abseits stehen würden. Die deutschen Gäste waren ja auch keine Vertreter der jetzigen deutschen Regierung, aber sie fühlten sich – so v. d. Goltz – „mit Recht als Vertreter des deutschen Volkes.“[299] Noch wenige Monate zuvor, als die sozialdemokratische Minderheitsregierung in Finnland noch im Amt war, hatte v. d. Goltz in einem Brief an Paasikivi angedeutet, dass er im Zweifel war, ob er zum Jubiläum 1928 nach Finnland fahren würde. Doch da im Dezember 1927 Väinö Tanner und seine SDP-Regierung zurückgetreten und durch eine Regierung der bürgerlichen Agrarunion abgelöst worden war, zerstreuten sich derartige Zweifel.[300]

Insgesamt haben ca. 40 Finnlandkämpfer unter Führung von Generalmajor a. D. Rüdiger v. d. Goltz und dem Geheimen Oberregierungsrat Dr. Ernst von Hülsen, der während der deutschen Intervention 1918 als Leiter der Abteilung Politik der Obersten Heeresleitung großen Anteil am deutschen Einsatz in Finnland hatte, an den Feierlichkeiten teilgenommen. Freiherr von Brück und Admiral Meurer hatten ihre Teilnahme aus gesundheitlichen Gründen abgesagt. V. d. Goltz, dieses Mal in Begleitung seines jüngeren Sohnes Georg Conrad, reiste bereits eine Woche vor den offiziellen Feierlichkeiten nach Finnland, um sich in Orten wie Hanko, Tammisaari und Loviisa, in denen die Ostsee-Devision 1918 auf ihrem Weg nach Helsinki gekämpft hatte, oder auch in Porvoo (Borgå) feiern zu lassen. In Hanko hielt ein alter Freund, Waldemar Ruin, der Vorsitzende der Finnisch-Deutschen Gesellschaft, eine überschwengliche Rede, in der er die „Waffenbrüder“, die vor zehn Jahren als „Gottgesandte“[301] Finnland zur Hilfe geeilt waren, würdigte. V. d. Goltz erwiderte stolz, dass kein anderer Verbündeter Deutschlands die deutsche Militärmacht in der gleichen Weise geehrt hätte wie die Finnen und auch kein anderes Land Deutsche zu derartigen Gedenkfeiern eingeladen hätte. „Treue um Treue“ war nach Goltz der Kern der finnisch-deutschen Freundschaft.[302]

---

298 Deutsche Kriegssoldaten als Finnlands Gäste, von Generalmajor a. D. Graf v.d. Goltz, in: DFB 1/1928, S. 20.

299 Ebd.

300 Goltz an Paasikivi vom 9.12.1927.

301 Begrüßungsworte von Professor Ruin an General Graf v.d. Goltz bei dessen Ankunft am 2. April 1928, in: DFB 1/1929, S. 8.

302 Generalmajor Rüdiger von der Goltz, Deutsche Kriegssoldaten als Finnlands Gäste, in: DFB 1/1928, S 2; Siehe u. a. auch: Beiträge von Freiherrn von Brück zur Vorgeschichte der Hilfsexpedition nach Finnland, S. 1-3; General a. D. Rüdiger v.d. Goltz, Deutsche Finnlandkämpfer in Finnland im April 1928 (S. 3-8); Rede des ehemaligen Justizministers von 1918,

Auf der Fahrt nach Helsinki wurden die deutschen Gäste in mehreren Orten mit Ehrenwachen der Schutzkorps und der Lotta Svärd-Vereinigungen, mit Blasmusik, Fahnen, Blumen und Lobesreden gegrüßt.

Die Feierlichkeiten waren im Wesentlichen ebenso repräsentativ und umfänglich wie die von 1923. Wiederum waren die wichtigsten finnischen deutschfreundlichen Aktivisten von 1918 präsent. Präsident Relander und der Kriegsminister empfingen v. d. Goltz und von Hülsen zum Tee. Besondere Aufmerksamkeit erfuhr erneut Rüdiger v. d. Goltz, der nicht nur im Mittelpunkt der offiziellen Veranstaltungen stand, sondern auch auf andere Weise hofiert wurde. Auf der Straße vor seinem Wohnsitz bei der Familie Paasikivi wurde demonstrativ ein roter Teppich ausgerollt. Auf der Feier der Finnisch-Deutschen Gesellschaft im Societätshaus, an der ca. 300 Gäste teilnahmen, überreichte Paasikivi v. d. Goltz in seinem eigenen Namen und im Namen verschiedener Freunde ein Gemälde des Malers Eero Järnefelt, das einen deutsch-finnischen Jäger in voller Uniform darstellte.[303] Der Bürgermeister Erik von Frenckell arrangierte in seinem Heim ein Frühstück für Rüdiger v. d. Goltz und hatte aus diesem Anlaß das Pferd, das v. d. Goltz zehn Jahre zuvor geritten hatte, extra nach Helsinki bringen lassen, „damit der Graf seinen alten Kameraden begrüßen konnte."[304]

Das Pferd, das Rüdiger von der Goltz während seines Einsatzes 1918 geritten hatte. (SLS)

Senator Talas, (S. 8/9), Rede des Vorsitzenden der Finnisch-Deutschen Gesellschaft, Professor Ruin I/1929, (S. 9-11) in: DFB 1929; Siehe auch Hentilä-Hentilä, 2018, S. 347.

303 Siehe: Finnisch-Deutsche Gesellschaft, Zehnter Jahresbericht für die Zeit vom 1. Oktober 1927 bis 1. Oktober 1928, S.8.

304 Ebd., S. 14, Siehe auch: Polvinen,1992, S. 111.

Diese Aktion verfehlte ihre Wirkung nicht – Rüdiger v. d. Goltz war gerührt. Auch die offiziellen Veranstaltungen unterschieden sich kaum von denen 1923.[305]

Rüdiger von der Goltz mit Verteidigungsminister Jalo Lahdensuo und Außenminister Hjalmar Procopé am 12. April 1928 bei Erik von Frenckell (SLS)

Die Deutsch-Finnische Brücke widmete eine ganze Nummer der deutschen Intervention von 1918 mit Artikeln von daran führend beteiligten Militärs und Politikern.[306] Auch in den folgenden Nummern wurden die Feierlichkeiten

305 Neben dem erwähnten Fest der Finnisch-Deutschen Gesellschaft gestaltete der Verein der Finnlandkämpfer einen gut besuchten Abend, auf dem als Redner Svinhufvud und v. d. Goltz auftraten. Feldmarschall von Hindenburg, der „Sieger von Tannenberg“, wurde mit einem schwülstigen Telegramm bedacht. Der eigentliche Gedenktag, der 12.4., begann für die Gäste mit einem Schauturnen in der Deutschen Schule. Bei der feierlichen Kranzniederlegung an den Gräbern der deutschen und finnischen Soldaten, die auf Seiten der Weißen gekämpft hatten, wurden Kränze u. a. von der Regierung, der Armee, der Deutschen Gesandtschaft, der Stadt Helsinki, der weißen Regierung von 1918, von Graf v. d. Goltz, von den Schutzkorps, vom Verein Lotta Svärd und von den anderen deutschen Vereinen niedergelegt. Siehe: Finnisch-Deutsche Gesellschaft, Zehnter Jahresbericht, S. 13 f.

306 U. a. Rückblick auf die Vorgeschichte des deutschen Finnlandfeldzuges 1918 von Geheimer Oberregierungsrat Dr. Ernst von Hülsen, Major d. Res.a.D., Erinnerungen an die Befreiung Finnlands vor 10 Jahren von Admiral Hugo Meurer, Zum 10-jährigen Gedenktage der deutsch-

ausgiebig gewürdigt. Die Reden der finnischen Gastgeber wurden ebenfalls veröffentlicht.[307] Zum „Elfjahresgedenken der Befreiung Finnlands" wurden die Glückwunsch- und Dankeskundgebungen an Rüdiger v.d. Goltz im Wortlaut publiziert. Die Absender waren u. a. der Rektor der Universität Helsinki Prof. Dr. Tulenheimo, Konsul v. Frenckell, J. K. Paasikivi, Prof. Mikkola, Senator Talas, der ehemalige Gesandte Juho Jännes und Senator Otto Stenroth.[308]

Doch aller Jubel und die endlosen Lobreden über den deutschen Einsatz für Finnlands Freiheit konnten nicht darüber hinwegtäuschen, dass die Deutsch-Finnische Vereinigung von 1918 zunehmend in Schwierigkeiten geriet. 1930 musste die Deutsch-Finnische Brücke ihr Erscheinen einstellen. Die Begründung des Vorstandes lautete folgendermaßen: „Die Not in Deutschland machte es zur Pflicht, arbeitslosen ehemaligen Finnlandkämpfern und in Not geratenen Mitgliedern Beiträge zu stunden oder zu ermäßigen. Die hierdurch entstandenen Ausfälle machten die Herausgabe der „Deutsch-Finnischen Brücke" unmöglich. Als Ersatz erscheint daher vorläufig ein Nachrichtenblatt, bis eine Besserung der Verhältnisse die Herausgabe der Zeitschrift im früheren Umfang wieder ermöglicht. Wir bitten alle Mitglieder der Vereinigung und ihren Zielen treu zu bleiben und insbesondere sich und uns durch pünktliche Überweisung der Beiträge Arbeit und Kosten zu ersparen....."[309]

Besssere Zeiten sollten sich allerdings nicht einstellen, es blieb bei dem eigentlich als Provisorium gedachten „Nachrichtenblatt", das von 1931 bis 1936 in der Regel zwei- bis viermal jährlich im Umfang von zumeist vier Seiten erschien, noch mehr als die „Deutsch-Finnische Brücke" auf Rüdiger v. d. Goltz fixiert war und sich im Übrigen weitgehend auf „Nachrichten und Mitteilungen" aus dem deutsch-finnischen Vereinsleben beschränkte.

Die Aktivitäten der Vereinigung bewegten sich im selben Rahmen wie in den zwanziger Jahren – es blieb in der Regel bei dem Gedenken an den 12. April, der Einnahme Helsinkis durch die deutschen Truppen, einigen Vortragsveranstaltungen und bei einem oder zwei Bällen, die jeweils Anfang des Jahres oder im Dezember anlässlich des finnischen Unabhängigkeitstages stattfanden.

Allerdings fand die Vereinigung im Unterschied zu den 1920er Jahren nach 1933 eine größere gesellschaftliche Resonanz - ein Beleg für ihre Nähe zum nationalsozialistischen Regime, für die weitreichenden Kontakte von

---

finnischen Waffenbrüderschaft von General a.D. Graf v. d. Goltz, Aus meinen Erinnerungen an die Zeit vor 10 Jahren von Kommerzienrat, Konsul h. c. Goldbeck-Löwe, Helsingfors, Alle Artikel in: DFB 1/1928, S. 1-19

307 DFB 1/1929, S. 7 ff.

308 DFB 2/1929, S. 10.

309 Nachrichtenblatt Januar 1933 als Ersatz für die DFB 12.-13. Jahrgang 1931/1932, S.1.

Rüdiger v. d. Goltz zu und dessen Akzeptanz in den tonangebenden Kreisen. An den Bällen nahmen nunmehr hochrangige Gäste teil – darunter Vertreter der finnischen Gesandtschaft in Berlin und des Auswärtigen Amtes. Ständig vertreten waren auch der Deutsche Jägerverband, der Bund der Frontsoldaten Stahlhelm, das Reichskontor der Nordischen Gesellschaft, der Bund der Auslandsdeutschen, das Propagandaministerium, das Polizeipräsidium, das Außenpolitische Amt der NSDAP, der Reichsverband Deutscher Offiziere, der Finnische Studentenverein in Berlin und andere Vereine und Verbände.[310]

Rüdiger v. d. Goltz, der 1929 - wie bereits erwähnt - in Folge von Unstimmigkeiten im Vorstand den Vorsitz der Vereinigung an Konsul a. D. Georg Quandt abgegeben hatte und zum Ehrenvorsitzenden ernannt worden war, wurde Anfang 1934 darum gebeten[311], den Vorsitz erneut zu übernehmen, so dass er Ehrenvorsitzender und Vereinsvorsitzender in einer Person wurde. In den Publikationen der Vereinigung wurde er nur noch als „Führer" betitelt. Die lose Zusammenarbeit mit der Lübecker Vereinigung blieb dennoch erhalten, zumindest wurden Publikationen ausgetauscht und Einladungen zu Vortragsveranstaltungen versandt.[312]

1933 - Neue Hoffnungen

Die Zurückhaltung, die bei den Feiern zum 12. April in den 1920er Jahren staatlicherseits sowohl in Finnland als auch in Deutschland an den Tag gelegt worden war, wurde nach der Machtübernahme der Nationalsozialisten in Deutschland am 30. Januar 1933 weitgehend aufgegeben. Die Feiern zur Einnahme von Helsinki durch die Ostsee-Division wurden nun stärker propagandistisch genutzt. Auch in Finnland hatte sich die politische Situation durch die 1931 erfolgte Wahl Svinhufvuds zum Präsidenten geändert. Damit stand zwar einer der „Männer von 1918" an der Spitze des Staates, der sich aber trotz seiner Deutschfreundlichkeit, anders als v. d. Goltz, letztlich um die Eindämmung der faschistischen Gefahr in Finnland verdient machte. Dagegen hatten konservative, deutschnationale Kreise, so auch v. d. Goltz, große Hoffnung auf die zu Beginn der dreißiger Jahre auf dem Vormarsch befindliche Lapuabewegung gesetzt. Auch unter den Deutschen in Finnland, die traditionell konservativ eingestellt waren, sympathisierten viele mit nationalsozialistischen Ideen.

Das zeigte sich auch im Zusammenhang mit den Feierlichkeiten anlässlich des 15. Jahrestages der Einnahme Helsinkis im April 1933.

310 Siehe u. a.: Nachrichtenblatt Nr. 5 /April 1935, Nr. 8/Juni 1936.

311 Siehe: Nachrichtenblatt, Februar 1934, S.4.

312 Siehe: AHL, 50.4 Deutsch-Finnische Vereinigung, Fasz.91 1927-1939 091 Zusammenschluss der Deutsch-Finnländischen Vereinigungen in Deutschland, Brief von Dr. Schreiber an Dr. Kaibel vom 11./12. Oktober 1935.

Ankunft der deutschen Gäste im Hafen von Helsinki (SLS)

Dabei traten erstmals die Repräsentanten der NSDAP-Gruppe, die sich 1932 in Helsinki gebildet hatte, öffentlich auf. Bei der Kranzniederlegung erregten sie durch ihre Uniformen und den Hitlergruß sowohl bei der Bevölkerung als auch bei der finnischen Presse Aufsehen.[313]

Rüdiger v. d. Goltz hatte den Reichspräsidenten Hindenburg über seine bevorstehende Finnlandreise informiert. Der wiederum bat ihn, „im Gedenken an die alte Waffenbrüderschaft dem Herrn Staatspräsidenten Svinhufvud und den alten Freiheitskämpfern meine Grüße und die Versicherung meiner kameradschaftlichen Gesinnung zu überbringen."[314] Diese Botschaft, die v. d. Goltz während eines Frühstücks der Gesandtschaft verlas, fand auch den Weg in die bürgerliche finnische Presse.

Im Vorfeld seiner Reise nach Finnland hatte v. d. Goltz Kontakt mit der Gesandtschaft aufgenommen und darum gebeten, bei der finnischen

313 Forsén, S. 224.

314 Siehe: GstA, PK. VI HA Familienarchive und Nachlässe. FA v. d. Goltz Nr. 452. Siehe auch: Menger, 1988, S. 31.

Regierung die Erlaubnis einzuholen, dass er in seiner Generalsuniform in Helsinki auftreten dürfe, was ihm natürlich genehmigt wurde.[315] Die Feierlichkeiten waren noch umfangreicher als 1923 und 1928, wurden von noch mehr hochrangigen finnischen Persönlichkeiten aus Politik und Militär besucht, staatlicherseits mit vorbereitet und unterstützt.[316] In seiner Rede zeigte sich v. d. Goltz beeindruckt von der Dankbarkeit, die den Gästen entgegengebracht wurde, die – wie er sagte – im Frühjahr 1918 nach Finnland geeilt waren, „um die starke Offensive, welche ihr grosser General Mannerheim vom Norden her so erfolgreich vorwärts trug, zu erleichtern." Schließlich ließ er den anwesenden Präsidenten Svinhufvud, „den ich den stärksten Granitblock unter den vielen finnischen Felsen nennen möchte", hochleben.[317]

Die Rede war vorher eingehend mit der Gesandtschaft abgestimmt worden. „Sie verfolgte u. a. den Zweck, eine persönliche Annäherung zwischen ihm und General Mannerheim" zu erreichen, was nach Einschätzung der Gesandtschaft auch gelungen war.[318]

---

315 PAAA, Norden IV Militärangelegenheiten Politik 13 Finnland R 80954, Deutsche Gesandtschaft Helsinki an AA vom 29.3.1933.

316 Nach einer Reihe von Begegnungen – einem Empfang in der Deutschen Schule durch den Direktor Ph. Krämer, einem Frühstück der Stadt Helsinki mit Begrüßung durch den Vorsitzenden der Stadtverordnetenversammlung, Kommerzienrat Lindfors, einem Tee im Marinekasino, veranstaltet von Offizieren der Armee, der Marine und des Schutzkorps, einem Mittagessen bei dem 2. Vorsitzenden der Finnisch-Deutschen Gesellschaft, Kommerzienrat Goldbeck-Löwe, einem Frühstück beim Deutschen Gesandten, einem Tee im Hotel Kämp, arrangiert von „Memoria Liberatorum" und einem Mittagessen bei Staatsrat Dr. Paasikivi – ging zu Beginn der Kranzniederlegung Rüdiger v. d. Goltz in seiner Felduniform als General zunächst mit dem Verteidigungsminister, den Armee- und Schutzkorpsbefehlshabern, dem Divisionskommandeur, dem deutschen Gesandten Minister Büsing u. a. die Front der Veteranen ab. Danach begrüßte er Finnlands weiße Garde, die Schutzkorpskompagnie, eine Lotta Svärd-Gruppe und schließlich den Frontkämpferbund von Helsinki. Neben Graf v. d. Goltz und Freiherr von Brück legten Minister Oksala den Kranz des Verteidigungsministeriums, Generalmajor Österman den der finnischen Armee, Generalmajor Malmberg den des Schutzkorpsstabes nieder. Es folgten Kranzniederlegungen vom Oberbefehlshaber der weißen Armee, der Stadtverordneten von Helsinki, vom Schutzkorpsdistrikt, vom Magistrat der Stadt Helsinki, der Deutschen Gesandtschaft, von Lotta Svärd, von der deutschen Kolonie, von der Ortsgruppe der NSDAP und von der Finnisch-Deutschen Gesellschaft. An dem Vorbeimarsch vor den Ehrengästen nahmen etwa 3.000 Menschen teil.

Auf dem anschließenden traditionellen Jahresfest der Finnisch-Deutschen Gesellschaft unter Teilnahme von 400 Personen, nahm neben den Ehrengästen auch der Ehrenvorsitzende der Gesellschaft Präsident Svinhufvud und seine Gattin teil. Siehe: 15. Jahresbericht der Finnisch-Deutschen Gesellschaft 1932-1933, S. 6-7.

317 Ebd. S. 10

318 PAAA, Abteilung IV Norden Finnland, Deutsche diplomatische und konsularische Vertretungen in Finnland R80940, Deutsche Gesandtschaft von Grundherr an AA vom 20. April 1933.

Besonders hervorgehoben wurde der den deutschen Gästen von Präsident Svinhufvud gewährte Empfang, bei dem Svinhufvud dem Grafen v. d. Goltz das Großkreuz der Weissen Rose verliehen hatte, sowie ein großes Frühstück des Präsidenten für Graf v. d. Goltz und Freiherrn von Brück, bei dem u. a. General Mannerheim, der Außenminister, der Armeebefehlshaber, der Chef des Generalstabes, deutsche Finnlandkämpfer von 1918 und der Gesandte anwesend waren.

Insgesamt wertete die Gesandtschaft den Besuch als wichtigen Erfolg, nicht zuletzt deshalb, weil er zu einem günstigen Zeitpunkt stattfand – die finnische Öffentlichkeit blicke „voller Interesse auf die Ereignisse in Deutschland" und "grosse Teile der hiesigen Bevölkerung, namentlich alle Rechtsstehenden, verfolgen die Entwicklung mit ausgesprochener Sympathie".[319] Außerdem sei es gelungen, die Ereignisse und die deutsche Hilfe von 1918 wieder lebhaft in Erinnerung zu rufen. „Für unsere treu zu Deutschland haltenden Freunde, die allerdings selbst der älteren Generation angehören und zum Teil leider nur mehr wenig Einfluss haben, bedeuteten die Feiern eine aufrichtige Freude und Genugtuung."[320]

Von Seiten der Gesandtschaft wurde jedoch davor gewarnt, die direkten Wirkungen des Besuches zu überschätzen. „Für die politische Einstellung der Finnischen Regierung uns gegenüber wird er nicht ins Gewicht fallen."[321]

Die rechtsstehende Presse, wie „Uusi Suomi", „Hufvudstadsbladet", „Ajan Suunta", aber auch „Helsingin Sanomat", berichteten noch ausführlicher und freundlicher über den Besuch als in den vorangegangenen Jahren. „Ajan Suunta", die Zeitung der Vaterländischen Volksbewegung (IKL), der Nachfolgeorganisation der 1932 verbotenen Lapuabewegung, widmete dem Ereignis sogar die Titelseite in deutscher Sprache. „Helsingin Sanomat" veröffentlichte am 11.4.1933 Interviews mit Freiherrn von Brück und mit Graf v. d. Goltz. V. d. Goltz erinnerte nicht nur in gewohnter Weise an den gemeinsamen Kampf der Weißen unter Mannerheims Führung und der Deutschen gegen den Bolschewismus, sondern berichtete auch ausführlich über die Lage in Deutschland. Er zeigte sich erleichtert über das Ende des Parlamentarismus in Deutschland, interpretierte die Errichtung der Hitlerdiktatur als logische Folge von Versailles und begrüßte die „nationale Revolution", zog Parallelen zum siegreichen Kampf gegen den Kommunismus in Deutschland und Finnland und war überzeugt davon, dass Finnland Verständnis für die Entwicklung in Deutschland zeigen würde.[322]

319 Ebd.

320 Ebd.

321 Ebd.

322 Wörtlich sagte v. d. Goltz: „Ich glaube, dass man gerade in Finnland den Kampf Deutschlands

Im Manuskript eines Artikels, das v. d. Goltz an Ada Norna, die für „Uusi Suomi" in Berlin arbeitete, schickte, betonte er erneut die Gemeinsamkeit zwischen Deutschen und Finnen im Kampf gegen den Bolschewismus: „Nicht allein der deutschen Waffenhilfe und Befreiung Südfinnlands, sondern besonders auch unserer Seelenverwandtschaft ist es zu danken, dass Finnen und Deutsche sich vielfach noch heute als Freunde empfinden. Diese Freundschaft Finnlands galt dem disziplinierten deutschen Soldaten, diesem Antipoden des Bolschewismus. Je mehr auch in Deutschland die Überwindung des bolschewistischen Geistes gelingt, umso mehr wird auch die Freundschaft zu uns seitens des finnischen Volkes zurückkehren, das seit 1918 immer wieder durch energische Maßnahmen erfolgreich den Bolschewismus aus seinem Volkskörper beseitigt hat."[323]

Lediglich die Zeitung der Sozialdemokratischen Partei „Suomen Sosiaalidemokraatti" veröffentlichte am 12.4. einen kritischen Artikel unter der Überschrift „Die heutigen Festlichkeiten". Ein Teil des Volkes sei „geradezu zynisch aufgehetzt worden", in den Erinnerungen von 1918 zu schwelgen, „indem ein blinder und dunkler Hass aus der Zeit vor 15 Jahren gegen den zweiten Teil des Volkes heraufbeschworen worden ist." Weiter hieß es: „Der Bürgerkrieg von 1918 war ein nationales Unglück, dessen Erinnerungen auf beiden Seiten Anlass zu ernster Selbstkritik geben müssten. Schuld kann man auf der einen wie auf der anderen Seite finden. Die finnische Arbeiterklasse hat für diese Ereignisse so schwer büssen müssen, dass jede Bemerkung dazu überflüssig sein müsste. Alle Hetzreden sowie die Wiedergabe absichtlich gefärbter wüster Schilderungen, die nur niedrige Leidenschaften entfachen sollen, bedeuten nur, vom Standpunkt der Volksgesamtheit betrachtet, Zerstörung statt Aufbau." Genau diese Note hätten die Festlichkeiten getragen. „Die im Mittelpunkt stehende Persönlichkeit ist ausserdem der Deutsche General in Finnland Herr v. d. Goltz, der sofort nach dem Eintreten der neuen Verhältnisse im eigenen Lande unterstrich, dass er als die ‚bemerkenswerteste Errungenschaft' von Hitlers Deutschland die Beseitigung des Parlamentarismus besonders pries. Dieser Umstand allein müsste wenigstens einem Teil derjenigen, die an den heutigen Festlichkeiten teilnehmen, Anlass zum Nachdenken geben."[324]

---

um seine Freiheit und gegen den Bolschewismus versteht, in Finnland, wo die Deutschen dazu beigetragen haben, denselben Feind zu schlagen, um frei zu werden. Aus diesem Grund werde ich bis zu meinem Tode für Finnland und sein Volk Sympathie hegen." Siehe: Presseinterview von Helsingin Sanomat am 11.4.1933, in: PAAA, Abteilung IV Norden Finnland, Deutsche diplomatische und konsularische Vertretungen in Finnland R80940, Deutsche Gesandtschaft von Grundherr an AA vom 20. April 1933, Siehe auch: GstA, FA v. d. Goltz 09.02.01 Nr. 452.

323 GstA FA v. d. Goltz 09.02.01 Nr. 452.

324 Suomen Sosialidemokraatti vom 12.4.1933.

Rüdiger v. d. Goltz wertete seine Reise im Nachrichtenblatt der Deutsch-Finnischen Vereinigung von 1918 in einer detaillierten Schilderung der Veranstaltungen aus und glaubte bemerkt zu haben, „wie die Hochachtung vor Deutschland seit dem 30.1.1933 wesentlich gestiegen war.“[325]

Berichte über die Feierlichkeiten in Helsinki erschienen auch in zahlreichen deutschen konservativen Zeitungen, u. a. in der Münchener Zeitung, der Freiburger Zeitung, der Trierischen Landeszeitung, den Kieler Neuesten Nachrichten, der Rigaschen Rundschau, die sogar einen Sonderberichterstatter nach Helsinki entsandt hatte, der Allgemeinen Zeitung Chemnitz, der Oberhessischen Zeitung Marburg oder dem Dresdner Anzeiger, der unter der Überschrift „Treue Waffenbrüder. Finnland ehrt seine deutschen Befreier“ hervorhob: „ Die Tatsache, dass der Goltzsche Besuch in eine Zeit fiel, wo ein nationales Finnland mit Sympathie zu einem nationalen Deutschland hinüberschaut, wo die Farben Schwarz-Weiß-Rot, unter denen die siegreiche, alte Armee Finnland befreite, wieder zu ihrem Recht gelangt sind, ließ die Finnländer den General als Vertreter eines neuen Deutschland begrüßen....“[326]

In einem weiteren Artikel für die Zeitung des Reichsverbandes Deutscher Offiziere unter der Überschrift „Deutschland von außen gesehen“, vermittelte v. d. Goltz ebenfalls den Eindruck, als würde die Hitlerdiktatur in Finnland begrüßt und mit positiven Erwartungen verbunden und als wären Deutschland und Finnland in einer ähnlichen politischen Situation. Die Herzlichkeit und die „Ehrungen, die einem deutschen General des Weltkrieges“ entgegen gebracht geworden waren, hätten gezeigt, „wie das Erwachen Deutschlands auf das deutschfreundliche Ausland wirkt und was dieses von dem Wiedererstarken des mitteleuropäischen Raumes erwartet. Sie zeigen, was auch innerpolitisch das Land der Lappo-Bewegung[327] von der Hitlerbewegung erhofft, beide bedrängt von aussenpolitischer Gefahr und vom Bolschewismus, einschliesslich des alles vom Parlamentarismus erhoffenden Marxismus.“ Der deutschfreundliche Teil Europas würde „von der Wiedergeburt Deutschlands nicht neuen Krieg befürchten, sondern im Gegenteil Frieden und Gesundung der Wirtschaft, vor allem aber Beseitigung der die ganze Welt bedrohenden bolschewistischen und marxistischen Gefahr.“[328] Im Offizierskorps sah er den „Hauptträger der Deutschfreundlichkeit“. Die Jäger hätten nahezu alle Kommandostellen inne, das finnische Heer sei mit dem alten deutschen Heer des Weltkrieges verbunden. Aus dieser traditionellen Beziehung zum deutschen (kaiserlichen) Heerwesen

325 Rüdiger v. d. Goltz, Erinnerungsfeiern April 1933, in: Nachrichtenblatt vom Februar 1934.

326 Dresdner Anzeiger vom 19.4.1933.

327 Finnisch: Lapua-Bewegung.

328 Barch N 714/13 Rüdiger v. d. Goltz, Deutschland von aussen gesehen, Berlin 29. April 1933.

erklärte sich „die warme Anteilnahme, die die führenden Militärs an dem Besuche des Führers der deutschen Truppen von 1918 nahmen.“[329] Für besonders hervorhebenswert hielt er die in Anwesenheit der beiden höchsten finnischen Militärs gehaltene Rede des Vorsitzenden des 27. Jägerverbandes Paavo Talvela. Talvela verband die Dankbarkeit der Jäger für den deutschen Einsatz 1918 mit dem Stolz, gewissermaßen auch zu derselben deutschen Armee gehört zu haben. „Unsere patriotischen Gefühle gehörten auch damals Finnland, das aber, was in uns Soldat war, das war deutsch.“[330] Die Freude beim Anblick des neuen Deutschland sei aufrichtig gewesen. „Besonders wir Jäger, die wir die Grösse Deutschlands in seinen schwersten Prüfungen bezeugt haben, wir haben nie den Glauben an Deutschlands neue Grösse verloren.....“[331]

Bei der Parade 1933
1. Reihe von links nach rechts: Admiral Meurer, General Österman, Generalmajor Rüdiger von der Goltz, General Wetzer (SLS)

329 Ebd.

330 Ebd.

331 Ebd.

Der verlässlichste Akteur und Partner hinsichtlich der Traditionspflege von 1918 in Goltzschem Sinne war in der Tat das finnische Militär – die Saat, die seit 1915 durch die Ausbildung der finnischen Jäger in Lockstedt und von Rüdiger v. d. Goltz samt seinen Offizieren beim Aufbau der Armee 1918 gelegt wurde, war jedenfalls aufgegangen. Von wenigen Ausnahmen abgesehen, rekrutierte sich das höhere Offizierskorps in den 1930er Jahren aus jenen Finnen, die während des Ersten Weltkrieges auf deutscher Seite gekämpft hatten. So hatten beispielsweise von den sieben Mitgliedern des Verteidigungsrates als der höchsten militärischen Instanz Finnlands 1938 fünf ihre militärische Ausbildung in der deutschen kaiserlichen Armee begonnen[332], lediglich Mannerheim und sein Vertrauter Generalmajor Rudolf Walden waren aus der Armee des Zarenreichs hervorgegangen. Insgesamt hatten 1938 170 ehemalige Jäger einen Dienstgrad vom Oberstleutnant aufwärts.[333] Führende finnische Militärs ließen keinen Zweifel an ihrer Deutschfreundlichkeit und ihrer Unterstützung für Adolf Hitlers Vorhaben, den Bolschewismus zu vernichten. Es wurde eine Gemeinsamkeit zwischen Finnland und Deutschland konstruiert, die der des Jahres 1918 entsprechen sollte. Auch von Rüdiger v. d. Goltz wurden die Argumente mehrfach wiederholt, dass sich Deutschland und Finnland in dieser Hinsicht in der gleichen Situation befänden und sie fielen auf fruchtbaren Boden. Der Aspekt des Kampfes der Deutschen gegen die roten Finnen, der ja der eigentliche Kern der Auseinandersetzungen 1918 war, war im Laufe der Jahre völlig ausgeblendet worden. Für v. d. Goltz gab es nun nur noch „die Finnen". Dass breite Bevölkerungskreise und ebenso auch zahlreiche politische Akteure in ihren Anschauungen und ihrer Haltung gegenüber den Interventen des Jahres 1918 und zum Nazisystem überhaupt nicht in sein propagandistisch frisiertes Bild über Finnland und die Finnen passten, ließ er unerwähnt. Trotz all der überschwänglichen Ehrungen war doch unübersehbar, dass es nicht zu dem von ihm erhofften „Lappo-Finnland" gekommen war. Im Unterschied zu v. d. Goltz schätzte der deutsche Gesandte in Helsinki die Situation realistischer ein. Er hatte nie verkannt, dass sich nach der Machtübernahme der Nationalsozialisten in Deutschland „zwar in Kreisen der Rechten und des Militärs Anhänger des neuen Regimes (fanden), aber die breiten Massen des finnischen Volkes... diesem System von Anfang an eine so offenkundige Antipathie entgegen (brachten), daß das Verhältnis der beiden Länder davon nicht unberührt bleiben konnte."[334]

---

332 Das waren der Oberbefehlshaber der Streitkräfte, Generalleutnant Hugo Österman, der Generalstabschef, Generalmajor Karl Lennart Oesch, der Befehlshaber der Seestreitkräfte, Generalmajor Väinö Valve, der Befehlshaber der Schutzkorps, Generalleutnant Lauri Malmberg und Generalleutnant Harald Öhquist. Siehe: Menger, 1988, S.30.

333 Siehe: Ebd.

334 Blücher, Wipert von, Gesandter zwischen Diktatur und Demokratie Erinnerungen aus den

1938 - Gewisse Distanz

Bei den Feierlichkeiten zum 20. Jahrestag der Einnahme Helsinkis schien die durch v. d. Goltz 1933 registrierte, tatsächlich aber wohl ohnehin fragwürdige Aufbruchstimmung einer gewissen Distanziertheit gewichen zu sein.

Rüdiger v. d. Goltz hatte sich im Vorfeld der Feierlichkeiten in einer Botschaft an die Weißen Garden der Stadt Helsinki gewandt, in der noch einmal die deutschen Truppen unter seiner Führung als Befreier gehuldigt und den Weißen Garden für deren Hilfe bei der Rettungstat gedankt wurde.[335]

Der finnische Oberbefehlshaber Generalleutnant Österman hatte während seines Deutschlandbesuches wenige Tage vor dem Jahrestag bei einer Zeremonie in Greifswald anlässlich der Übertragung der Tradition des ehemaligen Jägerbataillons 27 an eine Wehrmachtseinheit den „Herrn Reichskanzler des Deutschen Reiches", „Deutschland" und die „Deutsche Wehrmacht" demonstrativ hochleben lassen und den Fortbestand des guten Verhältnisses zwischen den Armeen beider Länder betont. Aber im Gegensatz zu dieser zumindest verbal eindeutigen Position von Österman und der finnischen Armeeführung wurde in Finnland im Vorfeld der Feierlichkeiten wohl noch deutlicher als bei früheren Veranstaltungen, dass bei weitem nicht alle politisch einflussreichen Kräfte des Landes die Jubelstimmung teilten oder gar daran dachten, aus dem gegebenen Anlass Hitlerdeutschland ihre Reverenz zu erweisen. So war etwa von vornherein absehbar, dass die sozialdemokratischen Mitglieder der 1937 gebildeten Mitte-Links-Regierung mit den Feierlichkeiten und Lobhudeleien für die „deutschen Befreier" nichts im Sinn hatten.[336]

Auch die Sozialdemokraten in der Helsinkier Stadtverordnetenversammlung verweigerten jede Mitwirkung und daher war eine offizielle Einladung der Delegation im Namen der Stadt Helsinki diesmal nicht in Frage gekommen.[337] Da eine Initiative von deutscher Seite, etwa von der Deutschen Kolonie oder der Finnisch-Deutschen Gesellschaft, angesichts der politischen Situation in Finnland auch nicht angeraten schien, war ein Mitbürgerkomitee unter der Leitung von Eero Rydman, dem Vorsitzenden der Stadtverordnetenversammlung von Helsinki, gegründet worden, das die Vorbereitung der Feierlichkeiten und auch die Einladung der deutschen Gäste übernahm.[338]

Jahren 1935-1944, Wiesbaden 1951, S. 95.

335 Barch, Nachlaß Rüdiger v.d. Goltz N 714/7, Siehe: Anhang Anlage 11.

336 Siehe: Menger, 1988, S. 44; Jonas, Michael, NS-Diplomatie und Bündnispolitik. Wipert von Blücher, das Dritte Reich und Finnland, Paderborn 2009, S. 132.

337 Blücher, S. 96.

338 Ebd.

Die Organisatoren unternahmen alles, „um die Feier so schön und würdig wie möglich zu machen und die deutschen Herren den Riß nicht merken zu lassen, der das finnische Volk in dieser Frage spaltete“[339], wie der deutsche Gesandte Wipert von Blücher in seinen Memoiren schrieb.

Am 11. April wurden General Graf v. d. Goltz, Freiherr von Brück, Admiral Meurer, General v. Brandenstein, Universitätskanzler v. Hülsen und weitere 38 Finnlandkämpfer[340] bei ihrer Ankunft im Hafen von Hanko von einer Ehrenkompanie, einem repräsentativen Ehrenkomitee und unter dem Beifall versammelter Bürger begrüßt.

Empfang der deutschen Gäste unter Führung von Rüdiger von der Goltz zu den Feierlichkeiten 1938 im Hafen von Hanko (SLS)

339 Ebd.

340 Allein acht von ihnen kamen aus der Ortsgruppe Borna der Deutsch-Finnischen Gesellschaft von 1918. Im Anschluß an die Reise wurde in einem gedruckten, achtseitigen detaillierten Bericht voller Begeisterung über die einzelnen Veranstaltungen informiert. Siehe: AHL 50.4 Deutsch-Finnische Vereinigung, Fasz.91. 091 1927-1939 Zusammenschluß der Deutsch-Finnländischen Vereinigungen in Deutschland, Die Deutsch-Finnische Vereinigung von 1918 Ortsgruppe Borna auf der Fahrt nach Finnland zur 20-Jahr-Feier 1938 An Hand von Aufzeichnungen des Vorsitzenden der Bornaer Vereinigung ehem. Finnlandkämpfer, Otto Müller, in Borna zusammengestellt.

Es gab - wie bei den Feierlichkeiten der vorangegangenen Jubiläen symbolhaft inszeniert - eine nahezu lückenlose Folge von Veranstaltungen. Höhepunkt war erneut die Kranzniederlegung am deutschen und finnischen Ehrenmal in Anwesenheit der finnischen Generalität und zahlreicher Delegationen.[341]

Rüdiger von der Goltz während der Feierlichkeiten u.a. mit dem ehemaligen Präsidenten Svinhufvud und Marschall Mannerheim (SLS)

Die Deutsche Kolonie sah in der finnisch-deutschen Waffenbrüderschaft „ein Testament, das verpflichtet", ihr Vorsitzender Arnold Brink hob den Einsatz von Graf v. d. Goltz als „historisch" hervor und beschrieb die Aufgabe der Finnlandkämpfer als entscheidend dafür, wo „Europas Grenze nach Osten" gezogen würde.[342]

341 Daran schloss sich die Parade der finnischen Truppen an, die von Generalleutnant Österman Seite an Seite mit Rüdiger v. d. Goltz abgenommen wurde. Danach folgte ein Frühstück für die deutschen Gäste beim Präsidenten Kallio sowie ein Dinner mit anschließendem Empfang in der deutschen Gesandtschaft und ein Fest der Deutschen Kolonie und der Finnisch-Deutschen Gesellschaft. Zu den finnischen Gästen gehörten der Oberbürgermeister von Helsinki Antti Tulenheimo, der Bürgermeister Erik von Frenckell, der Vorsitzende der Finnisch-Deutschen Gesellschaft Professor Bernhard Wuolle sowie Repräsentanten des finnischen Jägerverbandes.

342 Zit. nach: Forsén, S. 225.

Marschall Mannerheim begrüßt Rüdiger von der Goltz während der Parade 1938 (SLS)

Der Gesandte von Blücher konnte gegenüber dem Auswärtigen Amt die Feierlichkeiten insgesamt als propagandistischen Erfolg werten, obwohl nicht zu übersehen war, dass sich die Regierungskreise und auch Feldmarschall Mannerheim, der nur an der Kranzniederlegung und am Empfang in der deutschen Gesandtschaft teilnahm, bei den offiziellen Teilen der Feierlichkeiten zurückhielten. Einerseits geschah das aus Protest gegen die Annexion Österreichs und zum anderen waren sie sich offensichtlich dessen bewusst, dass die deutsche Seite bestrebt war, darauf verweisen zu können, dass große Teile der finnischen Bevölkerung die Politik von Außenminister Holsti nicht unterstützten.[343] Rüdiger v. d. Goltz hatte dagegen das Gefühl, dass der Empfang der deutschen Gäste 1938 noch herzlicher war als in den vorangegangenen Jahren.[344]

343 Siehe: Ebd., S. 225 f; Hiedanniemi, Britta, Kulttuurin verhottua politiikkaa, Kansallissosialistisen Saksan kulttuuripropaganda Suomessa 1933-1940, Keuruu 1980, S.135.

344 Goltz an Paasikivi vom 30.4.1938.

Während des Besuchs der deutschen Gäste zum 20. Jahrestag im April 1938 – Kaffeetrinken im Präsidentenschloß – Rüdiger von der Goltz, Präsident Kyösti Kallio, Marschall Gustaf Mannerheim und der deutsche Gesandte in Finnland Wipert von Blücher (SLS)

Kompetenzgerangel gab es im Zusammenhang mit der Kranzniederlegung zwischen den deutschen Organisationen in Helsinki. Die nationalsozialistische Deutsche Kolonie beanspruchte für sich als übergeordnete Instanz die alleinige Repräsentation der deutschen Gemeinschaft. Das konnte der Deutsche Verein, der sich erst 1937 zögernd der Deutschen Kolonie angeschlossen hatte, nur widerwillig akzeptieren. Es entbrannte daher ein Streit um die Reihenfolge bei der Kranzniederlegung an den Gräbern der deutschen Soldaten – ein Streit, von dem v. Blücher amüsiert meinte, er sei viel erbitterter ausgefochten worden als die schwierigsten diplomatischen Rangstreitigkeiten in der Zeit des Wiener Kongresses.[345] Der Zwist hatte zur Folge, dass der Deutsche Verein beschloss, an den Kranzniederlegungen am 12. April künftig nicht mehr teilzunehmen und stattdessen am Heldengedenktag Kränze für die Gefallenen in der deutschen Kirche niederzulegen.

345 Siehe: Forsén, S. 224.

Ähnlich wie 1933 brachte die bürgerliche Presse anlässlich des deutschen Besuchs 1938 lange Artikel mit Schilderungen und zahlreichen Bildern von den Feierlichkeiten, während sich die sozialdemokratische Presse auf einen kritischen Leitartikel beschränkte und jegliche Berichterstattung über die Feierlichkeiten unterließ.[346]

Publizistisch untersetzt wurde das Jubiläum im zweimal im Monat erscheinenden Nachrichtenblatt der Deutschen Kolonie „Deutsche Warte“ durch eine Artikelserie unter dem Titel „Vor Zwanzig Jahren. Deutschland und die Befreiung Finnlands“, die in acht Folgen im Frühjahr 1938 erschien.[347] Autor war Joachim Heldt, seit 1934 Präsident des finnischen Studenten-Vereins FSV in Berlin, der 1925 von Oberst Talvitie, einem ehemaligen Jäger, gegründet worden war und der eng mit der Deutsch-Finnischen Vereinigung „befreundet“[348] oder präziser gesagt - geistig verwandt war.[349] Der FSV war der einzige ausländische Akademikerbund, der auf der Grundlage einer deutschen farben- und waffentragenden Korporation bestand und den deutschen Komment wie auch deutsche Studentenlieder pflegte.[350]

Die Teilnahme an den Feierlichkeiten im April 1938 war die letzte Reise von Rüdiger v. d. Goltz nach Finnland.

1943 - 25-Jahrfeier ohne Rüdiger von der Goltz

Am 12. April 1943, mitten im Weltkriegsgeschehen und im Zeichen der „deutsch-finnischen Waffenbrüderschaft“, gab es dann noch einmal eine Feier zur Einnahme von Helsinki, organisiert von der Finnisch-Deutschen

346 Blücher, S.98.

347 Heldt, Joachim „Vor zwanzig Jahren, Deutschland und die Befreiung Finnlands, in: Deutsche Warte von Nr. 1 (1,.1.1938) bis Nr. 10 (16.5.1938).

348 Siehe: Nachrichtenblatt, Oktober 1934, S.5.

349 Das Ziel seines Vereins sah der neue Präsident in der Förderung der Beziehungen zwischen der vaterlandstreuen finnischen und deutschen Studentenschaft. Beide Völker sind, so führte der neue Präses aus, „im Laufe der Geschichte beinahe ununterbrochen gezwungen gewesen, ihre Heimat gegen habgierige Nachbarn zu verteidigen. Daher der in beiden Ländern so starke soldatische Geist und das große Nationalbewußtsein. Im 30jährigen Kriege entschieden die finnischen Reiter die Schlacht von Breitenfeld und kämpften auf allen Schlachtfeldern zwischen Neva und Rhein. Über 100 Jahre, von 1809-1918, wehrte sich das kleine finnische Volk mit ungeheurer Zähigkeit gegen die Russifizierungsbestrebungen eines Riesenreichs. Und heute sind es genau 16 Jahre her, daß die finnischen Trupppen, unterstützt von den deutschen Truppen des General Graf v.d. Goltz und ausgebildet und geführt von den im Lockstedter Lager ausgebildeten aus finnischen Freiwilligen aufgestellten 27. Kgl.-Preußischen Jägern die Befreiung Finnlands beenden konnten. Die damals aufs neue gefestigten finnisch-deutschen Beziehungen sind von uns stets besonders gepflegt worden...“ Nachrichtenblatt, Oktober 1934, S. 5.

350 10 Jahre Finnischer Studentenverein in Berlin, in: Nachrichtenblatt Nr. 5/April 1935

Gesellschaft, erneut in Anwesenheit vieler prominenter Persönlichkeiten, wie Präsident Ryti und den meisten Mitgliedern der finnischen Regierung, von deutscher Seite hielt Finanzminister Graf von Schwerin-Krosigk die Festrede. Der Vorsitzende der Gesellschaft Prof. Wuolle verlas ein Telegramm von Marschall Mannerheim, Werner von Grundherr überbrachte die Grüße des Grafen v. d. Goltz.[351] Goltz selbst hatte offensichtlich zahlreiche Glückwünsche bekommen, denn er versuchte zu arrangieren, dass über das Auswärtige Amt von ihm formulierte Telegrammtexte mit der Bitte an die Deutsche Gesandtschaft in Helsinki weitergeleitet wurden, sie den jeweiligen Adressaten zukommen zu lassen. Adressaten waren Marschall Mannerheim, die Stadtverwaltung von Helsinki, die Weiße Garde von Helsinki, die Schutzkorps und Lotta Svärd-Vereine, Frau und Herr von Frenckell, Fritz Krone als Vertreter der ehemaligen deutschen Finnlandkämpfer und die Stadtverwaltung von Loviisa.[352] V. d. Goltz war also keineswegs vergessen, auch wenn er selbst an den Feierlichkeiten nicht teilnahm. Gegenüber Maila (Talvio) Mikkola hatte er in einem Neujahrsbrief - gewissermaßen als eine Art Entschuldigung oder Begründung für seine Nichtteilnahme - argumentiert, dass „der unvergessliche Erinnerungstag der 12.4.1918 ... mitten im Kriege auch nach 25 Jahren nicht groß gefeiert werden (darf) wie nach 5, 10, 15 und 20 Jahren. Jetzt steht das Schicksal der ganzen, weißen Kulturwelt auf dem Spiel, da muß die Erinnerung an den ersten Akt dieses Kampfes gegen die asiatische Gefahr zurücktreten. So wird man in Finnland auch denken."

Auch wenn er meinte, „für Eitelkeit kein Verständnis zu haben"[353], spricht die akribische Beantwortung der Glückwünsche wohl doch eine etwas andere Sprache.

Zwischenzeitlich hatten sich die deutschfreundlichen konservativen Kräfte wie auch die Finnlanddeutschen in einer schwierigen Situation befunden. Auch die Arbeit der Finnisch-Deutschen Gesellschaft in Helsinki war vorübergehend total ins Stocken geraten. Nach dem Angriff der Sowjetunion auf Finnland Ende November 1939 waren die Finnlanddeutschen und die Deutschlandfreunde in Finnland von der offiziellen Haltung Deutschlands zu dem Geschehen in Folge des Hitler-Stalin-Paktes enttäuscht und fühlten sich im Stich gelassen.[354] In der öffentlichen Meinung in Finnland

351 Dickmann, S. 10.

352 KA, Auswärtiges Amt, Deutsche Gesandtschaft Helsinki, Drahterlasse 1943 Nr 449 vom 13.4. 1943 und Nr. 121 vom 14.4.1943.

353 KA, Maila (Talvio) Mikkolan Arkisto, ulkomalset tulleet kirjeet, Kansio 40, Brief von Neujahr 1943.

354 Peltovuori, Risto O., Saksa ja Suomen Talvisota, Keuruu 1975, S.99.

war bereits im Herbst 1939 die Verbitterung darüber gewachsen, dass die deutsche Regierung der Sowjetunion in Finnland freie Hand ließ, eine wohlwollende Neutralität gegenüber der Sowjetunion an den Tag legte und Finnland riet, die sowjetischen Forderungen zu akzeptieren.[355] Es gab zahlreiche Versuche von finnlanddeutscher Seite und auch von finnischen konservativen Kreisen, die deutsche Regierung zu einer Unterstützung Finnlands zu bewegen. Sie blieben allerdings alle erfolglos,[356]obwohl auch in Deutschland selbst bis in Führungskreise Finnlands Kampf mit Sympathie verfolgt wurde.[357] Der deutsche Gesandte Wipert von Blücher konstatierte mehrfach eine antideutsche Stimmung in Finnland und erhielt „Hilferufe von allen Seiten", wobei er zugab, dass die finnischen Politiker und Militärs sich darüber im Klaren waren, dass Deutschland nicht wie 1918 militärische Waffenhilfe leisten könne, aber sie wünschten nur, „dass wir sie in Moskau nicht ganz allein ohne Unterstützung und Beratung lassen". Daher bat v. Blücher zu erwägen,"ob es nicht möglich wäre, ohne von prinzipieller Linie abzuweichen, diesen Wunsch in einer oder anderer Weise zu erfüllen".[358]

Immer wieder wurde er von finnischer Seite mit Kritik an der deutschen Haltung konfrontiert. Er versuchte nach besten Kräften die Situation zu entschärfen und darauf hinzuwirken, dass nicht unnötig politisches Porzellan zerschlagen wurde. So berichtete er dem Auswärtigen Amt, dass der Vorsitzende der Finnisch-Deutschen Gesellschaft Prof Dr. Wuolle nach Deutschland reisen wolle, um eine Demarche zwecks Gewinnung deutscher Unterstützung im Konflikt mit Russland zu überbringen. V. Blücher versuchte, Wuolle von solch einer Reise abzuhalten und stattdessen eine schriftliche Eingabe an die deutsche Regierung zu schicken. Falls er doch nach Berlin reisen sollte, bat v. Blücher das Auswärtige Amt, ihn angesichts seiner hohen Verdienste für das deutsch-finnische Verhältnis entsprechend zu behandeln. Offensichtlich war es v. Blücher gelungen, Wuolle zu überzeugen, so dass lediglich eine Erklärung der Gesellschaft an Hitler nach Berlin geschickt wurde, unterzeichnet vom gesamten Vorstand.[359] Ähnliche Stellungnahmen erreichten das Auswärtige Amt zumeist über den Gesandten v. Blücher beispielsweise von mehreren ehemaligen Finnlandkämpfern, den Volksdeutschen oder einzelnen Persönlichkeiten u. a. von Dr. Otto von

355 Siehe: Menger, 1988; S. 54, Jonas, S. 151 ff.

356 Westerlund, 2016, S. 58.

357 Peltovuori, S.97 ff; Menger, 1988, S. 56.

358 PAAA, Finnisch-russischer Krieg vom 16.9.1939 – 14.11.1939 R 104.613, Telegramm Blücher an AA vom 14.10.1939.

359 Ebd., Telegramm aus Helsinki 909 529/514 14 2036 vom 15. Oktober 1939 Erklärung der Finnisch-deutschen Vereinigung.

Zwehl[360] oder auch dem Schriftsteller V. A. Koskenniemi,[361] was v. Blücher veranlasste am 19.10.1939 nach Berlin zu telegrafieren: „Deutschfreundliche Kreise zurzeit völlig außer Fassung, bei vielen anbahnt sich totaler Stimmungsumschwung. Regierungsvertreter bewahren korrekte Haltung, aber bisherige vertrauensvolle politische Zusammenarbeit ist vorbei".[362] Von Außenminister Ribbentrop erhielt v. Blücher den Auftrag, eine Reise, die der ehemalige Präsident Svinhufvud aus eigener Initiative unternehmen wollte, „um Deutschland für Unterstützung finnischer Politik gegen Sowjetrußland zu gewinnen, „in geeignet erscheinender Form ... unter Hinweis darauf, daß Deutschland an finnisch-russischen Problemen nicht beteiligt sei, zu verhindern. Deutschland könne - so Ribbentrop weiter - nur direkte finnisch-russische Verständigung empfehlen.[363]

Auch die finnische Geheimpolizei registrierte den Stimmungsumschwung unter den Deutschen in Finnland und berichtete vor und während des Winterkrieges ausführlich darüber. Einige Deutsche, die finnische Staatsbürger seien, hätten die Absicht, die „Deutsche Kolonie" zu verlassen und eine neue Organisation zu gründen, der nur Deutsche mit finnischer Staatsbürgerschaft angehören sollten. Viele der als Nazis bekannten Deutschen seien enttäuscht, hätten sich den Schutzkorps angeschlossen und angekündigt, im Falle eines Krieges in der finnischen Armee zu kämpfen, „um dieses tapfere Land zu verteidigen".[364] Solche Unzufriedenen sollten zwangsweise nach Deutschland evakuiert werden, allerdings hätte sich die Gesandtschaft revidiert und sich zum Prinzip der Freiwilligkeit bekannt. Es hätte sich jedoch gezeigt, dass kaum jemand nach Deutschland fahren wollte. Stattdessen wollten einige von ihnen lieber die finnische Staatsangehörigkeit annehmen, andere meinten, Finnland nur mit Gewalt zu verlassen.[365] Im März 1940 berichtete die Geheimpolizei, dass die frühere Deutschfreundlichkeit der Finnen total verschwunden sei und Deutschland, da es an der Seite der Sowjetunion stehe, von vielen „neben der Sowjetunion als der größte Feind"[366] angesehen würde.

---

360 KA, AA, Pol.VI. Politik 3 Finnland Russland Finnisch-russischer Krieg Bd. 1 (25.8.1939-14.11.1939) Otto von Zwehl an Grundherr vom 18. Oktober 1939.

361 Ebd. V. A. Koskeniemi an v. Blücher vom 13. Oktober 1939.

362 PAAA, Finnisch-russischer Krieg vom 16.9.1939 – 14.11.1939 R 104 613, Blücher an AA vom 19. Oktober 1939.

363 Ebd., Büro RAM 522, Telegramm RAM an Deutsche Gesandtschaft vom 10.10.1939.

364 KA, Valtion tiedotuselimet 1939-1948. EL 2 Valtiollisen poliisin tilannekatsaus vom 17.11. 1939, S.5 f.

365 Ebd.

366 Ebd. Valtiollisen poliisin tiedoituksia Nr. 33 15. März 1940 S. 2.

Rüdiger v. d. Goltz verfolgte die Ereignisse in und um Finnland genau und mit großer Anteilnahme, kritisierte die deutsche Zurückhaltung gegenüber Finnland und ergriff mehrfach, auch öffentlich, Partei für Finnland.[367] Am 30.10.1939 hatte er gegenüber dem Aktivisten der Jägerbewegung, Historiker und Diplomaten Herman Gummerus bei dessen Berlin-Besuch seine Absicht bekundet, als Freiwilliger nach Finnland reisen zu wollen, falls es zum Krieg käme. Gummerus bezeichnete das angesichts des Alters von Rüdiger v. d. Goltz als „symbolisch“.[368]

Ein in Finnland lebender Deutscher, der Anfang Dezember mit einem Dampfer gemeinsam mit Landsleuten eine Reise nach Deutschland gemacht hatte, berichtete nach seiner Rückkehr der finnischen Geheimpolizei von einem Treffen mit Graf v. d. Goltz, in dem der „Graf über eine mögliche inoffizielle Hilfe für Finnland“[369] gesprochen hätte. V. d. Goltz und mehrere deutsche Offiziere in hoher Stellung hätten die jetzige deutsche Politik scharf verurteilt und v. d. Goltz hätte in seinen Bekanntenkreisen und auch anderswo „Propaganda für die Sache Finnlands“ gemacht. Die Deutschen würden augenblicklich nur die Rückkehr zum Frieden wünschen. Solche Begeisterung wie zu Beginn des Weltkrieges 1914 wäre nirgends spürbar, so v. d. Goltz.[370]

Anfang Januar soll Rüdiger v. d. Goltz General Wilhelm Thesleff mitgeteilt haben, er habe sich als Finnlandfreiwilliger gemeldet.[371] In einem Brief an Maila (Talvio) Mikkola deutete er das - wenn auch recht verschwommen - an, dass „alles, was sich ... ereignet hat, haben wir hier mit warmem Herzen verfolgt. Bisher ist es so gekommen, wie ich es von meinen tapferen und zugleich geschickten Freunden wohl erhofft hatte. Was mich persönlich anbelangt, so verweise ich an Thesleff. Noch ist ein endgültiger Entschluss verfrüht ebenso eine Bekanntgabe.“ Aber der ehemalige deutsche General in Finnland hätte seine lieben Freunde auch in ihrer Not nicht vergessen und würde sie niemals vergessen, so v. d. Goltz.[372]

Anscheinend wurde sein Angebot höflich zurückgewiesen, was ihn empörte, er „vermutete eine politische Intrige, denn daß er 74 Jahre alt sei, sei ja wohl

---

367 Westerlund, 2011, S.177 ff.

368 Siehe: Westerlund, 2016, S. 59.

369 KA, Valtion tiedotuselimet 1939-1948, EL 2, Valtiollisen poliisin tilannekatsaus vom 9.2.1940, S.3.

370 Ebd. S. 4.

371 Siehe: Ebd.

372 KA, Maila (Talvio) Mikkolan Arkisto, ulkomaiset tulleet kirjeet, Kansio 40, Brief vom 14.XI.1940.

kein Grund!", wie sich sein Enkel Hans an seinen aufgebrachten Großvater erinnerte.[373]

Diese Geste und sein Eintreten für Finnland sicherten ihm auf jeden Fall zusätzliche Anerkennung seitens seiner finnischen Freunde, wurde aber von offizieller deutscher Seite sicher mit Missfallen registriert. Zu seinem Geburtstag am 8. Dezember 1939 erschien eine offizielle finnische Delegation. „Ihr Besuch wurde von den deutschen Behörden ignoriert. Der Großvater gab seiner Verbitterung lautstark Ausdruck", erinnerte sich Enkel Hans weiter.[374]

In seinen Briefen an Paasikivi äußerte v. d. Goltz ebenfalls sein Mitgefühl mit und seine Sorge um Finnland, brachte andererseits aber auch Verständnis für Deutschlands Haltung auf und begründete seine Position entsprechend.[375]

Ehrungen und Glückwünsche

Von der Anerkennung, die Rüdiger v. d. Goltz über Jahrzehnte von Seiten konservativer, deutschfreundlicher Kreise in Finnland, aber auch von deutscher nationalsozialistischer Seite zuteil wurde, zeugen u. a. die Ehrungen und Glückwünsche, die ihm zu seinen runden Geburtstagen übermittelt wurden. Die Palette dieser in der Regel sehr aufwendig und kunstvoll gestalteten, z. T. persönlich überreichten Glückwünsche war sehr breit. Die aus Finnland kommenden Gratulanten reichten von den Mitgliedern des Senats von 1918, über die Führung der finnischen Armee mit Mannerheim an der Spitze, der Finnisch-Deutschen Gesellschaft, den Schutzkorps, den Lotta Svärd-Vereinen, den ehemaligen Finnlandkämpfern bis hin zu führenden Vertretern finnischer Städte und Gemeinden.

Anlässlich seines 60. Geburtstages am 8.12.1925 veröffentlichte die Deutsch-Finnische Brücke „Pressestimmen aus Finnland", um nicht nur an das Jubiläum des Vorsitzenden, sondern gleichzeitig an die „8. Wiederkehr des Jahrestages der Befreiung Finnlands" zu erinnern. Die konservativen Zeitungen „Hufvudstadsbladet", „Svenska Pressen" und „Uusi Suomi" lobten nicht nur seinen Einsatz als erstrangige Befreiungstat, sondern würdigten ihn „als redlichen und taktvollen Weltmann, der die Gabe besaß, die verschiedenen Gesellschaftsklassen zu gewinnen, ohne Gesten aufrichtiger Sympathie um seine Person zu sammeln"[376] und als einen guten Vertreter derjenigen

373 Goltz, Hans Graf von der, 1997, S. 67.

374 Ebd.

375 Siehe: Goltz an Paasikivi vom 18.11. 1939, vom 19.1.1940 und vom 3.2.1940.

376 Hufvudstadsbladet vom 8.12.1925.

Tugenden, die in der alten deutschen Armee erzeugt wurden."[377] „Svenska Pressen" räumte ein, dass „die Rolle, die Graf v. d. Goltz in der neueren Geschichte Finnlands gespielt hat, verhältnismäßig viel größer (ist) als die, die er in Deutschland gespielt hat."[378] Auch „Helsingin Sanomat" meinte, dass der Name des Grafen v. d. Goltz in den Blättern der Geschichte Finnlands wegen der ruhmreichen und für das Schicksal des Landes bedeutungsvollen Tätigkeit für immer verzeichnet sei, bemerkte, dass der innere Krieg durch die deutsche Hilfe viel eher endete und Land und Volk vor noch größeren materiellen Verlusten und Blutopfern verschonte, ein entscheidender Einfluss sei dem Anteil der Deutschen jedoch nicht beizumessen.[379]

„Suomen Sosialidemokraatti" brachte ohne Bezugnahme auf den Geburtstag von Rüdiger v.d. Goltz einen längeren Artikel über die Entwicklung Finnlands in den vergangenen Jahren und gab der Überzeugung Ausdruck, dass „nur der Sieg der Entente und die Revolution in Deutschland Finnland vor der Unterjochung durch den deutschen Militarismus bewahrt" hätten.[380] Diese Aussage blieb von der Deutsch-Finnischen Brücke nicht unkommentiert. Die Ansicht von „Suomen Sosialidemokraatti" würde dadurch widerlegt, „daß der Führer der deutschen Truppen in allen bürgerlichen Kreisen Finnlands noch heute sehr beliebt ist, was sicher nicht der Fall wäre, wenn man die Abreise der deutschen Truppen als Befreiung empfunden hätte."[381]

Absoluter Höhepunkt der Ehrungen für Rüdiger v.d. Goltz war sein 70. Geburtstag am 8. Dezember 1935. Er fand eine wesentlich stärkere Beachtung als der 60. oder 65. Geburtstag 1925 bzw. 1930. In Deutschland war das wohl nicht zuletzt der damaligen Nähe von Rüdiger v. d. Goltz zu Hitler und dem Nationalsozialismus geschuldet. In Finnland beschränkte sich der Kreis der Gratulanten weitgehend auf diejenigen, die zu den Siegern des Bürgerkrieges 1918 gehörten und im Nationalsozialismus nicht nur Chancen für Deutschland sahen.

Die zahlreichen Würdigungen für v. d. Goltz in der deutschen konservativen und nationalsozialistischen Presse bezogen sich nahezu ausschließlich auf sein Wirken in Finnland im Jahre 1918. Während v. d. Goltz 1935 zu seinem 70. Geburtstag sogar noch persönliche Glückwünsche von Hitler erhalten hatte, kamen die Gratulationen zum 75. Geburtstag fast ausschließlich aus Finnland. Ausschlaggebend dafür könnte gewesen sein, dass der Stern von

377 Svenska Pressen vom 8.12.1925.

378 Ebd.

379 Helsingin Sanomat vom 8.12.1925.

380 Suomen Sosialidemokraatti vom 8.12.1925.

381 DFB 1/1926, S. 5.

Rüdiger v. d. Goltz bei den führenden Nationalsozialisten, da er kein Amt mehr bekleidete, möglicherweise auch auf Grund seines Festhaltens an betont monarchischen Positionen[382] seine vorsichtig-kritische Distanz zum Zweiten Weltkrieg und seine Kritik an der nationalsozialistischen Außenpolitik gegenüber Finnland während des Winterkrieges im Sinken begriffen war. Zudem verbot es sich in der Zeit der Operationsplanungen und praktischen Vorbereitungen des Überfalls auf die Sowjetunion Erinnerungen an die „deutsch-finnische Waffenbrüderschaft" des Jahres 1918 öffentlich zu thematisieren.

Das „Nachrichtenblatt" der Deutsch-Finnischen Vereinigung von 1918 hatte „Zum 70. Geburtstage des Führers der Deutsch-Finnischen Vereinigung General Graf Rüdiger v. d. Goltz" eine Beilage herausgegeben, in der neben den Glückwünschen der Vereinigung und der Danksagung des Jubilars „aus der übergroßen Fülle von Glückwunschtelegrammen und -schreiben... einige wiedergegeben oder angeführt" wurden. Die Liste der angeführten Namen war respektabel:

Ellen und P. E. Svinhufvud, Feldmarschall Mannerheim, Verteidigungsminister Oksala, Familie Paasikivi, die Mitglieder des Senats von 1918 – Paasikivi, Stenroth, Renvall, Kallio, Arajärvi, Jalmar Castrén, Arthur Castrén, Frey, Thesleff, Louhivuori, Sario - Waldemar Ruin, Minister Ehrenroth, Familie Mikkola, Familie Thesleff, Generalleutnant a. D. Tunzelmann von Adlerflug, General Ignatius und Frau, Generalleutnant Birger Åkerman, Major Fabritius, der finnische Dichter und Gelehrte Professor Koskenniemi, Jean Sibelius, Generalmajor Valve vom Bund ehemaliger Jäger 27, der finnische Gesandte in Berlin Aarne Wuorimaa, überreicht vom Legationsrat Dr. Pakaslahti, im Namen der Deutschen Gesandtschaft in Helsinki Gesandter v. Blücher, Gesandtschaftsrat Molly, Militärattaché Oberstleutnant Rössing, Attaché Overbeck, die Deutsche Kolonie Helsinki, mehrere Schutzkorps- und Lotta-Svärd-Vereine, im Namen der Finnisch-Deutschen Gesellschaft Wuolle und v. Zwehl, der Verband der Finnlandkämpfer, der Deutsche Schulverein, der Finnisch-Deutsche Frauenklub und der Deutsche Frauenverein Helsinki. Hinzu kamen die Glückwünsche zahlreicher Einzelpersonen, u. a. von Petter Forsström[383] und Frau, Ruth Munck, Sonja Goldbeck-Löwe, Erik von Frenckell, Jenny af Forselles.[384]

382 Siehe: v. d. Goltz, Freiherr Dr. Joachim, 1952, S. 16.

383 Petter Forsström, genannt „Kalk-Petter", war langjähriger erfolgreicher Geschäftsführer der Lohjan Kalkkitehdas OY und war sehr einflußreich in der Region. Er galt als Pionier der finnischen Baustoffindustrie. Im Bürgerkrieg unterstützte er die Weißen, in den 1920er Jahren gehörte er zu den Anhängern der Lapuabewegung. Er hatte Kontakt sowohl zu Rüdiger v. d. Goltz als auch zu seinem Sohn Georg Conrad. Siehe: Svenska Litteratursällskapet i Finland (SLS), SLSA 11102.

384 Nachrichtenblatt, Nr. 8, Juni 1936, S.5.f.

Auch die Städte Hanko, Loviisa und Hämeenlinna schickten Glückwunschtelegramme.

In einer „mit dem Staatswappen geschmückte(n), in Goldpressung und brauner Ledermappe gehüllte(n)"[385] ausführlichen, namens der finnischen Streitkräfte von G. Mannerheim, Arvi Oksala, L. Malmberg und K. Oesch unterzeichneten Glückwunschadresse hieß es:

„Euer Exzellenz zum 70. Geburtstag, den Sie heute begehen, bringen wir unterzeichneten Vertreter der Wehrmacht Finnlands unsere verehrungsvollen Glückwünsche dar. Wir gedenken dabei der Zeiten, als die von Ihnen geführten deutschen Hilfstruppen, in treuer Waffenbrüderschaft mit unserem jungen Volksheer zusammenwirkend, auf finnischem Boden den historischen Kampf ausfochten, der nicht nur der militärpolitischen Konstellation der Stunde und nicht nur den augenblicklichen Interessen unserer Völker galt, sondern der zugleich auch ein Kampf um hohe allgemeinere und gemeinsame Lebenswerte, um die abendländische Kultur, um Freiheit und gesetzliche Staatsordnung war.

Ebenso treten uns die Monate vor Augen, in denen nach der Beendigung unseres Freiheitskrieges der Grund zu unserem stehenden Heere gelegt wurde, eine Arbeit bei der wir uns wieder der Anleitung und des Beistands Euer Exzellenz und Ihnen unterstehender erfahrener Militärs erfreuen durften.

Abgesehen von aller dieser Ihrer Tätigkeit, die in der Geschichte Finnlands fortleben wird, haben wir auch später unter verschiedenen Verhältnissen zu wiederholten Malen Beweise Ihres Interesses und Ihrer Sympathie für unser Land empfangen. In der Hoffnung, dass Sie uns diese weiter in unvermindertem Grade bewahren werden, bitten wir Euer Exzellenz die Versicherung unserer aufrichtigen Verehrung entgegenzunehmen."[386]

Diese und andere Ehrerbietungen trugen zweifellos dazu bei, dass sich Rüdiger v. d. Goltz in seiner Rolle als „Befreier" bestätigt fühlte.

Über 30 deutsche Zeitungen hatten Artikel veröffentlicht, in denen Rüdiger v. d. Goltz gewürdigt wurde, sein Einsatz 1918 in Finnland und seine Verdienste im Kampf gegen den Bolschewismus hervorgehoben wurden.

Der „Völkische Beobachter" schrieb unter dem Titel „Der Befreier Finnlands": „...Sie (die Landwehr-Division) sollte als ‚eiserne Division' in die Geschichte

385 Ebd.

386 GstA FA v. d. Goltz 09.04.01 Gratulation zu Geburtstagen Nr. 458.

eingehen. An ihrer Spitze eilte v. d. Goltz dem finnländischen Volk zu Hilfe. Finnland, seit Jahrhunderten unter fremder Herrschaft, bedurfte der Unterstützung gegen den Ansturm, mit dem der Bolschewismus, der eben das Zarentum hinweggefegt hatte, gegen Europa anrannte. Zusammen mit den finnländischen weißen Truppen gelang es dem Grafen v. d. Goltz, Finnland von den Bolschewisten zu säubern und seine nationale Selbständigkeit zu sichern. Deshalb ehrt ihn das finnländische Volk noch heute. Sein Name ist ebenso bekannt wie der des Präsidenten Svinhufvud, des Hindenburg Finnlands, und der des Generals Mannerheim. V. d. Goltz ist dem Finnländer Verkörperung deutschen Soldatentums und dem entsprechend ist seine Bewunderung und Dankbarkeit für ein Volk, dessen General ihm die Grundlagen für seine Wehrmacht gab..."[387]

Sicher schmeichelte es dem Grafen, mit Svinhufvud und Mannerheim auf eine Stufe gestellt zu werden, wohl weniger, dass sein Wirken in Deutschland in dem Artikel keine Rolle spielte.

Auffallend ist, dass zahlreiche, hochkarätige Glückwünsche zum 75. Geburtstag am 8. Dezember 1940, die erhalten sind, ausschließlich aus Finnland stammen: Sie reichten von der Armeeführung, dem Jägerverband, der Finnisch-Deutschen Gesellschaft, vom Oberbürgermeister von Helsinki, den Deutschen Finnlandkämpfern aus Helsinki, von „Freunden und Bekannten aus dem schicksalsschweren Jahr 1918" mit 54 Unterschriften[388] bis hin zum Deutsch-finnischen Damenklub.[389]

Die Finnisch-Deutsche Gesellschaft gestaltete zu Ehren des 75. Geburtstages des Generals in den Räumen der deutschen Gesandtschaft in Helsinki am 9.12.1940 eine feierliche Abendveranstaltung, an der neben Svinhufvud und seiner Frau Minister, Botschaftsräte und hohe Militärs teilnahmen. Es wurde die Glückwunschadresse an Rüdiger v. d. Goltz verlesen, die vom Vorsitzenden der Gesellschaft Professor Wuolle, von dem Komponisten Kilpinen und der Freifrau Ruth Munck v. d. Goltz persönlich in Berlin überreicht wurde.[390]

387 Ebd. Nr. 448, Völkischer Beobachter vom 8.12.1935.

388 Zu den Unterzeichnern gehörten Svinhufvud, Kivimäki, Heinrichs, Witting, Suolahti, Helenius, Castrén, Malmberg, Thesleff, Castrén.

389 GstA FA v. d. Goltz 09.04.01 Gratulation zu Geburtstagen Nr. 422-426.

390 KA, Suomalais-Saksalainen Seura ry:n arkisto., Pöytäkirja, pidetty Suomalais-Saksalaisen Seuran johtokunnan kokouksessa 28 pnä joulukuuta 1.§

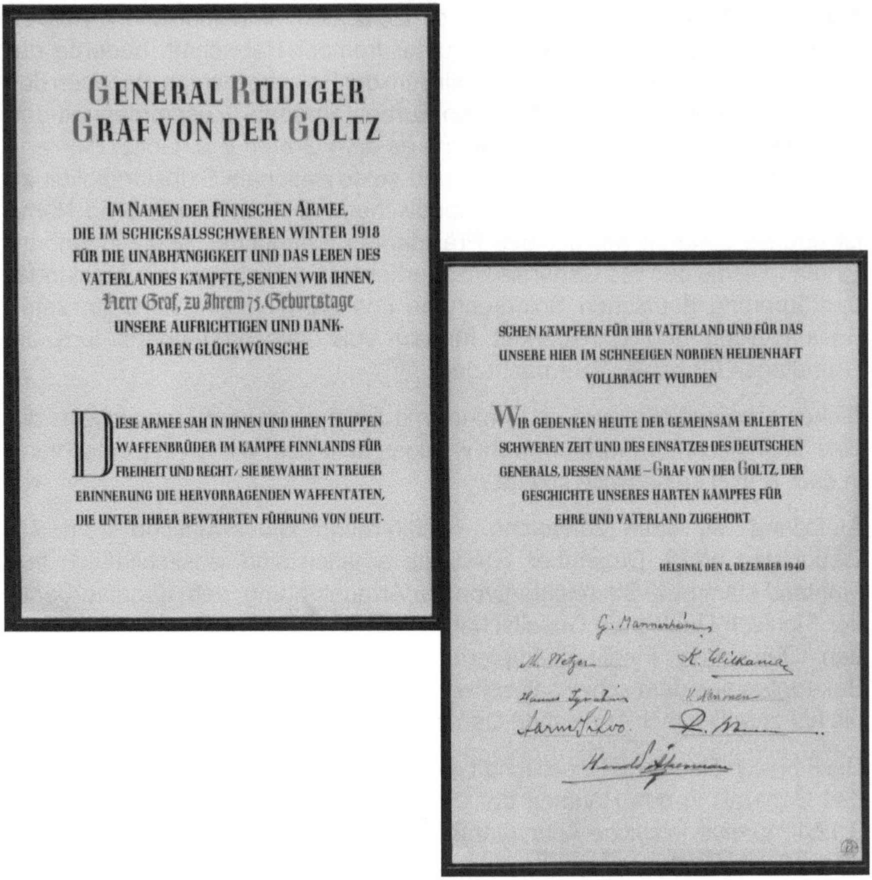
GENERAL RÜDIGER
GRAF VON DER GOLTZ

IM NAMEN DER FINNISCHEN ARMEE, DIE IM SCHICKSALSSCHWEREN WINTER 1918 FÜR DIE UNABHÄNGIGKEIT UND DAS LEBEN DES VATERLANDES KÄMPFTE, SENDEN WIR IHNEN, Herr Graf, zu Ihrem 75. Geburtstage UNSERE AUFRICHTIGEN UND DANKBAREN GLÜCKWÜNSCHE

DIESE ARMEE SAH IN IHNEN UND IHREN TRUPPEN WAFFENBRÜDER IM KAMPFE FINNLANDS FÜR FREIHEIT UND RECHT. SIE BEWAHRT IN TREUER ERINNERUNG DIE HERVORRAGENDEN WAFFENTATEN, DIE UNTER IHRER BEWÄHRTEN FÜHRUNG VON DEUTSCHEN KÄMPFERN FÜR IHR VATERLAND UND FÜR DAS UNSERE HIER IM SCHNEEIGEN NORDEN HELDENHAFT VOLLBRACHT WURDEN

WIR GEDENKEN HEUTE DER GEMEINSAM ERLEBTEN SCHWEREN ZEIT UND DES EINSATZES DES DEUTSCHEN GENERALS, DESSEN NAME – GRAF VON DER GOLTZ, DER GESCHICHTE UNSERES HARTEN KAMPFES FÜR EHRE UND VATERLAND ZUGEHÖRT

HELSINKI, DEN 8. DEZEMBER 1940

G. Mannerheim

Glückwunsch der finnischen Armeeführung zum 75. Geburtstag (GstA)

Am selben Tag feierte die Gesellschaft den Jubilar auf einer Veranstaltung in Helsinki, bei der der stellvertretende Vorsitzende Dr. Jännes Grußworte sprach und Maila (Talvio) Mikkola aus Kindheitserinnerungen des Grafen las.[391] Am 29.1.1941 wurde im Vorstand der Finnisch-Deutschen Gesellschaft über einen Dankesbrief von Rüdiger v. d. Goltz informiert.[392]

391 KA, Suomalais-Saksalaisen Seuran johtokunnan kokouksessa 2 pnä joulukuuta 1940 1.§

392 KA, Suomalais-Saksalaisen Seuran johtokunnan kokouksessa 19.1.41 pidetty pöytäkirja, 1.§

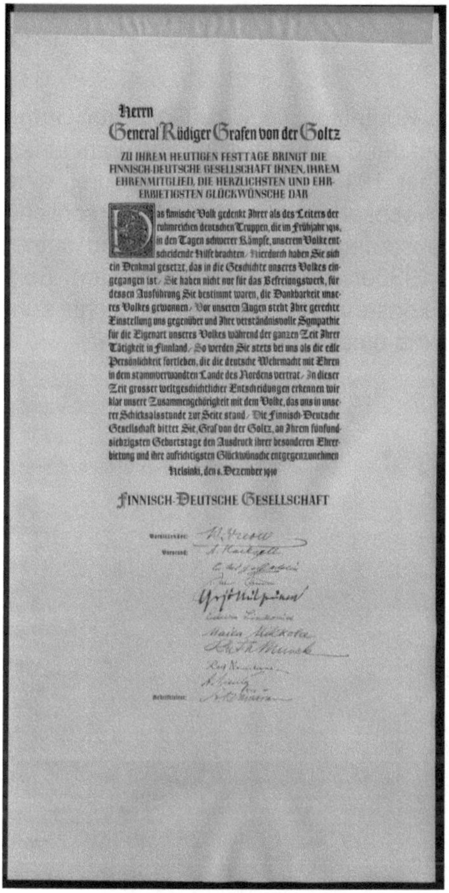

Herrn
General Rüdiger Grafen von der Goltz

ZU IHREM HEUTIGEN FESTTAGE BRINGT DIE FINNISCH-DEUTSCHE GESELLSCHAFT IHNEN, IHREM EHRENMITGLIED, DIE HERZLICHSTEN UND EHRERBIETIGSTEN GLÜCKWÜNSCHE DAR

Das finnische Volk gedenkt Ihrer als des Leiters der ruhmreichen deutschen Truppen, die im Frühjahr 1918, in den Tagen schwerer Kämpfe, unserem Volke entscheidende Hilfe brachten. Hierdurch haben Sie sich ein Denkmal gesetzt, das in die Geschichte unseres Volkes eingegangen ist. Sie haben nicht nur für das Befreiungswerk, für dessen Ausführung Sie bestimmt waren, die Dankbarkeit unseres Volkes gewonnen. Vor unseren Augen steht Ihre gerechte Einstellung uns gegenüber und Ihre verständnisvolle Sympathie für die Eigenart unseres Volkes während der ganzen Zeit Ihrer Tätigkeit in Finnland. So werden Sie stets bei uns als die edle Persönlichkeit fortleben, die die deutsche Wehrmacht mit Ehren in dem stammverwandten Lande des Nordens vertrat. In dieser Zeit grosser weltgeschichtlicher Entscheidungen erkennen wir klar unsere Zusammengehörigkeit mit dem Volke, das uns in unserer Schicksalsstunde zur Seite stand. Die Finnisch-Deutsche Gesellschaft bittet Sie, Graf von der Goltz, an Ihrem fünfundsiebzigsten Geburtstage den Ausdruck ihrer besonderen Ehrerbietung und ihre aufrichtigsten Glückwünsche entgegenzunehmen

Helsinki, den 8. Dezember 1940

FINNISCH-DEUTSCHE GESELLSCHAFT

Gratulation der Finnisch-Deutschen Gesellschaft zum 75. Geburtstag (GstA)

Kurz zuvor hatte er in einem Brief an Maila (Talvio) Mikkola über die Endlichkeit des Lebens philosophiert und nicht ganz unzutreffend festgestellt, dass die Erinnerung noch eine Weile unter den dann noch Lebenden bleiben würde, „bis wir in Vergessenheit geraten oder als ein Stück früherer Zeiten mit Interesse oder Ablehnung in der Geschichte als ein Begriff in Büchern verzeichnet werden. In Suomi – das habe ich an meinem 75. Geburtstage dankend erlebt – leben noch die alten Bande. Dort werde ich am längsten weiter leben.“[393]

Die Feierlichkeiten zum 100. Jahrestag der Einnahme von Helsinki durch die von ihm kommandierte Ostsee-Division im April 2018 bewiesen, dass v. d. Goltz mit dieser Annahme nicht ganz unrecht behalten sollte. Sein Urenkel Hans-Dankwart und dessen Frau Anna waren Ehrengäste der Feierlichkeiten der „Südlichen Traditionsvereinigung des Freiheitskrieges“. Sie konnten sich davon überzeugen, dass Rüdiger v. d. Goltz bis heute in konservativen Kreisen Finnlands hoch verehrt wird.[394]

393 KA, Maila (Talvio) Mikkolan Arkisto, ulkomaiset tulleet kirjeet, Kansio 40, Brief vom 6.1.1941.

394 Siehe: Anna (Reinbek) Finnland feiert 100 jährige Unabhängigkeit, Helsinki, 13.August 2018, in: Goltz Briefe 2018, S.33-38; und Hans Dankwarts Rede über Rüdiger von der Goltz, in: Goltz Briefe 2018, S. 39-48.

Kontaktpflege

Viele der dienstlichen wie privaten Kontakte, die v. d. Goltz auf Grund seiner exponierten Stellung als Chef der Ostsee-Division und dominanter „Deutscher General" bis zum Dezember 1918 hatte, konnte er durch eine intensive Kontaktpflege, durch Briefwechsel oder/und durch persönliche Treffen in Berlin, bei Kur- und Urlaubsaufenthalten oder während seiner Finnlandbesuche in den 1920er und 1930er Jahren aufrechterhalten. Sein Haus wurde eine Anlaufstelle für viele konservative deutschfreundliche, zum Teil sehr einflussreiche Finnen, die Berlin einen Besuch abstatteten.

Das Wohnhaus von Rüdiger von der Goltz in Berlin-Charlottenburg, Kurlandallee 38, das er Anfang der 1920er Jahre bauen ließ und ab 1924 bewohnte. (KA, Maila (Talvio) Mikkolan Arkisto)

Zu den Verbindungen zu Freunden und Gefährten aus dem Jahr 1918, zu Paasikivi, Svinhufvud, Thesleff, Talas oder Stenroth, kamen vor allem in den 1930er Jahren neue Bekanntschaften. Dazu gehörten insbesondere auch in Berlin wirkende finnische Diplomaten und Journalisten, wie der Gesandte Aarne Wuorimaa, der Militärattaché Aarne Snellman oder die Korrespondentin der rechtsgerichteten Zeitung „Uusi Suomi" Ada Norna, die er oft in seinem Haus in Berlin-Charlottenburg, Kurlandallee 38 als Gäste begrüßen konnte. Ein freundschaftliches Verhältnis verband ihn und seine Frau Hannah mit Maila (Talvio) Mikkola, einer äußerst produktiven Schriftstellerin und Bewunderin des Generals, der auch in ihrem literarischen Schaffen eine gewisse Rolle spielte.[395] V. d. Goltz verfolgte seinerseits ihr künstlerisches Schaffen und engagierte sich auch - nutzte vor allem seine Verbindungen, - um sie in Deutschland in konservativen Kreisen bekannt zu machen. So sandte er 1925 ihr in deutscher Übersetzung unter dem Titel „Die Kraniche" erschienenes Buch über den „Freiheitskrieg" an den Reichspräsidenten Hindenburg und versprach der Autorin, „ihm... bei einem bevorstehenden, gemeinsamen Abendessen ...noch Näheres zu erzählen".[396]

Rüdiger von der Goltz bei Maila (Talvio) Mikkola (Familienbesitz, Hans von der Goltz)

395 Talvio, Maila, Suomen vapaustaistelun sotureita: Kreivi Rüdiger v. d. Goltz, in: Kulkuset 1/1918, S. 9-12; Siehe auch: Jokisipilä, Könönen, S.44 f.

396 KA, Maila (Talvio) Mikkolan Arkisto, Brief Goltz an Maila Talvio Mikkola vom 4.1.1926.

Die Kontakte zu Maila (Talvio) Mikkola und ihrem Ehemann, dem Slawisten J. J. Mikkola, blieben bis zum Jahre 1943 ungebrochen. Die Mikkolas haben v. d. Goltz bei seinen Reisen nach Finnland stets eingeladen, man traf sich auch bei den Deutschlandaufenthalten von Maila und es gab darüber hinaus einen intensiven Briefwechsel.[397]

Die engsten und dauerhaftesten Kontakte unterhielt v. d. Goltz indessen zu J. K. Paasikivi.

Zur Person: Juho Kusti Paasikivi

Juho Kusti Paasikivi wurde am 27. November 1870 in der südfinnischen Gemeinde Koski, Provinz Häme geboren. Seine Mutter starb, als er vier Jahr alt war, mit nur 14 Jahren war er Vollwaise und wuchs bei einer Tante auf. Er legte damals seinen schwedischen Namen „Hellstén" ab und ersetzte ihn durch „Paasikivi". [398] Ab 1882 besuchte er das Gymnasium in Hämeenlinna. Nach dem Abitur, das er mit ausgezeichneten Noten abschloss, studierte er Geschichte und Russisch, anschließend Jura.

Der junge Paasikivi 1893 (Foto: K. E. Ståhlberg, Museovirasto)

397 Im Privatarchiv von Maila (Talvio) Mikkola gibt es 7 Briefe von Hannah v. d. Goltz (zwischen 1919 und 1923) und 23 Briefe von Rüdiger v. d. Goltz (von 1920 bis 1943) an Maila (Talvio) Mikkola.

398 J. K. Paasikivi, Meine Moskauer Misson 1939-41, Hamburg 1966, S. 15.

Er war zweimal verheiratet: 1897 heiratete er Anna Forsman (1869-1931), nach ihrem Tode wurde Allina „Alli“ Valve (1879-1960) 1934 seine Frau. Er hatte vier Kinder: Annikki Aarre (1898-1950), sie war Architektin; Wellamo Anna (verheiratet: Ant-Wuorinen) (1900-1966), Zahnärztin; Juhani Wilhelm(1901-1942), Oberstleutnant, im Krieg gefallen, und Varma Juho (1903-1941), Kandidat der Medizin.[399]

Die Familie Paasikivi 1906: Anna, Juhani, Annikki, Wellamo, Varma und Juho (von links nach rechts) (Wikipedia.org)

Nach dem Abschluss seiner Dissertation im Jahre 1901 arbeitete er zunächst im Finanzministerium. Wenig später trat Paasikivi der national-konservativen Finnischen Partei bei, für die er von 1907 bis 1914 Parlamentsabgeordneter war. 1914 wurde er für die folgenden zwanzig Jahre Direktor der privaten Bank Kansallis-Osake-Pankki (KOP).

Nach dem Sturz des Zaren in Russland vertrat Paasikivi die Finnische Partei in dem von K. J. Ståhlberg geleiteten Grundgesetzkomitee, das die künftige staatsrechtliche Stellung Finnlands und das Verhältnis zu Russland klären sollte. Wegen Ståhlbergs mangelnden Russischkenntnissen leitete Paasikivi die Verhandlungen mit der russischen Provisorischen Regierung mit dem Ziel, den autonomen Status Finnlands im Russischen Reich durch die Übertragung eines Teils der bisherigen Rechte des Großfürsten an den finnischen Senat

399 Polvinen, Tuomo: Paasikivi, Juho Kusti. Kansallisbiografia-verkkojulkaisu. http://urn.fi/urn:nbn:fi:sks-kbg-000631

zu stärken. Die Oktoberrevolution änderte die Situation jedoch grundlegend. Wie die Politiker aller Parteien trat Paasikivi von nun an entschieden für ein selbständiges Finnland ein, das von Lenins Regierung am Jahresende 1917 auch tatsächlich anerkannt wurde. Paasikivi war indessen der Auffassung, dass Russland, gleichgültig, ob künftig von Roten oder Weißen regiert, versuchen würde, sich früher oder später die verlorengegangenen Nachbarländer zurückzuholen. Hoffnungen auf eine wirksame Intervention der skandinavischen Staaten zur Bewahrung der finnischen Selbständigkeit hielt er nach seinen bei einer Reise in die skandinavischen Länder im Winter 1917/18 gewonnenen Erfahrungen für völlig unrealistisch.

So wurde Paasikivi im Frühjahr 1918, u. a. auch in der Hoffnung auf deutsche Unterstützung zum Anschluss Ostkareliens an Finnland, einer der entscheidenden Befürworter einer Orientierung auf Deutschland und der Intervention der deutschen Truppen.[400] Wie Svinhufvud engagierte sich auch Paasikivi nach dem Bürgerkrieg für den Verbleib der Ostsee-Division in Finnland und für die Einsetzung eines deutschen Prinzen als finnischen König.[401] Beide befürworteten auch ein Militärbündnis mit Deutschland. Paasikivi war der Ansicht, dass eine Monarchie in Finnland mit einem König aus der Hohenzollern-Dynastie keine größere Abhängigkeit von Deutschland bedeuten müsste, als es sie zwischen anderen Nationen in der modernen Welt gab.[402]

Im Spätsommer 1918 begann Paasikivi am deutschen Sieg im Ersten Weltkrieg zu zweifeln, einen totalen Zusammenbruch des Kaiserreichs hielt er aber für nicht wahrscheinlich. Als der jedoch im November 1918 Realität wurde, war der Politik von Svinhufvud und Paasikivi der Boden entzogen und beide mussten zurücktreten. Zuvor fasste der Senat jedoch noch eine Reihe wichtiger ökonomischer und innenpolitischer Beschlüsse. Zu den wichtigsten gehörte ein Gesetz vom Oktober 1918, das die Lage der landlosen Bauern, der Torpparit, entscheidend verbesserte. Es stützte sich im Wesentlichen auf Richtlinien, die unter Paasikivis Leitung schon in einem Landtagskomitee 1912-1914 erarbeitet worden waren.

Nach dem Zusammenbruch des deutschen Kaiserreichs erwartete Paasikivi den Wiederaufstieg Russlands zu einer der größten und bedeutendsten Weltmächte. Um die daraus für Finnlands Selbständigkeit resultierenden

400 Siehe u. a.: Ikonen, Kimmo, J. K. Paasikiven poliittinen toiminta Suomen itsenäistymisen murrosvaiheessa, Helsinki 1990, S. 241.

401 Vgl. Polvinen Tuomo, Juho Kusti Paasikivi (1870-1956), President of Finland. In: Marjomaa, Ulpu (Hrsg.): 100 faces from Finland – a biographical kaleidoscope. Helsinki 2000. S. 356 ff.

402 Polvinen, Tuomo: Paasikivi, Juho Kusti. Kansallisbiografia-verkkojulkaisu. http://urn.fi/urn:nbn:fi:sks-kbg-000631.

Gefahren möglichst zu neutralisieren, hielt er den Aufbau guter Beziehungen zur russischen Konterrevolution als den wahrscheinlichen Sieger in der Auseinandersetzung mit den Bolschewiki für richtig. In diesem Zusammenhang unterstützte er anfangs Gustaf Mannerheims Idee, sich an einer Eroberung von St. Petersburg zu beteiligen, um eventuell Ostkarelien, das Paasikivi zum damaligen Zeitpunkt als lebensnotwendig für Finnland betrachtete[403], als Belohnung zu erhalten. Ein solches Vorhaben hätte sich nach Paasikivis Ansicht jedoch nur mit dem Einverständnis und daraus folgender deutscher Hilfe, zu der es nicht gekommen ist, realisieren lassen.[404]

Die Ostkarelienfrage spielte in den Beziehungen zwischen Paasikivi und v. d. Goltz Anfang 1934 noch einmal eine Rolle, als Paasikivis Tochter nach einem Besuch bei v. d. Goltz in einem Brief vom 11.1. ihren Vater über das Gespräch informierte und die Gründe für die ablehnende Haltung von Rüdiger v. d. Goltz gegenüber finnischen Bestrebungen, Ostkarelien an Finnland anzuschließen, detailliert schilderte.[405] Paasikivi las daraufhin am 22.1. Svinhufvud die entsprechenden Passagen des Briefes vor. Während Svinhufvud klar den Goltzschen Standpunkt ablehnte, nahm Paasikivi eine vorsichtige Position ein, bedauerte, dass die Ostkarelienfrage nicht schon während der Schwedenzeit entschieden worden sei und hob hervor, dass die Bedeutung Ostkareliens für Russland vor allem durch die Murmanbahn gestiegen sei. Damit näherte sich Paasikivi der Goltzschen Position an, die Goltz in einer Anlage zu einem Brief an Paasikivi vom 25. 1.1934 noch einmal ausführlich darstellte.[406]

Als sich indessen ein Sieg der Bolschewiki im russischen Bürgerkrieg abzuzeichnen begann, wurde die Frage nach einem Friedensvertrag mit der Regierung Lenins akut. Angesichts der weiterhin komplizierten Machtverhältnisse in Russland glaubten die Finnen maximale ökonomische und territoriale Forderungen stellen zu können. Sie wurden im Frühjahr 1920 von einem Komitee, dem unter Leitung von Paasikivi Repräsentanten aller Parlamentsparteien angehörten, formuliert, ließen sich während der über vier Monate in Tartu (Dorpat) geführten Friedensverhandlungen allerdings nicht durchsetzen. Im Unterschied zu anderen Delegationsmitgliedern plädierte Paasikivi in realistischer Einschätzung der Lage und Möglichkeiten für den letztlich ausgehandelten Kompromiss, den er für mehr als zufriedenstellend hielt. Dennoch betrachtete Paasikivi den östlichen Nachbarn weiterhin als

403 Siehe: Virrankoski, Pentti, Suomen historia, Bd. 2, Helsinki 2001, S. 759

404 Polvinen, Paasikivi, Juho Kusti. Kansallisbiografia-verkkojulkaisu. http://urn.fi/urn:nbn:fi:s-ks-kbg-000631.

405 Siehe: Rumpunen, 2000, S. 309.

406 Siehe: Ebd., S. 310 und Anlage „Ostkarelien" zum Brief von Goltz an Paasikivi vom 25.1.1934.

ständige Gefahr für die Selbständigkeit Finnlands. Da Finnland, wenn es in Not geriet, weder von deutscher noch von anderer Seite künftig Hilfe zu erwarten hätte, betonte Paasikivi in den 1920er und 1930er Jahren ständig die Bedeutung der Verteidigungskraft.

Vorbelastet durch seine deutschfreundliche Politik und seine monarchistische Einstellung 1918 sowie enttäuscht über die teilweise kritischen Reaktionen auf den Vertrag von Tartu, zog sich Paasikivi vorerst aus der aktiven Politik zurück. Er konzentrierte sich auf seine Arbeit als Generaldirektor der Kansallis-Osake-Pankki. Er führte die Bank erfolgreich, auch in ökonomisch schwierigen Zeiten wie in der der Weltwirtschaftskrise zu Beginn der 1930er Jahre. Die Umsätze und die Anzahl der Filialen stiegen, die KOP entwickelte sich unter seiner Leitung zur größten Geschäftsbank des Landes. Paasikivi ließ sich von den Grundsätzen des klassischen Liberalismus leiten – die Wirtschaft musste ausgeglichen sein und die Ersparnisse mussten sowohl Wachstum als auch Wohlfahrt garantieren. Als Repräsentant einer Großbank war Paasikivi eine zentrale Figur in wirtschaftlichen und staatlichen Gremien.

Ein Gemälde von Paasikivi, gemalt von Eero Järnefelt 1931 im Auftrag der Kansallis-Osake-Pankki (Wikimedia commons.org)

Auf Grund seiner harten Maßnahmen als Chef geriet Paasikivi im Laufe der Zeit in Konflikte mit anderen Führungskräften der Bank. Die scharfen Kritiken an der Wirtschaftspolitik des Landes während der Krisenzeiten richteten sich auch gegen die KOP und deren Direktor. Durch die Weltwirtschaftskrise sowie infolge der schweren Krankheit und des Todes seiner Frau 1931 stieß Paasikivi an die Grenzen seiner Belastbarkeit. Daraus resultierten letztlich weitere Spannungen zwischen den Mitgliedern der Direktion, was schließlich dazu führte, dass Paasikivi 1934 den Chefposten aufgab und den Vorsitz der Nationalen Sammlungspartei übernahm.

Er hatte die Kurzlebigkeit der finnischen Regierungen in den 1920er Jahren sehr kritisch gesehen und war für starke Regierungen eingetreten, hatte eine Regierungsbeteiligung der Sozialdemokraten allerdings noch für unakzeptabel erachtet. Gegenüber der Anfang der 1930er Jahre erstarkenden profaschistischen Lapuabewegung verhielt er sich zunächst „vorsichtig positiv", lehnte sie letztlich jedoch ab und wandte sich gegen den Rechtsradikalismus. Als Vorsitzender der Nationalen Sammlungspartei von 1934 bis 1936 markierte er eine klare Grenze zu der aus der Lapuabewegung hervorgegangenen Vaterländischen Volksbewegung (IKL) und setzte sich für die Achtung demokratischer Grundsätze durch seine konservative Nationale Sammlungspartei ein.[407]

Entgegen seiner Absicht in Pension zu gehen, ließ sich Paasikivi 1936 überreden, die Aufgabe des Gesandten in Stockholm zu übernehmen, ein Posten, der angesichts der außenpolitischen Orientierung Finnlands auf die nordischen Länder seit Mitte der 1930er Jahre, der auf längere Sicht geplanten Befestigung der Ålandinseln und einer möglichen Verteidigungsallianz mit Schweden, von besonderer Bedeutung war.

Als die Sowjetunion Anfang Oktober 1939 der finnischen Regierung Verhandlungen über „konkrete politische Fragen" vorschlug, gehörte Paasikivi als Experte für die Ostbeziehungen der Verhandlungsdelegation an. Er hielt sich anfangs in den Verhandlungen strikt an die Vorgaben aus Helsinki. Ihm war jedoch im Laufe der Verhandlungen bewußt geworden, dass Stalin fest entschlossen war, seine grundlegenden Forderungen durchzusetzen und Finnland außenpolitisch allein dastand. Daher hielt er letztlich die Suche nach Kompromissen für angebracht, um einen Krieg zu verhindern, obwohl er sich bewusst war, dass eine Kompromisspolitik das Ende der nordischen Neutralität und den Übergang Finnlands in die Einflusssphäre der Sowjetunion bedeutet hätte. In Helsinki vertrat Marschall Mannerheim die gleiche Linie, allerdings lehnte die Regierung, die in diesen Fragen von Außenminister Eljas Erkko vertreten

407 Siehe: Mannerkorpi, Matti, Tarton rauhasta Porkkalan palauttamiseen, in: Kara, Kauko (Hrg.) J. K. Paasikivi, Itsenäisyys – rauha – valtiollinen sivistys, Hämeenlinna 1960, S. 62

wurde, jegliche Kompromisse ab. Nachdem Mannerheims und Paasikivis Überzeugungsversuche gescheitert waren, wurden die Verhandlungen Mitte November abgebrochen. Nach Beginn des sowjetischen Angriffs am 30. November wurde Paasikivi in der neuen Regierung unter Ministerpräsident Risto Ryti Minister ohne Portefeuille und übernahm die Rolle des außenpolitischen Ratgebers für Risto Ryti und Außenminister Väinö Tanner.

Besorgt um die Zukunft des Landes und enttäuscht über die Passivität Deutschlands wandte er sich im Januar 1940 an seinen Freund Rüdiger v. d. Goltz und bat ihn um Hilfe. V. d. Goltz, der wiederholt seine Sympathie für Finnland bekundet hatte, zeigte zwar Verständnis für Paasikivis Anliegen, zog auch entsprechende Erkundigungen ein, verteidigte letztlich aber doch Deutschlands Verhalten.

Nachdem noch im Januar 1940 durch Vermittlung der Schriftstellerin Hella Wuolijoki und der sowjetischen Gesandten Aleksandra Kollontaj Kontakte nach Moskau hergestellt worden waren, setzte sich Paasikivi - noch vor Ryti und Tanner - für den Abschluss eines Friedensvertrages ein, auch um den Preis, dass Finnland der Sowjetunion neben weiten Teilen seines Territoriums auf der Karelischen Landenge auch einen Militärstützpunkt im Bottnischen Meerbusen überlassen müsste. Letztlich akzeptierte die finnische Delegation die harten Bedingungen und unterzeichnete am 13. März 1940 das Friedensabkommen.

Nach dem Friedensschluss übernahm Paasikivi das schwierige Amt als Gesandter Finnlands in Moskau. Er sah es als seine vorrangige Aufgabe an, die Fragen, die mit dem Friedensvertrag zusammenhingen, so schnell wie möglich zu klären. Gute und freundschaftliche Beziehungen zwischen beiden Staaten hielt er für nötig, ohne Finnlands Souveränität aufzugeben.

Als Paasikivi im August 1940 in Finnland weilte, registrierte er Anzeichen einer Veränderung des deutsch-finnischen Verhältnisses. Genauere Informationen über das Ausmaß und die Ziele des Zusammenwirkens mit Hitlerdeutschland konnte er jedoch erst im Juni 1941 in Erfahrung bringen, als er nach Finnland zurückkehrte. Er befürwortete die deutschlandfreundliche Politik der Regierung. Obwohl er offiziell im Sommer 1941 in Pension ging und seine Memoiren schreiben wollte, hatte er engen Kontakt zu Risto Ryti und war fortan wieder fest in die politischen Diskussionen und Entscheidungen involviert.

Seit dem Herbst 1942 begann Paasikivi an einem deutschen Sieg zu zweifeln und war bald fest davon überzeugt, dass Deutschland einer unausweichlichen Niederlage entgegenging, es sei denn, Hitler würde einen Separatfrieden mit Stalin schließen, möglicherweise auf Kosten Finnlands. Diese Auffassungen korrespondierten mit denen der Friedensopposition, zu der er sich jedoch öffentlich nicht bekannte und an deren Aktionen er sich auch nicht beteiligte.

Er spielte jedoch eine zentrale Rolle in den seit dem Frühjahr 1944 in Stockholm, Moskau und auch in Helsinki geführten Verhandlungen über das Ausscheiden Finnlands aus der Allianz mit Deutschland und empfahl der Regierung, mit der Sowjetunion Frieden zu schließen. Unterschiedliche Lagebeurteilungen und sich daraus ergebende Meinungsverschiedenheiten führten zu einer größeren Distanz zwischen Paasikivi und Ryti, was zur Folge hatte, dass Paasikivi in die im Sommer 1944 erfolgende Regierungsbildung nicht einbezogen wurde. Und auch der neue Präsident Mannerheim hegte Vorbehalte gegenüber Paasikivi. Sowohl Ryti als auch Mannerheim hielten Paasikivi seit den misslungenen Friedenssondierungen im Frühjahr 1944 „für viel zu entgegenkommend gegenüber Moskau".[408] Daher schloss ihn Mannerheim aus der Friedensdelegation aus, die Anfang September 1944 nach Moskau reiste. Im Herbst 1944 wurde allerdings deutlich, dass bei der Herstellung zufriedenstellender Beziehungen zur Siegermacht Sowjetunion offenkundig auf Paasikivi nicht verzichtet werden konnte. Er hatte einen guten Namen in Moskau und war nicht als Fürsprecher der Kriegspolitik diskreditiert. Unter diesen Umständen sah sich Präsident Mannerheim veranlasst, Paasikivi im November 1944 mit der Regierungsbildung zu beauftragen.

Von 1944 bis 1946 war er Ministerpräsident der ersten Nachkriegsregierung, bevor er dann 1946 zum Präsidenten gewählt wurde.

In seiner Zeit als Staatspräsident setzte sich Paasikivi entschieden für einen positiven Wandel in den finnisch-sowjetischen Beziehungen ein, weil er darin ein probates Mittel sah, Finnlands Selbständigkeit auch unter den Bedingungen des Kalten Krieges zu sichern. Er starb am 14. Dezember 1956 im Alter von 86 Jahren in Helsinki.

Beste Freunde: Rüdiger von der Goltz und Juho Kusti Paasikivi

Rüdiger von der Goltz und Juho Kusti Paasikivi verbanden die Erinnerungen an die gemeinsame Zeit im schwierigen Jahr 1918. Sie schätzten einander und für beide waren ihre guten Beziehungen in verschiedener Hinsicht ein Gewinn.

Paasikivi unterhielt in der Zwischenkriegszeit zwar berufliche Kontakte zu deutschen Bankfachleuten[409], hatte aber keine direkten Verbindungen zu deutschen Politikern und wenig persönlich gewonnene Kenntnisse über die Verhältnisse in Deutschland. Schon insofern fielen für ihn die Kontakte zu v. d. Goltz ins Gewicht.[410]

---

408 Meinander, Henrik, Finnland 1944. Zwischen Hitlers Deutschland und Stalins Sowjetunion, Regensburg 2019, S. 225.

409 Polvinen, Tuomo, J. K. Paasikivi Valtiomiehen elämäntyö 1870-1918, Juva 1989, S. 427 f.

410 Polvinen, Tuomo, J. K. Paasikivi Valtionmiehen elämäntyö 2 1918-1939, Juva 1992, S. 508.

Er hat v. d. Goltz noch nach dem Zweiten Weltkrieg „als einen vernünftigen und klaren deutschen Patrioten bezeichnet", der gleichzeitig Finnland liebte. „Als preußischer Soldat war er in seinen Meinungen weniger gradlinig und voreingenommen, als ich mir vorgestellt hatte." Besonders schätzte Paasikivi an v. d. Goltz seine Loyalität und erstaunlicherweise seine Nichteinmischung in innere Angelegenheiten des Landes.[411]

V. d. Goltz lobte seinerseits Paasikivi als eine „kluge, staatsmännisch veranlagte Persönlichkeit, dabei ein allgemein geachteter Charakter und liebenswürdiger Mensch, mit dessen Familie mich nahe Freundschaftsbande verknüpften..." [412]

Ausdruck dieser „Freundschaftsbande" waren stabile Kontakte und ein reger Gedankenaustausch über mehr als zwei Jahrzehnte - gegenseitige Besuche in Berlin und Helsinki, gemeinsame Kuraufenthalte und ein intensiver Briefwechsel, in dem beide nicht nur private Informationen austauschten, sondern sich auch zu den politischen Entwicklungen in Finnland, Russland und Deutschland äußerten. Dazu gehörten aber auch finanzielle Transaktionen, die Paasikivi zu Gunsten von Rüdiger v. d. Goltz vornahm. Durch sie hatte Paasikivi einen beachtlichen Anteil am materiellen Auskommen der Familie v. d. Goltz, was sicher nicht unwesentlich für die intensiven Kontakte und die Freundschaft zwischen beiden war.

Der im Nationalarchiv zugängliche Briefwechsel enthält insgesamt 105 Schriftstücke, davon sind 75 von Rüdiger v. d. Goltz an Paasikivi gesandte Briefe (70) und Postkarten (5), ein Brief an Goldbeck-Löwe und ein weiterer an Senator Stenroth sowie zwei Zeitungsartikel. Bei den 26 übrigen in dem Aktenbestand enthaltenen, im Wesentlichen von Paasikivi verfassten Schriftstücken handelt es sich um Kopien von neun offenkundig an die KOP und drei an die Berliner Bank Delbrück, Schickler & Co., bei der das Ehepaar v. d. Goltz sein Konto hatte, gerichtete Schreiben, die ausnahmslos v. d. Goltz betreffende Finanzangelegenheiten zum Gegenstand haben. Hinzu kommen zwei weitere Schreiben der Bank Delbrück, Schickler & Co. an Paasikivi in gleicher Angelegenheit. In acht der übrigen zwölf von Paasikivi an v. d. Goltz übermittelten Briefe bzw. Briefentwürfe geht es ebenfalls um finanzielle Belange, in zwei weiteren werden politische Fragen behandelt. Hinzu kommen ein Telegramm des Senats von 1918 und ein weiteres von der Familie Paasikivi zum 60. Geburtstag von Rüdiger v. d. Goltz.

In 35 der 70 von v. d. Goltz an Paasikivi geschriebenen Briefe - also in der Hälfte aller Briefe - werden u. a. finanzielle Fragen angesprochen, 13

411 Polvinen, 1989, S. 427.

412 Goltz, 1920, S.85.

widmen sich ausschließlich privaten Dingen, in den übrigen Briefen geht es um den Austausch sowohl politischer als auch privater Informationen. In drei Briefen, die v. d. Goltz während des Winterkrieges an Paasikivi schrieb, ging es einzig um das aktuelle politische und militärische Geschehen. Von den beiden Briefen in der Sammlung, die nicht an Paasikivi gerichtet sind - einer an Goldbeck-Löwe[413] und ein zweiter an Senator Stenroth[414] - hat v. d. Goltz Paasikivi offensichtlich jeweils eine Kopie zukommen lassen, um ihn über deren Inhalt zu informieren.

Mehreren seiner Briefe sind Zeitungsartikel angefügt, die sich mit Finnland[415] oder mit der Entwicklung in Deutschland[416] beschäftigten und mit denen er Paasikivi zusätzliche Informationen im Sinne seines eigenen Bildes über die Verhältnisse in beiden Ländern geben wollte. In einem Brief vom 18.10.1927 nimmt v. d. Goltz Bezug auf einen Artikel im „Vorwärts". Da er in der „Deutschen Zeitung" auf diesen Artikel persönlich reagiert, sind beide Artikel als Anlage beigefügt, wenngleich v. d. Goltz nur seinen Artikel Paasikivi geschickt hat.[417] Ein weiterer Brief vom 1.9.1930 enthält mehrere Anlagen – neben dem bereits erwähnten Brief an Albert Goldbeck-Löwe zwei Artikel aus der „Roten Fahne", in denen die Lapua-Bewegung kritisch beleuchtet wurde. Ein weiterer, von v. d. Goltz erwähnter eigener Aufsatz ist leider nicht erhalten, wohl deshalb, weil der Autor ihn von Paasikivi zurück erbeten hatte.[418] Ein Zeitungsartikel aus dem „Marine Offiziers Blatt" vom September 1930 von dem Oberleutnant zur See a. D. Dr. Beyer[419] aus Potsdam, der als Flaggleutnant 1918 in Finnland im Einsatz war, eng mit der Deutsch-Finnischen Vereinigung von 1918 kooperierte, und, wie Goltz selbst, große Hoffnungen mit dem Aufstieg der Lapua-Bewegung verband, ist ebenfalls als Anlage beigelegt.[420] Dem Brief vom 28.5.1933 hat v. d. Goltz die "Reichskanzlerrede und die Reichstagskundgebung vom 17. Mai 1933" aus „Briefe aus Ostdeutschland" Nr. 58 vom 26.5.1933 angefügt. Ein

413 Goltz an Goldbeck-Löwe vom 29. 8.1930.

414 Goltz an Stenroth vom 10.12.1924.

415 Goltz an Paasikivi vom 28.1.1934 mit einem Ausschnitt aus „Die Welt" vom 19.12.1934 S.3/4 „Finnlands politisches Antlitz".

416 Goltz an Paasikivi vom 7.8.1932 mit einem Artikel aus den „Hamburger Nachrichten vom 31.7.1932 von Hans Joachim von Neuhaus „Parlament oder Staat?".

417 Siehe: Anhang Anlage 8.

418 Siehe: Goltz an Paasikivi vom 1.9.1930.

419 Beyer hatte zum deutschen Einschreiten in Finnland 1918 promoviert. Siehe: Beyer, Franz, Das deutsche Eingreifen in Finnland 1918 als völkerrechtsmäßige Intervention. Diss. phil. Münster, Braunschweig 1927.

420 Siehe: Anhang Anlage 10

weiterer Brief vom 25.1.1934 ist leider nicht erhalten – lediglich ein Anhang dieses Briefes, in dem v. d. Goltz zur Ostkarelien-Frage Stellung nahm.[421]

Die Unausgewogenheit im noch zugänglichen Briefwechsel zwischen v. d. Goltz und Paasikivi ist nicht darauf zurückzuführen, dass v. d. Goltz der wesentlich eifrigere Briefpartner war, sondern durch die Tatsache bedingt, dass lediglich die Briefe von v. d. Goltz erhalten und im Nationalarchiv in Helsinki einsehbar sind. V. d. Goltz‘ Danksagungen und Bezugnahmen auf eingegangene Briefe Paasikivis lassen den Schluss zu, dass beide Seiten in etwa im gleichen Ausmaß an dem Briefwechsel beteiligt waren.

Im Folgenden soll etwas konkreter auf die wichtigsten Vorgänge eingegangen werden, die in den Briefen eine Rolle spielen:

Finanzielle Transaktionen

Unmittelbar nach seiner Rückkehr aus Finnland hatte v. d. Goltz Paasikivi informiert, dass er in seinem Vermögen Veränderungen vorgenommen und für 30.000 Finnmark (Fmk) Pfandbriefe erworben hätte. Mit dieser Information verband er die Bitte, für ihn auf der von Paasikivi geleiteten Bank ein Konto einzurichten, - möglichst unter dem Namen Paasikivi - damit so sein Vermögen vor der Entente und den Bolschewisten sicher wäre und er bei seiner Rückkehr nach Finnland einen Notgroschen hätte.[422] Paasikivi war zu diesem „Freundschaftsdienst“ bereit, regelte die Angelegenheit mit seiner Bank umgehend und konnte v. d. Goltz bereits am 17. Januar 1919 Vollzug melden. Paasikivi hatte das Goltzsche Geld also auf seinen eigenen Namen bei der KOP angelegt. Zugleich wurde vereinbart, die Zinsen jeweils bei Fälligkeit an das Bankhaus Delbrück Schickler & Co. Berlin auf das Konto der Eheleute v. d. Goltz zu überweisen. Damit waren die grundlegenden Modalitäten geregelt und es konnten weitere Geldgeschäfte in Angriff genommen werden.

Unter Leitung von Paasikivis Frau Anna initiierte ein Frauenkomitee 1919 eine Geldsammlung, die sog. Ehrengabe, für Rüdiger v. d. Goltz aus Dankbarkeit für dessen Einsatz im finnischen Bürgerkrieg und im Wissen um dessen komplizierte finanzielle Situation, nachdem er seinen Dienst in der Armee quittiert hatte.[423] Am 4. Juni 1920 wurde v. d. Goltz namens des „Damenkomitees“ durch Frau von Frenckell und Frau Jännes feierlich darüber informiert, dass ihm als Ehrengabe ein Betrag in Höhe von 361.000 Fmk

421 Siehe: KA, J. K. Paasikiven arkisto, Muistelmien julkaisematon osa 1917-1918, K VI:21, Anlage zum Brief vom 25.1.1934.

422 Goltz an Paasikivi vom 1.Januar 1919.

423 Siehe: Polvinen, 1992, S. 104 f; Perko, S. 389, Hentilä-Hentilä, S. 395.

zur freien Verfügung stünde.[424] Noch am gleichen Tag bedankte sich v. d. Goltz auch bei Maila (Talvio) Mikkola, die ebenfalls zu den Initiatorinnen der Sammlungsaktion gehörte, überschwänglich:

„......Meinem Dank an diese beiden Damen möchte ich auch einen besonders herzlichen Dank an Sie, gnädigste Frau, hinzufügen und Sie bitten, diesen Dank allen Spendern Ihres Kreises zu übermitteln. Wenn die Gabe zugleich für meine Söhne bestimmt ist, so soll das ein Unterpfand dafür sein, dass die Kunde von Finlands Treue sich in meiner Familie auf Kind und Kindeskind vererben soll. Mit dieser Kunde aber soll in unseren beiden Völkern.... sich die Erinnerung erhalten, dass die hoffentlich dauernde Selbständigkeit des nordöstlichsten Kulturvolkes Europas mit der Landung deutscher Stahlhelme an Finlands Küste untrennbar verknüpft ist. Was mir das Geschehen besonders wertvoll macht, ist die Tatsache, dass es nicht im Begeisterungssturm über die Befreiung, sondern nach zwei Jahren mir zuteil wurde, als die erste Freude längst der tiefen Liebe zweier wahlverwandter Völker gewichen war. Auch ersehe ich aus Ihrer Gabe, dass Finlands Freundschaft nicht nur meinem Vaterlande, das 1918 mit schwarz-weiss-roten Fahnen ihm zur Hilfe eilte, sondern auch persönlich dem „deutschen General in Finland" gilt. Ich kann darauf nur erwidern, dass ich Finland längst als mein 2. Vaterland betrachte und betrachten werde."[425]

Die Liste der Spender enthielt ca. tausend Namen, nahezu jeder von ihnen hatte etwa 360 Finnmark gespendet, allerdings sollten die Namen der Spender aus innenpolitischen Gründen Finnlands nicht publik werden.[426]

Am 24. Juni berieten Senator J. K. Paasikivi, Senator Otto Stenroth, Staatsrat Edv. Hjelt, Prof. W. Ruin und Erik von Frenckell in der Kansallis-Osake-Pankki darüber, wie das Geld unter den günstigsten Bedingungen nach Deutschland transferiert werden könnte. [427]

Frenckell hatte zwischenzeitlich v. d. Goltz in Berlin besucht, ihn eingehend über die Ehrengabe, die umgerechnet in Reichsmark weit über eine Million betragen würde[428], informiert und ihm volles Dispositionsrecht eingeräumt, so

---

424 Siehe: SLS, SLSA 1210.3 Erik von Frenckells samling, Brief von Frenckell an Goltz vom 5. Juni 1920.

425 KA, Maila (Talvio) Mikkolan Arkisto, ulkomaiset tulleet kirjeet, Kansio 40, Goltz an Maila (Talvio) Mikkola am 4. 6.1920.

426 SLS; SLSA 1210.3 Erik von Frenckells samling, Brief von Frenckell an Goltz vom 5. Juni 1920.

427 Ebd., Handlingar rörande hedersgåva till greve Rüdiger v. d. Goltz 1920, Redogörelse för överlämnandet av en hedersgåva i form av en penningesumma till generalen greve Rüdiger v. d. Goltz vom 24. Juni 1920.

428 Das waren nach dem Wechselkurs von 1920 weit über eine Million Mark, genau 1,335 Million. (Der Kurs zwischen deutscher Mark und Finnmark lag 1920 bei 100 zu 27). Der jährliche Durchschnittsverdienst der Deutschen betrug im gleichen Jahr 3.729 Mark.

dass v. d. Goltz entscheiden konnte, wo und wie das Geld angelegt werden könnte. Zugleich hatte Frenckell den Wunsch der Spender betont, dass die volle Summe an v. d. Goltz ausgezahlt werden und der deutsche Staat keine Gelegenheit bekommen sollte, über eine Kapitalsteuer den Betrag erheblich zu reduzieren. Frenckell, selbst Bankdirektor bzw. in führender Stellung bei der Finnischen Bank beschäftigt, vor dem Bürgerkrieg in der finnischen Gesandtschaft in Berlin tätig, dann aktiv am Bürgerkrieg beteiligt, wandte sich über v. d. Goltzens Anwalt an den Finanzminister mit der Bitte, von einer Schenkungssteuer abzusehen und erhielt auf sein Ersuchen unverzüglich eine positive Antwort.[429] Nach mehreren Beratungen mit v. d. Goltz und seinem Anwalt entstand folgendes Übereinkommen: Ein Teil des Geldes sollte in Reichsmark[430] (700.000), ein zweiter Teil in Finnmark angelegt werden. Das in Deutschland verbleibende Geld sollte in drei Teile aufgeteilt werden: 50 Prozent der Summe (175.000 Rmk) wollte v. d. Goltz behalten, jeweils 25 Prozent (je 87.500 Rmk) sollte seinen beiden Söhnen zu gleichen Teilen zur Verfügung gestellt werden und beim Schaffhausen'schen Bankverein Köln deponiert werden. Etwa die gleiche Summe sollte bei der Bayrischen Wechsel- und Hypothekenbank auf drei Konten hinterlegt werden. Da die Summe derartig aufgesplittert wurde, war auch keine Kapitalsteuer zu zahlen. Ein Anteil von 161.000 Fmk sollte auf dem von Paasikivi unter seinem eigenen Namen für Goltz eingerichteten Konto bei der KOP angelegt werden, um jederzeit – falls v. d. Goltz Deutschland verlassen müsste – in Finnland für ihn verfügbar zu sein. Das weitere Verfahren nahm dann v. Frenckell in seine Hand – er verhandelte mit den entsprechenden Banken, erreichte letztlich, dass bei dem Schaffhausen'scher Bankverein A.- G.Cöln drei Konten unter der Bezeichnung „Ehrengabe Konto I, II und III" mit einer sechsmonatigen Kündigungsfrist eingerichtet wurden, da Frenckell im Auftrag von v. d. Goltz darauf bestand, dass die Namen der Kontobesitzer unerwähnt blieben. Es wurde bei der Bank ein versiegelter Umschlag hinterlegt, der die Namen der drei Kontoinhaber enthielt und der nur geöffnet werden durfte, wenn die Kontoinhaber Zugang zu ihren Konten wünschten und sich legitimierten.[431]

429 SLS, SLSA 1210.3, Erik von Frenckells samling, Handlingar rörande hedersgåva till greve Rüdiger v. d. Goltz 1920, Brief des Finanzministers an v. Frenckell vom 8. Juni 1920.

430 Es wurden die jeweils in den Quellen verwendeten Bezeichnungen für die deutsche und finnische Währung sowie deren Abkürzungen übernommen, auch wenn sie nicht den offiziellen entsprachen. Die Reichsmark wurde erst 1924 eingeführt, wurde aber fälschlicherweise, wie auch in den benutzten Quellen, oft als Begriff für die Mark (M) vor 1924 bereits verwendet. Die in den Quellen benutzten Abkürzungen Rmk oder Rm entsprechen ebenfalls nicht der offiziellen Abkürzung für die Reichsmark (RM). Die Finnmark wurde in den Quellen in der Regel entsprechend der offiziellen Abkürzung mit Fmk oder fmk abgekürzt, was der offiziellen Abkürzung entsprach.

431 SLS, SLSA 1210.3, Erik von Frenckells samling, Brief der Bank an E.v. Frenckell vom 24.

Die Bayrische Bank allerdings ließ sich auf ein solches Verfahren nicht ein, so dass dort drei Konten auf die jeweiligen Namen eingerichtet wurden.

Folgerichtig tauchte dann seit dem 31.12.1921 auch in der jährlichen Abrechnung des finnischen Kontos von Rüdiger v. d. Goltz eine „Ehrengaben"-Summe von 190.721 Finnmark auf.[432] Das Geld war also zusammen mit Aktien und anderen Wertpapieren bei der Kansallis-Osake-Pankki (KOP) angelegt worden.

Nach diesen Vereinbarungen hatte v. d. Goltz allerdings auf Grund der unsicheren Verhältnisse in Deutschland sogar erwogen, einen weiteren Teil des in Deutschland deponierten Geldes nach Finnland zu transferieren. Daher fragte er Paasikivi, ob möglicherweise von den insgesamt 700.000 Rmk, die auf den deutschen Konten waren, 300.000 Rmk in Finnmark angelegt werden könnten. Dazu ist es aber offensichtlich nicht gekommen, zumindest taucht kein derartiger Betrag bei den Abrechnungen von Paasikivi auf.

Insgesamt hielten sowohl Paasikivi als auch v. d. Goltz die Anlage eines Teils der „Ehrengabe" und eines beachtlichen Teils des Vermögens von v. d. Goltz in Finnland für vorteilhaft, da sie die Verhältnisse in Finnland für ruhiger und gesicherter erachteten als die in Deutschland, womit sie letztlich Recht behielten, denn auf diese Weise wurde das Geld vor der Inflation gerettet. Dafür war Rüdiger v. d. Goltz Paasikivi sehr dankbar, sah er darin doch einen Beleg, „welches Verständnis Sie für mich haben, der ich durch die neuen Zustände in Deutschland um meinen Beruf gekommen bin und ihn auch sofort trotz geringer Mittel der Regierung vor die Füße warf, als sie ihre Politik änderte", wie es in einem Brief an Paasikivi hieß.[433] Paasikivi seinerseits zeigte sich froh, seinem deutschen Freund „diesen kleinen Dienst erweisen zu können."[434]

Offensichtlich hatte v. d. Goltz auch Goldbeck-Löwe um Rat gefragt, wie das Geld am günstigsten anzulegen sei, denn Goldbeck-Löwe hatte darüber mit Paasikivi beraten und teilte v. d. Goltz in einem Brief vom 19. November 1921, von dem er Paasikivi am 21. November eine Kopie sandte, mit, dass es wohl „das Verständigste sei, mit der endgültigen Plazierung des Geldes noch etwas zu warten" und es wohl am besten sein wird, „einen Teil des Geldes in gute Industrie- oder Bankaktien anzulegen..."[435]

Ein erheblicher Teil des Briefwechsels beschäftigte sich über die Jahre hinweg immer wieder mit diesen Geldangelegenheiten.

Jnui 1920.

432 Siehe: KA, J. K. Paasikiven arkisto, Kotelo I:3, S. 64, Salden per 31/12.-1921.

433 Goltz an Paasikivi am 29.6.1920.

434 Paasikivi an Goltz am 17.1.1919.

435 KA, J. K. Paasikiven arkisto, Kotelo I:2 Goldbeck-Löwe an Goltz vom 19. 11. 1921(Gesamter Brief im Anhang Anlage 5)

Rüdiger v. d. Goltz hatte Paasikivi nicht nur um die Aufbewahrung und Verwaltung seines Vermögens sowie die regelmäßige Überweisung der Zinsen gebeten, sondern darüber hinaus um Finanztransaktionen ersucht, so dass Paasikivi für v. d. Goltz mehrfach Wertpapiergeschäfte zu sehr vorteilhaften Bedingungen realisierte.[436]

1925 erinnerte v. d. Goltz „ für den schlimmsten Fall" Paasikivi daran, dass er für sein Haus, das er sich in Berlin Charlottenburg neu gebaut hatte, von der KOP einen Kredit von 20.000 Fmk, für den ihm Paasikivi übrigens teilweise die Zinsen erließ[437], erhalten hatte. „Den schlimmsten Fall" charakterisierte er folgendermaßen: „Sollten wir aber demnächst eine Links-Regierung erhalten und Stresemann erreicht sein Ziel, eine Links-Diktatur – Hindenburg wird alt und tatenlos – so kann man sich auf alles gefaßt machen..."[438] 1926 unterbreitete er „angesichts der Lage den Vorschlag, dass die 20.000 Fmk als Kredit für sein Haus von der KOP als Hypothek auf das Grundstück eingetragen werden" sollten. Die politisch-wirtschaftlichen Verhältnisse würden sich immer mehr zuspitzen und „die Aussichten schwanken bei Nachdenken nur, ob uns noch eine längere oder kürzere Galgenfrist beschieden ist". Eine baldige „blutige Entladung" hielt er für möglich.[439]

Ob diese Transaktionen juristisch voll den offiziellen Normen entsprachen, ist schwer einzuschätzen. Paasikivi hatte sicher als Bankdirektor gewisse Spielräume, die er zu nutzen wusste. Für Rüdiger v. d. Goltz waren sie jedenfalls in vieler Hinsicht vorteilhaft. Dessen war er sich auch durchaus bewusst. Gegenüber Paasikivi gab er 1926 zu, dass er vier Jahre größtenteils von der Ehrengabe gelebt habe, während die Pension dagegen meistenteils bereits entwertet war, wenn er sie erhielt. „Wenn ich bedenke, daß fast alle alles verloren haben durch die Inflation, muß ich mit meinem Ergebnis noch zufrieden sein."[440]

Sein Vermögen blieb nicht nur erhalten, sondern wurde durch die Aktivitäten des Bankfachmanns Paasikivi kräftig vermehrt. So konnte Paasikivi beispielsweise stolz vermelden, dass der Saldo des Kontos von Rüdiger v. d. Goltz am 31.12.1924 bei 288.001,77 Finnmark[441], ein Jahr später aber schon bei 350.145,26 Finnmark lag.[442] V. d. Goltz hatte sich verpflichtet, das Geld

436 Paasikivi an Goltz vom 5.4.1920.

437 Goltz an Paasikivi vom 8.3.1925.

438 Goltz an Paasikivi vom 23.11.1925.

439 Goltz an Paasikivi vom 5.2.1926.

440 Goltz an Paaskivi vom 10.3.1926.

441 288.000 Finnmark entsprachen etwa 95.000 Euro in der Währung von 2018. Siehe: Hentilä-Hentilä, 2018, S. 395.

442 Paasikivi an Goltz vom 19./2. 1926.

– meistens handelte es sich um Zinsen - , das an seine Bank überwiesen wurde, zu versteuern. Das tat er sicherlich, aber darüber hinaus erhielt er oft Schecks, die Paasikivi ihm schickte[443] oder bei seinen Reisen nach oder über Berlin mitbrachte und v. d. Goltz übergab.[444] Auch von besonders vertrauenswürdigen Landsleuten, die Berlin besuchten, hatte Paasikivi häufig Schecks an v. d. Goltz übermitteln lassen.[445] So haben sich neben der einträglichen Freundschaft zu Paasikivi für v. d. Goltz auch andere Kontakte zu finnischen Freunden und Bekannten durchaus ausgezahlt.

Im Sommer 1939 machte sich v. d. Goltz angesichts einer angekündigten Abwertung des Pfunds und einer daraus möglicherweise folgenden Abwertung der Finnmark Sorgen um den Restbetrag der Ehrengabe in Höhe von 18.000 Reichsmark und fragte bei Paasikivi vorsichtig an, ob das Geld in anderer Währung angelegt werden könnte, ohne dass der KOP die Verwaltung entzogen würde.[446] Wohl wissend, mit welchen komplizierten Aufgaben Paasikivi im Herbst 1939 betraut war, wiederholte er sein Anliegen im November 1939 und fragte seinen Freund, „wo das Land sei, unberührt von dem, was heute die Welt erschüttert, wo das Plüschenland, dem man letzte Ressourcen anvertrauen könnte, die längst und stets außerhalb des eigenen Landes und eigenen Verfügungsrechts lagerten. Im Land Gustav Wasas? Verzeihen Sie dies Persönliche. Aber wir bleiben Menschen auch wenn das große Allgemeine, das alle berührt und das wir längst nicht mehr beeinflussen, ‚über allem' steht."[447]

Nachdem v. d. Goltz Paasikivi im Dezember 1939 seines Mitgefühls für Finnland angesichts des Überfalls der Sowjetunion versichert hatte, bat er um Zusendung von 1-2.000 Reichsmark an seine Berliner Bank, falls das „für dortige Verhältnisse und ohne Schädigung der Wirtschaft" Finnlands möglich sei. Nachdem er sich in den vorangegangenen Jahren bereits mehrfach bei Paasikivi für seine Bemühungen und freundschaftlichen Dienste bedankt hatte[448], schloss er auch dieses Mal seinen Dank an Paasikivi an, „wie Sie sich bisher für das ja noch kleine Kapital interessierten".[449]

443 In mehreren Briefen bedankte sich v. d. Goltz bei Paasikivi für „Brief und Anlage" (18.3.1930) für „Brief mit Einlage" (3.7.1930), für „Brief nebst Anlage" (7.8.1930) oder für Brief „einschl. Einlage" (28.1.1929), womit vermutlich Schecks gemeint waren.

444 So schrieb v. d. Goltz am 25.2.1920 beispielsweise an Paasikivi: "Sollten Sie einen Weg wissen, mir das Geld unter Umgehung der Bank persönlich in Form eines Schecks oder mehrerer zukommen zu lassen, so wäre ich Ihnen dankbar."

445 Siehe u. a.: Goltz an Paasikivi vom 19.4.1920.

446 Goltz an Paasikivi vom 16.7.1939.

447 Goltz an Paasikivi vom 18.11.1939.

448 Siehe u.a.: Goltz an Paasikivi vom 8.8.1937.

449 Goltz an Paasikivi vom 12.12.1939.

Erörterung politischer Probleme

Neben den finanziellen Fragen nahm in dem Briefwechsel der Austausch zu politischen Entwicklungen und Problemen einen breiten Raum ein.

Auch die gegenseitigen Informationen über die "Männer von 1918" trugen dazu bei, dass die alten Bande erhalten oder gefestigt wurden. So teilte Paaskivi in seinem Brief vom 17.1.1919 v. d. Goltz mit, dass Svinhufvud zum Bedauern seiner Mitstreiter Helsinki verlassen und nach Turku übergesiedelt wäre und einen Posten als Leitender Direktor einer neugegründeten Hypothekenanstalt angenommen hätte. Obwohl er nicht wohlhabend sei, hätte er trotz seiner grossen Verdienste sowohl eine Staatspension wie sie Mannerheim in Höhe von 30.000 Fmk erhielt, als auch eine Nationalbelohnung - wie sie v. d. Goltz in Form der „Ehrengabe" später erhalten sollte - abgelehnt. Er nahm lediglich die 9.000 Fmk Pension für das Prokuratoramt, das er vor seinem Eintritt in den Senat bekleidet hatte, entgegen. Zu Recht wertete Paasikivi ein derartiges Verhalten als „grossartige Uneigennützigkeit".[450]

In einem späteren Brief informierte Paasikivi v. d. Goltz über die ehemaligen Senatoren Talas, Stenroth, Setälä sowie über Thesleff.[451]

Paasikivi, der 1918 zum Anhänger einer finnischen Monarchie unter deutscher Führung geworden war, bezog zwar nach dem Scheitern des „Königsabenteuers"[452] offiziell wieder republikanische Positionen, gab die Hoffnungen auf eine mögliche Monarchie zunächst jedoch noch nicht ganz auf und liebäugelte in seinem Innern wohl bis an sein Lebensende in gewisser Weise mit monarchistischem Gedankengut. Am 26.2.1919 schrieb er an v. d. Goltz: „Die Verhältnisse hier in Finnland sind ruhig und wir dürfen wohl hoffen, dass wir nach den gründlichen Ereignissen im vorigen Winter und Frühjahr auch wenigstens größere Unruhen nicht mehr durchleben. Die Ereignisse in Deutschland haben auch hier in Finnland einen Einfluss gehabt. Die Sozialisten erheben wieder ihr Haupt und der Ton in den sozialdemokratischen Zeitungen - die dennoch alle zu der rechtssozialistischen Richtung gehören - ist sehr radikal und leidenschaftlich....Die Aussichten für eine Monarchie sind vermindert worden. Die Frage ist, ob das Provisorium fortgesetzt werden soll oder nicht. Wird in Deutschland endgültig die Republik eingeführt, so ist die Sache auch für uns klar. Wird aber in Deutschland in den nächsten Jahren die Monarchie in der einen oder anderen Form wieder eingeführt, so können wir finnische Monarchisten auch auf besseren Erfolg hoffen..."[453].

450 Paasikivi an Goltz am 17.1.1919.

451 Paasikivi an Goltz am 20.8.1919.

452 Siehe: Huldén.

453 Paasikivi an Goltz am 26.2.1919.

Die Deutschland in dem am 28. Juni 1919 unterzeichneten Versailler Vertrag auferlegten Friedensbedingungen hielt Paasikivi, ähnlich wie v. d. Goltz, der von einem „Schandfrieden“ sprach, für „unerhört“. Besonders peinlich berührte ihn die Bestimmung, dass der Kaiser und die anderen Führer ausgeliefert werden sollen.[454]

Auch die Entwicklungen in Finnland beurteilte Paasikivi wiederholt alles in allem mit „Besorgnis“. Er bedauerte mehrfach, dass als Folge der Abschaffung der Monarchie in Deutschland die monarchistische Stimmung in Finnland auch außerordentlich geschwächt wurde. Nicht nur die republikanische Regierungsform sondern auch die Wahl von Prof. K. J. Ståhlberg zum Präsidenten sah er skeptisch. Er hielt ihn zwar für einen energischen und großen Arbeiter, der auch mit allen Mitteln gegen den Bolschewismus kämpfen würde. „Dennoch sind wir verstimmt, denn in diesen unruhigen und gefahrvollen Zeiten wäre Mannerheim, auch als Militär, besser gewesen.“ Er gab unumwunden zu, Mannerheim gewählt zu haben, weil er in ihm angesichts der unsicheren Verhältnisse die bessere Alternative sah.[455]

Als „Zeichen der heiklen und wenig festen Verhältnisse der jetzigen Zeit“ empfand er außer den Streitigkeiten bei der Präsidentenwahl auch die ständigen Regierungswechsel. „Bolschewistische Unruhen“ fürchtete er in Finnland allerdings nicht.[456] V. d. Goltz sah in Deutschland in den häufigen Regierungswechseln einen generellen „Krebsschaden der Demokratie“.[457]

Im Unterschied zu v. d. Goltz betrachtete Paasikivi die republikanische Staatsform und die parlamentarische Demokratie zwar mit Skepsis, ging jedoch nie so weit, sie - wie v. d. Goltz - gänzlich abzulehnen.

Dennoch schien Paasikivi für die politischen Positionen von Rüdiger v. d. Goltz viel Verständnis zu haben, ähnelten sie doch in gewisser Weise in wichtigen Belangen seinen eigenen.

In Bezug auf die Entwicklung in Deutschland teilte Paasikivi offensichtlich auch längerfristig weitgehend die kritische Sicht seines Briefpartners. Auch er blickte in den 1920er Jahren mit Sorge in Richtung Deutschland, bewertete aber, wie schon deutlich wurde, auch die politische Entwicklung in Finnland kritisch. V. d. Goltz widersprach dieser Wertung nicht eindeutig, neigte aber dazu, die politische Situation in Finnland insgesamt zu idealisieren.

---

454 Paasikivi an Goltz am 20.8.1919.

455 Ebd.

456 Ebd.

457 Goltz an Paasikivi am10.3.1926.

Jedenfalls tauschten sich beide in nahezu jedem Brief über die politische Situation in ihren Ländern aus. Rüdiger v. d. Goltz blieb bis zu seinem Lebensende in den Denkstrukturen eines kaiserlichen Offiziers verhaftet und sah daher den größten Fehler, der in Deutschland gemacht wurde, in der Abschaffung des Kaiserreichs. Ein tiefer Hass, vor allem gegen die deutsche Sozialdemokratie und eine noch ausgeprägtere Feindschaft gegenüber der Sowjetunion prägten sein Denken und Handeln und verstellten ihm eine realistische Sicht auf bestimmte Vorgänge und Entwicklungen. Während er sich beispielsweise in einem Brief aus Libau vom 2. Mai 1919 noch anerkennend über den Reichswehrminister Noske, der ihn während seines Baltikumseinsatzes besucht hatte, äußerte, ihn als einsichtigen und energischen Mann bezeichnete,[458] änderte er seine Meinung über ihn, nachdem Noske seine Zurückberufung aus dem Baltikum nicht verhindert hatte.[459] Wenn man dafür auch noch ein gewisses Verständnis aufbringen kann, so doch keinesfalls für die von seinem grundlegenden Hass gegen die Sozialdemokratie gekennzeichneten Äußerungen über die Trauerbekundungen für den 1925 unerwartet verstorbenen Reichspräsidenten Friedrich Ebert. „Beim Tode Eberts", schrieb er an Paasikivi, „ist freilich in unwürdiger und sentimentaler Weise für diese Revolutionsgestalt gelogen worden. Daß auch in der deutschen Kirche in Helsingfors ein Trauergottesdienst für Ebert stattfand, ist eine Schande."[460]

Während er die deutsche Sozialdemokratie des „offenen Landesverrates"[461] beschuldigte und als „Wegbereiter des Bolschewismus"[462] bezeichnete, hielt er die finnische Sozialdemokratie für „vernünftiger" und hoffte, dass Finnland „das Experiment" (die sozialdemokratische Minderheitsregierung 1927) gut übersteht.[463]

Ende der 1920er Jahren sah v. d. Goltz Deutschland „im Stadium schleichender Socialisierung und Bolschewisierung"[464]. Das schwarz-rot-goldene Deutschland erschien ihm nur „als eine Übergangsform zum roten Deutschland", wie er in dem Brief an Goldbeck-Löwe formulierte.[465]

458 Goltz an Paasikivi vom 2.5. 1919.

459 „Noske versprach weiteres Wohlwohllen, ließ aber dem Wort leider die Tat nicht folgen", so Goltz. Siehe: Goltz, 1920, S. 274.

460 Goltz an Paasikivi vom 8.3.1925.

461 Goltz an Paasikivi vom 6.1.1927.

462 Goltz an Paasikivi vom 2.9.1930.

463 Goltz an Paasikivi vom 6.1.1927.

464 Goltz an Paasikivi vom 28.1.1929.

465 KA, J. K. Paasikiven arkisto, Kotelo 1:3, Goltz an Goldbeck-Löwe vom 29.8.1930.

Deutschlands Zukunft lag für ihn allein „in unserem nationalen Lager.... Oder aber wir bleiben ein Tributdeutschland zum Übergang zum Sowjet-Deutschland.“[466] Daher setzte er, wie er auch Paasikivi zu verstehen gab, große Hoffnungen in die NSDAP, und erwartete von ihr die Lösung der wirtschaftlichen und politischen Probleme Deutschlands. So bedauerte er in einem Brief nach den für die Nazis sehr erfolgreichen Reichstagswahlen von Ende Juli 1932, dass „die N.S. nur 37 %, mit D.N.V.P 43 %“, aber keine absolute Mehrheit erreichten. [467]

Keine Erwähnung fanden in seinen Briefen allerdings seine persönlichen Aktivitäten, um Hitlers Machtbestrebungen zu unterstützen. Das galt auch für seine Annäherung an bzw. seine Mitgliedschaft in der NSDAP. Noch im Dezember 1932 gab er vor, sich in kein Parteischema einfügen zu können.[468] Im Mai 1933 teilte er Paasikivi lediglich mit, die Politik beherrsche alle Gespräche. „Wird Hitler es schaffen? Weil unsere innenpolitische und wirtschaftliche Lage so ernst ist, weil wir eine geistige Revolution noch lange durchmachen werden, ist es eine Verlogenheit, uns, dem entwaffneten Volke, Kriegspläne anzudichten. Diese haben nur unsere Feinde, um unsere innere Erhebung zu verhindern. Nur deshalb ist die außenpolitische Lage noch ernster als die innere.“[469]

Paasikivi, obwohl selbst ohne Sympathien für faschistische Bewegungen und Regimes, sah sich durch die Errichtung der Hitlerdiktatur in seiner schon 1918 gewonnenen Auffassung über die geringen Chancen einer parlamentarischen Demokratie in Deutschland bestätigt und vermerkte am 2. Mai 1932 in seinem Tagebuch: „Demokratie, Parlamentarismus und Republik sind nicht geeignet für Deutschland. Der Versuch, der unternommen wurde, hat vollständig Schiffbruch erlitten. Das alte monarchische System (Obrichkeitsstaat) ist das einzige, was zu Deutschland paßt.“[470]

Auch wenn v. d. Goltz wiederholt seine großen Erwartungen an die NSDAP artikulierte, idealisierte er unverändert die Machtstrukturen und die Untertanenmentalität des Kaiserreiches. So schrieb er Paasikivi im Mai 1935: „Bei uns liegt alles am Sturz des reinen kaiserlichen Beamten-Staates, der Fehler gemacht haben mag, aber sittlich I a war, ebenso wie natürlich das Heer. Nun haben wir die Herrschaft der Massen und müssen froh sein, wenn die nationalsozialistisch geführten Massen den Bolschewismus

466 Ebd.

467 Goltz an Paasikivi vom 7.8.1932.

468 Goltz an Paasikivi vom 18.12.1932.

469 Goltz an Paasikivi vom 11.5.1933.

470 Rumpunen, 2000 S. 288.

verhindern."[471] Nach einem Treffen mit v. d. Goltz im August 1934 im Hotel Bristol, in dem Paasikivi bei seinen Berlinaufenthalten stets logierte, vermerkte Paasikivi in seinem Tagebuch, v. d. Goltz verteidige Hitler und sehe keine andere Möglichkeit, als ihn zu unterstützen. Hitler hätte v. d. Goltz versichert, dass er ein Programm für die nächsten zehn Jahre hätte und „danach könnte das deutsche Volk seine Verfassung bestimmen (entweder eine Monarchie oder etwas anderes)". V. d. Goltz sei der Meinung, dass Italien „in einer wesentlich besseren Lage war als Deutschland, weil es einen König hatte. Wenn Mussolini scheitert ... kann die Monarchie die Angelegenheiten regeln. In Deutschland gibt es keinen weiter als Hitler. Nach ihm kann das Chaos kommen."[472]

Auch in späteren Gesprächen beobachtete Paasikivi, dass „Goltz weiterhin der Meinung war, dass das Hitlerregime jetzt das Beste für Deutschland ist".[473] Paasikivi verfolgte die Entwicklung in Deutschland vor allem aus finnischer Sicht unter außenpolitischen Gesichtspunkten. Mit seinen Gesprächspartnern, vor allem mit A. Wuorimaa, dem finnischen Gesandten in Deutschland, wurde immer wieder erwogen, welche Auswirkungen insbesondere die Beziehungen zwischen Deutschland und der Sowjetunion auf Finnland hätten, wobei mehrfach die Überzeugung geäußert wurde, dass Deutschland das einzige Land wäre, von dem Finnland Unterstützung erwarten könnte. Allerdings wurde von beiden Gesprächspartnern zum Ende der 1930er Jahre eine spürbare Verschlechterung der deutsch-finnischen Beziehungen registriert.[474] Dagegen hatte v. d. Goltz das Empfinden, zum 20. Jahrestag der Einnahme von Helsinki im April 1938 „noch freundlicher von weiten Teilen der Bevölkerung und der weißen Garde von 1918 empfangen worden (zu sein) als früher."[475]

Die Wiedereinführung der Wehrpflicht in Deutschland am 16. März 1935 begrüßte v. d. Goltz gegenüber Paasikivi mit den Worten: „Im übrigen steht hier alles unter dem Eindruck des 16. März, der nach aller Ansicht für Europa nicht Krieg bedeutet, sondern das Gegenteil und dem deutschen Volke wieder den Glauben an sich selbst wiedergibt..."[476].

Den Hauptverursacher der internationalen Spannungen in der zweiten Hälfte der 1930er Jahre sah v. d. Goltz in der Sowjetunion. Er bedauerte

471 Goltz an Paasikivi vom 28.5.1933.

472 Rumpunen, Kauko (toim.) „Ei pienillä ole mitään turvaa" J. K.Paasikiven päiväkirjat 1934-1939, Kansallisarkiston ystävät – Riksarkivets vänner ry, Helsinki 2004, S. 5.

473 Ebd. S. 74.

474 Ebd. S. 170.

475 Goltz an Paasikivi vom 30.4.1938.

476 Goltz an Paasikivi vom 23.3.1935.

es, dass die westlichen Staaten keinen Schulterschluss gegen die östliche Großmacht zustande bekamen. „...Dem Jahre 1937 sehen viele wegen der Sowjet-Gefahr, die gewisse andere Mächte nicht erkennen wollen, mit großer Sorge entgegen. Man sollte endlich anfangen, nur das Große und Gemeinsame der Kulturvölker zu erkennen und das Kleinliche, Trennende beiseite lassen... Friedrich der Große sagte, man solle „jeden nach seiner Facon selig werden lassen. Das gilt auch für die Regierungssysteme, soweit sie nicht die Welt-Kultur untergraben, wie Moscau....“[477]

Anfang 1939 kam v. d. Goltz zu dem Schluss, dass sich die Zeiten seit 1918 sehr geändert hätten und sich weiter von Jahr zu Jahr ändern: „Daß wir uns im Zeitalter der großen Demagogen und Cäsaren befinden, sollten auch die begreifen, denen vielleicht die frühere Zeit besser gefiel. Tempora mutantur. Z. Zt geht es nicht anders. Sonst kommt der Bolschewismus – den freilich auch ein neuer Weltkrieg herbeiführen könnte. Deshalb wünschen alle vernünftigen Deutschen sich für 1939 in erster Linie Frieden.“[478]

Der Beginn des Zweiten Weltkrieges blieb in den Briefen zwar unerwähnt, im Vorfeld hatte sich v. d. Goltz allerdings eindeutig Frieden gewünscht und vermerkt, einen neuen Weltkrieg würden seine Nerven nicht aushalten.[479] Noch wenige Wochen vor Kriegsbeginn bezeichnete er sich gegenüber Paasikivi als einen 73-jährigen Privatmann „des deutschen Volkes, das Frieden ersehnt, wie mir jeder sagt, den ich frage.“[480]

Begreiflicherweise spielte in dem Briefwechsel der sowjetisch-finnische Winterkrieg eine erhebliche Rolle. Am 18.11.1939 schrieb v. d. Goltz an Paasikivi, der im Vorfeld des Krieges maßgeblich an den Unterredungen mit Stalin und Molotow beteiligt war: „Lieber Freund! Sie ahnen schwerlich, wie warm und dauernd ich Sie auf Ihren Wegen und bei Ihren Aufgaben verfolgt habe, die man gerade Ihnen anvertraut hat und wie heiß und treu ich das Schicksal meines lieben Suomi verfolge. Die Lage von uns selbst verhindert leider meine guten Beziehungen zu hiesigen prominenten Vertretern und ihrer Fortsetzung. Ich verstehe, daß man mich meidet. Umso mehr freuten mich Briefe aus Suomi, die das menschliche betonen, zuweilen mit vielen Unterschriften: Wuolle, Thesleff, Mikkola ...u. a.“[481]

Einer der wenigen erhaltenen Briefe von Paasikivi ist datiert auf den 5. Januar 1940. In ihm schildert er ausführlich die aktuelle Lage im Winterkrieg

477 Goltz an Paasikivi vom 21.12,1936.

478 Goltz an Paasikivi vom 1.1.1939.

479 Goltz an Paasikivi vom 3.4.1939.

480 Goltz an Paasikivi vom 16.7.1939.

481 Goltz an Paasikivi vom 18.11.1939.

und seine persönlichen Positionen dazu. Er äußerte seine Enttäuschung über die Haltung Deutschlands und bat v. d. Goltz, wohl wissend, dass er ein Privatmann war, darum, den finnischen Standpunkt „durch irgendwelche Kanäle“ weiterzugeben und dafür zu werben, dass sich Deutschland dafür einsetzte, dass „Sowjetrußland mit uns wieder zum Verhandlungstisch“ zurückkehrt.[482] In seinem Antwortbrief bekundete v. d. Goltz, dass er sofort alles getan habe, „was nach Lage der Dinge möglich ist. Sobald ich Nachricht habe, schreibe ich Ihnen.“[483]

Am 3.2.1940 gab er dann Paasikivi „als seine ganz persönliche Auffassung“ zu verstehen, dass es keine Chance auf Vermittlung gäbe „solange von sowjetischer Seite an der ‚Regierung Kuusinen‘…., freilich eine Regierung ohne Land, Volk und Wehrmacht, ein Strohmann des Weltbolschewismus in meinen so scharf antibolschewistischen Augen“[484] festgehalten würde.[485]

Trotz aller Finnlandsympathie verteidigte v. d. Goltz die deutsche Zurückhaltung weitgehend, indem er argumentierte: „Deutschland selbst befindet sich in einem Verteidigungskriege um seine Existenz. Dem Bestreben, diesen Krieg siegreich zu beenden, muß sich alles andere unterordnen...

Namentlich die Gefahr eines neuen Zweifrontenkrieges mache es Deutschland zur Pflicht der Selbsterhaltung, sich auf den Standpnkt strikter Neutralität zu stellen.[486]

Wenig später, am 21. Februar 1940, übermittelte er Paasikivi ausführlichere Ratschläge, die er „als Gedanken über Finnlands Lage als Zeitung lesender Privatmann“[487] bezeichnete:

- Die „örtliche Niederlage“ der Finnen auf der Karelischen Landenge und ihr damit gewonnenes Prestige hätten die Russen nun in die Lage versetzt zu verhandeln.

482 KA, J. K. Paasikiven arkisto, Kotelo VI:34 Paasikivi an Goltz vom 5.1.1940.

483 Ebd., Goltz an Paasikivi vom 19.1.1940.

484 Ebd., Goltz an Paasikivi vom 3.2.1940.

485 Siehe auch: Laati, Iisakki, Rauhanneuvottelija Paasikivi, in: Kare, Kauko (Hrg.) J. K. Paasikivi Itsenäisyys – rauha – valtiollinen sivistys, Hämeenlinna 1960, S. 94.

486 Ebd.

487 Offensichtlich hatte v. d. Goltz die Frage an Hitler weitergegeben, so dass es nicht nur die Antwort eines Privatmannes war, die er Paasikivi schickte. Siehe: Laati, S. 94; Auch Paasikivi ging davon aus, dass v. d. Goltz sich an Hitler gewandt hatte, der seinerseits in Moskau anfragen ließ. Siehe: J. K. Paasikivi, Meine Moskauer Mission 1939-41, Hamburg 1966 S. 156; Tuomo Polvinen wiederum vertritt die Auffassung, dass Hitler den Staatssekretär im Auswärtigen Amt Ernst von Weizsäcker beauftragte, dem General die Argumente der offiziellen deutschen Politik darzustellen. Polvinen, 1995, S. 93.

- Falls die Sowjetunion auf die Kuusinen-Regierung verzichte, sollte das schnell genutzt werden.
- Die Finnen sollten Hanko gegen einen Teil von Ost-Karelien abtreten. „Es heißt zwar, ein edles Pferd gegen einen Ackergaul tauschen, aber Ostkarelien ist Ihrem Volk ein völkisches Ziel und Hangö ist vielleicht für Sie nicht mehr als Gibraltar den Spaniern, die 230 Jahre es ohne größere Gefahr entbehrt haben."[488]
- Finnland werde etwa „Petsamo-Ivalo Rußland abtreten müssen, weil dies eine Landbrücke zu den nördlichen norwegischen Häfen braucht. Da dort aber nur Lappen wohnen, so hätte das für Sie keine völkischen Bedenken."[489]
- „Vielleicht ist jetzt noch gerade der Moment, in dem Sie mit gehobenem Welt-Ansehen und möglichst wenig gerupft aus Ihrer Gefahr herauskommen können. Diese Gefahr ist deshalb so groß, weil Finnland außer Flugzeugen, Kriegsmaterial und einer Anleihe von niemand Hilfe bekommt, also allein steht. Auch schwedische Freiwillige bedeuten nicht viel."[490]
- Englische Hilfe solle Finnland auf jeden Fall ablehnen, weil sie zu spät käme und nicht Finnland, sondern Erze und norwegische Häfen zum eigentlichen Ziel hätte.
- Finnland solle England davon überzeugen, Frieden mit Deutschland zu schließen – das würde auch Finnland Frieden bringen.

V. d. Goltz kam zu dem Schluss, dass Finnland mehr Interesse am Frieden hätte als Deutschland, „dem es ja bisher gut gegangen ist. Wir halten uns für unbesiegbar, auch wirtschaftlich und propagandistisch. Die innere Front ist fest gegen feindliche Propaganda."[491]

Paasikivi hielt den Brief für wichtig, weil er „trotz der inoffiziellen Stellung des Schreibers den deutschen offiziellen Standpunkt offenbart".[492]

Am 15. Juni 1941 – also bereits eine Woche vor dem Überfall auf die Sowjetunion und zehn Tage vor der finnischen Kriegserklärung an die UdSSR – wandte sich Svinhufvud in einem Brief an Paasikivi, um ihm auf Bitten von Rüdiger v. d. Goltz die Botschaft zu übermitteln, dass Goltz – ebenso

488 Goltz an Paasikivi, vom 21.2.1940.

489 Ebd.

490 Ebd.

491 Ebd.

492 J. K. Paasikivi, 1966, S. 157.

wie die Männer von 1918 – begeistert sei über den Aufstieg Deutschlands, über die Erneuerung der Waffenbrüderschaft mit Deutschland und darüber, dass Deutsche und Finnen jetzt gemeinsam „die bolschewistischen Russen liquidieren". Erleichtert stellte Svinhufvud seinerseits fest, dass das Vertrauen der Finnen in Deutschland letztlich nicht enttäuscht wurde. „Deutschland ist für uns mit der Selbständigkeit verbunden......und jetzt rettet Deutschland uns vor der schlimmsten Zeit der Russen."[493]

Gegenüber Maila (Talvio) Mikkola hob v. d. Goltz im August 1941 ebenfalls hervor, wie glücklich er war, „es noch zu erleben, dass der Anti-Sowjet-Bund unserer beiden Völker sich seit 1918 nun wieder schliesst,... Nur bin ich alt geworden, nur zum Fühlen, Erinnern und Hoffen noch zu gebrauchen, ein ausgeschalteter Privatmann..."[494]

Auch Anfang 1942 hielt v. d. Goltz Deutschland noch militärisch, wirtschaftlich und damit auch politisch für unschlagbar, ein Jahr später, in dem letzten erhaltenen Brief an Paasikivi, klang seine Einschätzung etwas skeptischer, letztlich aber noch siegesgewiss: „Manche glauben, der Krieg würde 1944 an allseitiger Erschöpfung einschlafen, wie s. Zt. der Ermattungsfrieden von Münster 1648. Vorläufig sind aber noch schwere Kämpfe vor uns in diesem Krisenjahr 1943. An eine Niederlage der Achse glaube ich nicht, keinesfalls freilich auch nicht an eine baldige voll siegreiche Beendigung. Auch im Osten sieht man noch kein Ende. Ein Durchbruch der Sowjets ist aber m. E. ausgeschlossen. Also Kopf hoch!"[495]

Familiäre Verbindungen

Goltz informierte Paasikivi eigentlich in nahezu jedem Brief über die familiäre Situation, über seinen Gesundheitszustand und den der Familienangehörigen, wobei dieser Teil der Briefe mit zunehmendem Alter verständlicherweise immer länger und ausführlicher wurde. Anders als bei der Beurteilung der politischen Lage enthalten die familiären Schilderungen bei allen Problemen im Detail zumeist einen optimistischen Grundton und bisweilen humorvolle Bemerkungen.

Da sowohl das Ehepaar Paasikivi als auch das Ehepaar v. d. Goltz fast jedes Jahr längere Kur- oder Urlaubsreisen unternahmen, tauschten sie sich über in den einzelnen Orten bzw. Einrichtungen gesammelten Erfahrungen aus

493 Zit. nach: Häikiö, S. 580.

494 KA, Maila (Talvio) Mikkolan Arkisto, ulkomaiset tulleet kirjeet Kansio 40, Karte vom 6.8.1941.

495 KA, J. K. Paasikiven arkisto, Kotelo 1:3 S. 304 f, Goltz an Paasikivi vom 8.1.1943.

und versuchten, diese Reisen und damit verbundene Treffen abzustimmen. Beide Paare bevorzugten Aufenthalte in zumeist erstklassigen Kurorten in Bayern, Italien, der Schweiz oder Österreich.

1923 an der Ostseeküste: Anna Paasikivi mit dem ältesten Enkel von Rüdiger und Hannah von der Goltz, J. K. Paasikivi, Rüdiger von der Goltz und Frau Hannah, Schwiegertochter Astrid mit Tochter Astrid und Rüdiger v. d. Goltz jr. (von links nach rechts) (Familienbesitz, Hans von der Goltz)

Häufig äußerte sich v .d. Goltz auch über die Entwicklung seiner Söhne und der zahlreichen Enkelkinder. Sie waren - wie auch die Kinder von Paasikivi - in die freundschaftlichen Kontakte einbezogen. Anna Paasikivi war sogar Patin von Regina, einer Enkelin von Rüdiger v. d. Goltz. Bei Reginas Konfirmation im Jahre 1939 schenkte ihr Paasikivi einen wertvollen Besteckkasten, worüber sich die Familie „sehr beglückt“ zeigte.

Gern informierte Rüdiger v. d. Goltz namentlich über den beruflichen Werdegang beider Söhne, die ihm zur Seite standen, nachdem er, wie es in einem Brief vom 25. Februar 1920 hieß, als Pensionär mehr zu tun hatte als früher, da er nun vieles selbst tun musste, was er in seiner Dienstzeit seinem Stabe auftragen konnte.[496] Voller Freude vermerkte er, sein ältester Sohn ziehe an seinem Strange und sei sein bester Freund, „wie es wol zwischen Vater und Sohn selten ist".[497] Auch dessen politisches Engagement fand seine Zustimmung, noch mehr aber lag ihm an Rüdigers beruflicher Qualifizierung, an dessen Assessor-Examen, der Voraussetzung für höhere Stellen, „für die er vollste Begabung hat".[498] 1930 berichtete er voller Stolz, dass Rüdiger weit über Stettin hinaus als nationaler Verteidiger bekannt und in politischen Prozessen als Verteidiger aufgetreten ist. „Weniger lukrativ, denn als Sprungbrett für politische Tätigkeit zu betrachten, die ihn in erster Linie interessiert".[499] Einige Monate später machte er sich Sorgen um seinen ältesten Sohn, da er ein „Schnellarbeiter" sei und das möglicherweise auf Kosten seiner Nerven gehen könnte. Außerdem wäre Kind Nr. 7 im Anmarsch. „Also überall fleißig", lautete das Resümee des Vaters.[500]

Häufig ging es in seinen Informationen über die Familienverhältnisse vor allem auch um die Enkel, zu denen v. d. Goltz und seine Frau Hannah ein sehr enges Verhältnis hatten und die sich oft bei den Großeltern aufhielten. Nachvollziehbar war seine Sorge um die Zukunft seiner Enkel im Jahre 1939, weniger allerdings die Begründung für die Besorgnisse: „Was werden diese 13 Enkel erleben in einer Welt, die immer mehr egalisiert, socialisiert und proletarisiert wird....".[501]

Beide Söhne hatten Paasikivi und seine Familie während deren Aufenthalten in Berlin und auf Finnlandreisen als Begleiter des Vaters in den Jahren 1923 bzw. 1928 und 1938 getroffen und hielten ihrerseits Verbindung zu ihm. Für den jüngsten Sohn, der Paasikivi sogar schon seit 1918 kannte, ergaben sich als Finanzexperten auch berufliche Anknüpfungspunkte zu Paasikivi.[502]

Paasikivi äußerte sich mehrfach lobend über die Söhne.[503]

Ebenso nahm die Familie v. d. Goltz regen Anteil am Geschick und Schicksal der Familie Paasikivi. Eine der Töchter von Paasikivi, die mit ihrem Mann in

---

496 Goltz an Paasikivi vom 25.2.1920.

497 Ebd.

498 Ebd.

499 Goltz an Paasikivi vom 7.8.1930.

500 Goltz an Paasikivi vom 18.12.1932.

501 Goltz an Paasikivi vom 16.7.1939.

502 Siehe: Briefe von Georg Conrad v.d. Goltz an Paasikivi vom 10.9.1926 (Anhang Anlagen 6 und 9).

503 Siehe u. a. Rumpunen, 2000, S.40.

Genf lebte und arbeitete, war während eines längeren Aufenthaltes in Berlin mehrmals Gast im Hause der Familie v. d. Goltz.[504] Auch mit den Söhnen von Paasikivi hatte Familie v. d. Goltz Kontakt und fand lobende Worte über sie.[505]

Voller Anteilnahme verfolgten Rüdiger v. d. Goltz und seine Frau die schwere, langwierige Krankheit von Paasikivis erster Frau Anna, versuchten Mut zu machen und Trost zu spenden und waren sehr betroffen angesichts ihres Todes. Auch der Tod von Paasikivis beiden Söhnen ging Rüdiger v. d. Goltz und seiner Frau sehr nahe. [506]

504 Siehe: Goltz an Paasikivi vom 13. und 27.8.1928.

505 Siehe u. a.: Goltz an Paasikivi vom 28.5.1933.

506 Goltz an Paasikivi vom 3.1.1942 und vom 8.1.1943.

Der Briefwechsel zwischen Rüdiger v. d. Goltz und Juho Kusti Paasikivi

KA, J. K. Paasikiven arkisto, Kirjeet ja kirjekonseptit, Kotelo I:3 Seite 2

Berlin-Wilmersdorf, Güntzel Str. 62 II — 1. Januar 1919 8^{00} früh

Sehr verehrter lieber Herr Senator!

Zunächst Ihnen und den Ihren einen herzlichen Gruß und Glückwunsch für das heute beginnende schicksalsschwere Jahr 1919, besonders auch für Ihr mir teuer gewordenes Vaterland!

Dann eine Bitte an Sie als Freund und als Bankdirektor.

Ich habe in den 8 Tagen meines Hierseins einige Veränderungen in meinem Vermögen vorgenommen und u.a. 30.000 Fmk finnische Pfandbriefe gekauft.

Damit die Entente sie nicht als Kriegsentschädigung einziehen und Bolschewisten sie nicht auf hiesiger Bank beschlagnahmen können, ich also einen Notgroschen und auch Geld in finnischer Währung bei Rückkehr nach Finnland habe, wollte ich das Geld auf Ihrer Bank und möglichst auch auf Ihrem Namen niederlegen. Das Risiko in Finnland trage ich natürlich. Die Zinsen würde ich bitten in Scheckform als Zinsen einer Schuld an meine Bank – Delbrück, Schickler u.Co Berlin Mauer-Str.63/65 überweisen zu lassen.

Etwaige sonstige Wünsche und Änderungen bitte ich zu bestimmen, falls Sie die Sache nicht überhaupt ablehnen. Tun Sie das nicht, so bin ich Ihnen für den Freundschaftsdienst außerordentlich dankbar.

Die Übermittlung des Briefes übernimmt Edv. Hjelt, die Nummern habe ich vermerkt. Das Geld versteuere ich hier in Deutschland. Anlage zurück erbeten.

Ich reise morgen früh nach Schlesien, hoffe, dass die innere Lage Deutschlands sich allmählich legalisiert und dass wir an den Grenzen der Lage Herr werden.

Aber es ist ernste Zeit. Auch gibt es manche theoretische Sympathien der deutschen Doktrinäre für die sozialdem. Mehrheitspartei zu bekämpfen.

Ihre Gemahlin hat hoffentlich den Brief meiner Frau erhalten. Wir grüßen Sie alle sehr. Mit Dank und vielen guten Wünschen Ihr R.von der Goltz.

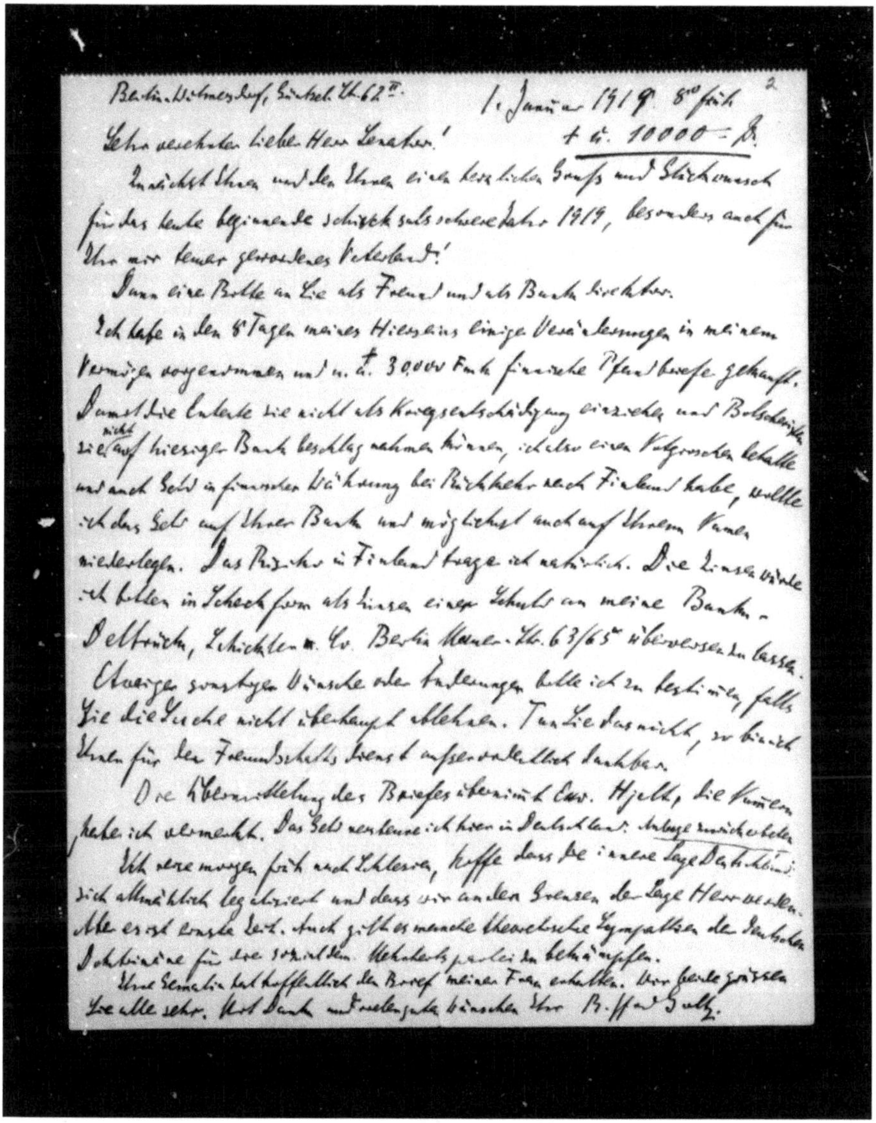

Faksimile des Briefes

KA, J. K. Paasikiven arkisto, Kirjeet ja kirjekonseptit, Kotelo 1:3, Seite 3

Helsingfors Januar 1919

Den Brief des Generalmajor Graf v. d. Goltz behufs Niederlegung von 30.000 – dreißigtausend – Fmk auf meiner Bank in Helsingfors auf meinen eigenen Namen habe ich erhalten.
Ich erkläre mich dazu bereit und werde die jedesmaligen Zinsen an das Bankhaus Schickler und Delbrück u.Co. Berlin W, Mauer-Str. 63/65 auf das Conto der Gr. v. d. Goltzschen Eheleute überweisen.
Für den Fall meines Todes habe ich anliegende (nachfolgende) Bestimmung getroffen. Vermögen und Zinsen werden von Gr. v. d. Goltz in Deutschland versteuert. Die Nummern sind von Gr. v. d. Goltz gemerkt. Das Risiko für Finnland trägt er.

Senator und Direktor der Bank

KA, J. K. Paasikiven arkisto, Kirjeet ja kirjekonseptit, Kotelo I:3 Seite 9

Helsingfors den 17 Januar 1919

Den Brief des Generalmajors Graf v. d. Goltz vom 1.d. M. behufs Niederlegung von Wertpapieren im Werte von Fmk 38.500 – achtunddreissigtausendfünfhundert – auf meiner Bank in Helsingfors auf meinen eigenen Namen habe ich erhalten, nebst folgenden Wertpapieren:

4%ige Pfandbriefe der Finländischen Stadthypotekenkasse vom J.1897:

Litt.C: N: N: 293-301, 388, 581, 583, 613,618-621 u. 765. nom in Fmk		18.000:-
Litt.D: N:N: 120,155, 294 u. 333	„ „	2.000:-
4%ige Pfandbriefe des Finnländischen Hypotekenvereins vom J. 1902:		
Litt.B: N: 194,483 u. 1469	„ „	7.500:-
„ C: N: 1537, 1538, 1541, 1542 u.1543	„ „	5.000:-
„ D: N: 1327, 1328,1329, 5664, 5665, 5666, 5735, 5773, 5774, 5879-9881	„ „	6000:-
	Zus. Fmk	38.500:-

Ich erkläre mich dazu bereit und werde die jedesmaligen Zinsen an das Bankhaus Delbrück Schickler & Co. Berlin auf das Conto der Graf v. d. Goltzschen Eheleute überweisen.
Die vorgezeichneten Wertpapiere habe ich der Notariatabteilung meiner Bank „Kansallis-Osake-Pankki“ /National-Aktien-Bank) Helsingfors als Depot zur Aufbewahrung überlassen. (Die Abschrift des Depotausgangs folgt anbei).
Ich bestimme hiermit, dass im Falle meines Todes die vorgezeichneten Wertpapiere, soweit Sie nicht ausgelost und deswegen früher vom Depot abgenommen worden sind, auf Grund dieser Urkunde dem Grafen v. d. Goltz, seinem Bevollmächtigten oder seinem Rechtsinhaber übergeben werden müssen, ohne dass Jemand Anderer irgend eine Rechte an demselben geltend machen darf.
Vermögen und Zinsen werden in Deutschland versteuert.
Das Risiko für Finnland, soweit es nicht von der Bank getragen wird, trägt er.

J.K. Paasikivi
Senator und Direktor der Bank

KA, J. K. Paasikiven arkisto, Kirjeet ja kirjekonseptit, Kotelo 1:3, Seite 11

Helsingfors, Finnland 17/1 19

Herrn Delbrück Schickler & Co. Berlin

Anbei übersende ich Ihnen im Auftrag des Generalmajors Graf v. d. Goltz in Check
RM. 350,87
mit welchem Betrag ich bitte das Conto der Graf von der Goltz'schen Eheleute bei Ihnen zu kreditieren.

Mit Hochachtung
Dr. J.K. Passikivi
Senator und Bankdirektor
(Chefdirektor der „Kansallis-Osake-Pankki“
(National-Aktien-Bank) in Helsingfors)

Adresse: Kansallis-Osake-Pankki, Helsingfors

KA, J. K. Paasikiven arkisto, Kirjeet ja kirjekonseptit, Kotelo 1:3, Seite 46-53 (Entwurf)

17/1 19.

Sehr verehrter lieber Herr Graf!
Es war wirklich für mich und alle Meinigen ausserordentlich lieb von Ihnen, lieber Herr Graf, einen Brief zu bekommen, den Minister Hjelt mir gestern brachte. Denn wir haben bis jetzt fast gar keine Nachrichten von unseren deutschen Freunden erhalten. Der Postverkehr mit Deutschland scheint sehr unregelmäßig zu sein. So ist auch der Brief Ihrer Frau Gemahlin, der Gräfin, den Sie nach Angabe in Ihrem Briefe zu meiner Frau geschrieben hat und auf den meine Damen mit grossem Interesse gewartet haben, nicht hierher angelangt. In Zeitungen haben wir gelesen, dass Sie mit Ihren Truppen, obgleich mit kleineren Maleuren doch glücklich in Deutschland angekommen sind.
Ich danke herzlich für die Neujahrswünsche und ich wünsche Ihnen und den Ihren sowohl im eigenen Namen als für meine Frau und für meine ganze Familie herzlich Glück und alles Gutes für das neue Jahr. Möge unter demselben die Wolken, welche jetzt den Himmel Ihres Vaterlandes verdunkeln, zerstreut werden. Das wünschen wir hier in Finnland von Herzen.

Ich habe zusammen mit dem Briefe Pfandbriefe im Werte von Fmk. 38.500.- bekommen (Frau Gräfin hat zu den Fmk 30.000.- noch Fmk 8.500:- beigefügt). Ich habe die Wertpapiere der Notariatabteilung meiner Bank zur Aufbewahrung als getrenntes Depot übergeben und habe darüber beigefügte Urkunde ausgefertigt. Ich werde alles mit Bezug auf Abhebung von Zinsen und Kontrolle der Verlosung u. a. besorgen und nach Ihren Instruktionen verfahren.
Ich bin sehr zufrieden, Ihnen diesen kleinen Dienst leisten zu können und es wird mir eine Freude sein, wenn ich Ihnen auch in der Zukunft nützlich sein kann.

Ich habe von den 4%-Pfandbriefen der Stadthypotekenkasse die Coupons per 2/1 19 abgetrennt und sie realisiert und zwar

Litt C. 18 st. à FmK 20,-		=	Fmk 360:-
Litt D 4 „ „ 10		=	„ 40.-
			zus. Fmk 400,-

Umgerechnet in deutsche Währung nach dem Tageskurse 114 = RM 350.87, welchen Betrag ich dem Bankkonto Delbrück Schickler & co. Berlin in Check übersandt habe.

Svinhufvud ist mit seiner Familie in voriger Woche nach Åbo übersiedelt. Er hat den Posten als Leitender Direktor einer neugegründeten Hypothekenanstalt angenommen. Der Posten ist in ekonomischer Hinsicht verhältnismäßig vorteilhaft und er hat in Åbo Verwandte und viele Bekannte vom Fach, aber es tat uns leid, dass er uns hier verlassen hat. Er ist ja nicht wohlhabend – im Gegenteil. Wir alle auch die jetzige

Regierung waren einig darüber, dass er für Seine grossen Verdienste eine grössere Staatspension (wie General Mannerheim) erhalten solle, aber er selbst hat bestimmt verweigert mehr als die gesetzmässige Pension für das Prokuratoramt – er war Prokurator vor seinem Eintritt in den Senat-, 9000 MK, entgegenzunehmen. Auch eine grössere Nationalbelohnung, die leicht zusammen zu bringen wäre, hat er abgelehnt. Er wünschte wieder „ein nützlicher bürgerlicher Arbeiter zu werden“ wie er sich ausdrückte. Ein grossartiger Charakter und grossartige Uneigennützlichkeit. Wie ein Cincinnatus! - Er gedenkt in Åbo zwei drei Jahre zu bleiben bis „das Geld wieder so viel Wert haben wird, dass er mit 9000 Mark auf seinem kleinen Gute leben kann“, wie er sagte. Dann wird er Acker bauen und Bienen und Kaninchen züchten und endlich in aller Ruhe behaglich leben, wie ein Fürst! (wieder seine Worte)
Ich bezweifle doch, dass man ihn so in Ruhe lässt, als es wieder etwas mehr Ordnung in der Welt wird.
Von Politik will ich diesmal nicht sprechen. Wir folgen mit grösster Spannung der Entwicklung der Lage in Deutschland. Die letzten Nachrichten von Berlin sind besser. Vielleicht wird der wahre Charakter des Bolschewismus dem Volke klar. Die Ereignisse der letzten Tage in Berlin deuten in diese Richtung. Dann werden Sie auch an den Ostgrenzen Herr der Lage sein.
Wir entnehmen aus Ihrem Brief nicht nur, dass Sie an uns und an unser Land mit Liebe denken, das wussten wir – aber auch den von Ihnen schon wiederholt angesprochenen Gedanken uns und unser Land auf immer nicht zu verlassen. Dies erfreut uns ausserordentlich. Sie können überzeugt sein, dass Sie hier in Finnland herzlich willkommen sind.
Es bereitet uns grosse Freude, wenn Sie, Herr Graf, uns dann und wann einige Zeilen übersenden könnten.
Mit herzlichstem Gruß und allen guten Wünschen Ihnen und ihrer Frau Gräfin sowohl von mir als von meiner Frau und allen meinigen

Ihr J. K. Paasikivi

Hypotekenverein
4 % 1902
Litt B á 250 Fmk – No 356 = 2500,-
Litt C á 1000 Fmk No. 1058,2392 = 2000,-
Litt D á 500 Fmk No 799, 801, 4212, 5439 = 2000,-

Finnländische Stadt-
Hypotekenkasse

4% 1897
Litt A á 5000 Fmk
No.872.925 = 10.000,-

16.500,-

KA, J. K. Paasikiven arkisto, Kirjeet ja kirjekonseptit, Kotelo 1:3, Seite 4

Berlin-Wilmersdorf – Güntzel-Str. 62 II 29.I.1919. 17/2.19

Mein lieber, hochverehrter Herr Senator! Eben erhalte ich von Edv. Hjelt Ihre Zeilen und die freundlichen Briefe Ihrer Gemahlin u. Frl. Tochter. Wir freuten uns sehr der Nachrichten u. Freundschafts-Bezeugungen u. erwidern letztere herzlich. Sehr danke ich Ihnen auch, daß Sie die Finanz-Angelegenheiten so entgegenkommend u. freundlich u. gründlich übernommen u. geregelt haben. Das gibt mir den Mut, Ihnen noch einen Nachtrag zu senden u. Sie zu bitten, ihn unter gleichen Verhältnissen anzunehmen u. die gültige Quittung wiederum durch den Kurier der finnischen Gesandtschaft an obige Adresse an meine Frau zu senden, da ich heute als Guverneur nach Libau gehe, um zu versuchen, den Rest von Kurland noch zu halten. Eine sehr schwere Aufgabe unter den jetzigen deutschen Verhältnissen.
Die letzte Summe hatte sich um 10000 Fmk. vermehrt, die meinem ältesten Sohn gehören, aber natürlich unter meiner Adresse bleiben. Dagegen fehlten damals 1500 Fmk, welche die hiesige Bank noch nicht hatte. Sie folgen jetzt nach. Außerdem warten 15000 Fmk, weil die Verhältnisse bei uns leider noch so unsicher sind (in Berlin 175000 Arbeitslose!), daß ich noch etwas mehr als kleine Reserve nach Finnland überführt sehen möchte, was ich gerade günstig flüssig machen konnte.
Haben Sie im Voraus für diese Freundlichkeit allerherzlichsten Dank! Ihre Nachrichten interessieren mich sehr, auch besonders Svinhufvuds hochherzige Selbstlosigkeit, die für einen Vater zahlreicher Kinder fast zu weit geht, mindestens aber zu heutiger Zeit völlig einzeln dasteht, jedoch natürlich umso bewundernswerter ist. Er ist eine vorbildliche Persönlichkeit. –
Unser jüngster Sohn läßt sich nicht halten, er will mit seinen eben 16 Jahren auch Soldat werden u. an der Ostfront mitfechten.
Ade, Leutn. o. Wissenschaft, es lebe das Vaterland! Meine Frau bleibt nun ganz allein zu Hause, was ihr bei ihrer Eigenart doppelt schwer wird.
Aber ich habe nicht die Kraft, den Abschied zu nehmen oder an die Grenze zu gehen. Im Inlande kann man jetzt nicht Soldat sein. – Wir grüßen Sie und die
Ihrigen sowie alle finnischen Freunde herzlichst. In Freundschaft u. Dankbarkeit Ihr R. Goltz. –
Verzeihen Sie die deutsche Schrift! Ich bin in Eile, daß ich nicht daran gedacht habe.

KA, J. K. Paasikiven arkisto, Kirjeet ja kirjekonseptit, Kotelo 1:3, Seite 41/42

Kansallis-Osake-Pankki Helsinki, 19/2 19

Vom Generalmajor Graf von der Goltz habe ich heute weiter folgende Wertpapiere bekommen:
4%ige Pfandbriefe des Finländischen Hypotekenvereins vom J 1902

Litt B: No 356	nomin. Fmk	2500:-
Litt C: No 1058. 2392	„	2000.-
Litt D: No 799,801.4212.5439	„	2000.-
4%ige Pfandbriefe der Finländ. Stadthypotekenkasse vom J. 1897		
Litt A: No 872 und 925	„	10.000.-
	zus. Fmk	16.500:-

Diese Wertpapiere habe ich dem in meiner Bestätigungsurkunde von dem 17 Januar 1919 erwähnten Depot in der Notariatabteilung meiner Bank „Kansallis-Osake-Pankki“(National-Aktien-Bank) Helsingfors beigefügt (Die Abschrift des Depotauszuges folgt anbei).
Betreffend diese Wertpapiere gelten alle dieselben Bestimmungen, die in der oben erwähnten Bestätigungsurkunde von dem 17 Januar 1919 enthalten sind.

Paasikivi
Senator u. Direktor der Bank

KA, J. K. Paasikiven arkisto, Kirjeet ja kirjekonseptit, Kotelo 1:3, Seite 43

Es wird gebeten, nachzuschauen, ob irgendeine der folgenden Obligationen verlost sind:

Hypothekenkasse 4% obl.l.v.1897
Litt C á 1000 Fmk.
No No 293,294,295,296,297,298,299,300,301,388,581,583,613,618,619,120,621 und 765.
Litt D á 500 Fmk
No No 120,155,294 und 333

Es ist keine verlost
15/1 19

KA, J. K. Paasikiven arkisto, Kirjeet ja kirjekonseptit, Kotelo 1:3, Seite 44

Es wird gebeten nachzuschauen, ob irgendeine der folgenden Obligationen verlost ist

Finnische Hypotekenvereinigung: 4% Darlehen im Jahr 1903 (Darlehensvertrag 16/8 1902)

Litt B á 2500 Fmk
NoNo 194,483 und 1469,

Litt C á 1000 mk
NoNo 1537,1538, 1541, 1542 und 1543

Litt D á 500 mk
NoNo. 5664. 5665,5666 (verlost per 1/3 19) 5735, 5773, 5773, 5774, 5879, 5880, 5881, 1327, 1328 und 1329

KA, J. K. Paasikiven arkisto, Kirjeet ja kirjekonseptit, Kotelo 1:3, Seite 45

Hypothekenkasse 4 % im Jahr 1897

Kupongs
Litt C 18 Stück á Fmk 20 = 360,-
Litt D 4 Stück á Fmk 10 = 40,-

400 Fmk

= á 114 = Rmk 350,87

400/114 = 350,87

18 x 16,20 = 291,60
4x 8,10 = 32,40

Rmk 324,-

KA, J. K. Paasikiven arkisto, Kirjeet ja kirjekonseptit, Kotelo 1:3, Seite 32-40 (Entwurf)

26/2 19.

Sehr verehrter lieber Herr Graf!
Ich habe vor einigen Tagen mit dem Kurier Ihren Brief 29/1 19 bekommen mit folgenden Wertpapieren.
Die Wertpapiere habe ich dem früheren Depot in meiner Bank beigefügt. Abschrift des Depotauszuges folgt anbei. Ich füge auch eine Bestätigungsurkunde anbei, und werde betreffend diese Wertpapiere alles auf der selben Weise besorgen wie betreffend die früher mir zugekommenen Wertpapiere.
Die Verhältnisse hier in Finnland sind ruhig und wir dürfen wohl hoffen, dass wir nach den gründlichen Ereignissen im vorigen Winter und Frühjahr auch wenigstens grössere Unruhen nicht mehr durchleben dürfen. Die Ereignisse in Deutschland haben auch hier in Finnland einen großen Einfluss gehabt. Auch die Linkssozialisten erheben wieder ihren Haupt und der Ton in den sozial. Zeitungen – die dennoch alle zu der rechts-sozialist. Richtung gehören sollen, schreiben sehr radikal und leidenschaftlich. Wir haben neue Landtagswahlen am 1 u 3 März also nach einer Woche. Der Landtag wird am 1 April zusammentreten. Wie viel Sozialisten in dem Landtag sitzen werden, kann man noch nicht sagen. Aber in einer beträchtlichen Anzahl werden Sie jedenfalls eintreten.
Die Regierung mit Prof. Ingman als Staatsminister wird bis auf das Zusammentreten des neuen Landtags im Amt bleiben, aber dann – also im April – werden in der Zusammensetzung der Regierung wieder Veränderungen stattfinden. Es gehört ja zum demokratischen jetzigen System, dass man in jedem Jahre Zwei-drei Regierungen konsumieren muss.- Die neue Regierung wird natürlich mehr nach links gehen, als die jetzige – wie die Frage von der Regierungsform gelöst wird, ist schon zu fragen. Auch in dieser Hinsicht haben die Ereignisse in Deutschland einen grossen Einfluss gehabt: Die Aussichten für die Monarchie sind vermindert worden. Europa hat es gemacht, dass wir, wenn wir das Provisorium nicht fortsetzen wollen, eine republikanische Staatsform annehmen müssen. Die Frage wird also darin bestehen, ob wir das Provisorium fortsetzen wollen oder nicht. Wird in Deutschland die Republik endgültig eingeführt, so ist die Sache auch für uns klar. Wird aber in Deutschland in den nächsten Jahren die Monarchie in einer oder anderer Form wieder eingeführt, so können wir Finnischen Monarchisten auf besseren Erfolg hoffen. - Aber jetzt scheint es ja, dass in der Nationalversammlung in Weimar nur eine republikanische Staatsform Aussichten hat. Das ist traurig! – Für Finnland hat natürlich auch die Gestaltung der staatsrechtlichen und politischen Verhältnisse im zukünftigen Russland grosse Bedeutung, aber dazu kann man jetzt nichts sagen. Die Republik kann nach meiner Meinung nicht zum Glück Finnlands sein und darum sehe ich, wie gesagt, der Zukunft mit Besorgnis entgegen. Auch ist unsere Selbst. von der Entente noch nicht anerkannt.

Die Entwicklung der pol. Lage in Deutschland scheint sich nicht zu klären. Nach den Griffen der Nationalen hofften wir, dass sich die Ruhe und Ordnung einstellen würden, aber jetzt kamen von München außerordentlich schlimme Nachrichten. Müssen Sie in Deutschland wirklich eine zweite echt-bolschew. Revolution nach dem russ. Muster durchleben? Geht es dahin, so trägt die Politik der Entente daran die Hauptschuld.
Mit großem Interesse haben wir von Ihrer Ernennung zum Gouverneur zufrieden gelesen. Mögen Sie auf Ihrem schweren Posten im Osten Glück haben. Die Aufgabe ist ja nicht leicht.
Auf der letzten Zusammenkunft der Finn-.D.-Gesellschaft (wo Baron v. Br. einen sehr interessanten Vortrag über seine Eindrücke von Syd-Amerika hielt) wurde von Prof. Ruin Gruß von Ihnen, Herr Graf, der Gesellschaft übermittelt und mit grosser Freude von den sehr zahlreichen Anwesenden entgegengenommen. Die Zusammenkünfte der Ges. haben regelmäßig einmal im Monat stattgefunden und sehr gelungen gewesen.
Grüßen Sie herzlich von uns Allen Frau Gräfin und Ihren Sohn, den jungen Grafen und Soldaten. Und seien Sie, mein lieber Herr Graf selbst von mir herzlichst gegrüßt

Ihr sehr Ergebener

P.S. Ich wiederhole, dass es mir eine grosse Zufriedenheit empfinde, wenn ich Ihnen auch in der Zukunft nützlich sein kann. Ich reise mit meiner Frau den 7-10 März nach Stockholm, Kopenhagen und Kristiania und bleibe dort 3-4 Wochen. Ihre Briefe und Pakete werden zu mir in die Bank geholt und dort aufbewahrt bis ich zurückkehre.

KA, J. K. Paasikiven arkisto, Kirjeet ja kirjekonseptit, Kotelo 1:3, Seite 5-6

Libau 2. Mai 1919. Mein lieber, hochverehrter Herr Senator! Heute am Jahrestage der Schlacht von Lahti-Tavastehus, die uns 25000 Gefangene 50 Geschütze einbrachte, komme ich endlich dazu, Ihnen für Ihren interessanten Brief vom 29./2. zu danken. Ich habe im letzten Erinnerungsmonat so viele Telegramme und Briefe aus Finland erhalten, dass ich oft dahin dankend geantwortet. Deshalb und weil hier schwerste Verantwortung auf mir lag, kam ich nicht zum Schreiben an die mir nächst Stehenden. Aber nun sollen Sie nochmals Dank haben für alle Ihre Freundlichkeiten. In Deutschland nimmt man uns jetzt einen grossen Teil des Vermögens ab und es wird noch viel schlimmer werden. Aber die Gefahr des Banken-Sturmes scheint ja vorläufig vorbei, wenn nicht die Friedens-Bedingungen die bolschewistische Welle wieder neu aufleben lassen. So ist die erste Voraussetzung für meine Bitte an Sie vom Januar vielleicht nicht mehr gegeben, aber wer kann in die Zukunft schauen.

Wenn dieser Brief in Ihre Hände kommt, werden die Verhältnisse vielleicht wieder ganz anders liegen. Darum bin ich Ihnen sehr dankbar für Ihr Entgegenkommen. Unter den neuen Regierenden sind viele oder manche einsichtige und energische Männer, so der Reichswehrminister Noske, der neulich einen Tag hier war und mit dem ich mich verstand. Aber die Parole heisst nun mal Volksherrschaft, sie kann aber starke Männer nicht vertragen, darum kann man nicht wissen, ob sie von der alleinselig machenden Proletariatsherrschaft verschlungen werden. Die Masse der regierenden Partei mit Elementarschulbildung lebt nur von Schlagworten. Was wissen sie von Staatsnotwendigkeiten und vom Aufbau? Sonst sieht es in Deutschland jetzt ruhiger aus und hier in Kurland haben wir schöne Erfolge gehabt. Das Land bis zur Au ist frei, die deutschfeindliche Regierung hat versöhnlicher werden müssen und meinen Soldatenrat bin ich auch los.
Aber solche Siege erwerben Feindschaft und man wittert in mir einen Militaristen und Reaktionär. Aber mir ist es recht, wenn ich weichen muss. Meine Erfolge dienen doch dem Aufbau und der Gesundung, man kann sie nicht ungeschehen machen. Die politischen Nachrichten aus Finland lauten günstig, auch die Kabinettsbildung, ebenso das Olonetz-Unternehmen, auf dessen 2. Akt ich begierig bin.[507] Ob Sie wol weiter politisch tätig sind? Von meiner Frau bin ich nun wieder seit über 3 Monaten getrennt und ich sehe auch nicht, wie ich sie wiedersehen sollte. Aber es geht ihr und den Kindern gut. Der älteste macht jetzt seinen Dr. jur. und ist schon politisch tätig. Er wurde bekannt durch einen Artikel für den Kaiser. Der zweite soll bald wieder auf die Schulbank, wenn es im Lande ruhig bleibt. - Grüssen Sie die Ihrigen alle herzlich. Wir denken gern und dankbar an Ihr ganzes Haus und die alte Regierung. Von Svinhufvud hatte ich vom 3.4. einen Brief aus Åbo. Auch der deutsch finnischen Gesellschaft viele Grüße.
Stets Ihr treu und dankbar ergebener R.G.

---

507 Mit dem Olonetz-Unternehmen war der Olonetzfeldzug im Rahmen der finnischen Ostkriegsfeldzüge 1918-1920, den sog. Stammverwandtschaftskriegen, gemeint, in deren Ergebnis ein Großfinnland entstehen sollte. Ein solcher Feldzug war bereits 1918 geplant gewesen, konnte aber wegen des Mangels an Truppen nicht realisiert werden. In veränderter internationaler Lage wurden die Ambitionen der finnischen Aktivisten in Richtung Karelien 1919 erneut geweckt und führten zu einem Feldzug in die kornreiche Region Olonetz. Der Kriegszug war ein reines Freiwilligenunternehmen, allerdings mit deutlicher offizieller Billigung. Nachdem die Finnen zunächst weit in das Zielgebiet vordrangen, wurden sie letztlich im August 1919 von der Übermacht der bolschewistischen Verteidiger nach Finnland zurückgedrängt. Siehe: Niinistö, Jussi, Heimosotien historia, Helsinki 2005, S. 158 ff.

KA, J. K. Paasikiven arkisto, Kirjeet ja kirjekonseptit, Kotelo 1:3, Seite 7 und 8

2 Postkarten vom 1.2.1919 und vom 20.3. an Paasikivi von der Bank Delbrück Schickler & Co. mit der Mitteilung, dass 350,77 M bzw. 1.000 M auf das Konto der Familie v.d. Goltz überwiesen wurden. Wörtlich:

1. Senator & Chefdirektor J. K. Paasikivi. Kansallis-Osake-Pankki Helsinfors Finnl.

Delbrück Schickler & Co., Depositenkasse Berlin W 66, Mauerstraße. 61-65
den 1.2.1919
Im Besitz Ihrer Geehrten vom 17.1.19 verwenden wir die uns übersandten
M 350,87 in Check
zu Gunsten d. Graf v. d. Goltzschen Eheleute
Hochachtungsvoll
pp. Delbrück Schickler & Co.

2. Herrn Senator & Bankdirektor J. K. Paasikivi

Kansallis.Osake-Pankki
Helsingfors
Delbrück Schickler & Co. Depositenkasse
Berlin W 66 Mauerstr. 61-65
den 20.3.1919
Im Besitz Ihres Geehrten vom 1.2.19 verwenden wir die uns überwiesenen
M 1000,-
zu Gunsten des Contos Genaralmajor Rüdiger Graf von der Goltz`schen Eheleute.
Hochachtungsvoll
pp. Delbrück Schickler & co.

KA, J. K. Paasikiven arkisto, Kirjeet ja kirjekonseptit, Kotelo 1:3, Seite 54 -63

20/8 19

Lieber Herr Graf!
Sie haben wohl, lieber Herr Graf, mir über meine Schweigsamkeit etwas Vorwürfe gemacht und mit Recht. Aber die Zeit ist geflossen und es hat so viel – und so viel unangenehmes – geschehen, dass es einen wirklich schwer zu Muthe macht.
Die Friedensbestimmungen sind ja unerhört. Aber, Ihnen kann ich es ja sagen, eine Bestimmung hat uns, wenigstens mich – besonders peinlich berührt: Die Bestimmung, dass der Kaiser und die anderen Führer ausgeliefert werden sollen. Dass Deutschland auf diese Bestimmung eingegangen ist, das hat uns aufs Tiefste berührt, denn wir hatten das nicht für möglich geglaubt. Es mag so sein, dass die Bestimmung möglicherweise zur Ausführung nicht kommt.

Auch bei uns haben sich die Verhältnisse mit grosser Fahrt entwickelt – und stets nach links. Jetzt sind wir ja ziemlich weit nach links gegangen.
Wie Sie sich erinnern, wurde nach meiner Regierung Professor Ingmann Chef der Regierung. Im Anfange des März waren neue Wahlen und diese Wahlen gaben grosse republikanische Mehrheit zum Resultat. Nach meiner Meinung waren es die Vorgänge in Deutschland – Abschaffung der Monarchie u. a. - die auch bei uns die monarchische Stimmung so ausserordentlich geschwächt haben. Prof. Ingman und andere Monarchisten nahmen ihren Abschied und die Regierung wurde von Herrn Castrén rekonstruiert. Herr C. ist mein Kollege, er ist Mitglied der Direktion meiner Bank. Im Landtage wurde eine republikanische Regierungsform angenommen und von Mannerheim als Reichsverweser feststeht.
Dass solche Forderungen von Entente aufgestellt worden sind, finde ich natürlich für unerhört.
Ich folge mit grossem Interesse dem Gang der Verhältnisse in Deutschland. Und manches kann ich nicht verstehen. So die schrecklichen Parteistreitigkeiten, die gerade unpatriotische Formen angenommen hat („Enthüllungen" u.a.). Auch manches in euren finanziellen und ekonomischen Massnahmen und Vorlagen muss ich mit Kopfschütteln ansehen. Aber ich bin ja so weit von den Schauplätzen.
Die Wahl des Präsidenten wurde am 25. Juli vorgenommen und gab zum Resultat, dass der Führer der Republikaner Prof. Ståhlberg mit grosser Majorität zum ersten Präsidenten gewählt wurde. Mannerheim, für den ziemlich alle Monarchisten stimmten, bekam 50 Stimmen gegen ca. 150 für Ståhlberg. Die Sozialisten wollten mit allen Mitteln Mannerheim entfernen. Ich weiss nicht recht, ob Sie sich noch des Professors Ståhlberg erinnern, er war im vorigen Jahr im Landtage der Hauptgegner der Monarchisten. Er ist ein energischer und grosser Arbeiter und wird mit allen Mitteln gegen Bolschewismus kämpfen. Dennoch sind wir sehr verstimmt, denn in diesen unruhigen und gefahrvollen Zeiten wäre Mannerheim, auch als Militär, besser gewesen. - Und so haben wir wieder eine neue Regierung, Herr Castrén und einige andere Mitglieder gingen aus der Regierung: Es ist die vierte Regierung in einem Jahre. Diese wie auch die Streitigkeiten bei der Präsidentenwahl ist ja auch ein Zeichen der heiklen und wenig festen Verhältnisse der jetzigen Zeit. Wie wir wirklich mit unserer republikanischen Verfassung durchkommen können, ob und wie wieder in Russland eine feste monarchische Regierung zu stande kommt, das erfüllt auch mich mit Befürchtung und Sorge.
Aber der politische Horizont ist ja auch sonst unklar. Gott weiss, was alles noch in der Welt geschieht.
Ich fürchte nicht bolschewistische Unruhen in unserem Land, denn wir können – glaube ich – sie niederwerfen, wenn nicht der Bolschewismus überall Überhand nehmen wird. Doch kann man sich nicht so ganz von der Politik fernhalten. In der Regierung wie auch im Landtage haben die republikanischen Parteien die Leitung und meine Partei (Nationale Versammlungspartei) und die Schwedische Partei sind in der Opposition.
Von Ihrer jetzigen Tätigkeit lesen wir oft Notizen in den Zeitungen, aber eigentlichen Begriff von allen den wirrigen Verhältnissen in Lettland u. a. können wir hier nicht von den kurzen Zeitungsnachrichten erhalten.
Jetzt lesen wir, dass Sie bald nach Deutschland zurückkehren. Es wird interessant

sein etwas näheres zu hören, wenn, wie ich hoffe, ich das Vergnügen habe sie wieder persönlich zu treffen, wenn nicht eher, beabsichtige ich mit meiner Frau im nächsten Sommer nach Deutschland zu kommen.
Svinh. lebt fortwährend in Åbo. Setälä ist im Landtage tätig. Talas vorbereitet sich für juristische Professur in der Universität. Thesleff hat ein nettes Buch von seinen Erinnerungen geschrieben und wohnt in Wiborg. Ich glaube, dass er von seiner Frau geschieden ist. Stenroth ist auf der Staatsbank. Senator Paloheimo – mein alter Freund – ist plötzlich gestorben. Vielleicht erinnern Sie sich seiner. Wir waren zusammen einmal auf seinem Gute bei Riihimäki.
Meiner Frau und meinen Kindern geht es gut. Mir fehlt es auch eigentlich nichts anderes als dass die Weltereignisse jetzt einem zu wenig Freude bereiten.
Meine Frau und meine Töchter lassen Sie aufs herzlichste grüssen, und von mir seien Sie, Herr Graf, am meisten gegrüsst.
Wir senden alle unsere herzlichsten Grüße an die Frau Gräfin.
Leben Sie wohl

Ihr ergebener

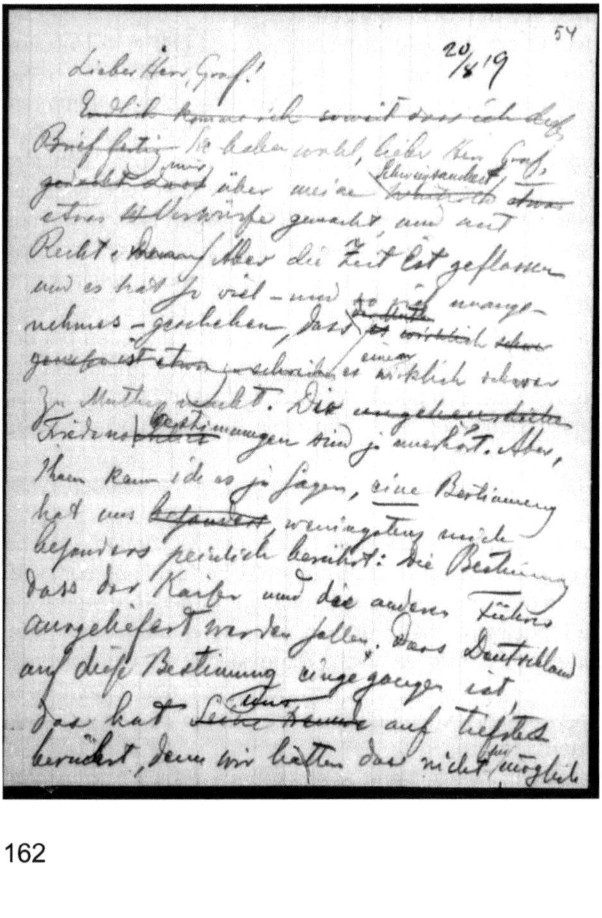

Faksimile: Auszug aus dem Briefentwurf vom 20.8.1919

KA, J. K. Paasikiven arkisto, Kirjeet ja kirjekonseptit, Kotelo 1:3, Seite 79-80

4.11.1919

Mein lieber, hochverehrter Herr Senator. Nachdem ich mein kurländischer Oberbefehlshaber-Posten aufgegeben habe, möchte ich Ihnen mal wieder einen kurzen Gruß senden. Nur kurz, weil ich noch immer außerordentlich beschäftigt bin. Es liegt mir daran, dass das Bermondsche Unternehmen[508] möglichst nicht ins Wasser fällt, obwohl die Entente und die deutsche sogenannte Regierung es in trautem Vereine zu sabotieren suchen. Vom deutschen Standpunkte ist ein Ersatz für meine Truppen von größter Bedeutung, da ganz oder halbbolschewistische Kleinstaaten, die Deutschland hassen und England ergeben sind, innen u. außenpolitisch und wirtschaftlich höchst bedenklich sind. Aber auch vom allgemein kulturellen Standpunkt ist eine offensive Bekämpfung des Bolschewismus sehr wichtig. Trotzdem würde ich es für fehlerhaft halten, wenn Finnland nur auf Treiben Englands und der von ihm abhängigen russischen Nordwest-Regierung, einem in Rußland verachteten englischen Popanz sich auf eine Eroberung Petersburgs einließe. Dazu ist eine Bitte Denikins, Koltschaks oder Lasarows[509] nötig. Sonst wird es als ein ungebetenes Einmischen in eine innere russische Angelegenheit aufgefasst. u. dem Kleinen Finland nicht gedankt werden. Schließlich kann dies noch die Kriegsschäden bezahlen und Rußland wird es als Schmach empfinden, dass seine Hauptstadt ihm von Finnen befreit wurde.

---

508 Pawel Michailowitsch Bermondt-Awalow (1877-1974) russischer Abenteurer, Offizier im Ersten Weltkrieg und von Juli bis November 1919 mit Unterstützung von Rüdiger von der Goltz Befehlshaber der sogenannten Westrussischen Befreiungsarmee im Russischen Bürgerkrieg. In Mitau residierend, ließ Bermondt rauschende Feste feiern und vereinbarte die Übernahme deutscher Freikorps, die schließlich 80 % seiner Streitmacht ausmachten. Insgesamt soll die Truppe rund 50.000 Soldaten ausgemacht haben, 40.000 deutsche und deutsch-baltische Männer und rund 10.000 Russen. Der Übertritt der Deutschen sollte das Verbleiben der Freikorps im Baltikum ermöglichen, nachdem die deutsche Regierung und die Entente-Staaten Rüdiger von der Goltz und die Truppen zurückgerufen hatten.
Als die deutsche Regierung die weitere Finanzierung der Armee zum 30. September 1919 aufkündigte, ernannte sich Bermondt zum Generalgouverneur von Westrussland mit eigener Zivilverwaltung. In Deutschland wurde illegal das sogenannte Bermondt-Geld gedruckt, als Deckung dienten die ehemaligen Staatswälder Kurlands.
Bei den Kämpfen im November 1919 wurden seine Truppen von der Armee Lettlands geschlagen. Nach der Niederlage bei Riga im November 1919 setzte sich Bermondt zunächst nach Dänemark ab, beförderte sich selbst zum Generalmajor und lebte dann in Deutschland. Siehe: https://de.wikipedia.org/wiki/Pawel_Michailowitsch_Bermondt-Awaloff (entnommen am 5.6.2019).

509 Anton Iwanowitsch Denikin (1872-1947) Generalleutnant in der kaiserlich-russischen Armee und einer der wichtigsten Kommandeure der Weißen Armee, die im Bürgerkrieg gegen die Herrschaft der Bolschewiki kämpfte. https://de.wikipedia.org/wiki/Anton_Iwanowitsch_Denikin (entnommen am 5.6.2019).
Alexander Wassiljewitsch Koltschak (1874-1920) Admiral der russischen Marine und Monarchist. https://de.wikipedia.org/wiki/Alexander_Wassiljewitsch_Koltschak (entnommen am 5.6.2019).

Ausserdem bin ich fest überzeugt, dass England nur beabsichtigt, diesen letzten Ostseehafen in seine Hand zu bekommen, den Bolschewismus in Rußland nicht bekämpfen, sondern im Gegenteil Rußland bathanisieren will. Da ihm das auf die Dauer nicht gelingen wird, ist ein russisch-englischer Krieg unvermeidbar, bei dem die Vasallen Englands die Kosten tragen werden. Mir scheint die skandinavische, gegen England möglichst selbständige Orientierung für Finland das richtige zu sein. Später wird dann Deutschland hinzu kommen. Rußland wird als vereinigte Staaten, nicht als Einheitsstaat doch wieder aufkommen und ist als solche gegen ein mit Schweden u. Deutschland verbündetes Finland weniger gefährlich. - Mir geht es gut. Mein ältester Sohn hilft mir als Adjutant. Meine Frau, die nicht immer wol war, kommt morgen zu mir. Ihnen, Ihrer Familie und allen Freunden herzlichen Gruß. Ihr getreuer, jetzt so viel gehasster G.

KA, J. K. Paasikiven arkisto, Kirjeet ja kirjekonseptit, Kotelo 1:3, Seite 14

Helsingfors 2/9. 19
Herren Delbrück Schickler & Co. Berlin
Anbei übersende ich Ihnen im Auftrag des Generalmajor Graf von der Goltz in Scheck
Rmk 1.164.70
mit welchem Betrag ich bitte das Conto der Graf von der Goltzschen Eheleute bei Ihnen zu kreditieren.
Am 2. Juli 1919 habe ich Ihnen Rmk 600,- gesandt worüber ich keine Bestätigung empfangen habe-
Ich bitte um Bestätigung beider Beträge.
Mit Hochachtung
Dr. J. K. Paasikivi

Senator und Bankdirektor

KA, J. K. Paasikiven arkisto, Kirjeet ja kirjekonseptit, Kotelo 1:3, Seite 15

13.1.1920
Finnland

Herrn Delbrück Schickler & Co. Berlin.

Anbei übersende ich Ihnen im Auftrage des Generalmajors Graf v.d. Goltz im Check
RM 1.000:-
mit welchem Betrag ich bitte das Conto der Graf von der Goltz-Eheleute bei Ihnen zu kreditieren.

Mit Hochachtung
Dr.J. K. Paasikivi
Senator und Bankdirektor

Adresse: Kansallis-Osake-Pankki Helsingfors

KA, J. K. Paasikiven arkisto, Kirjeet ja kirjekonseptit, Kotelo 1:3, Seite 18-24

Berlin-Wilmersdorf Güntzel-Str.62

25.II.20

Mein lieber Herr Paasikivi!
Zunächst eine geschäftliche Bitte. Bei dem Stande der Fmk zur Deutschen Mark 3,9 : 1 etwa ist es verführerisch, mein finnisches Guthaben, was auf Ihren Namen steht, zu verkaufen, ebenso das meines ältesten Sohnes. Sollten Sie keine besonderen Bedenken haben, so wollte ich daher bitten, bei gutem Valutastand es zu verkaufen und das Geld der Bank Delbrück Schickler u.Co. zu überweisen, Berlin W. Mauer-Str. 63. Sollte nach Ihrer Ansicht die Valuta der Fmk noch weiter steigen, so bitte ich noch etwas zu warten. Die Valuta der Rmk kann ja nicht mehr allzu sehr fallen.

Hoffentlich hält sich die Fmk trotz der bolschewistischen Lügen, die neulich Frau Brahe uns schrieb, die aber Dr. Jännes[510] nicht teilt. Immerhin scheint es mir günstig, die Lage auszunützen. Mir ist dabei bekannt, dass deutsches Geld jetzt stets gefährdet ist. Aber was ist sicher? - Vielleicht könnten wir ein Stichwort verabreden, das, wenn nötig, eventuell telegrafisch versandt werden könnte. Es ist das Wort „Verlagsrecht", „verkauft", „Verkauf nicht ratsam", „aufgeschoben", u.s.w. Da mein Buch „Meine Landung in Finnland und im Baltikum" in finnischer und schwedischer Übersetzung in Finnland erscheinen soll, so ist das Telegramm unverfänglich. Andererseits weiss ich mit Ihrer Unterschrift, dass es sich tatsächlich um das Geld handelt. Man könnte auch den Kursstand 39 oder 38.40 dahinter setzen. Die Überweisung würde ja einfach verrechnet werden.

Haben Sie vielen Dank um Ihre Bemühungen. Da die Verhältnisse für einen Pensionär bei hiesiger Teuerkeit immer schwieriger werden, so bin ich leider gezwungen, mir diese Sache sehr zu überlegen, was Sie als Bankdirektor und Vater verstehen werden. Leider habe ich früher an diese Dinge viel zu wenig gedacht. -

Bei uns ist alles unsicher. Einerseits Erzberger Prozeß[511], schlimmste Finanz- und Wirtschaftslage, Sieg des Bolschewismus, Entente, andererseits sind viele Kreise oft sehr nebeneinander am Aufbau beschäftigt. Es wird fieberhaft und selbstlos, ehrenamtlich gearbeitet. Ich bin deshalb nicht ohne Hoffnung, besonders wenn die Spannung außenpolitisch nachläßt. - Ich selbst habe als Pensionär mehr zu tun als früher, weil ich vieles selbst tun muss, was ich früher meinem Stabe auftragen konnte. Mein ältester Sohn zieht ganz an meinem Strange und ist mein bester Freund, wie es wol zwischen Vater und Sohn selten ist. Aber ich möchte, dass er erst sein Assessor-Examen macht. Deshalb hat er schon mehrere Angebote ausgeschlagen. Es würde

---

510 Dr. Juho Jännes (1880-1964) Agrarfachmann, Diplomat, Professor. Von den 1920er bis in die 1950er Jahre war er der bekannteste Agrarpolitiker des Landes und Vorsitzender des einflussreichen Zentralverbandes der Agrarproduzenten. Die junge Organisation war zwar klein, aber auf Grund der Fachkompetenz und des Einflusses ihrer Führung von Bedeutung. Von 1918 bis 1920 war Jännes Gesandter in Berlin. Sein Aufenthalt dort endete jedoch mit einem Skandal. Das finnische Verteidigungsministerium soll über Vermittler Waffenkäufe in Deutschland getätigt haben. Als die Information darüber an die Öffentlicheit geriet, bestritt die außenpolitische Führung, daran beteiligt zu sein und zog ihren Gesandten aus Berlin zurück. Siehe: Mäkinen, Riitta: Jännes, Juho. Kansallisbiografia-verkkojulkaisu. http://urn.fi/urn:nbn:fi:sks-kbg-004950.

511 Der Erzberger-Helfferich-Prozess war ein Beleidigungsverfahren, das der Reichsfinanzminister Matthias Erzberger gegen den ehemaligen Staatsminister Karl Helfferich anstrengte. Der Prozess dauerte mit Unterbrechungen vom 19. Januar bis zum 12. März 1920. Den Hintergrund bildeten im Kern Korruptionsvorwürfe, die Helfferich Erzberger in einer Broschüre machte. Obwohl Helfferich formal zu einer geringen Geldstrafe verurteilt wurde, gab ihm das Gericht inhaltlich Recht. Dies bedeutete das Ende von Erzbergers politischer Karriere. Unmittelbar nach dem Urteil trat Erzberger als Minister zurück. Er kämpfte bis zu seiner Ermordung um seine Rehabilitation. Der Vorgang war ein politischer Skandal der frühen Weimarer Republik, der die Öffentlichkeit stark beschäftigte. Es zeigte sich dabei auch die antirepublikanische Einstellung in weiten Teilen der damaligen Justiz. https://de.wikipedia.org/wiki/Erzberger-Helfferich-Prozess (entnommen am 14.10.2019; Siehe auch: Winkler, Heinrich August, Weimar 1918-1933. Die Geschichte der ersten deutschen Demokratie, München 1993, S. 117 f.

ihm später für höhere Stellen, für die er vollste Begabung hat, fehlen.
Mein jüngster Sohn hat z. Zt. gelehrte und künstlerische Interessen, aber von Finland und Ihrem Haus sprechen wir noch oft, besonders aber mit meiner Frau. Es geht ihr gut, wenn sie auch anfällig ist. Wir leben in dieser ernsten Zeit sehr still, aber ich habe sehr viel Besuch, meist ernster Art. Viele Weltverbesserer, aber doch viel ernstes Streben, wenn auch viel neben einander. Man könnte manchmal wieder hoffen trotz der Bolschewiken-Gefahr auch für Deutschland.
Der Tod von Reders[512] ist mir sehr nahe gegangen. Ich habe seine schlichte, ernste selbstlose Sachlichkeit in Finland sehr schätzen gelernt. Jännes hat dabei Finland sehr gut und geschickt vertreten. Reders hat Finland stets viel Anhänglichkeit und Treue gehalten und sich am hiesiegen „deutsch-finnischen Verein (Finlandkämpfer)" rege beteiligt. Der Verein blüht jetzt auf. -
Sollten Sie einen Weg wissen, mir das Geld unter Umgehung der Bank persönlich in Form eines Schecks oder mehrerer zukommen zu lassen, so wäre ich Ihnen dankbar. Eine feste Limitierung für den Verkauf kann ich auf längere Zeit von hieraus nicht geben und gebe Ihnen volle Freiheit. -
Die würdige Parteinahme in Finland anlässlich der Auslieferungsfrage hat hier einen sehr guten Eindruck gemacht. Man sagt, Svinhufvud steckt dahinter. Es war auch juristisch tadellos verfasst.
Leider stehe ich mit ihm seit einiger Zeit nicht mehr im Briefverkehr, weil ich mich Post nach Abo nicht zu schreiben wage. Sollten Sie ihm mal schreiben, so grüßen Sie ihn und seine Frau doch sehr.
Nochmals vielen Dank und viele herzliche Grüße von meiner Frau und mir Ihnen, Ihrer verehrten Gattin und Ihren Töchtern. Sind sie noch so fleißig?
In alter Treue und Freundschaft

Ihr Rüdiger Goltz

Mein Buch erscheint frühestens im Sommer. Mein hiesiger Verleger hält mich fest, so dass ich mit den finnischen Verlegern nicht selbst verkehren kann. Ich hatte den Vertrag mit ihm schon unterschrieben. Aber ich habe ihn verpflichtet, das Buch in Finland nicht hoch zu treiben, damit es lieber in viele Hände kommen kann.

512 Oberst von Redern leitete die Militärmission, die die Oberste Heeresleitung zur Umorganisation des finnischen Heeres nach preußisch-deutschem Muster nach Helsinki schickte. Er führte den Titel „Chef des deutschen Generalstabes beim finnischen Heer" und war nur an die Weisungen des Generals v. d. Goltz gebunden. (Siehe im Anhang Anlage 1).

KA, J. K. Paasikiven arkisto, Kirjeet ja kirjekonseptit, Kotelo 1:3, Seite 26-31(Entwurf)

Kansallis-Osake Pankki 5/4 20

Sehr verehrter lieber Herr Graf!
Ich habe Ihren Brief vom 25.II. erhalten und habe die Frage betreffend die Realisierung von Ihren Wertpapieren sehr genau überlegt. Auch mir schien es am besten, den Stand der gegenwärtigen Valutakurse auszunützen. Ich habe darum am 22/3.20 die Wertpapiere realisiert und habe es zu einem sehr vorteilhaften Kurs machen können, nämlich zu 90% der für 4%ige Obligationen, was ein sehr guter Kurs ist. Es waren Wertpapiere zusammen nominell Fmk 54.000.-. Davon war eine Obligation à 1000 Fmk verlost zum Einlösen zum 1/7 20. Diese Obligation habe ich diskandiert zum vollen Kurse Fmk1000:- abzüglich Diskontzins.
Wie aus beigefügter Rechnung ersichtlich, habe ich für alle Wertpapiere erhalten zusammen Fmk 49.017,37.
Diesen Betrag habe ich zum Kurse 100 RM = 27 Fmk umgetauscht in deutsche Währung und habe also erhalten RM 181.545,54, Der Betrag folgt anbei in verschiedenen Checken.
Das Geschäft ist nach meiner Meinung für Sie sehr vorteilhaft.
Wenn Sie aber von anderer Meinung sind, so kann ich das ganze Geschäft noch rückgängig machen, wenn ich bald Nachricht davon bekommen werde. In diesem Falle bitte ich Sie, Herr Graf, mich zu benachrichtigen. Nach meiner Meinung ist, wie gesagt, das Geschäft vorteilhaft. Zwar hoffen wir, dass der Kurs der Fmark sich im nächsten Sommer noch verbessern wird, aber es ist wohl zu erwarten, dass auch der Kurs von RM sich verbessert. Übrigens sind die Kurse unter den gegenwärtigen Verhältnissen so unberechenbar, dass es im Allgemeinen das klügste ist, den sicheren guten Gewinn zu nehmen und von unsicheren Möglichkeiten abzusehen. Diesem Grundsatz folgen wir im Bankgeschäfte.
Was die politischen und andere Verhältnisse betrifft, so haben wir es hier im Lande gänzlich ruhig gehabt. Keine Streiks u.s.w. Der Linkssozialismus erhebt doch sein Haupt, aber es scheint, dass unter den Sozialisten der überwiegend grösste Teil Rechtssozialisten sind. Die ökonomische Lage ist nicht so schwer gewesen, ausgenommen in den letzten Monaten. Eine große Geldknappheit macht sich fühlbar. Das kann ein Vorzeichen davon sein, dass das Geld eventuell etwas mehr Wert haben wird. Aber auch kann es ein Resultat davon sein, dass wir allzuviel konsumieren. Wir leben ja auch – leider – nicht sparsam genug. Unsere Staatsausgaben sind verhältnismäßig gross. Sie haben sich seit 1918 beinahe verdoppelt und doch waren wir in der damaligen Regierung über die Grösse der Staatsausgaben besorgt. Aber bevor die Welt zur Ruhe und Gleichgewicht kommt, kann man in dieser Hinsicht auf keine Verbesserung hoffen.

Am nächsten Montag, dem 12 April wird der Deutsch-Fin. Verein ein Fest im Societetshaus veranstalten zur Erinnerung der Ereignisse vor 2 Jahren. Dr. Nevanlinna[513] wird die Festrede halten und das Programm enthält auch einige andere Nummern. - Es ist wirklich sonderbar auf diese zwei Jahre zu blicken. Wie viel ist in der Welt geschehen. Nur noch kein Ende zu sehen.
Svinhufvud sehe ich oft. Ich habe ihm Ihre Grüße übermittelt und er lässt Sie Herr Graf bestens grüssen. Er wird in diesem Jahr Åbo verlassen. Er ist zum Vorsitzenden des Verwaltungsrates der zwei großen Holzindustriellen Anlagen erwählt.
Der Finnische Staat hat die Aktienmajorität in diesen Gesellschaften und Svinh. hat besonders die Staatsinteressen zu verwahren. Er hat für diesen Platz ziemlich guten Lohn. Auch ist er jetzt Mitglied des Verwaltungsrates unserer Bank. Er kann hauptsächlich auf seinem Landgute wohnen, wird aber auch eine Stadtwohnung in Hfors haben.
Wir warten mit großem Interesse auf das Erscheinen Ihres Buches. Wir haben hier schon vor einiger Zeit von Ihren Absichten gehört ein Buch zu schreiben. So ist sicher, dass das Buch hier in Finnland einen grossen Leserkreis finden wird.
Meine Frau und meine Familie befinden ist gut. Meine Töchter arbeiten sehr fleißig. Mein ältester Sohn soll in diesem Frühjahr Student werden und wird dann sogleich als freiwilliger in die Armee eintreten, um im nächsten Herbst in die Kadettschule einzutreten. Er will Offizier werden.
Meine Frau und Töchter grüssen Sie, lieber Herr Graf und Frau Gräfin herzlich. Ich bitte auch meine ehrfurchtsvollen Empfehlungen an Frau Gräfin zu übermitteln.
Ihr Treuer Paasikivi

---

513 Ernst Nevanlinna, Wirtschafts- und Finanzfachmann, Prof. für Wirtschaft und Finanzen an den Universitäten von Turku (1922-1924) und Helsinki (ab 1924). Von 1917 bis 1921 war er Parlamentsabgeordneter für die Nationale Sammlungspartei, von 1919 bis 1922 Chefredakteur der Zeitung „Uusi Suomi". Siehe: Vares, Vesa: Nevanlinna, Ernst. Kansallisbiografia-verkkojulkaisu. http://urn.fi/urn:nbn:fi:sks-kbg-006278.

KA, J. K. Paasikiven arkisto, Kirjeet ja kirjekonseptit, Kotelo 1:3, Seite 81-83

Berlin 19. April 1920

Mein lieber Herr Paasikivi!
Haben Sie herzlichsten Dank für die erfolgreiche Erledigung meiner Bitte. Der Valutakurs ist sehr günstig, der Kurswert vielleicht weniger. Aber in Suomi ist es doch ein sehr erfreuliches Resultat. Wir bedanken uns herzlich für Ihre Mühe. Auch die Art der Übersendung ist sehr praktisch.
Es war sehr liebenswürdig von Herrn Leivo[514], dass er sich des Auftrages bei seiner Reise entledigt hat. Mir ist nachträglich klar geworden, dass er die Sache kannte. - Hier stehen die Sachen für Kenner so böse, dass in 2-3 Monaten mit dem Schlimmsten zu rechnen ist, wenn ich auch glaube, dass nicht gleichzeitig ganz Deutschland erliegen wird. Ich kämpfe so lange es geht und möchte erst im äussersten Fall das freundliche Angebot, nach Finnland zu kommen annehmen. Meine Frau ist durch die Aufregung etwas kaputt. Ich nehme sie deshalb heut mit nach Schlesien, wo ich über die blsch. Gefahr vor Bauern rede. Sie soll mal auf andere Gedanken kommen. Das Gedenken des 12. April in Finland hat mich tief gerührt. - Haben Sie nochmals herzlichsten Dank. Es ist uns eine sehr große Hilfe in jetziger Zeit. Es gehört übrigens meinem ältesten Sohne, der es bei seiner Behinderung gut brauchen kann.

Meine Frau und ich grüßen Sie alle sehr, Frau Gemahlin und Töchter besonders. Ich bleibe mit nochmaligem Dank
Ihr treu ergebener Rüdiger Goltz

KA, J. K. Paasikiven arkisto, Kirjeet ja kirjekonseptit, Kotelo 1:3, Seite 84-88

Partenkirchen/Oberbayern 29. Juni 1920
vom 2. Juli ab Schloss Elmau/Mittenwald

Mein lieber, hochverehrter Herr Senator!

Zwar habe ich Ihrer Frau Gemalin schon gedankt als der Vorsitzenden des Damenkomitees, das für mich die großzügige Ehrengabe in Finland gesammelt hat. Aber da mir Jännes sagte, dass Ihre Familie in erster Linie den Gedanken propagiert hat, so möchte ich doch auch an Ihre Adresse nochmals meinen herzlichen Dank

514 Herr Leivo war Leiter einer Filiale der KOP.

richten. Sehe ich doch, welches Verständnis Sie für mich haben, der ich durch die neuen Zustände in Deutschland um meinen Beruf gekommen bin und ihn auch sofort trotz geringer Mittel der Regierung vor die Füße warf, als sie ihre Politik Oktober d. Js änderte. Ich war wirklich in schwieriger Lage, bis meine finnischen Freunde mich in die Verhältnisse brachten, in gewohnter Lebensrichtung auch als Privatmann weiter arbeiten zu können und zugleich mir hier seit 1913 die erste längere Erholung zu gönnen, da ich auf dem Lande bei uns nicht für sicher gelte.

Darf ich nun noch Ihren bewährten Rat erbitten. In Finland lagern 162.000 Fmk auf Ihrer Bank, wie mir Frenckell[515] sagte, damit ich im äußersten Falle ökonomisch unabhängig in Finland einige Zeit leben könnte. Wiederum sehr hübsch erdacht und mir sehr recht! Ich nehme an, dass das Geld auf meinem Namen dort lagert (?). Kann ich daher 16.660.65 Fmk, welche mir die Firma Söderström u. Co als meinen Anteil am Übersetzerrecht noch schuldet und welche mir nicht zeitgemäß erscheinen in deutsches Geld umzuwechseln, auf meinen Namen auf dasselbe Konto dort überweisen lassen? Für diesen Fall lege ich einen Brief an Söderström u.Co. bei.

Umgekehrt erwäge ich den Gedanken, falls bei uns noch üblere Zustände eintreten, einen Teil der nach Deutschland als deutsches Geld überführten Summe unter günstigerer Valuta oder auch nicht nach Finland als finnisches Geld zu überführen, ehe es hier großenteils verloren ist. M.E. würde der Zinsenbezug hier davon nicht berührt werden. Auch könnten die deutschen Behörden nichts dagegen sagen, da das Geld ihnen als Geld in finnischer Valuta angemeldet ist, zumal das Geld im besetzten Gebiet z.T. liegt.

Da Finland im Bunde mit unseren Unabhängigen steht und deren bolschewistische Revolution durch Herabsetzung der Reichswehr u. Auflösung der Sicherheitswehr anstrebt, auch Polen dem Bolschewismus verfallen wird, so sind unsere Zustände scheinbar fast hoffnungslos und ich überlege mir immer wieder, wie ich die Ehrengabe sicher stellen kann. Denn auch die Banken, bei denen sie jetzt liegt, sind vom Reichsbestande abhängig. Realien-Ankauf in Süddeutschland bedingt, dass man sich dorthin zurückzieht, was Aufgabe meiner Tätigkeit bedeutet. Hausbesitzer zu sein ist kein Genuss mehr bei den Kohlen- und Handwerker- Preisen. Bankrott bin ich nicht. Was aber wird aus Finland, wenn Polen und Deutschland bolschewistisch werden?

---

515 Erik von Frenckell (1887-1970) gehörte der schwedischsprachigen Minderheit an. Seine Vorfahren waren aus Deutschland eingewandert. Nach dem Gymnasium studierte er entsprechend der Familientradition in Deutschland und kehrte 1912 als Diplom-Ingenieur für Elektrotechnik der technischen Hochschule Dresden zurück. Er arbeitete als Technischer Direktor für die Emissions Aktiengesellschaft, später für die Bank von Finnland. 1917 wurde er für die Schwedische Volkspartei in den Stadtrat von Helsinki gewählt und als Handelsattaché an die Gesandtschaft nach Berlin entsandt. 1918 kehrte er zurück und kämpfte im finnischen Bürgerkrieg auf der Seite der Weißen. Von 1927 bis 1939 gehörte er dem Finnischen Parlament an. Von 1918 bis 1952 war er Präsident des finnischen Fußballverbandes. Als sich Helsinki 1932 für die Olympischen Spiele 1940 bewarb, ließ er als stellvertretender Bürgermeister von Helsinki das Olympiastadion bauen, das dann für die in Helsinki stattfindenden Spiele 1952 nur noch erweitert werden musste. Siehe: Kolbe, Laura: Frenckell, Erik von. Kansallisbiografia-verkkojulkaisu. http://urn.fi/urn:nbn:fi:sks-kbg-001853.

Was meinen Sie als Pessimist, wie Sie sich selbst nannten? Im Innern sicher, aber von aussen! Ist aber an eine Sowjet-Offensive zu denken, wenigstens 1920 u. 1921? M. E. nein. Weiter kann aber kein Mensch denken. Gerade deshalb dachte ich daran, einen größeren Teil der Ehrengabe in Finland anzulegen. Auf der Bank oder Pfandbriefe? Wir dachten stark daran, schon jetzt in diesem Jahre wieder nach Finland zu kommen. Aber Rücksichten auf unsere Söhne, die nur kürzeren Urlaub haben und der Gedanke, zur Hand zu sein bei den schon im Mai erwarteten Unruhen liess wieder uns davon abstehen. Auch ist meine Frau für eine längere Reise nicht wol genug. In Elmau[516], wohin wir übermorgen gehen, sollen verschiedene Finländer sein, auch Hjelt wird dort erwartet. Elmau gehört Johannes Müller. So werden wir also mit Ihren Landsleuten dort zusammen sein. Ich muss gestehen, dass dies meinen Entschluss mit beeinflusst hat. Dass Ihre Frau Gemahlin nicht mit nach Berlin kam, bedauerten wir herzlich. Aber wem kann man jetzt raten, nach Berlin zu reisen? Hoffentlich ein anderes Mal.
Einstweilen Ihrem ganzen Hause die allerherzlichsten Grüße von uns allen und nochmals vielen Dank, auch im voraus für Ihre Bemühungen.
In treuer Anhänglichkeit und Freundschaft
Ihr
Rüdiger Goltz
Das Ehepaar Frenckell hat seine Aufgabe, die Ehrengabe zu übergeben und anzulegen in ebenso sachlicher wie taktvoller und liebenswürdiger Weile erfüllt. Sie haben uns wieder sehr gefallen.

Nachtrag: Da die Valuta-Verhältnisse sich in anbetracht der Lage sehr schnell wieder umkehren können, so möchte ich Sie ermächtigen, wenn Sie es für zweckmäßig halten, von den nach Deutschland überführten 700.000 Rmk bis 300.000 Rmk wieder in finnische Valuta zu übertragen, d. h. für deutsches Geld bis 300.000 Rmk finnisches Geld zu kaufen. Bitte telegrafieren Sie mir dann z. B. 700 Exemplare gekauft. Ich würde dann Herrn Ström, den Vertreter von Jännes 200 000 Rmk überweisen lassen mit der Bitte, sie Ihrer Bank gut zu schreiben.
Ich weiss nicht, ob dieser Weg gangbar ist, aber Jännes sagte mir beim Abschied vor 14 Tagen, dass ich es selbst von hier aus so machen sollte.
Verzeihen Sie, dass ich Sie so bemühe, aber es ist vielleicht gemeinsames Interesse, dass die Ehrengabe nicht gefährdet ist.

Nochmals Dank u. Gruß! Ihr R. Goltz

30.6.20

516 Elmau steht für Schloss Elmau, ein Gebäude oberhalb der Ortschaft Klais im Wettersteingebirge in Oberbayern, das von 1914 bis 1916 erbaut wurde. 1912 hatte der Schriftsteller, Philosoph und Theologe Johannes Müller das Einödanwesen erworben. Ab 1914 gelang im Laufe von zwei Jahren Bau und Eröffnung (Pfingsten 1916) einer Institution, die laut Müller als "Freiraum des persönlichen und gemeinschaftlichen Lebens" dienen sollte. Gäste sollten hier durch das Erlebnis der Stille in der Natur sowie durch Konzerte und Tanzabende "im Sinne der Bergpredigt selbstvergessen, unbewusst und unmittelbar wie die Kinder ihrem göttlichen Wesen gewahr werden können." Siehe: Dietmar Mueller-Elmau: *Schloss Elmau - Eine deutsche Geschichte*, München, S. 9.

KA, J. K. Paasikiven arkisto, Kirjeet ja kirjekonseptit, Kotelo 1:3, Seite 64

General Rüdiger von der Goltz
Salden per 31/12-1921

Konto „Ehrengabe“	Fmk 190.721.12
Privatkonto	Fmk 33.421.--
	Fm 224.142,12

KA, J. K. Paasikiven arkisto, Kirjeet ja kirjekonseptit, Kotelo 1:3, Seite 65/66

Kansallis-Osake-Pankki
Rechnung No.

Helsinki 17.4.1923

Verkäufer: Kansallis-Osake-Pankki

Käufer: Graf R. von der Goltz

Weitergeleitete Wertpapiere: 107 Stück Aktien der Kansaliis-Osake-Pankki

Kurs 330,- Fmk
Gesamt 35.310,- Fmk

17.4.1923
Kansallis-Osake-Pankki

Goltzsche Aktien
50 Stück KOP
107 Stück KOP
67 Stück Föreningsbank
40 Stück Vereinte Parpierfabriken
90 Stück Kymmene

18./4.23

KA, J. K. Paasikiven arkisto, Kirjeet ja kirjekonseptit, Kotelo 1:3, Seite 68-71 (Entwurf)

18/1 24

Verehrter lieber Herr Graf!
Wir haben vor Paar Tagen ein ganzes Bündel von Briefen von Ihrer Familie bekommen, die uns sehr erfreut haben und für welche wir unseren herzlichen Dank aussprechen.
Ich habe soeben das Conto der „Ehrengabe" durchgesehen und obgleich das Eigentumsrecht des Fonds hier in Finnland bleibt und Sie nur über die Zinsen disponieren können und in Deutschland zu versteuern haben, soweit die Zinsen wirklich dorthin übersandt werden, sende ich hiermit an Sie die Auszüge aus den Conten zur Kenntnisnahme
Das Conto hat 1923 folgende Einkünfte:

Dividenden:	67 Föreningsb. á18 mk		1206 Fmk
	50 Kansall.-Os.-P á 34 mk		1700 Fmk
	40 Vereinigte Papier á 50 mk		2000 Fmk
Da Kymmene Aktien, die am 20/3.23 mit 22.248.65 zu Buche stehen, nunmehr nicht gesunken sind, ist das Conto und diese Aktien zum Tageskurse zu bringen, vergütet worden zum 7/2.23 mit		Fmk	2.700,00
Außerdem ist das Conto mit einem satten Gewinn vom 31/12.23 vergrößert worden mit		Fmk	20.000
	Zusammen	Fmk	41.104,43
Außerdem hat Kapitän Reuter 6/4.23 eingezahlt			5.000,--
und Finn.-Deutsche Gesellschaft 15/5.23			653,--
			46.757.40

Der Saldo war 31/12.23 wie aus dem Contoauszuge ersichtlich Fmk 184.261.47
Die ganze Bilanz des Fonds „Ehrengabe" war 31/12 23 folgende:

Saldo Guthaben		Fmk	184.261.47
Aktien (Kaufkurse vom 19.1.24			
157 St. Kans.Osake P	á 383		60.131,-
67 Föreningsbanken	á 243,15		16.314.50
40 Vereinte Papierf.	Á 340		13.600,--
30 Kymmene	á 626		18.780
			108.825.50
		Zusammen Fmk	293.086.97

Der Saldo vor 2 Jahren am 31/12.21 war

Ehrengabe	Fmk	190.721,12
Conto II	Fmk	33.421,--
	Zus.	224.142,12
dazu weiteres und Deut-Finn.		5.653,--
	Fmk	229.795.12

Der Fonds ist aber in 2 Jahren mit Zinsen, Devidenden u. a. mit Fmk 63.291,05 vergrößert worden.

Im Jahre 1924 sind die voraussichtlichen Einkünfte des Fonds folgende:

KOP	157 x 34	5338,--	
Föreningsb.	67 x 18	1206,--	
Vereinte Pap.	40 x 50	2000,--	
Kymmene	30 x 75	2250,-- Fmk	
		10,794	
	Zinsen circa		14.000
			24.794,--

Da Sie dazu noch Fmk 5.000,- nötig haben, werde ich Ihnen Fmk 30.000,00 übersenden. Wenn Sie, wie ich aus Ihrem Briefe entnehme, den Betrag nach Bedarf abzuheben wünschen, wäre vielleicht am besten, dass wir Sie an der Deutschen Bank oder Disconto Gesellschaft akkreditieren werden bis zum Betrage von 30.000 Fmk. In diesem Fall können Sie nach Bedarf die Beträge bis zu Fmk 30.000,-- abheben, aber (meines Wissens) nur in deutscher Währung nach Kaufkurs des Tages. In Fmk wird die Bank wohl nicht auszahlen, in anderer Weise als nach dem jeweiligen Verkaufskurse (d.h. Fmk verkaufen) und dasselbe natürlich in anderem ausl. Gelde. Wir können auch unsere Postremissvexel in Fmk an Sie übersenden in passenden Beträgen (entsprechend dem Check in ausl. Gelde) oder auch in finnischen Banknoten oder einen Teil zum Beisp. in Dollarnoten. Da das Geld erst bis 1/3. 24 nötig ist, bitte ich Sie noch mir zu schreiben in welcher Form es nach Ihrer Ansicht am besten wäre.

Ich schließe diesen Brief, der nur geschäftliche Angelegenheiten berührt hat und werde ein anderes Mal über übriges berichten. Sage nur zum Schluss unsere herzlichsten Empfehlungen und Grüße an die Frau Gräfin und an die ganze Familie.

In Treue und Ergebenheit Ihr J. K. Paasikivi

KA, J. K. Paasikiven arkisto, Kirjeet ja kirjekonseptit, Kotelo 1:3, Seite 89-92

26.6.1924

Lieber Herr Senator!

Vielen Dank für Ihren Brief vom 22.d.M. Wir freuen uns sehr, Sie alle 4 auf der Rückreise hier zu sehen und schlagen nur vor, dass wir dazu doch wieder unseren Balkon und unsere Wohnung benutzen, wo es doch vielleicht gemütlicher ist, als in einem öffentlichen Lokal, so gern wir Ihrer frdl. Einladung folgten. Wenn es Ihnen recht ist, notiere ich mir in meinem Kalender: „Dienstag den 8. Juli 2° nachm. Paasikivis". Passt es Ihnen besser zu anderer Zeit, so können wir es ja durch Fernsprechen nach Ihrer Ankunft verabreden. - Für Ihr freundliches Interesse für unseren Hausbau vielen Dank. Das Haus scheint doch zum 1. Oktober fertig zu werden, da der Zimmermannsstreik endlich behoben ist, so dass wir hoffen, unsere Wohnung noch verwerten zu können. Aber die anderen Schwierigkeiten bleiben dieselben.

Ich danke Ihnen sehr, dass Sie über ein Arrangement zu ihrer Behebung freundlich nachdenken und warte bis dahin mit einem Entschluß.- Unsere allgemeinen wirtschaftlichen Verhältnisse werden immer ernster. 40 Insolvenzen an einem Tage und unsere Regierung soll weiter erfüllen. Man kann nicht wissen, wie das abgeht.

27.6. Denn allmählich wird es doch weiteren Kreisen außerhalb der Nationalisten klar, dass wir nichts bezahlen können und das wir einfach mit unserer ganzen Wirtschaft übernommen werden sollen. Unsere Internationalisten arbeiten seit Jahrzehnten daran, alles was national und wehrhaft war, dem Volke, besonders dem Arbeiter zu verekeln, sie bauschten 1913 den „Zabernfall"[517] auf, verhinderten die gründliche Wehrhaftigkeit des reichen, friedlichen Deutschland, untergruben im Kriege den wehrhaften Geist, machten uns gern wehrlos und waffenlos, liessen den Feind nach Oberschlesien gegen die Abstimmung, gaben in London nach, verhinderten den internen Widerstand, machten uns durch den nur passiven an der Ruhr ganz bankrott und nun übernimmt das Ganze der internationale Jude als Konkursverwalter. Der Jude Herriot[518] erreicht auf anderem

517 Die Zabern-Affäre war eine innenpolitische Krise Ende 1913 im Deutschen Kaiserreich. Anlass waren Proteste im elsässischen Zabern, dem Standort zweier Bataillone des preußischen Infanterie-Regiments 99, nachdem ein Leutnant die elsässische Bevölkerung beleidigt hatte. Das Militär reagierte auf die Proteste mit rechtlich nicht gedeckten Willkürakten. Diese Übergriffe führten zu einer Reichstagsdebatte über die militärischen Strukturen der deutschen Gesellschaft und die Stellung der Reichsleitung im Verhältnis zu Kaiser Wilhelm II: Die Affäre belastete nicht nur das Verhältnis zwischen dem Reichsland Elsaß-Lothringen und dem übrigen Deutschen Reich schwer, sondern führte auch zum ersten Missbilligungsvotum in der deutschen Geschichte gegen einen Reichskanzler und zu einem erheblichen Ansehensverlust des Kaisers und des Militärs. https://de.wikipedia.org/wiki/Zabern-Affäre.(entnommen am 5.4.2019).

518 Édouard Herriot (1872-1957) französischer Politiker der Radikalen Partei und von 1924 bis 1925 Premierminister Frankreichs. Siehe: https://de.wikipedia.org/wiki/Édouard_Herriot (entnommen am 14.10.2019).

Wege in Zusammenarbeit mit der deutschen internationalen Demokratie dasselbe, was Poincaré[519] imperialistisch wollte und Macdonald[520] ist auch Weltdemokrat. Beide werden, besonders Macdonald, ihr eigenes Land kaputt machen. N. vernachlässigt die Empire-Belange und dient pazifistisch den Belangen der amerikanischen Trusts und Großkunden. Das wird sich das imperialistische England und seine Dominions nicht lange gefallen lassen, wenn auch die Liberalen N. vorläufig halten. So müssen wir deutschen Nationalen den heldischen Geist, so weit es geht, wehrhaft halten, bis es für ihn wieder Arbeit gibt. Freilich lehrt die Geschichte bis Judenitsch[521], was es heisst, von England abhängig zu sein.-

Sie machen eine schöne Reise. Zell am See soll herrlich sein. Salzburg ist schön, wenn ich auch Innsbruck noch märchenhafter finde. Drum wagen wir nicht, Ihnen vorzuschlagen, nach solchen Eindrücken Ihnen Potsdam mit uns sich anzusehen. Das müssen Sie mal auf dem Hinwege tun. Dass Sie so viel Nützliches zu lernen suchen, finde ich ausgezeichnet. Will Ihr Gasterner Bankfreund auch eine politische Lehrerin aus Östereich machen? Solche Gedanken sollen spuken, um nicht aufgeteilt zu werden.

Von Ihren wissenschaftlichen Aufsätzen über Finnlands Wirtschaft müssen Sie mir erzählen. In Berchtesgaden lebt Major Crantz[522], aber Sie kennen ihn wol gar nicht.-

Nun auf gutes Wiedersehen. Mit Dank und vielen Grüßen auch seitens meiner Frau für eine Karte Ihrer Frau Gemahlin, Ihr Ihnen freundschaftlich und treu ergebener R. Goltz.

---

519 Raymond Poincaré (1860-1934) französischer Politiker in der Dritten Republik. Er war zwischen 1922 und 1929 mehrmals Ministerpräsident und von 1913 bis 1920 Staatspräsident. https://de.wikipedia.org/wiki/Raymond_Poincaré. (entnommen am 14.10.2019).

520 Ramsay MacDonald (1866-1937), britischer Politiker und zweimal Premierminister des Vereinigten Köngreichs. Aus einfachen Verhältnissen stammend, wurde er 1924 der erste Labour-Premierminister. Während seiner zweiten Regierungszeit von 1929 bis 1935 ging er angesichts der Wirtschaftskrise eine Koalition mit den Konservativen ein und wurde deshalb aus der Labour Party ausgeschlossen. Siehe: https://de.wikipedia.org/wiki/Ramsay_MacDonald (entnommen am 14.10.2019).

521 Nikolai Nikolajewitsch Judenitsch (1862-1933), General der russischen Armee und der Weißen Garde 1919. Nach der Oktoberrevolution lebte er für über ein Jahr in St. Petersburg im Untergrund. Ende 1918 konnte er mit seiner Frau nach Helsinki fliehen, wo er als ranghöchster General versuchte, bei Finnland und den Siegermächten Unterstützung für einen Vormarsch auf St. Petersburg zu gewinnen. Judenitsch und Mannerheim kannten sich seit der Generalstabs-Akademie. Die von Judenitsch favorisierte Idee eines Angriffs nördlich des finnischen Meerbusens zerschlug sich erst nach der Wahlniederlage Mannerheims im Juli 1919. Siehe:https://de.wikipedia.org/wiki/Nikolai_Nikolajewitsch_Judenitsch (entnommen am 14.10.2019).

522 Major Crantz war 1918 deutscher Verbindungsoffizier im Hauptquartier von Mannerheim.

KA, J. K. Paasikiven arkisto, Muistelmien julkaisematon osa 1917-1918 (1890-1960) Kotelo VI: 23

Charlottenburg 9, Kurlandallee den 10.12.24

Herrn Senator Stenroth Hochwohlgeboren Helsingfors

Sehr verehrter Herr Senator! Soeben erfahre ich, dass ein Dr. Schauman[523] in Helsingfors ein Buch herausgegeben hat „Der Kampf um die Staatsverfassung in Finnland 1918“ und dass darin völlig entstellende Angaben über das Verhältnis der damaligen Regierung Svinhufvud zu mir enthalten sind. Ich muss gestehen, dass ich darüber höchst erstaunt und empört bin, da ich mich in meinem Buche „Meine Sendung in Finnland und im Baltikum“ völlig klar und selbstverständlich unbedingt der Wahrheit entsprechend ausgesprochen habe. Aber da nun einmal tendenziöse Behauptungen vom Gegenteil der Wahrheit von Herrn Schauman in die Welt gesetzt worden sind, so möchte ich dazu wie folgt kurz Stellung nehmen.

Den Titel „Deutscher General in Finnland“ erhielt ich nur, weil neben meiner Stellung als Kommandeur der Ostsee-Division mir noch verschiedene andere Aufträge seitens der O.H.L. nach Beendigung des eigentlichen Feldzuges zuteil wurden. Worin diese Aufträge bestanden, zeigt die Dienstanweisung, die ich als Anlage 4 in meinem Buche veröffentlicht habe. Einwandfrei für jeden, der sehen will. Dass ich eine Art von Statthalter in Finnland gewesen sei und die Regierung von mir abhängig sei, muss ich als gewissenlose Tendenzlüge bezeichnen. Wann hätte ich mich jemals in die inneren Verhältnisse Finnlands eingemischt?

Nicht Deutschland wünschte ein Gross-Finnland zu schaffen und damit Finnland in den Krieg an seiner Seite hineinzuziehen, sondern im Gegenteil, Gross-Finnland war der Wunsch weiter Kreise des Finnischen Volkes. Die Deutsche O.H.L. hat durch mich vor zu weit gehenden gross-finnischen Wünschen warnen lassen, weil dadurch der Bestand des neuen finnischen Staates gefährdet werden würde. Denn Russland würde sich nach unserer Ansicht die Wegnahme von Gebieten, die seit Jahrhunderten zu Russland gehörten, nicht gefallen lassen.

Deutschland hatte aber ein sehr wesentliches Interesse daran, dass das deutsche Blut in Finnland nicht umsonst geflossen war und dass Finnland als selbständiger Staat erhalten blieb. Dass wir ausserdem das Interesse hatten, dass dieser selbständige Staat Finnland deutschfreundlich und uns möglichst verbündet blieb, ist selbstverständlich. Denselben Wunsch hatte natürlicherweise auch die damalige finnische Regierung, weil sie das dringende Bedürfnis haben musste, Anlehnung an eine mächtige Grossmacht

523 Dr.Georg Schauman, Leiter der Universitätsbibliothek Helsinki und Parlamentsabgeordneter gehörte 1918 zu den schärfsten Gegnern einer Monarchie in Finnland, machte die Ostsee-Division und allen voran Rüdiger von der Goltz mit verantwortlich für das Streben führender finnischer Politiker nach der Errichtung einer Monarchie in Finnland und einem deutschen König, hatte Kontakte zu deutschen Sozialdemokraten und setzte sich in seinem 1924 erschienenen Buch mit diesen Ereignissen kritisch auseinander. Siehe; Schauman, Georg, Valtiomuototaistelu Suomessa 1918 Tosiasioita, Mietelmiä ja Muistoja, Porvoo 1924, S. 19 ff.

zu haben. Die Selbständigkeit Finnlands wurde dadurch aber in keiner Weise berührt. Im Gegenteil waren wir uns immer darüber klar, dass Finnland nur dann deutschfreundlich bleiben würde, wenn seine Selbständigkeit von einer weitsichtigen deutschen Politik in keiner Weise beeinträchtigt würde. Gerade weil das so war, hat sich die freundliche Erinnerung an die deutschen Befreier und den deutschen General in Finnland bisher erhalten und so soll es bleiben. Trotz aller tendenziösen Verdrehungen, die offenbar mit deutschfeindlichen Strömungen zusammenarbeiten, um das alte kaiserliche Deutschland zu verdächtigen, die Deutschfreundlichkeit in Finnland zu untergraben und die hervorragenden Mitglieder der Regierung Svinhufvud, die die Unterlage für die weitere Entwicklung Finnlands geschaffen hat, der mit Recht Finnland dankbar ist, schlecht zu machen.

Die deutsche O.H.L. hatte schon deshalb kein Interesse daran, Finnland in den Weltkrieg hineinzuziehen, weil Finnland damals gar kein Heer besass, das zu grossen Operationen fähig war, und weil uns gar nicht daran liegen konnte, eine neue Ostfront aufzurichten. Im Gegenteil wir waren ja froh, dass der Krieg im Osten beendigt war und wir hatten nur den einen Wunsch, möglichst viele Kräfte nach dem Westen zu ziehen. Gerade deshalb unterstützten wir gern die Bildung des finnischen Heeres, die es uns ermöglichte im September 1918 die Jägerbrigade von Finnland abzutransportieren, weil die finnischen Truppenteile zusammen mit der allein noch zurückbleibenden Ulanenbrigade nach unserer Ansicht nunmehr genügen würde, um Finnland gegen einen Aufstand von innen und einen Einmarsch von Petersburg aus zu schützen.

Der vorübergehend bei der O.H.L. aufgetauchte Gedanke, zusammen mit Sowjet-Russland die ganz schwachen Kräfte der Engländer an der Murman-Bahn zu bekämpfen ist von mir bekämpft und niemals in die Tat umgesetzt worden. Im Gegenteil, die O.H.L. entschloss sich im August von der Land- und Seeseite aus Petersburg zu nehmen, was leider nicht in die Tat umgesetzt worden ist, weil inzwischen die Verhältnisse im Westen unglücklich sich gestalteten. Auch hierbei hatte ich den Wunsch, Finnland möglichst nicht zu engagieren, um es nicht in Gegensatz zu Russland zu bringen, welche Staatsform in diesem Lande auch vorhanden war.

Alles in allem kann ich nur zusammenfassen, dass die finnische Regierung von 1918 es in überaus geschickter Weise verstanden hat, die Dankbarkeit für die deutsche Waffenhilfe mit einer vollständig selbständigen finnischen Politik, die die eigenen Interessen Finnlands über alles stellte, zu verbinden, dass ich dafür volles Verständnis gehabt und das auch unterstützt habe.

Ich glaube damit den guten Beziehungen beider Länder auf weite Sicht am besten zu nützen.

Ganz zum Schluss möchte ich noch Ihnen sehr verehrter Herr Senator, für den Takt danken, den Sie und ihre ganze Regierung bei dem Zusammenbruch Deutschlands gezeigt hat.

Sollte es hiernach noch notwendig sein, mit aktenmässigen Belegen vorstehende Ausführungen zu beweisen, so könnte das jederzeit geschehen. Augenblicklich bin ich durch meine Stellung als augenblicklicher geschäftsführender Vorsitzender der Vereinigten Vaterländischen Verbände Deutschlands und des Jungdeutschlandbundes sehr in Anspruch genommen, würde aber, wenn es notwendig sein sollte, auch die Zeit

finden, weiteres darüber zu schreiben, falls die Lügenküche des Herrn Schauman mich dazu zwingen sollte. Ich glaube aber, dass vorstehende Ausführungen genügen und dass die deutschfreundliche Gesinnung weiter Kreise des finnischen Volkes sich nicht durch Entstellungen irremachen lassen wird.
Mit den besten Grüssen für Sie, Ihre Frau Gemahlin und die Mitglieder damaliger ebenso vaterlandsliebenden wie klugen Regierung bin ich
Ihr Ihnen Treu ergebener Graf v.d. Goltz

Selbstverständlich können diese Zeilen veröffentlicht werden.

KA, J.K.Paasikiven arkisto, Kirjeet ja kirjekonseptit, Kotelo 1:3, Seite 73-75

Helsingfors 27/2.1925

Lieber Herr Graf!
Ich habe seit Wochen beabsichtigt an Sie zu schreiben, aber bin so mit Arbeit überbürdet gewesen, dass mein gutes Vorhaben bis jetzt nicht verwirklicht worden ist.
Ich sende anbei die Auszüge des Conto „Ehrengabe“ über die beiden Jahreshälften und über Ihr Conto für Finnmark.
Die Bilanz der „Ehrengabe“ ist folgende:

Saldo per 31/12.24	Fmk	169.842,77
Aktien (nach Kursen 27.2.25		
157 K.O.P á 380,00		59.660,--
67 Föreningsb. Á 197,--		13.199,--
60 Vereint Papierf. Á 430		25.800,--
30 Kymmene/ der Kurs jetzt nur 566 mit dem Kupong für 1924...Habe die Aktien per 2.1.25 verkauft ohne Kupong 1923 zu 600,--/		8.000,--
30 Kupongs von Kymmene für 1924 wenigstens á 50 Fmk		1500,-
		118.159,--
	zus. Fmk	288.001,77

Nach meinem Briefe 18/4.24 war der Saldo der Bilanz per 31/12.23 – 299.086,97 Das Saldo hat sich also um Fmk 5.085,40 vermindert. Im April und Juni 1924 ist Ihnen Fmk 30.000,-- an die Deutsche Bank überwiesen worden, so dass der Saldo eigentlich mit 25.000,-- Fmk vergrößert wäre. Dabei haben wir für Ihre Schuld im Rentenmarkconto für 1924 keine Zinsen debitiert: Der debet-Saldo ist Reichsmark 20.018,75/ Rmk. 18,75 sind Spesen, die die Deutsche Bank sich zugerechnet hat./
Die Aktien sind hier überhaupt gesunken. Unsere Aktien stehen doch auf demselben Punkte (380 pro 383 im Jahr 1924). Föreningsb. jetzt 197 pro 243,5 in 1924, Kymmene ist auch gesunken jetzt 566 pro 626. Darum habe ich die Kymmene Aktien verkauft ohne Kupong.... Nur Vereinte Papierfabriken ist gestiegen: jetzt 430 pro 390 in 1924. Unsere Bank gibt für das letzte Jahr 18 % Dividende pro 17 % für 1923.
31/12. 23 war die Anzahl der Aktien von Vereinigte Papierfabriken 40 St. Im Juli habe ich 20 St. neue Aktien gekauft zum Kurse 310 mk

Um diesen Brief mit der heutigen Post abgeben zu können schliesse ich denselben diesesmal mit diesen nur geschäftlichen Sachen. Wir reisen nächsten Donnerstag (5/3.25) nach Stockholm auf eine Woche um unseren Sohn zu besuchen. Nach meiner Rückkehr schreibe ich etwas mehr auch über Politik.
Leben Sie wohl, lieber Herr Graf, und überbringen Sie unsere Empfehlungen an Frau Gräfin und seien Sie selbst gegrüsst von uns allen, meiner Frau und von unseren Kindern und von mir.
Ihr treuer und ergebener J. K. Paasikivi

KA, J. K. Paasikiven arkisto, Kirjeet ja kirjekonseptit, Kotelo 1:3, Seite 99-101

Charlottenburg 9 Kurlandallee 38

8.III.1925

Lieber Herr Senator!
Haben Sie vielen Dank für Ihren Brief und Ihre Bemühungen in meinem Interesse. Da Georg Konrad, der seit kurzem verheiratet ist, jetzt bei der Direktion einer Bank arbeitet, hoffe ich durch ihn in die letzten Geheimnisse der Abrechnung noch eingeweiht zu werden. Die 30000 Fmk. die ich s. Zt. abgehoben habe, waren gedacht als die ungefähren Zinsen und Dividenden des Jahres 1924. Wenn ich diese in Zukunft nicht abhebe, sondern stehen lasse und da sie dieses Mal mir keine Zinsen für die 20000 Fmk angerechnet haben, hoffe ich letztere Schulden allmählich geringer werden zu lassen. Also nochmals vielen Dank!

Wir fühlen uns in unserem Häuschen, das auch unserem heutigen Besucher, Goldbeck-Löwe gefiel, sehr wol. Meine Frau ist entschieden schon frischer. Rüdiger hat uns neulich hier kurz besucht. Sie haben mehrfach Sorge um das Patenkind Ihrer Frau Gemahlin, die mit den Nieren zu tun hat. Da sie aber sonst sehr kräftig ist, so hoffen sie, dass es nicht schlimm wird.
Das deutsche Volk kommt aus den Aufregungen nicht heraus. Jetzt werden Präsidenten-Wahl.
Die Schwarz-weiss-roten stellen einen gemeinsamen Kandidaten auf, der vielleicht nicht allen Wünschen der Aktivisten entspricht, aber dafür manchen Unentschiedenen nach rechts herüber ziehen kann, besonders wenn die Streiks den ganzen Ernst unserer politischen und wirtschaftlichen Lage dem Volke klar machen. Beim Tode Eberts ist freilich in unwürdiger und sentimentaler Weise für diese Revolutionsgestalt gelogen worden. Dass auch in der deutschen Kirche in H'fors ein Trauergottesdienst für Ebert stattfand, ist eine Schande.
Mir geht es leidlich, obwol ich viel zu tun und manchen Ärger habe. Meine Arbeit gilt der Zusammenfassung der nationalen Arbeit, was bei dem an die Monarchie gewöhnten Volke besonders gerade der rechten Kreise nicht leicht ist.
Von Freunden erzählte Goldbeck im allgemeinen Gutes. Aber wirtschaftlich kriselt es allgemein. Wenn das doch endlich einmal auf die Kriegspolitik Frankreichs Einfluß hätte! Denn daran liegt es doch, wir haben doch keinen Frieden.
Meine Frau grüsst Sie und Ihr ganzes Haus mit mir herzlich. Ich danke Ihnen nochmals und bin in Treue und Freundschaft

Ihr Rüdiger Goltz

KA, J. K. Paasikiven arkisto, Kirjeet ja kirjekonseptit, Kotelo 1:3, Seite 102

Postkarte an Herrn Senator Paasikivi Helsingfors./Finnland, Skillnaden 3
Vielen Dank für Grüße aus Stockholm und herzliches Gedenken an die hübschen Tage, die ich 1923 mit meinem Sohn bei Ihnen verleben durfte. Uns geht es im allgemeinen gut. Hindenburgs Kandidatur gibt neue Hoffnung – auch seine Arbeit. Unser Häuschen ist jetzt in ersten warmen Tagen uns von neuem lieb geworden.
Herzliche Ostergrüße! Ihr Rüdiger Goltz
9.4.1925

KA, J. K. Paasikiven arkisto, Kirjeet ja kirjekonseptit, Kotelo 1:3, Seite 104

Kurlandallee 38
Charlottenburg 9 22.6.1925

Lieber Herr Senator!
Wir haben sehr zu danken für die freundliche Aufnahme unserer Kinder in Finnland und bei Ihnen. Eine Karte Ihrer Frau Gemahlin aus Wiborg und zwei aus Sortavala und Nyslott[524] gemeinsam erfreuten uns sehr.
Mein Sohn schrieb sehr erfreut über Auto- und Ladogafahrt durch die Güte eines Herrn aus Wiborg.-
Wir ärgern uns indessen über Entwaffnungsnote, Sicherheitsnote und ähnliches, machen die Regierung scharf und haben doch Zweifel, ob das alles etwas nützen wird. Es ist furchtbar und doch muß man kämpfen.
Es setzt sich immer mehr die Ansicht durch, dass wir vor allem erst mal im Innern aufbauen müssen, in Landwirtschaft und Siedlung, durch Jugendertüchtigung und Einigung durch Kampf gegen Internationalismus, Pazifismus und volksfeindliche Überfremdung, die alle das Volk vergiften und uns vor und im Kriege innerlich zermürbt haben. Die deutsch-völkische Gesinnung ist keineswegs mit Antisemitismus identisch, dieser ist nur ein negativer Teil davon. Die Hauptsache ist die völkisch-sittliche, soziale und wirtschaftliche positive Aufbau-Arbeit, die eine Arbeit auf lange Sicht ist. Echt deutsch-systematisch, aber wir glauben, dass, wenn das Volk so gesundet und alles Fremde, Undeutsche abstößt, wir auf die Dauer mehr Zukunft haben, als Franzosen mit ihren Neger-Armeen und 6% bis 8% Mulatten-Geburten, Geburten-Rückgang, Rentner-Beschaulichkeit u.s.w. Alles das kann Ihnen aber mein Sohn erzählen, Es sind ja nur Pläne, ob es gelingt, hängt von der Reaktionsfähigkeit unseres Volkes ab, das von Industrie, Großstädten, Jüdisch-Amerikanertum Rom und Moskau leider schon recht vergiftet ist. Wir hoffen auf Ihren Besuch hier Ende Juli. Meine Frau soll auch in ein Gastein ähnliches Bad, aber dies selbst liegt ihr wol zu hoch und soll auch sehr teuer sind.
Der Besuch Ihrer Frau Gemahlin war sehr nett, nur sehr kurz. Aber es ist doch nett, daß man sich alle Jahre einmal sieht und spricht, so lange man noch geistig und körperlich frisch ist. Wie lange noch, fragt man sich, wenn man schon so viel erlebt hat wie ich.
Viele Grüße Ihnen, Ihrem ganzen Hause und allen Freunden. Beiliegenden Brief darf ich wol bitten abzugeben, da ich nähere Anschrift der Reisenden nicht weiß. In Treue und Freundschaft Ihr Rüdiger Goltz.

524 Nyslott ist der schwedische Name für Savonlinna.

KA, J. K. Paasikiven arkisto, Kirjeet ja kirjekonseptit, Kotelo 1:3, Seite 108-111

Charlottenburg Kurlandallee 38

5.August 1925
Lieber Herr Senator!
Ihr Besuch vor 9 Tagen hat uns sehr gefreut, wir danken sehr dafür und fanden es sehr gemütlich mit Ihnen. Inzwischen waren Munsterhjelms[525] bei uns, er hat s. Zt. meine Büste gemacht. Wir denken nun sehr an unsere eigene Reise, kommen aber aus verschiedenen Gründen hier nicht los.
Zwar bin ich selbst seit 2-3 Tagen endlich wieder frisch, aber meine Arbeit hält mich fest. Auch hatte ich schon längst für den 30. August in Nord-Bayern eine Rede zu einer Rheinlandfeier zugesagt, die ich unterwegs dann mitnehmen würde. Leider wird daher aus einem gleichzeitigen Aufenthalt in Gastein[526] nichts werden. Wir schwanken inzwischen zwischen Kissingen[527] und Hof Gastein[528], da Bad Gastein meiner Frau zu hoch scheint. Sonst würde es vielleicht im September erschwinglich sein. Man empfahl uns dort Hotel Weissmeier, ferner Bellevue und Haus Gruber (nicht Hotel). Aber alles dies wird ja nicht in Frage kommen, weil es meiner Frau zu hoch scheint. Ich schreibe daher gleichzeitig an die Badeverwaltung von Hof Gastein. Sollten Sie dort zufällig etwas Günstiges hören, so wären wir Ihnen für Mitteilung sehr dankbar.
Sonnabend kam mein Sohn Rüdiger und war begeistert von Ihrer Gastfreundschaft und Liebeswürdigkeit, besonders auch der gütigen Reiseführung durch Ihre Frau Gemahlin, aber auch von seiner Reise überhaupt. Dasselbe bestätigte seine Frau, die am nächsten Morgen mit ihrem Söhnchen kam, um hier noch mal einen Arzt zu fragen. Sie will mit allen 3 Kindern am 15. d. M. in einen höhergelegenen Harz-Ort gehen auf ärztlichen Wunsch. Dort hat ein Schwager meiner Frau ein Sommerhaus.
Wir wünschen Ihnen gute Kur und volle Erholung, namentlich auch Ihrem Sohne, der es wol am nötigsten hat.
Der Herr Bankdirektor hat mich wirklich mit seinem guten Aussehen erfreut! Grüßen Sie auch die schöne Schweiz, an die mich herrliche Jugenderinnerungen knüpfen. Allseitige Grüße von Ihrem Ihnen in Freundschaft treu ergebenen Rüdiger Goltz

---

525 John Munsterhjelm (1879-1925), finnischer Bildhauer. Er lebte von 1902-1911 in Berlin, besuchte 1902/03 die Kunstgewerbemuseumsschule, anschließend studierte er an der Königlichen Akademie der Künste Angewandte Künste. Gleichzeitig beteiligte er sich an finnischen Kunstausstellungen. Er fertigte Marmor- und Bronzeskulpturen an, u. a. von Jean Sibelius, Walter Runeberg und R. Wrede und 22 Statuen von weißen Kämpfern des Bürgerkrieges u. a. für die Orte Kokkola, Joensuu und Lokalahti. Er war der erste Künstler in Finnland, der künstlichen Granit als Material verwendete. Siehe: Reitala, Aimo: Munsterhjelm, John. Kansallisbiografia-verkkojulkaisu. http://urn.fi/urn:nbn:fi:sks-kbg-003454. Von Rüdiger von der Goltz fertigte er eine Büste aus Bronze an, die in der Nationalgalerie des Ateneums in Helsinki aufbewahrt wird. Siehe: Perko, S.380.

526 Bad Gastein ist ein Kur- und Wintersportort im Gasteinertal in Österreich.

527 Bad Kissingen, traditioneller Kurort im bayerischeen Unterfranken, im Tal der Fränkischen Saale.

528 Bad Hofgastein ist ebenfalls eine Kur-, Sommer- und Wintersportgemeinde im Land Salzburg in Österreich, liegt allerdings nicht so hoch wie Bad Gastein.

KA, J. K. Paasikiven arkisto, Kirjeet ja kirjekonseptit, Kotelo 1:3, Seite 111-114

Charlottenburg 9, Kurlandallee 38
13.8.1925
Lieber Herr Senator!
Unsere beiden Briefe haben sich gekreuzt. Ich danke herzlich für den Ihrigen und hoffe, daß der meinige angekommen ist.
Es tut mir eigentlich sehr leid, daß Sie um den Genuß einer Reise ins Berner Oberland kommen, auch um eine längere Erholung. Vielleicht wäre sie Ihrem Sohne wichtiger als 14 Tage früher arbeiten. Aber das kann ich natürlich nicht übersehen und es ist mir freundschaftliches Interesse, wenn ich es schreibe.
Wenn Sie über Kopenhagen fahren, müssen Sie doch wol auch Berlin passieren. Bis zum 27.d. M. einschl. ist in der Kurlandallee 38 die Familie Goltz noch zu sprechen! Freilich habe ich vor meiner Abreise mir für den 25. und 26. noch große Sitzungen anberaumt, damit ich mit einigem guten Gewissen abreisen kann. Aber es wäre doch nett, wenn wir uns noch mal bei uns sähen.
Wir denken nun stark an Hof Gastein vom 31.8. etwa ab, hoffen, daß es dann billiger und doch noch warm genug ist. Auf Grund der mir übersandten Pläne pp. schrieb ich an folgende Kurhäuser wegen näherer Angaben: Germania, Barvaria, Gastein, Habsburg, Westend und Haschke. Ich wählte diese aus, weil sie nach dem Plane am Rande des Orts, also freier und nicht in engen Straßen zu liegen scheinen. Sollten Sie zufällig etwas Günstiges oder Ungünstiges über eins dieser Kurhäuser hören, so wäre ich Ihnen für eine kurze Mitteilung dankbar. Was ist eigentlich der Unterschied zwischen „Hotels mit Thermalbädern“ und „Kurhäuser mit Pension und Thermalbädern“, da letztere auch nicht von Ärzten gehalten werden, also keine „Sanatorien“ oder dgl. sind, wie es scheint? In ein Sanatorium wollen wir nicht, wenn man auch wol einen Arzt fragen muß, wie oft man baden und wie man leben soll.
Ich habe mich wieder einigermaßen erholt. Meine Frau hat z. Zt. eine Kraft weniger im Hause, ist daher etwas übermüdet. Dazu kam der Tod einer ihr nahe stehenden Tante, Schwester ihrer Mutter. Meine Schwiegertochter reist 17.d. M. mit ihren Kindern in den Harz, wo ihr eine Wohnung von Verwandten zur Verfügung gestellt wurde. Für den Kleinen Rüdiger wurde das gewünscht. Sonst geht es uns gut.
In Deutschland gährt es. Man hat wichtige Gesetze verabschiedet, aber ein bono? Letzten Endes geht alles Geld ins Ausland. Die Zollgesetze wollen das etwas verhindern und werden von allen Linksparteien zu wütender Hetze ausgenutzt. Alles schreit nach „Volksgemeinschaft“, aber unter meiner Führung. Dabei wird die Lage im Osten immer bedrohlicher. Sie ist schlimmer als im Westen, obwol hinter ihr auch Frankreich steht, das alles schürt. Was Breithaupt[529] schreibt, gilt auch für die Gegenwart und bedauernswerter äußerer Lage. Es ist schon schlimm.
Ihnen, Frau Gemahlin und Sohn herzliche Grüße von uns beiden in aller Freundschaft!
Ihr Rüdiger Goltz.

529 Er bezieht sich auf das Buch von Wolfgang Breithaupt „Volksvergiftung 1914-1918. Dokumente der Vorbereitung des 9. November 1918“, Berlin und Leipzig 1925.

KA, J. K. Paasikiven arkisto, Kirjeet ja kirjekonseptit, Kotelo 1:3, Seite 115/116

Westend 1459. Kurlandallee 38

25.8.1925

Lieber Herr Senator!
Willkommen in Berlin!
Falls es Ihnen passt, würden wir Sie gern Donnerstag 27.8. 2 Uhr zum einfachen Mittagessen bei uns haben und bitten Sie, telefonisch morgen Mittwoch nach Ihrer Ankunft mit meiner Frau alles weitere zu verabreden, da ich morgen den ganzen Tag durch Sitzungen beansprucht bin.
Sollten Sie den weiten Weg zu uns scheuen, so könnten wir uns ja auch in der Stadt treffen. Kurz – ganz wie es in Ihre Zeiteinteilung passt.
Schade, dass wir anscheinend Ihren Sohn nicht sehen. Bitte grüßen Sie ihn sehr. Er soll bei seinem Fleiß nicht vergessen, dass die Gesundheit die Voraussetzung aller Erfolge, ja des Lebens überhaupt ist.
Für die letzte Karte besten Dank. Wir reisen nach – Kissingen![530]
Auf gutes Wiedersehen. In alter Freundschaft Ihr Rüdiger Goltz

KA, J. K. Paasikiven arkisto, Kirjeet ja kirjekonseptit, Kotelo 1:3, Seite 117-122

Kurlandallee 38 23.11.1925

Lieber Herr Senator!

Ihr Brief vom 6.d. M. hat uns einen rechten Schreck eingejagt mit seinen schlechten Nachrichten über die Gesundheit Ihrer Frau Gemahlin und Ihres Sohnes. Letzter hat so wie so wenig zuzusetzen. Eine Erkältung kann ihm leicht einen ersten Lungen-Katarrh

530 Die seit dem 16. Jahrhundert als Heilbad bekannte Stadt an der Fränkischen Saale entwickelte sich durch ihre heilenden Quellen und das Naturmoor zum Weltbad von Kaisern und Königen. Bad Kissingen liegt im nördlichen Bayern. Hier herrscht im Allgemeinen ein mildes, reizarmes Mittelgebirgsklima, mit meist vorherrschender Windstille, die durch die Südlage zur Rhön bedingt wird.

zuziehen. Ich sagte in bezug auf ihn schon mal: Gesundheit ist wichtiger als Examen. Ich warne unseren jüngsten Sohn auch oft. Er ist so überarbeitet, daß die Gesundheit auch ihm leicht einen Strich durch seine Pläne machen könnte. Vorläufig geht es, aber ich schreibe es nur, um Ihren Sohn zu warnen.
Und nun Ihre Frau Gemahlin! Das ist ja eine lange Krankheit. An sich sind wol Kiefernhöhl=(Nasen)=Entzündungen durch Operation leicht zu beheben, ich spreche aus Erfahrung vom Jahre 1912. Man darf es aber nicht verschleppen, sonst kommt eine Stirnhöhl=Entzündung hinzu, die aber auch operiert werden kann. Ich habe damals Wochen lang gefiebert, bis ich mich schliesslich zur Operation entschloss. Also wir wünschen herzlich allseitige baldige Besserung.
Uns ist es im allgemeinen körperlich gut ergangen. In Kissingen hatten wir nette Tage bei mäßigem Wetter. Dann brauchten wir Wochen, ehe wir unser Schlaf-Bedürfnis los wurden. Meine Frau kann ja nicht viel aushalten und darf sich nicht viel vornehmen.
Immerhin war sie neulich 3 Tage in Stettin, um unseren Kindern bei ihrem Umzuge von Altdamm nach Stettin selbst zu helfen, es war auf die Dauer für unseren Rüdiger zu unbequem. Die Stettiner Reise ist meiner Frau gut bekommen.
Die wirtschaftlichen Verhältnisse sind bei uns sehr ernst. Ganz große Industrie-Konzerne krachen, ebenso alle ländlichen Besitze, die keine Waldungen haben, welche eine Sparkasse darstellen. Der Grund sind die hohen Steuern und hohen Frachten in Folge des Dawesplanes. Deutschland kann ihn nicht ausführen, ohne dadurch schwerster Krisis entgegen zu gehen. Anstatt hier anzusetzen, verkaufen wir uns nun auch noch politisch. Daß deshalb amerikanische Kredite kommen werden, wird durchaus geleugnet. Amerika gibt nur dann Geld, wenn es sicher angelegt ist, alles andere ist ihm gleichgültig. Auch ist es ja gar nicht im Völkerbunde, der ja ein rein westeuropäisches Unternehmen unter Englands und Frankreichs Führung ist. Der Grund ist wol Angst vor neuen „Sanktionen“, die aber Frankreich aus dem weiterbestehenden Versailler Vertrage als sein Recht herleitet. So sehen meine Kreise die Sache mit schwerster Sorge an, zumal man vom Geist von Locarno nichts bemerkt, z. B. bei der Entwaffnungsrate. Man will uns jetzt auch die letzte Stütze, die feste Kommandogewalt in der Reichswehr nehmen und letztere in ihrem Geist wechselnden Partei-Kabinetten ausliefern. Ich sehe sehr schwarz und schäme mich so sehr, daß ich schwerlich noch einmal nach Finnland kommen werde. 1923 beim Ruhraufstand hatte ich noch Hoffnung, heute sehe ich nur, daß überall internationale Jesuiten- und Freimaurer-Einflüsse sich an den maßgebenden Regierungsstellen bemerkbar machen. Am liebsten würde man die ganze vaterländische Bewegung verbieten und sucht dazu nach Vorwänden. Denn an sich hat man gar keinen Grund, wir arbeiten ja ganz legal. Sollten wir aber demnächst eine Links-Regierung erhalten und Stresemann erreicht sein Ziel, eine Links-Diktatur – Hindenburg wird alt und tatenlos -, so kann man sich auf alles gefaßt machen. Für den schlimmsten, zunächst unwahrscheinlichen Fall erinnere ich Sie daran, daß ich von der Kansallis-Osake-Panki 20.000 Fmark Kredit auf mein Haus erhalten habe. Dann kann man es mir nicht fortnehmen. Neulich brachte schon ein Links Blatt eine Karrikatur von mir und darunter stand. „Stresemanns Liebling“.
Lassen Sie sich in Finnland nur nicht auch in Ihrer Rüstung schwächen! Wehrlos – vogelfrei! Wie viele haben bei uns von 1900 – 1910 an den ewigen Frieden geglaubt,

auf einmal hatten wir die Einkreisung und die Wehrvorlage von 1912 kam zu spät. Dazu kommt bei Ihnen die Nähe Sowjet-Rußlands und die fast selbstmörderische Abrüstung in Schweden. Deshalb haben wir Helsingfors nicht befreit, daß wenige Jahre später die Pazifisten sogar in Finnland, das doch genug unter der Wehrlosigkeit gelitten hat, den gesunden Köpfen etwas weißmachen. Das ist wol Moskauer Propaganda?
Verzeihen Sie meine Offenheit, ich bin nun mal so. Also nun zurück zu Ihren Familiensorgen. Mögen sie bald behoben sein und Ihnen dann allen ein nettes Weihnachten im Schneewunderland Finnland beschert sein!
Meine Frau will Ihrer Frau Gemahlin auch bald schreiben. Einstweilen viele Grüße und gute Wünsche von Ihrem Ihnen freundschaftlich und treu ergebenen Rüdiger Goltz

KA, J. K. Paasikiven arkisto, Kirjeet ja kirjekonseptit, Kotelo 1:3, Seite 124

Graf Goltz
Berlin Charlottenburg 9
Kurlandallee 38

Die achte Wiederkehr der Selbständigkeitserklärung Finlands durch den Senat feiernd senden wir aus unserem Fest Ihnen unsere herzlichsten Grüße zu Ihrem Ehrentage am 8. Dezember mit den besten Wünschen auf das Wohlergeben Ihres Vaterlandes
Der Selbständigkeitssenat Finnlands Svinhufvud Paasikivi Stenroth Setälä Kallio Jalmar Castren Talas Renvall Arthur Castren Arajärvi Frey Pehkonen Louhivuori Thesleff Sario

KA, J. K. Paasikiven arkisto, Kirjeet ja kirjekonseptit, Kotelo 1:3, Seite 125

Graf Goltz
Berlin Charlottenburg 9 Kurlandallee 38
Senden Ihnen Herr Graf herzlichste Glückwünsche
In alter Treue Familie Paasikivi

KA, J. K. Paasikiven arkisto, Kirjeet ja kirjekonseptit, Kotelo 1:3, Seite 123

14/12 1925
Charlottenburg, den 11. Dezember 1925
Kurlandallee 38

Herrn Senator Paasikivi Helsingfors, Skillnaden 3
Lieber Herr Senator!
Der telegrafische Glückwunsch, den mir die Regierung von 1918 zu meinem 60. Geburtstag übersandt hat, ist einer der wertvollsten Grüße gewesen, die ich an diesem Tage erhalten habe. Zeigt er doch, wie die damalige Regierung in vollster Harmonie und ohne jeden Missklang mit mir zum Besten unserer beiden Länder zusammengearbeitet haben und wie alles Tendenzlüge ist, was noch in letzter Zeit über meine Tätigkeit in Finnland geschrieben und geredet worden ist. Haben Sie die Freundlichkeit, allen anderen damaligen Senatoren, insbesondere aber dem Reichsverweser Svinhufvud, dessen Anschrift mir leider nicht zur Hand ist, meinen herzlichsten Dank und Gruß zu übermitteln und ihnen nochmals zu sagen, wie sehr ich mich über das Telegramm gefreut habe.
Ihnen selbst danke ich noch für das persönliche Telegramm Ihrer Familie und hoffe, dass es Ihrer Frau Gemahlin und Ihrem jüngsten Sohn wieder ganz gut geht.
Mit den besten Wünschen für ein schönes und weisses Weihnachtsfest und für ein gutes Jahr 1926 und ein Wiedersehen in ihm
in alter Freundschaft Ihr treu ergebener
Rüdiger Goltz

KA, J. K. Paasikiven arkisto, Kirjeet ja kirjekonseptit, Kotelo 1:3, Seite 126-129

Charlottenburg 9 Kurlandallee 38 Westend 1459

5.II.1926

Lieber Herr Senator!
Unsere letzten Briefe zu Weihnachten/Neujahr haben sich, wie ich glaube, gekreuzt und ich schreibe Ihnen heute in der Hoffnung, daß sich Ihre gesundheitlichen Sorgen inzwischen behoben haben und Sie bereits wieder Pläne für eine Deutschland Reise schmieden, auf der wir Sie zu sehen hoffen. Wir selbst sind noch ganz ungewiß, ob und wohin wir reisen werden. Einerseits hätten wir in dem immer nervöser wirkenden Leben eine dies Mal längere Erholung dringend nötig, andererseits wissen wir nicht, was uns eigentlich gut tun könnte und – auch manches andere wissen wir noch nicht. Die politisch-wirtschaftlichen Verhältnisse spitzen sich immer mehr zu und die Ansichten schwanken bei Nachdenkenden nur, ob uns noch eine längere oder kürzere Galgenfrist beschieden ist – was ich glauben möchte – oder ob es schon bald zu einer blutigen Entladung kommt, die wol aber vorläufig noch verhältnismäßig leicht niedergeschlagen werden wird. Immerhin sitzen wir auf dem Pulverfaß. Ich selbst bin reichlich beschäftigt, ohne daß ich viel Dank ernte, doch gewisse Erfolge sind nicht abzustreiten. -
Ich möchte angesichts unserer undurchsichtigen Lage auf einen früheren Brief von mir zurückkommen, auf den Sie in Ihrem letzten Briefe nicht eingegangen sind. Ich hoffe, daß mein Brief nicht verloren ging. Ich wollte Ihnen nämlich vorschlagen, die 20.000 Rmk, die ich von Ihnen als Credit für meinen Hausbau erhielt, als Hypothek auf das Grundstück eintragen zu lassen. Sie selbst sind dann wegen Ihres Geldes mehr gesichert und ich habe auch die Gewähr, daß an mein Haus niemand heran kann, so lange wir Rechtsverhältnisse behalten, was ich aber doch glauben möchte. Ich lasse den Brief durch meinen ältesten Sohn gehen, mit dem ich die Sache besprach, damit er, wenn nötig, noch einen Zusatz macht. Tut er es nicht, so ist er juristisch einverstanden. -
Uns geht es im allgemeinen gut. Ich lebe jetzt etwas mehr gesundheitsmäßig, meine Frau sollte es mehr tun, als sie es tut, es geht aber leidlich. Unser jüngstes Paar wohnt jetzt 6-7 Wochen bei uns, dann zieht es in sein richtiges Heim in Dahlem (Berlin). Zuerst hatte es nur ein möbliertes Logis. Mein ältester Sohn hat jetzt eine schöne Etagenwohnung in Stettin, Birkenallee 9.
Wir grüßen Sie und Ihre ganze Familie herzlich und ich bin in alter Freundschaft Ihr treu ergebener Rüdiger Goltz

KA, J. K. Paasikiven arkisto, Kirjeet ja kirjekonseptit, Kotelo 1:3, Seite 77/78 (Entwurf)

Helsingfors 19/2.26

Lieber Herr Graf!
Besten Dank für Ihren freundlichen Brief, den ich heut bekam. Die Arbeiten in der Bank wegen der Bücherabschlüsse und der Revision haben meine Zeit in Anspruch genommen und dieses – natürlich im Zusammenhang mit meinem bekannten Mangel an Energie im Briefeschreiben – ist die Ursache gewesen dazu, dass dieser Brief sich so verspätet hat. Eine Ursache ist auch gewesen, dass ich jetzt den Auszug aus den Conti übersenden kann. Jetzt ist der Bücherabschluss meiner Bank fertig, die Revision erledigt, und die Generalversammlung wird am 27. dieses verzinsen. Das Resultat für 1925 war gut. Wir haben wieder 18 % Dividende, aber haben den Bücherabschluss sehr vorsichtig gemacht und unsere stillen Reserven verstärkt.

Ich gehe jetzt zuerst zu unseren Geschäften über.
Anbei folgen die Auszüge aus den Conti „Ehrengabe“ per 31/12 25 sowie Akkreditiv 20.018.75 Rmk = 190.179,70 Fmk
Wir haben auch für 1925 für Ihre Schuld noch keine Zinsen gerechnet.
Die Entwicklung der „Ehrengabe“ist gut gegangen. Die Bilanz des Fonds per 31/12 25 ist folgend:

Saldo		Fmk	194.814,76
Aktien (Kurs 20/2.26)			
157 Kansallis_O_P	á 430		67.510,--
67 Föreningsb.	Á 211,50		14.170,50
60 Vereinte Papier	á 770,--		46.200,--
30 Kymmene	á 832,--		24.960,--
Dazu 15 Kymmene Neuemission (eine neue Aktie gegen 2 alte Zum Passkurs (noch nicht bezahlt) mit ½ Dividende für 1926 Gewinn á 166 pro Aktie nach dem jetzigen Kurse		2490,--	155.330,50
		zus. Fmk	350.145.26

Da der Saldo per 31/12 24 Fmk 288.001,77 war, ist das Resultat für 1925 also ganz gut gewesen. Die Kurse sind gestiegen und alle diese Gesellschaften haben 1925 mit gutem Erfolg gearbeitet.

KA, J. K. Paasikiven arkisto, Kirjeet ja kirjekonseptit, Kotelo 1:3, Seite 132-135

10.3.1926 Charlottenburg 9 Kurlandallee 38 Westend 1459

Lieber Herr Senator!
Herzlichen Dank für Ihren Brief und die Übersendung der Abrechnung über die für mich dort reserviert gehaltene Ehrengabe, die sich dank dem erfreulichen Wirtschaftsleben Finnlands und seinen steigenden Kursen und Dividenden sehr gut entwickelt hat. Besonderen Dank auch dafür, dass Sie mir noch keine Zinsen für mein Akkreditiv über 190.178,10 Fmk angerechnet haben. Die Bescheinigung über die Hypothek übersende ich Ihnen sobald ich sie erhalte. Die Zinsen und Dividenden über die in Finnland reservierte Ehrengabe stehen mir ja an sich nicht zu, sie dienen noch dazu, das Kapital zu vermehren, aber ich wäre doch dankbar, wenn ich gelegentlich darüber verfügen könnte (teilweise), weil ich sonst einen Erholungsurlaub mir nicht leisten könnte und weil ich leider in unserer unsittlichen Revolutions-Psychose, die noch keineswegs überwunden ist, auf üble Elemente hineingefallen bin und mindestens einen Rechtsanwalt hier bezahlen muß. Ich bitte, darauf zurückkommen zu dürfen. Ich betone aber nochmals den Rechtsstandpunkt, daß ich an sich weder über das Kapital noch die Zinsen pp. verfügen kann. Das ist mir auch für hier wichtig festzustellen.
Von dem, was ich an Ehrengabe bisher erhalten habe, ist bestimmungsgemäß die halbe Summe meinen Söhnen zugegangen, von dem Rest habe ich – da keine Zinsen und Dividenden hier gezahlt wurden und die Pension meist entwertet einging, - 4 Jahre gelebt, in das Haus gesteckt und das übrige ist entwertet. Bargeld oder Wertpapiere sind nicht mehr vorhanden. Wenn ich bedenke, daß fast alle alles verloren haben durch die Inflation, muß ich mit meinem Ergebnis noch zufrieden sein.
So viel über das Geschäftliche. Ich halte es für das Richtige, sie über meine Verhältnisse in aller Offenheit aufzuklären, da Sie doch freundschaftlich mein Vertrauensmann sind. Daß Ihre Frau Gemahlin noch immer schwach ist und nach Meran gehen muß, bedauern wir sehr und meine Frau läßt Sie ganz besonders grüßen. Wir freuen uns Sie auf der Durchreise mit Ihrer Tochter Annikki bei uns zu sehen und sehen Ihrer Ansage entgegen. Meran wird ihr gut tun aber wol nicht zu kurz. Irgendwann hoffen wir Sie auch zu sehen, mindestens auf der Rückreise. Wir selbst wollen mit unseren Stettiner Kindern zusammen wol schon Anfang Mai verreisen und auch ganz nur der Gesundheit die Erholung widmen. Wir haben es alle sehr nötig und später können unsere Kinder nicht. Auf Frischekur legen wir wenig Wert, meist schadet sie dem Magen. Die Nachrichten über Ihre Kinder klangen ja günstig, das ist erfreulich. Aber wir möchten gern mal zu einer Verlobung gratulieren.
Doch die Hauptsache neben der Gesundheit ist die Tüchtigkeit, und da können Sie doch stolz sein.
Die häufigen Kabinettswechsel sind doch ein Krebsschaden der Demokratie. Wie soll da Stetigkeit in die Regierung kommen? Mich freut, daß Sie noch dagegen arbeiten und doch auch noch gelegentlich mit Erfolg politisch tätig sind. Wir leiden außerdem an Schwäche gegen die Kommunisten, denen die Sozialdemokraten aus Angst vor ihren Wählern nachgeben. Entschädigungslose Enteignung der Hohenzollern, die 500 Jahr

mit größtem Erfolge regiert haben! Kann man sich etwas Schamloseres und einen größeren Rechtsbruch denken? Diesen Volksentscheid zuzulassen, lässt Deutschland als Rechtsstaat ausscheiden.
Doch genug der Politik. Auf gutes Wiedersehen, allseitige herzliche Grüße und nochmals vielen Dank! In alter Treue Ihr Rüdiger Goltz

KA, J. K. Paasikiven arkisto, Kirjeet ja kirjekonseptit, Kotelo 1:3, Seite 136-137

17.5.1926 Charlottenburg 9 Kurlandallee 38 Westend 1459

Lieber Herr Senator!
Meine Mittelmeer-Reise mit meinem ältesten Sohne scheint Tatsache zu werden. Wir gedenken entweder am 29.d. M. von Antwerpen oder am 5.n. M. von Bremen auf einem Handelsschiffe der Levante-Linie, auf dem wir fast die einzigen Passagiere sind über Gibraltar nach Konstantinopel zu fahren. Aufenthalt von je wenigen Tagen in Piräus (Athen) und Smyrna[531], dann in Konstantinopel und dann wol noch Aufenthalt in Bukarest, Budapest und zurück. Hoffentlich haben wir gutes Wetter, so daß die erhoffte Erholung auf dem Wasser Wirklichkeit wird. Da die Levante-Linie der Stettiner Dampfer-Compagnie teilweise gehört kostet mich die Reise nur die Verpflegung. Aber Aufenthalt und Rückreise geht natürlich über den laufenden Etat, so daß ich Sie bitten möchte, von der Kansallis Osakki Pankki auf Ihre Veranlassung mir 15.000 Fmk überweisen zu lassen (zugleich für eine spätere Badereise mit meiner Frau). Ich erbitte die Überweisung an folgende Stelle:
Bank für auswärtigen Handel Berlin W (leider) Friedrich-Ebert-Str. 3
Conto Leparato R. Dr. Graf v. d. Goltz (mein jüngster Sohn)
Meine Schwiegertochter aus Stettin bleibt so lange mit Kindern auf dem Lande, wo sie meine Frau hoffentlich einige Zeit besucht. Denn wir werden wol 5 Wochen unterwegs sein.
Hoffentlich hat sich Ihre Frau Gemahlin inzwischen gut erholt und wir sehen Sie noch auf der Durchreise, wenn Sie dorthin fahren. Dann kann ich Ihnen auch mehr berichten, was hier los ist. Die Gerüchte von einem Rechtsputsch sind natürlich barer Unsinn um abzulenken von der vorwärts schreitenden Links-Entwicklung unserer Verhältnisse, die noch unübersehbar ist. Immerhin dürfte eine 2. Revolution bei uns doch auf Schwierigkeiten stoßen.
Kürzlich war Ruin[532] bei uns, auch Goldbeck-Löwe, der aber hier die Trauernachricht vom Tode seiner Schwiegermutter erhielt. Ruin ein Bild der Gesundheit mit seinen fast 69 Jahren.
Auf gutes Wiedersehen! Gute Gesundheit und viele herzliche Grüße! In alter Treue Ihr Rüdiger Goltz

---

531 Smyrna ist das heutige Izmir.

532 Prof. Waldemar Ruin Rektor der Universität Helsinki, und Vorsitzender der Finnisch-Deutschen Gesellschaft, Siehe: Aho, Jouko: Ruin, Waldemar. Kansallisbiografia-verkkojulkaisu. http://urn.fi/urn:nbn:fi:sks-kbg-006369.

KA, J. K. Paasikiven arkisto, Kirjeet ja kirjekonseptit, Kotelo 1:3, Seite 138-139

18.5.1926
Charlottenburg 9 Kurlandallee 38 Westend 1459

Lieber Herr Senator!
Meinem gestrigen Brief muß ich noch Folgenden hinzufügen: Unser Schiff geht am 1. Juni von Antwerpen, wir fahren daher am 30. Mai abends von hier fort. Das Schiff legt außer in Piräus, Smyrna und Konstantinopel auch noch in Candia (Kreta) an. Daß wir uns auf diese Reise, die uns eine ganz neue Welt eröffnet, sehr freuen, werden Sie verstehen.
Das Conto, auf das ich die Überweisung von 15.000 Fmk erbitte, lautet nochmals
Conto Leparato R. Für Dr. Graf v.d. Goltz
Bank für auswärtigen Handel Berlin W. Friedrich-Ebert-Str.3
Ich hoffe bestimmt, Sie vor dem 30. Mai hier noch auf der Durchreise zu sehen, sonst auf der Rückreise.
Sie werden inzwischen vielleicht aus der Zeitung gesehen haben, daß die preußische Regierung keinerlei Beweise für Ihre Putsch-Aufnahme hat bringen können. Natürlich, denn es gibt keine. Falls sie keine parteipolitischen Hintergedanken gehabt hat, scheint die Polizei, die immer Gefahren wittern muß, pathologischen Selbstsuggestionen zum Opfer gefallen zu sein.
Verdächtig ist nur, daß sie es ruhig duldet, wenn die Kommunisten offen fordern: „Auflösung der Reichswehr, Entmilitarisierung der Schutzpolizei, Auflösung des Reichstages, dafür Schaffung einer Arbeiter und Bauern Regierung“. Selbst Demokraten sind empört, weil man die ersten Führer der Wirtschaft Vögler, Hugenberg, Freiherr v. Lüning für Putschisten ausgeschrien und durchsucht hat. Natürlich gehen aber die Judenblätter, wie Berliner Tageblatt pp. mit den Social-Demokraten.
Doch genug der Politik, von der man aber in dieser noch immer gärenden Zeit nicht loskommt – es sei denn, daß man in den Orient fährt.
Vielen Dank, viele Grüße und viel gute Wünsche, besonders für Ihre Frau Gemahlin!
In Treue und Freundschaft Ihr Rüdiger Goltz

KA, J. K. Paasikiven arkisto, Kirjeet ja kirjekonseptit, Kotelo 1:3, Seite 140-141 (Postkarte)

Lieber Herr Senator, In Eile herzlichen Dank für Brief und schnelle Erledigung, wie ich hier schon erfuhr.
Die Krankheit Ihres Sohnes macht mir Sorge. Hoffentlich tut ihm ein langer Aufenthalt im Gebirge und staubfreier Luft gut und schadet ihm die lange Reise nichts. Endlich scheint Ihre Frau Gemahlin ja besser zu sein. Ich denke, daß wir am 10. Juli etwa wieder hier sind und wir Sie alle dann hier sehen können. Gestern hat Nurmi[533] hier für Finnland geworben. Leg. Sekretär Sohlberg war anschliessend bei uns, erfreut über die Ehren die seinem schnellen Landmann zu teil wurden. Der ruhige Verlauf der roten Pfingsten spricht doch für die Gesichertheit unserer Verhältnisse. Nochmals viele gute Wünsche für Ihre und der Ihrigen Gesundheit. In alter Treue und Freundschaft Ihr
Rüdiger Goltz
25.5.26

KA, J. K. Paasikiven arkisto, Kirjeet ja kirjekonseptit, Kotelo 1:3, Seite 142

Postkarte aus Athen vom 20.6.1926
Herzlichen Gruß Ihnen und Ihrem ganzen Hause von meiner hoch interessanten Reise. Wir liefen an Oran (Algier), Candia (Kreta), wo älteste, vorhellenische Ausgrabungen von 1500 v. Chr. Und sind nun hier für 4 Tage! Smyrna, Konstatinopel folgen. Auf Wiedersehen nach dem 10. Juli bei uns in der Kurlandallee!
Ihr Rüdiger Goltz

533 Paavo Johannes Nurmi (1897-1973) finnischer Leichtathlet. Er gilt als einer der bedeutendsten Athleten überhaupt. Zwischen 1920 und 1928 gewann er bei Olympischen Spielen neun Goldmedaillen. Siehe: Autio, Veli-Matti: Nurmi, Paavo. Kansallisbiografia-verkkojulkaisu. http://urn.fi/urn:nbn:fi:sks-kbg-001786.

KA, J. K. Paasikiven arkisto, Kirjeet ja kirjekonseptit, Kotelo 1:3, Seite 143-146

Charlottenburg 9 Kurländer Allee 38
6.1.1927

Lieber Herr Senator!
Seit vorgestern haben uns unsere Stettiner Kinder und Enkel verlassen – mein Sohn schon etwas früher – so habe ich mein Arbeitszimmer wieder für mich und ich kann Ihnen bei Beginn des Jahres herzliche Wünsche, namentlich für Ihre Lieben im Süden senden, hoffend, daß Sie gute Nachrichten haben.
Bei uns geht s im allgemeinen gut.
Meine Frau hat die nette, aber natürlich unruhige Weihnachtszeit mit 8 Personen mehr im Hause während 11 Tagen verhältnismäßig gut ausgehalten, so daß sie heute sogar ins Theater gehen will. Unser Häuschen wirkt eben als Sanatorium. Auch ich bin körperlich wol, leide aber sehr unter den politischen Verhältnissen.
Das Berliner Tageblatt konnte gestern das neue finnische Ministerium gar nicht genug loben. Lauter Intelligenzen 1. Ranges! Hoffentlich kommt Finnland über das Experiment gut fort. Scheinbar sind ja keine umstürzerischen Dinge geplant und die Sozialdemokratie ist bei Ihnen vernünftiger als bei uns, wo sie mehr oder weniger offenen Landesverrat betreibt und unsere letzte Säule, die Reichswehr, zur sozialdemokratischen Parteitruppe machen möchte.
Nachdem das neue Jahr begonnen hat, darf ich vielleicht wieder etwas Zinsen in Anspruch nehmen. Ich wäre für Übersendung von 500 R.M. an die früher angegebene Adresse sehr dankbar. Ich habe nur das schlechte Gewissen, daß ich 1926 zu viel abgehoben habe?
Ich schliesse mit nochmaligen herzlichen Neujahrswünschen und Grüßen für Sie und Ihr ganzes Haus. Werden Sie etwa 1927 auch Großpapa werden?
Mein Ruhm in dieser Hinsicht wird Sie hoffentlich anspornen. Jedenfalls bitte ich Frau Wallamo besonders zu grüßen. In alter Treue und Freundschaft Ihr Rüdiger Goltz

KA, J. K. Paasikiven arkisto, Kirjeet ja kirjekonseptit, Kotelo 1:3, Seite 147-150

10.III.1927 (Stempel Charlottenburg 9 Kurlandallee 38 Westend 1459)

Lieber Herr Senator!
Mit herzlichem Dank erhielt ich Ihren Brief vom 1.d. M. Mein Conto erfreut sich offenbar Ihres und Ihrer Freunde besonderen Wolwollens, daß es sich so gut entwickeln konnte. Auch dafür möchte ich meinen besonderen Dank sagen. Die 25.000 Fmk hatte ich mir als Zinsen des dortigen Kontos gedacht, da Sie mir gesagt hatten, diese ständen mir zur Verfügung und sie würden also wol von der von Ihnen genannten Gesamtsumme

abzuziehen sein, damit sie nicht der mir auf mein Haus gewährten Hypothek zugezählt werden? Das glaubte ich erwähnen zu sollen.
Da es Schwierigkeiten mit der Überweisung hat, wäre ich dankbar, wenn mir von guten Freunden, die uns doch besuchen, an Zinsen von 1000 Rmk persönlich mitgebracht werden könnten – wenn es geht.
Allgemein gesprochen haben sich ja die Aktien – außer den Ver.Papierf. - sehr günstig entwickelt, was mir für den Wirtschafts-Standort Finnland sehr zu sprechen scheint und mich sehr freut auch im allgemeinen Interesse. Möge es so bleiben! -
Was Sie über sich und Ihre Familie schreiben, klingt gut und hoffnungsvoll. Also hat sich doch der Kranken-Aufenthalt in der Schweiz bewährt. Vielleicht muß er noch einmal wiederholt werden? Zunächst ist ja schön, daß sie bei Gelegenheit Ihrer Dienstreise die Ihrigen besuchen und wol auch nach Hause geleiten können. Wir hoffen Sie auf Hin- und Rück-Reise, aber doch mindestens einmal bei uns sehen zu können.
Dass Prof. Ruin mit dem Herzen nicht gut ist, tut mir außerordentlich leid. Ich schätze und liebe ihn sehr. Mit körperlicher Arbeit muß ein alternder Mensch sehr vorsichtig sein. General von Falkenhagen hat nach dem Kriege in einem Garten den ganzen Tag gearbeitet – man sagt, um die Selbstvorwürfe zu betäuben, die er sich machte, was ja für ihn spricht – die Folge war ein schwerer Herzfehler, an dem der nur etwa 60 Jahre alte Mann starb. Ich erzähle es, um Ruin zu warnen. Etwas Training ist ja wol auch im Alter gut, aber man muß sich dabei stets beobachten. Daß Setälä nach Kopenhagen geht, ist verständlich, aber es täte mir leid, ihn nicht zu sehen, wenn ich etwa mal wieder nach Finnland kommen sollte.
Anliegender Zeitungsartikel interessiert Sie vielleicht. Da er in der Täglichen Rundschau ohne Namensnennung gestanden hat, so dürfte er aus den Auswärtigen Amtsstuben und die Tatsachen aktenmäßig sein.[534]
Uns geht es im allgemeinen gut. Auch wir haben in diesem unnatürlich warmen, feuchten und wechselndem Winter Influensa gehabt, aber nicht besonders schlimm. Mein jüngster Sohn muß sich mal wieder einer Nasen-Behandlung unterziehen, da er mit Erkältung anfällig ist. Meine Frau erholt sich auf unserem Dorfe zusehends, muß aber noch sich Beschränkung auferlegen. Auch ich soll wol aussehen. Meine Stettiner Enkel haben im Spätherbst in Kolberg Sole gebadet und waren den ganzen Winter gesund, was früher nicht der Fall war. Der Rechtsanwalt scheint bekannt zu werden, obwol jetzt sehr tote Zeit ist, weil niemand Geld für Prozeße hat.
Vor 3 Tagen machte Hindenburg uns die Freude, zum Abendessen zu uns zu kommen. Er war geistig sehr beweglich und zeigte erstaunliches Gedächtnis. Wir hatten in zwei Zimmern essend 20 Personen (mit uns) hier, denen der persönliche Verkehr mit dieser ersten historischen Persönlichkeit des jetzigen Deutschland eine Lebenserinnerung sein wird. Ich führte jeden mal nach Tisch an seinen bequemen Stuhl, auf dem er sich so wol fühlte, daß der Adjutant 4 mal winken mußte. Auch unsere Kinder waren da.
Nochmals vielen Dank und viele herzliche Grüße und gute Wünsche für Sie und die ihrigen von Ihrem Ihnen freundschaftlich ergebenen R. Goltz

534 Auszug aus Tägliche Rundschau vom 4.III.1927 „Deutschland und Finnland. Nicht Dankbarkeit, aber Gerechtigkeit!“ Siehe: Anhang Anlage 7

KA, J. K. Paasikiven arkisto, Kirjeet ja kirjekonseptit, Kotelo 1:3, Seite 153-154

Postkarte an Senator Paasikivi in Helsingfors, Skillnaden 3

Lieber Herr Senator! Wir freuen uns sehr, sie auf der Durchreise Ende April hier zu sehen. Ich hoffe nur, daß Sie nicht gerade 23./24. April durchkommen, da ich in diesen Tagen einen Vortrag außerhalb übernehmen mußte.
Auf gutes Wiedersehen freut sich mit vielen Grüßen Ihr Rüdiger Goltz
4.4.27

KA, J. K. Paasikiven arkisto, Kirjeet ja kirjekonseptit, Kotelo 1:3, Seite 155-156

(Charlottenburg 9, Kurlandallee 38, Westend 1459)

Lieber Herr Senator;
Besten Dank für Ihre Zeilen vom 12.d. M. aus Lugano. Für Ihren Sohn habe ich gern gesorgt. Ich habe den Standpunkt, daß man jede Sache ganz machen muß. Deshalb habe ich ihn auch persönlich eingeführt. Sonst wäre es kaum geglückt. Auch freute es mich, nachher noch ein oder zwei Stündchen mit ihm zusammen zu sein. Wenn ich das sagen darf, er gefiel mir sehr gut, auch mit seinen ausgesprochenen Interessen. - Die relativ günstigen Nachrichten über Ihre Frau Gemahlin freuten uns sehr. Hoffentlich geht es weiter vorwärts. Bitte um viele Grüße, auch von meiner Frau ganz besonders. Anliegend ein Zeitungsartikel von mir, der Sie wol interessieren wird. Bitte davon beliebigen Gebrauch zu machen. Die Zeitungen nehmen mehr als früher von Finnland Notiz. Aber leider mischt sich die Parteipolitik zu sehr hinein. Der Aufsatz im „Vorwärts" war hier übel aufgefallen. Mir kam es darauf an, seine Behauptungen über 1918 zurückzuweisen. Hoffentlich ist mir das so gelungen, wie es auch Ihren Interessen entspricht. Es war wenigstens meine Absicht.[535]-
Hoffentlich auf gutes Wiedersehen um Weihnachten herum. Bis dahin alles Gute und viele herzliche Grüße von Ihrem Ihnen freundschaftlich treu ergebenen R. Goltz

535 Artikel aus „Deutsche Zeitung" Vom 14.10.1927
„Die deutsche Waffenhilfe für Finnland" von Generalmajor a.D, Graf v.d. Goltz als Antwort auf einen Artikel im Vorwärts vom 6.10.1927, Siehe: Anhang Anlage 8

KA, J. K. Paasikiven arkisto, Kirjeet ja kirjekonseptit, Kotelo 1:3, Seite 159-162

9.12.1927 (Stempel Charlottenburg 9, Kurlandallee 38, Westend 1459)

Lieber Herr Senator!
Weihnachten naht und damit Ihr in Aussicht gestellter Besuch, den Sie uns hoffentlich dieses Mal schenken, trotzdem ich verstehe, daß Ihre Zeit bei dem Wunsche, möglichst lange in Lugano zu sein, knapp bemessen ist.
Hoffentlich haben Sie gute Nachrichten von dort. Sollten Sie über Berlin fahren, so wäre ich dankbar, wenn ich noch Fünfhundert mitgebracht bekommen könnte, was, glaube ich noch möglich ist.
Wie mag der Vortrag Ihres Sohnes gefallen haben? Man interessiert sich doch auch für Erfolge, die man mit vermittelt hat.
Uns geht es in der weiteren Familie ganz nett. Aber in Deutschland ist es unerfreulich. Für die weitere Welt ist das Anwachsen der Sozialdemokratie fast ebenso bedrohlich als für uns.
Am 6. Dezember habe ich Präsident Relander telegrafiert und auch sofortige Antwort erhalten. Eine etwaige Einladung zum April 1928 habe ich aber die Absicht abzulehnen. Mir scheint das in der jetzigen politischen Konstellation richtiger, taktvoller und würdiger zu sein. Ich denke, Sie werden das verstehen und mir beipflichten. Mit seinen alten Freunden kann man ja trotzdem auf dem alten Fuße von 1918 und auch 1923 verbleiben, vor allem mit Ihnen, Svinhufvud, der ganzen damaligen Regierung, Ruin, Forselles und manchem anderen. Man muß hierbei das Persönliche vom Politischen trennen, besonders auch mir gegenüber, der ich für die Genfer Abstimmung eines Stresemann nicht verantwortlich bin. Gottlob.
Viele gute Wünsche für die Gesundheit Ihrer ganzen Familie und viele herzliche allseitige Grüße von Ihrem alten Freunde Rüdiger Goltz

KA, J. K. Paasikiven arkisto, Kirjeet ja kirjekonseptit, Kotelo 1:3, Seite 163-166

Charlottenburg 5.6.1928

Lieber Herr Senator!

Vielen Dank für Ihre Zeilen vom 28.5. Die Sache mit dem Regenschirm ist eine Tragikomödie. Mein Sohn erwartet im Augenblick auch weniger einen Schirm, als ein Kind, das sich schon 2 mal gemeldet hat, aber noch etwas Bedenken zu brauchen scheint, das Licht der bei uns etwas zweifelhaften Welt zu erblicken. Doch dürfte ihm auf die Dauer kaum etwas anderes übrig bleiben.
Uns freut, dass auch Sie die Stunden im Klub so nett fanden. Wir danken Ihnen auch dafür.
Über Politik wollen wir uns ein anderes Mal unterrichten. Einstweilen interessiert Sie vielleicht die anregende Ansicht eines mir nahe stehenden Wirtschaftspolitikers, der eben auf unsere Veranlassung zum ersten Mal in den Reichstag gewählt ist, damit er seine Begabung und Ansichten doch im Wettstreit mit der praktischen Politik erproben kann. -
Gestern rief Talas an. Auf dem Rückwege von Budapest, wohin er mit seiner Frau reist, will er uns besuchen.
Nun aber zu Ihrer Frau Gemahlin. Wir freuen uns, dass sie jetzt mit Ihnen im Hotel wohnen kann. Das wird ihr seelisch gut tun, hoffentlich auch körperlich. Da es hier wieder kalt geworden ist, werden Sie es vielleicht dort noch eine Weile aushalten können, ehe Sie nach der Gegend nördlich der Alpen aufbrechen werden.
Für Sie freut es mich, daß Sie gezwungen werden, mal etwas längere Zeit bei Ihrer Frau Gemahlin sich zu erholen. Denn Sie müssen auch an Sich denken. Auch an Ihnen sind die letzten Jahre seelisch nicht spurlos vorübergegangen und am Seelenzustand kann auch die berufliche Leistungsfähigkeit leiden. Kurze Reisen sind wol eine Abwechslung und Anregung, aber mehr eine Aufpeitschung als eine Erholung.
Meine Frau konnte bei dem hiesigen kalten, trockenen Wetter die Folgen einer Grippe nicht recht loswerden. Jetzt scheint ihr Katarrh allmählich endlich fortzugehen.
Wir wissen aber noch nicht, was wir zur Erholung in diesem Jahre machen werden, ob wir zu unseren Stettiner Kindern nach Binz (Rügen) an die Ostsee gehen werden, oder ob die Gesundheit meiner Frau einen anderen Aufenthalt erfordert.
Bis Mitte Juli dürften wir hier bleiben.
Mein hiesiger Sohn bittet um Empfehlungen. Er kehrte vor 2 Tagen von einer etwas knapp bemessenen Geschäftsreise nach London – Amsterdam – Zürich zurück, die befriedigend verlief und die er trotz des Erwartungszustandes in seinem Hause machen mußte.
Wir alle grüßen Sie und Ihre Frau Gemahlin bestens und wünschen Besserung und Erholung von ganzem Herzen. Auf gutes Wiedersehen Ihr treu ergebener

Rüdiger Goltz

KA, J. K. Paasikiven arkisto, Kirjeet ja kirjekonseptit, Kotelo 1:3, Seite 168-171

8.8.1928 (Stempel Charlottenburg 9, Kurlandallee 38, Westend 1459)

Lieber Herr Senator!
Nachdem ich die große Freude hatte, Ihre Frau Gemahlin hier auf der Durchreise kurz zu sehen und auch mein ältester Sohn das Gleiche mir erzählte, gehen unsere und meine Gedanken oft zu Ihnen herüber mit der Frage, wie Ihrer Frau Gemahlin die heimatliche Luft bekommt. Seelisch gewiß ausgezeichnet, hoffentlich aber auch körperlich, trotz des wol auch bei Ihnen so sehr veränderlichen – mal sehr heißen, mal recht kalten – Sommers. Wird sie auch im Winter dort bleiben? Oder werden Sie sie wieder nach dem warmen Süden bringen müssen?
Werden Sie selbst noch eine Erholungskur in einem deutschen Bade, z. B. Nauheim[536] brauchen und wann? Wann heiratet Ihr ältester Sohn? Von den anderen Kindern hoffe ich, daß alles normal weiter geht.
Meiner Frau ist es nicht gut gegangen. Erst hatte sie eine Grippe, dann 2 Monate lang ihre alte Sommer-Augen-Krankheit dies Mal besonders hartnäckig, und schliesslich wollte das Herz nicht mehr recht, angeblich Herz-Neurose und Herz-Muskelschwäche. Sie mußte zu Hause eine längere Digitalis und Strophuntis-Kur brauchen und dabei großenteils liegen, wenn auch auf Veranda und im Garten!
Jetzt soll sie nur wesentlich die Ruhe-Kur fortsetzen und, sobald die Augen wieder in Ordnung sind, eher nicht, wahrscheinlich nach Nauheim gehen, also wol Anfang September. Ich werde sie begleiten und dann wol auch Kur brauchen. Möglicherweise kommt auch ein anderweitiger Sanatoriums-Aufenthalt in Frage.
Nett wäre es ja, wenn wir in Nauheim zusammen sein könnten. In jedem Falle werde ich leider nochmal 1000 Rmk brauchen für die Kur. Entweder bitte ich sie mir mitzubringen oder mir einen Scheck freundlichst zusenden zu wollen.
Georg Konrad hat am 18. Juni seinen 1. Sohn bekommen, der einen prächtigen Eindruck macht. Jetzt ist er mit Frau in Kolberg im Seebade, wo sie in der z.Zt. leeren Wohnung der Schwiegermutter wohnen können. Rüdiger war auf Rügen bei meist schlechtem Wetter, so daß die Kinder sich wenig erholt haben. Sonst geht es aber im allgemeinen gut. In Deutschland wird, fürchte ich, das politische Barometer weiter tiefer als „veränderlich" stehen, ebenso in ganz Europa: Polen-Litauen und Jugoslavien, diese Büro-Pflanzen der Friedensschlüsse werden die Welt weiter in Atem halten. Da hilft kein Kellog-Pakt[537]: Auch hört man aus Lettland wenig Gutes.

536 Bad Nauheim, am Rande des Taunus gelegen, war seit Mitte des 19. Jahrhunderts ein Heilbad für Herz-Kreislauf-Erkrankungen in Hessen und hatte den Ruf eines mondänen Luxusbades.

537 Der Kellogg-Pakt (oder Briand-Kellogg-Pakt) war ein völkerrechtlicher Vertrag zur Ächtung des Krieges, der am 27. August 1928 in Paris von zunächst elf Nationen unterzeichnet wurde und der nach dem US-Außenminister Frank Billings Kellogg und dem französischen Außenminister Aristide Briand benannt wurde. Die unterzeichnenden Staaten verzichteten darauf, den Krieg zum Werkzeug ihrer Politik zu machen. Sie erklärten, in Zukunft Streitigkeiten friedlich

Mit allseitigen Grüßen und besten Wünschen auch von meiner Frau für die Ihrigen in alter Treue Ihr R. Goltz

KA, J. K. Paasikiven arkisto, Kirjeet ja kirjekonseptit, Kotelo 1:3, Seite 172-173 (Entwurf)

Helsingfors 13/8.28

Lieber Herr Graf!
Besten Dank für Ihren Brief! Auch Sie, lieber Herr Graf, sind nicht von Famliensorgen verschont geblieben. Lass uns hoffen, dass Frau Gräfin bald wieder hergestellt wird. Meine Frau, die bald 2 Jahre bettlägen war, und ich können solche Lagen beurteilen. Ich habe gedacht, dass Sie schon seit einiger Zeit abwesend von Berlin waren, ich verstand unsere Unterhaltung in Berlin so. Darum bin ich nicht dazu gekommen an Sie zu schreiben, obgleich das eigentlich kein genügender Grund für mein Schweigen ist. Unsere Reise nach Finnland ging gut. Meine Frau vertrug sie wohl. Sie ist auf unserem Gute gewesen und fühlte sich verhältnismässig wohl. Sie hat im Gewicht etwas zugenommen. Leider ist das Wetter ausserordentlich schlecht gewesen. Es hat fast jeden Tag geregnet und das ist nicht gut für die Lungen und Bronchialkatarrh meiner Frau. (Auch für die Ernte ist es natürlich nicht vorteilhaft). Jetzt ist Barometer gestiegen und es schaut etwas besser aus. Ob meine Frau im Herbst wieder nach Süden geht oder hier in Finnland bleibt, ist noch nicht entschieden.
Mein älterer Sohn – er ist neulich zum Hauptmann befördert worden - schließt seine 4-jährigen Studien in Stockholm ab, und am 22. dieses Monats feiert er seine Hochzeit in Stockholm. Unsere Tochter Annikki, Architektin, ist in Spanien,
Sie ist dort Paar Monate gewesen und ist jetzt auf Rückreise. Spanien soll jetzt für Architekten sein etwa was Italien ist. Wellamo und ihr Mann kommen Ende dieses Monates oder Anfang nächsten nach Berlin. Sie bleiben dort oder irgendwo wahrscheinlich den ganzen Winter für Studien. Wellamos Mann Jurist, Wuorinen, arbeitet für seine Dissertation und Wellamo wird sich für Zahnheilkunde interessieren. Aus meiner Kurreise wird auch dieses Jahr nichts. Es ist jetzt hier so viel zu tun.
Ich schließe mit besten Grüssen

Anbei Check 1000 Rmk und Conto-Auszug

---

zu lösen. Insbesondere der aus nationalen Interessen geführte Angriffskrieg wurde für völkerrechtswidrig erklärt. Davon ausgenommen blieb das Recht auf Selbstverteidigung und die Teilnahme an Sanktionen des Völkerbundes. https://de.wikipedia.org/wiki/Briand-Kellog-Pakt (entnommen am 12.6.2019). Siehe auch: Krüger, Peter, Die Außenpolitik der Republik von Weimar, Darmstadt 1985, S.409 f; Buchheit, Eva, Der Briand-Kellogg-Pakt von 1928 – Machtpolitik oder Friedensstreben? München 1998

KA, J. K. Paasikiven arkisto, Kirjeet ja kirjekonseptit, Kotelo 1:3, Seite 174-175

Postkarte mit Stempel vom 27.8.28

Lieber Herr Senator! Besten Dank für Brief und Karte von der Hochzeit. Ich hoffe, daß Ihr Sohn meinen Brief zu diesem Lebensabschnitt erhalten haben wird. Wir reisen den September über nach Glotterbad-Oberglottertal bei Freiburg/Baden[538]. Ich gedenke nach einer weiteren kurzen Reise nach Hamburg am 10. Oktober wieder hier zu sein. Hoffentlich ist dann im Winter meine Frau wieder leidlich in Ordnung. Wir werden uns freuen, Ihre Tochter Wellamo mit Mann hier zu sehen. Ihnen allen besonders Ihrer Frau Gemahlin gute Gesundheit. So viel für heute, da ich etwas eilig bin. Auf ein gutes Wiedersehen in alter Treue Ihr R. Goltz

KA, J. K. Paasikiven arkisto, Kirjeet ja kirjekonseptit, Kotelo 1:3, Seite 176-177

Kuranstalt Glotterbad in Oberglottertal (südl.bad.Schwarzwald)

Oberglottertal, den 25.9.1928

Lieber Herr Senator!
Vor einigen Tagen wurden uns bereits die Karten Ihrer Tochter nebst Mann aus Berlin nachgeschickt. Wir hoffen, daß sie einige Zeit dort bleiben, damit wir sie bei uns sehen können.
Wir kehren bald von hier heim, dann aber muß ich sofort für einige Tage nach Hamburg, sind daher erst etwa vom 10. Oktober ab aktionsfähig! Ich brauche diesen Ausdruck mit Rücksicht auf meine Frau, die ja vor der Reise es in keiner Weise war. Hoffentlich wird der Aufenthalt hier ihr doch auf die Dauer wenigstens etwas genützt haben.
Es ist hier ein gutes, reelles, schön gelegenes Sanatorium mit meist recht guter Gesellschaft, besonders aus Bremen und Hamburg sowie vom Rhein. Sehr nette weibliche Betreuung, „Saaltöchter“, nette Schwestern, großem Luftbad und Fichtennadelbädern mit Bestrahlung und Bürsten. Wir hatten wundervolles Wetter und sind schon deshalb sehr zufrieden. Immerhin zieht es meine Frau vor, ohne Aufenthalt heimzukehren.
Inzwischen haben meine Berliner Kinder und Enkel in unserer Wohnung gewohnt – als Sommerwohnung.
Nach unserer Rückkehr soll der jüngste Enkel getauft werden. Dann sind auch die Stettiner Enkel wieder zu Hause, die auf Rügen erkrankt waren und noch in das Soolbad Kösen, bei Weimar gehen mußten. Mein Stettiner Sohn hat sich jetzt mit einem anderen jungen Anwalt, der auch bereits eine gute Praxis hatte, zusammengetan. Beide hoffen viel davon.
Wir grüßen Sie und Ihre ganze Familie, besonders hoffen wir Gutes von der sich bessernden Gesundheit Ihrer Frau Gemahlin. Ebenso gute Wünsche für das junge Paar Ihres Sohnes.
In alter Treue und Freundschaft Ihr R. Goltz

538 Glottertal ist eine Gemeinde im Landkreis Breisgau-Hochschwarzwald im Südwesten Baden-Württembergs-Baden.

KA, J. K. Paasikiven arkisto, Kirjeet ja kirjekonseptit, Kotelo 1:3, Seite 178-181

13.12.28 (Stempel Charlottenburg 9, Kurlandallee 38, Westend 1459)

Lieber Herr Senator!
Wenn diese Zeilen Sie erreichen, werde ich hier des 16. Dezember vor 10 Jahren gedenken, als wir von Finnland abfuhren und Sie und viele 1000 Freunde uns vom Hafen Abschiedsgrüße zusandten.
Ich werde den Tag und den Gegensatz zu dem, was wir bei uns vorfanden, nie vergessen.
Jetzt geht es uns nur scheinbar besser, die Zukunft liegt dunkel vor uns.
Was mag der wirkliche Eindruck Ihrer Kinder von ihrem hiesigen Aufenthalt sein? Sie klagen nur über die große Teuerkeit. Haben Sie erkannt, daß aller Großstadtglanz Talmi[539] und geborgt ist?
Wir hatten die Freude, sie einige Male bei uns zu haben und auch Ihren Schwiegersohn, der jetzt auch tadellos deutsch spricht, besser kennen zu lernen. Leider muß ich ja auf die Gesundheit meiner Frau, obwol es ihr besser geht, in Bezug auf Gesellschaft noch sehr Rücksicht nehmen. So daß wir uns auf Nachmittags-Gesellschaft beschränken müssen.
Wir freuten uns sehr über die besseren Nachrichten von Ihrer Frau Gemahlin.
Hoffentlich bleibt sie auch bei der nun angefangenen Kälte gesund, die ja den Vorteil hat, daß sie kaum Bazillen hat. Sie selbst sollen die ausgefallene Sommer-Erholung entbehren. Das macht mir Sorge. Schliesslich steht doch alles auf Ihrer Gesundheit und Nervenkraft.
Weihnachten werden wir die Stettiner Kinder und Enkel bei uns haben. Es wird etwas eng und für meine Frau auch viel werden, aber wenn es nächstes Jahr etwa 5 Enkel sein sollten, wird es noch weniger gut gehen. So muß man es wahrnehmen, so lange es geht.
Im übrigen geht es sowol dem Rechtsanwalt wie dem Bankdirektor gut, unberufen!
Der Sohn des letzteren ist nun bald 6 Monate alt und ein besonders netter Bengel.-

Schliesslich habe ich noch die Bitte, mir per Scheck so 1000 Rmk zu überweisen, daß die dortige Konto-Belastung auf das Jahr 1929 gilt. Vielen Dank.-
Viele Weihnachtswünsche und Neujahrsgrüße sendet Ihnen und der Familie auch im Namen meiner Frau und aller Ihr Rüdiger Goltz

539 Talmi war Falschgold, das von einem Pariser Fabrikanten zuerst hergestellt wurde. Es war eine Kupfer-Zink-Legierung, die mit Blattgold überzogen wurde. Das Material wurde für Schmuck verwendet. Im übertragenen Sinn bezeichnet Talmi etwas Unechtes, nicht Authentisches. https://de.wikipedia.org/wiki/Talmi (entnommen am 4.3.2019).

KA, J. K. Paasikiven arkisto, Kirjeet ja kirjekonseptit, Kotelo 1:3, Seite 182-185

28.I.1929

Lieber Herr Senator!

Ihren freundlichen Brief vom 29.v. M. habe ich einschl. Einlage mit vielem Dank erhalten. Leider verfehlten wir Ihre Kinder Wuorinen, als diese auf der Durchreise – ohne vorherige telefonische Anfrage – sich noch mal zu uns heraus bemühten.
Wir hoffen, dass sie es in Paris besser und billiger als hier angetroffen haben, vor allem aber dass Sie alle, besonders Ihre Frau Gemahlin wol sind. Von uns kann ich es im allgemeinen sagen, selbst von meiner Frau mit ihren freilich recht wechselnden Befunden. In Stettin wird im April No. 5 erwartet. Optimismus!
Zu Weihnachten hatten wir unsere Stettiner zu 8 Personen bei uns: 2 Eltern, 4 Kinder, 2 Hausangestellte. Für 10 Tage. Ich hatte mein Zimmer hergeben müssen. Etwas eng, aber sehr nett.
Es war uns eine große Freude, zumal bei der intensiven Tätigkeit eines Rechtsanwalts auch brieflich der Verkehr leicht nachlässt. Dagegen sind die hiesigen Kinder oft bei uns. Am 20.d. M. war ich mit 30 anderen meist hohen Offizieren des alten Heeres in Doorn zur Beglückwünschung des 70jährigen Kaisers, der jung und geistig sehr rege war. Natürlich war es ein reiner Pietätsakt, kein politischer. Ich war deshalb erstaunt, dass Ihr jetziger Gesandter bei dem finnischen Verein anfragen liess, ob ich in Doorn gewesen sei. Er soll sogar den Argwohn haben, dass das finnische Reisebüro Dr. Schreibers „meine Politik“ finanzieren solle! 1) ist es eine reine Privatsache Schreibers 2) sollen die Einnahmen erst kommen und die Existenz des jetzt verheirateten Schreiber sicher stellen 3) weiss ich nicht, was meine überparteiliche vaterländische Arbeit einen Gesandten beunruhigen kann. Oder ist er in erster Linie Socialdemokrat?
Ich schreibe Ihnen dies nur für den Fall, dass sich auch dort müßige Gerüchte, die durch nichts fundiert sind, verirren sollten.-
Bei uns ist man sehr besorgt um die Zukunft, in erster Linie in wirtschaftlicher Hinsicht im Zusammenhang mit der Reparationskonferenz. Bricht unsere Landwirtschaft weiter zusammen, wie unsere regierenden Socialdemokraten wünschen, dann bricht bei uns die Wirtschaft überhaupt zusammen. Es wird allmählich bitter ernst. Es wird schwer werden und noch lange dauern, bis unsere von der jüdischen Presse betrogenen Arbeiter die Zusammenhänge einsehen. Vielleicht kann eine länger dauernde sozialdemokratische Regierung ihnen zeigen, wie schlecht auch sie dabei fahren.
In den gehobeneren Volksschichten wächst die Einsicht allmählich, aber vorläufig sind wir noch im Stadium schleichender Socialisierung und Bolschewisierung.
Ich bin sehr neugierig, von Ihnen einen politischen Brief über die Vergangenheit zu erhalten.
Viele herzliche und gute Wünsche Ihnen und den Ihrigen. In alter Freundschaft Ihr

R. Goltz

KA, J. K. Paasikiven arkisto, Kirjeet ja kirjekonseptit, Kotelo 1:3, Seite 186-189

Charlottenburg, Kurländerallee 38
Westend 1659

20.7.1929

Lieber Herr Senator!

In der Annahme, dass Sie von Ihrer gewiß hochinteressanten Reise wieder zu Hause sind, möchte ich Ihnen danken für zwei mich erfreuende Ansichtskarten, die eine vom Nord-Ostsee-Kanal, die andere aus London. In Amsterdam war auch Cuser von der Hamburg-Amerika-Linie, mit dem ich jetzt manchmal zu tun habe und mein 2. Sohn (vorübergehend) aus anderen geschäftlichen Gründen. Er fand aber die Hotels besetzt und mußte außerhalb wohnen. So hat er Sie nicht entdeckt.

Hoffentlich hat Sie die Reise nicht zu sehr angestrengt.

Uns geht es ganz gut, so gut es einem Patrioten im heutigen Deutschland gehen kann. Wir haben für 5 Wochen unsere Stettiner Enkel hier, die sich oft im Kostüm des Paradieses im Garten tummeln und mit der Garten-Spritze jauchzend sich anfreunden. Dazu haben wir jetzt die entsprechende Temperatur. Bei kühlerem Wetter sind sie im nahen Walde.

Meine Frau hat davon mehr Freude als Unruhe. Dann sollen die Kinder noch Sole baden, während der Vater nach 4 Wochen Hochgebirge wieder nach Stettin zu seiner Tätigkeit zurück muß. Auch doof – ist meist schönstes Wetter gewesen.

Aus Pommern höre ich daher von guter Ernte.

Wir selbst werden im August wol auch verreisen. An sich haben wir ja in unserem Tusenhus Erholung und Ruhe, aber jeder muß möglichst einmal im Jahre aus seiner Alltäglichkeit heraus, um mal wieder Überblicke und Nerven zu bekommen. Wohin wir gehen, wissen wir vorläufig noch nicht, weil es noch nicht entschieden ist, ob ein Badeaufenthalt oder nur eine Erholung in Frage kommt.

Alle Augen sind jetzt nach dem fernen Osten gerichtet. Ein Krieg dort könnte außen- und innenpolitisch alles in Fluß bringen. Die U.S.A. müssen wol wegen ihres Kellogpaktes intervenieren, sonst aber könnten sie es doch nur begrüßen, wenn der Bolschewiken-Staat an dem schwierigen Kolonialkriege, zu dem er nur eine endlose eingleisige Verbindung hat, kaputt ginge. Denn hinter China, mit dem die Russen vielleicht fertig werden, steht Japan, England und Amerika, diese freilich unter sich Rivalen. Für uns ist gut der Zusammenbruch der Sowjets, schädlich aber wenn ein neues Rußland mit Wladiwostock den Blick nach Osten verliert und sich wieder nach Westen wendet. Wir Deutschen hätten davon zunächst Vorteile wegen Polen, aber Finnland? Doch das Für und Wider ist damit noch lange nicht erschöpft. Vielleicht glättet sich auch alles wieder und die Sowjets haben mit ihrem frechen Bluff mal wieder ihren Kredit und ihr Ansehen hergestellt.

Dann tritt für uns wieder der unerfüllbare Youngplan[540] in den Vordergrund.-
Wir grüßen Sie und Ihre Frau Gemahlin sehr herzlich, ebenso Ihre Kinder. Hoffentlich behalten Sie auch gutes Wetter und damit Gesundheit und gute Ernte.
In alter Freundschaft Ihr

Rüdiger Goltz

KA, J. K. Paasikiven arkisto, Kirjeet ja kirjekonseptit, Kotelo 1:3, Seite 190

Postkarte vom 2.9.29 aus Kolberg

Lieber Herr Senator! Wir sind hier mit Stettiner Sohn und Frau für 2-3 Wochen und grüßen Sie und Familie herzlich über die Ostsee. Wetter I a. Eben kommt Ihr sehr interessanter Brief, den ich von Berlin beantworte. Ich las hier endlich Paléologne[541].
Für Anlage Ihres Briefes besten Dank. Ernte hier auch gut. Jetzt ängstliche Dürre.
In alter Treue
Ihr R. Goltz

540 Der Young-Plan war ein Plan zur endgültigen Regelung der Deutschen Reparationszahlungen nach dem 1. Weltkrieg. Er löste 1929/30 den Dawes-Plan ab und kam auf der Tagung der Finanzsachverständigen von Belgien, Deutschland, Frankreich, Großbritannien, Italien, Japan und den USA unter Vorsitz des US-Wirtschaftspolitikers O.W Young in Paris zustande. Der Young-Plan sah Reparationen von 121 Mrd. Reichsmark vor, die im Laufe von 59 Jahren (also bis 1988) bezahlt werden sollten. Durch die Weltwirtschaftskrise wurden die Transferzahlungen wesentlich behindert und 1931 im Rahmen des Hoover-Moratoriums vorläufig aufgeschoben. Schließlich kam es 1932 im Rahmen der Lausanner Konferenz zur endgültigen Außerkraftsetzung des Young-Plans. http://www.wirtschaftslexikon24.com/d/young-plan/young-plan.htm (entnommen am 10.3.2019).

541 Maurice Georges Paléologue (1859-1944), französischer Diplomat und Schriftsteller. Während des Ersten Weltkrieges bis zur Oktoberrevolution war er französischer Botschafter in Rußland. Als Publizist wurde er vor allem durch sein Werk über seine Jahre am Zarenhof während des Krieges (La Russie des Tsars pendant la grande guerre) bekannt, das 1922 erschien. https://de.wikipedia.org/wiki/Maurice_Paléologue (entnommen am 8.4.2019).

KA, J. K. Paasikiven arkisto, Kirjeet ja kirjekonseptit, Kotelo 1:3, Seite 191-198

Charlottenburg 9 Kurländerallee 38
Westend 1659

7.11.29

Lieber Herr Senator!
Auf einen freundlichen Brief und Reisebericht habe ich Ihnen bisher nur mit Karte von der Ostsee geantwortet. Nun möchte ich etwas näher berichten.
Als wir am 17. September heimkehrten, hatten wir bisher mit Ausnahme einiger erwünschter Regentage fast unnatürlich schönen Herbst, so dass wir unser Heim im Walde viel länger als sonst ausnutzen konnten. Aber die üble Entwicklung bei uns raubte mir die Freude. Das Volksbegehren ist nur als Aushilfsmittel zu verstehen, weil durch parlamentarische Mittel bisher nichts erreicht worden ist. So hatte nun die Propaganda und die Wut und Angst unserer sozialdemokratischen Regierung bewiesen, daß das Volksbegehren besser ist, als ich selbst anfangs glaubte. Sympathisch ist es nicht, aber man mußte mitmachen. Öfter wird dies ultra-demokratische Mittel nicht angewendet werden, dafür hoffe ich gesorgt zu haben. Der Volksentscheid im Dezember hat keine Aussicht, er ist nur Demonstration.[542]
Aber ich erinnere Sie daran, dass auch Sie mir früher mal gesagt haben: einmal werden Sie nein sagen müssen.
Abgesehen davon kommen nun doch so viel üble Folgen unserer langjährigen sozialistischen Regierung (in Preußen seit 11 Jahren!) an das Tageslicht, besonders in Berlin selbst, daß man vielleicht doch an eine allmähliche Wendung glauben könnte – vorausgesetzt, daß es den Sozialisten nicht vorher gelingt, ihre verschleierte Diktatur noch mehr zu befestigen.-
Hier ist jetzt ein sehr hübsches Volksbuch über den Krieg herausgekommen: Beumelburg[543] "Sperrfeuer um Deutschland". Der Verfasser ist jüngerer Kriegsteilnehmer

542 Der Volksentscheid gegen den Young-Plan wurde durch das 1929 von rechten Parteien und Organisationen gestartete Volksbegehren „gegen die Versklavung des Deutschen Volkes (Freiheitsgesetz)" ausgelöst, mit dem diese die Einigung der Regierung mit den ehemaligen Gegnern des Deutschen Reiches im Ersten Weltkrieg über die Höhe und Bedingungen der Reparationszahlungen im Young-Plan rückgängig machen wollten. Zur Entscheidung gestellt wurde das sogenannte Freiheitsgesetz, das auf eine Gesamtrevision des Versailler Vertrages hinauslief und den Mitgliedern der Reichsregierung Landesverrat unterstellte. Mit etwas über 10 % der Wahlberechtigten wurde das Quorum knapp erfüllt und das Volksbegehren hatte Erfolg. Der daraufhin beantragte Volksentscheid scheiterte an der geringen Beteiligung von nur knapp 15 % der Stimmberechtigten Siehe:https://de.wikipedia.org/wiki/Volksentscheid_gegen_den_Young-Plan (entnommen am 4.9.2019).

543 Werner Beumelburg (1899-1963), deutscher Schriftsteller, der zu den bekanntesten Autoren der Spätphase der Weimarer Republik und der NS-Zeit gehörte. Seine wichtigsten Bücher waren „Sperrfeuer um Deutschland" (1929), eine literarisch-historische Abhandlung des Ers-

und hat schon mehrere kleinere militärische Bücher geschrieben z. B."Donaumont" (Verdun). Er beschreibt den ganzen Krieg auch militärisch und politisch, aber wesentlich vom psychologischen und seelischen Standpunkt der Hauptakteure (und) des Volkes und Soldaten aus. Sehr dramatisiert. Da Karten fehlen, tritt die Darstellung der Operationen etwas zurück, obwol sie auch gut ist. Besonders gewaltig sind die Bilder der Materialschlachten.

Ergänzend und für Militärs ist das 2bändige gleichzeitig erscheinende Werk des Generals Kuhl[544], Stabschef des Kronprinzen von Bayern mit vielen Karten und deshalb teurer.

Es ist das beste gründlichste Fachwerk des Krieges mit sehr zurückhaltender Kritik.[545]

Ich habe viel zu lesen, auch weil man mir viele Bücher zur Besprechung zusendet.

Neulich Mittag hatten wir Besuch von einer finnischen Schriftstellerin Frau Bergroth-Hagelin[546]. Sie will jetzt finnisch schreiben, ist sehr intelligent, Anthroposophin.

Sonst hörte ich aus Finnland nur von meinem Vetter v. Bissing, der in Åbo und Helsingfors Vorträge gehalten hat. Er ist Ägyptologe. Er sprach auch in der deutschen Schule über die Phöniker. Er habe sehr schlechtes Wetter gehabt. Vorher war er 10 Tage in Riga zu

---

ten Weltkrieges, und „Gruppe Bosemüller" (1930), der bekannteste und heute am häufigsten wissenschaftlich untersuchte deutsch-nationale Frontroman. Beide Werke hatte er aus nationalistischer, zutiefst antidemokratischer Sicht verfasst. Er propagierte darin die „Schützengrabengemeinschaft" und einen zukünftigen „Frontsoldatenstaat". Die gut lesbaren und in einem sachlich-nüchternen Ton verfassten Werke machten Beumelburg zum Bestsellerautor. In seiner Propagandaschrift „Deutschland in Ketten" (1931) denunzierte er schließlich die Republik als „Sklavenstaat". Siehe: Hildesheim, Jürgen/ Michael, Elisabeth, Lexikon nationalsozialistischer Dichter, Würzburg 1993, S. 53-63.

544 Hermann Josef Kuhl, seit 1913 von Kuhl (1856-1958), preußischer General der Infanterie und Miltiärhistoriker. Im Ersten Weltkrieg war Kuhl zunächst als Generalstabschef der Armee im Armeeoberkommando der 1. Armee an der Westfront tätig. 1915 wurde er Generalstabschef der 12. Armee und danach der 6. Armee. 1916 wechselte er zur Heeresgruppe „Kronprinz Rupprecht" an der Westfront, der er bis zum Kriegsende als Chef des Stabes angehörte. Er arbeitete in dieser Zeit eng mit Paul von Hindenburg und Erich Ludendorff, die seine Vorgesetzten bzw. Amtsvorgänger waren, zusammen. Nach Kriegsende reichte Kuhl seinen Abschied von der Armee ein, der ihm am 12. Januar 1919 bewilligt wurde. Im Ruhestand betrieb Kuhl militärwissenschaftliche Studien zum Ersten Weltkrieg und veröffentlichte eine Reihe von Büchern und Aufsätzen zu diesem Thema. Er war Mitglied der Historischen Kommission des Reichsarchivs und von 1924 bis 1938 auch Schriftleiter des Deutschen Offizierblattes. Siehe: Hans Meier -Welcker, Kuhl, Hermann von, in: Neue Deutsche Biographie (NDB). Band 13, Berlin 1982, S. 251 f.

545 Hier meint von der Goltz das Werk von Kuhl „Der Weltkrieg 1914–1918. Dem deutschen Volke dargestellt". 2 Bände, Tradition W. Kolk, Berlin 1929.

546 Kersti Bergroth-Hagelin (1886-1975), Schriftstellerin, die unter verschiedenen Pseudonymen Romane, Gedichte und Theaterstücke geschrieben hat. Ihr Erstlingswerk war der schwedischsprachige Roman „August", besonders bekannt wurde sie durch die im karelischen Dialekt geschriebenen Theaterstücke „Anu und Mikko" und „Kuparsaare Antti", die heute noch in den Theatern aufgeführt werden. Sie war die Begründerin des finn. PEN-Clubs und Vorsitzende des Anthroposphen-Verbandes. Siehe: Ristilä, Esa: Bergroth, Kersti. Kansallisbiografia-verkkojulkaisu. Studia Biographica 4. http://urn.fi/urn:nbn:fi:sks-kbg-004841.

Vorträgen. Er ist ein richtiger Gelehrter, dabei der Sohn eines berühmten Generals, im Kriege Generalgouverneur von Belgien.
Eben hatte ich 2 lange Times-Artikel über Finnland in der Hand. Danach wären die wirtschaftlichen Verhältnisse besser als die politischen (?). Das wurde mir von anderer Seite bestritten. Angeblich haben Sie wieder eine schlechte Ernte gehabt und die Bautätigkeit ist weiter wegen Geldmangel unterbrochen. Das täte mir sehr leid für Sie. Freilich scheint es ja in der ganzen Welt schlecht zu sein, selbst in America. Da soll Deutschland, dessen (Aussen)Anteil am Welthandel von 13 % (1913) auf 8 % zurückgegangen ist, für 2 Menschenalter die Kriegskosten der ganzen Welt tragen.
Nun aber vor allem: Wie geht es Ihrer Frau Gemahlin? Hat der Sommer ihr gut getan oder hat sie sich wenigstens leidlich gehalten? Haben Sie Ihr neues Haus bezogen? Von Ihnen und Ihren Kindern hoffe ich, daß Sie gesund sind.
Meiner Frau hat die Ostsee gut getan. Aber sie kann wenig aushalten und muß ganz ruhig leben, sonst wird es ihr zu viel. Das ist in einer 4 Millionenstadt nicht so leicht. Denn da hat man viel Bekannte. Vor allem aber kommen viel Besucher von außerhalb, was ja auch sehr nett ist. Leider ist unter diesen Umständen an eine Sommer-Reise nach Finnland kaum zu denken, obwol wir gern möchten.
Mein Stettiner Sohn hat sehr viel zu tun, daher sieht er kaum seine eigene Familie. Es hat sich in den beiden letzten Jahren sehr gesteigert. Bis dahin hatte er noch mehr Zeit. Beweis: 5 Kinder. Aber natürlich muß man zufrieden sein und hoffen, dass er gesund bleibt.
Der jugendliche Bankdirektor scheint seine Sache auch gut zu machen, obwol schwere Zeiten sind. Viel Konkurse, Liquidationen und Zusammenlegungen. Seine Kreuger-Bank hat ja viel hinter sich. Für seine Entwicklung tut es mir fast leid, daß die wichtigste Eigenschaft heute heisst: Vorsicht! Vor 27 Jahren wären Wagemut und Unternehmungslust die richtigen Eigenschaften. Er aber muß vorsichtig und mißtrauisch sein, sonst kann er stramm stehn.
Neben mir sitzt meine Frau und sucht alte Sachen durch von einer Tante, die in München von einer Radfahrerin überfahren wurde und starb. Da fand sich auch ein Ansichtsalbum von Helsinki vom Jahre 1913, wo sie als begeisterte Anthroposophin damals war. In der Jugend Hofdame der Kaiserin Friedrich, im Alter Anhängerin Steiners[547]: Folge der Ehelosigkeit! Sie können aus diesem Beispiel die Größe der Erbschaft ersehen. So ist es aber bei uns jetzt überall.
Aber die Hautsache ist ja auch das gute Andenken, das Verstorbene hinterlassen. Das ist hier vorhanden.
Nun aber zum Schluß einen herzlichen Gruß von Ihrem alten Freunde R. Goltz, dessen Haare immer weißer werden vor Ärger über unsere elenden Zustände.

547 Rudolf Joseph Lorenz Steiner (1861-1925) österreichischer Publizist, Esoteriker, Vortragsredner und Begründer der Anthroposophie, einer spirituellen Weltanschauung, die zu den neuen mystischen Konzeptionen der Einheit von Mensch und Welt aus der Zeit um 1900 gezählt wird. Thomas Gandlau, Rudolf Steiner In: Biographisch-Bibliographisches Kirchenlexikon (BBKL). Band 10, Bautz, Herzberg 1995, Sp. 1294–1300.

KA, J. K. Paasikiven arkisto, Kirjeet ja kirjekonseptit, Kotelo 1:3, Seite 199-201

18.III.1930

Lieber Herr Senator!

Heute muß ich Ihnen danken für Brief und Sendung von Mitte Februar und Karten – Brief und Anlage vom 14.d. M. Über letztere und, was dazu gehört, mich von Ihnen kurz unterrichten zu lassen, wird ja Ihr freundlichst für bald in Aussicht gestellter Besuch Gelegenheit bieten. Wir freuen uns sehr, Sie bald einmal bei uns wiederzusehen. Natürlich richten wir uns ganz nach Ihrer Zeiteinteilung. Vor dem 12. Mai habe ich nichts Besonderes vor.

Um Sie später mit einer Sendung nicht zu oft bemühen zu müssen, möchte ich Sie freundlichst bitten, Ihre hiesige Anwesenheit zu persönlicher Erledigung verwenden zu wollen, falls es möglich ist.

Nach dem, was Sie im vorigen Monat schrieben, dürfen wir Sie im neuen Heim vermuten.

Wir senden Ihnen dazu wärmste Wünsche, besonders auch für Ihre Frau Gemahlin. Mögen Sie zusammen dort noch manches Jahr in möglichster Gesundheit verleben!

Was Sie sonst politisch und wirtschaftlich schreiben, war mir außerordentlich interessant. Ich freue mich, darüber mit Ihnen mich bald unterhalten zu können. Dann kann ich Ihnen auch über unsere recht ernste Lage etwas erzählen, die ich mehr vom politischen, Georg Conrad vom wirtschaftlichen Standpunkt ansieht. Rüdiger in Stettin ist, wie ich, Nationalist. Ich fürchte sogar, daß er sich der Politik mehr und früher zuwendet, als seiner Rechtsanwalts-Praxis, in der er sich einen Namen in ganz Pommern und darüber hinaus gemacht hat, unbedingt zuträglich ist. Aber was das innere Feuer dem Menschen eingibt, das muß er tun. Denn Menschen mit innerem Feuer brauchen wir, sie sind selten geworden, besonders soweit es nicht die eigene Person anbelangt.

So schliesse ich mit Dank, vielen guten Wünschen und in der Freude, Sie bald zu sehen als Ihr treu ergebener R.Goltz

KA, J. K. Paasikiven arkisto, Kirjeet ja kirjekonseptit, Kotelo 1:3, Seite 202-204

13.6.1930

Lieber Herr Senator!

Vielen Dank für eine Karte aus Stockholm, die ich vor 10 Tagen erhielt,

Ihre letzten Zeilen, die ich vor 5 Wochen erhielt, haben sich gekreuzt mit einem Brief von mir, der hoffentlich ebenso wie ein Telegramm zur Taufe Ihres Enkelsohns nach Wiborg in Ihre Hände gelangt ist?

Ich bat damals, falls möglich um Übersendung eines Schecks möglichst über 1000 Rm. Ich möchte Sie aber bitten, mir offen zu schreiben, falls etwa die veränderten Verhältnisse dies nicht ermöglichen sollten.

Wir hatten Pfingsten den Besuch von Goldbeck-Löwe und Frau, die auf der Rückreise von Baden-Baden einige Tage hier verweilten. Sie sahen gerade 5 Enkelkinder, 2 von hier, 3 aus Stettin. Letzere verleben hier Ferientage.

Meiner Frau geht es leidlich. Wir genießen im Sommer unseren kleinen Garten und werden deshalb mindestens vorläufig nicht verreisen und hoffen auf Ihren Besuch Mitte August.

Augenblicklich herrscht hier große Hitze. Das hat den Vorteil, daß man wenigstens zu Hause seine Anzüge schont, weil man sich in seinem Kostüm dem Paradiese nähert. Leider sind aber sonst unsere Zustände keineswegs paradiesisch.

Wir hoffen, dass es Ihrer Frau Gemahlin leidlich geht und sie sich im neuen Heim wolfühlt. Wir grüßen Sie und Ihre ganze Familie.

In alter Freundschaft stets Ihr

Rüdiger Goltz

KA, J. K. Paasikiven arkisto, Kirjeet ja kirjekonseptit, Kotelo 1:3, Seite 205/06

3.7.1930

Lieber Herr Senator!

Vielen Dank für Ihren letzten Brief mit Einlage, die ich dankend erhalten habe. Im Interesse Ihrer Gesundheit und auch eines Wiedersehens hoffe ich, daß Sie in diesem Jahre nicht wiederum auf Ihren Erholungsurlaub verzichten, sondern wiederum Nauheim aufsuchen, das Ihnen so gut getan hat.

Was Sie über die jetzige politische Lage in Finnland schreiben, hat mich sehr interessiert. Die deutschen Zeitungen interessieren sich sehr für die dortigen Verhältnisse. Nur als Beispiel zwei Ausschnitte aus den entgegengesetzten Lagern. Weltpolitisch betrachte ich Ihren Kampf als einen Teil des großen Weltkampfes zwischen Demokratie und ihrer letzten Konsequenz dem faschistischen Bolschewismus einerseits und bürgerlicher, nationaler starker Staatsgewalt mit monarchistischer oder Diktatur-Spitze. In Spanien scheint Demokratie über die Monarchie zu siegen, in Rumänien umgekehrt. In Österreich die vom Ausland bezahlte Demokratie gegen die nationalen Heimwehren. Nun bei Ihnen! In anderen Ländern (Italien, Jugoslawien, Türkei, Polen) sehe ich den Kampf entschieden. In Ungarn soll im November ein König gekrönt werden. Bei uns wird der weitere Finanz. Zusammenbruch den Kampf auslösen.

Bei Ihnen habe ich keine Sorgen. Sollte Svinhufvud das Heft in die Hand bekommen, so wird er, fürchte ich für Sie, sich unseren gemeinsamen Freund Paasikivi heranholen. Hoffentlich wird das nicht Ihren Urlaub illusorisch machen.

Wir werden wol bald an die Ostsee gehen u. zwar nach Koserow bei Swinemünde, um dort mit Stettiner Kindern und Enkeln zusammen zu sein.

Hoffentlich hält dann das strahlende Wetter an, im Interesse der Landwirtschaft, aber öfter von Gewitterregen unterbrochen. Mitte August hoffen wir Sie dann hier zu haben.

Viele herzliche Grüße an Sie und Ihr ganzes Haus, besonders Ihre Frau Gemahlin, der es hoffentlich leidlich geht.

In alter Freundschaft Ihr R. Goltz

KA, J. K. Paasikiven arkisto, Kirjeet ja kirjekonseptit, Kotelo 1:3, Seite 207-210

7.8.1930

Lieber Herr Senator!
Ihr letzter Brief nebst Anlage erreichte mich hier, nachdem wir 2 Wochen voll Regen und Sturm an der Ostsee mit Stettiner Kindern und Enkeln – verwandschaftlich sehr nett aber ohne Erholung – zugebracht hatten. Im Gegenteil, meine Frau muß wegen ihres durch Sturm und Unruhe erregten Herzens das Bett hüten und sich längere Zeit schonen und ich hatte Fieber durch Zahn-Entzündung. So suchen wir uns durch Abschliessung von der Außenwelt hier zu erholen, was vielleicht bei diesem seit Ende Juni sehr ungünstigen Wetter das schlaueste ist. Vorläufig bleiben wir also hier und freuen uns Sie wol bald hier zu sehen. Vielleicht wird nach dem Mondwechsel – 10.d. M. - das Wetter besser. Die Ernte ist freilich in weiten Teilen Deutschlands verdorben, dafür werden die Leidenschaften in Wahlkämpfen erneut stark erregt. Alles gärt bei uns.
Ihr Brief interessierte mich sehr, auch dass eine Zeitungsnachricht richtig war, dass der Präsident zuerst Ihnen die Regierungsbildung angeboten hat. Mich freute noch zu hören, dass Sie in den bürgerlichen Parteien so weitgehende Sympathien genießen. Ich bildete mir nur ein, dass Svinhufvud das wäre, was man „populär“ nennt, d. h. im eigentlichen Volke, das bekanntlich kein Urteil, sondern nur Gefühl hat, instinktmäßig beliebt ist, ebenso wie bei uns der ganz unpolitische Hindenburg. Svinhufvud ist aber auch politisch sehr begabt. Wenn ich ihm vor einigen Wochen schrieb, nur er könne es jetzt machen, so dachte ich im Gegensatz zu ihm keineswegs an Sie, sondern ich hatte die Befürchtung, dass etwa gestützt auf das Schutzkorps Mannerheim sich an die Spitze stellen würde oder ein Volksheld der Lappo-Bewegung ohne staatsmännische Begabung. Beides hätte ich für sehr bedenklich gehalten. Dagegen hätte ich Sie natürlich sehr begrüßt, weil Sie wol den weitesten Gesichtskreis und die mutigste Überlegung besitzen. Verzeihen Sie, wenn ich das sage.-
Sie schreiben, auch uns täte ein Lappo-Marsch [548] auf Berlin gut. Ganz zweifellos. Aber die Herrschaft der Sozialdemokratie, die ja den heutigen Staat geschaffen hat, ist bei uns, besonders im ehemaligen stolzen Preußen und in Berlin bereits so vorgeschritten, sie stützt sich dort so sehr auf die staatliche Polizei, die Reichswehr ist so „vorsichtig“ -

548 Die Lapua-Bewegung befand sich 1930 auf dem Höhepunkt ihrer Macht, was sich im Marsch der Bauern nach Helsinki manifestierte. Dieser wurde in Nachahmung des Marsches der italienischen Faschisten durchgeführt, mit dem Ziel, die Regierung unter Druck zu setzen, damit diese ein Gesetz erläßt, das kommunistische Aktivitäten kriminalisiert. 12.000 Anhänger der Lapua-Bewegung waren an dem Marsch in die Hauptstadt beteiligt und wurden von Präsident Relander, Ministerpräsident Svinhufvud und General Mannerheim empfangen. Der Marsch ging ohne Zwischenfälle zu Ende. Siehe u.a.: Virrankoski, Pentti, Suomen Historia. Maa ja kansa kautta aikojen, Helsinki 2012, S. 339-343; https://www.mv.helsinki.fi/home/evasara/skpolhist.html und http://www.philfak.uni-rostock.de/imd/41/ungarn_finnland/Inhalt/Kapitel6/de/Epoche.html (entnommen am 4.9.2019).

um nicht mehr zu sagen – politisch geführt und die Mittelparteien sind so „diplomatisch“ der S.P.D gegenüber, daß ein Marsch des Stahlhelm oder gar der Nationalsozialisten ganz ausgeschlossen scheint.

Die Sache muss bei uns m. E. durch ein Sachverständigen-Kabinet mit weitesten Vollmachten dem Reichstag gegenüber durch den Reichspräsidenten gemacht werden. Aber letzterer ist alt und war stets korrekt und bürokratisch, unbeschadet seiner sonstigen verehrungswürdigen Persönlichkeit.

Von den Neuwahlen hoffe ich gar nichts.

Umso mehr muß mal eine Tat erfolgen, wollen wir nicht unsern Staat der Massenherrschaft überlassen, d. h. einigen, rein parteimäßig eingestellten Sozialisten und ihren vom Arbeitergroschen wolhabend gewordenen Partei- und Gewerkschaftsführern, die man jetzt „Bonzen“ nennt.

Was Ihr ehemaliger Korrespondent der Frankfurter Zeitung (links-bürgerlich) Ihnen gesagt hat, interessierte mich sehr. Es deckt sich wol ungefähr mit meiner Ansicht, obwol ich wol dem rechten Flügel zugerechnet werde. Ich hoffe, mit Ihnen darüber bald mündlich reden zu können. Ich bin übrigens bisher nur am 26. u. 27.d. M. besetzt, da ich eine Reise am 21.d. M. wol aufgeben werde.

Die verhältnismäßig guten Nachrichten über Ihre Frau Gemahlin und über die wirtschaftliche Entwicklung bei Ihnen freuten mich sehr. Die Holzindustrie ist bei uns ebenfalls so von Rußland unterboten, daß das auch eine ernste Gefahr bedeutet. Während Waldbesitz früher die Sparkasse des Landwirts war, ist das Holz fast unverkäuflich geworden und das in einer Zeit, in der die meisten Landwirte Riesenschulden haben und noch mit steigendem Verlust arbeiten. Die Landbesitze, die wegen Überschuldung zum Verkauf gestellt werden, finden meist keine Käufer. Parzellierung und Klein-Siedlung sind selten rentabel. In dem am meisten leidenden Ostpreussen – wegen der politischen Umklammerung und weiten Entfernung – will erst recht niemand ein Gut kaufen. Da aber der Industrie-Export sinkt, ist auch die Industrie steigend auf Verkauf bei den Landwirten angewiesen.-

Unser jüngster Sohn ist mit Frau in Norwegen im Gebirge, seine kleinen Kinder wohnen bei uns.

Unser ältester Sohn war auch 12 Tage in Nordschweden an der norwegischen Grenze nahe den Lofoten, hin nach Stockholm, zurück von Luleå mit Stettiner Schiffen, um sich auf ihnen zu erholen. Er ist jetzt weit über Stettin hinaus als nationaler Verteidiger bekannt. So hat er noch in diesem Monat in Berlin 2 x, ferner in Hannover und Altona (Hamburg) in politischen Prozessen zu verteidigen. Weniger lukrativ denn als Sprungbrett für politische Tätigkeit zu betrachten, die ihn in erster Linie interessiert.

Mit vielen herzlichen und allseitigen Grüßen von Haus zu Haus und mit dem Wunsche gesunden Wiedersehens in alter Freundschaft Ihr stets getreuer

Rüdiger Goltz

KA, J. K. Paasikiven arkisto, Kirjeet ja kirjekonseptit, Kotelo 1:3, Seite 211/12

16.8.1930

Lieber Herr Senator!
Eben erhalte ich ihre Karte aus Hamburg und begrüße Sie in Deutschland mit dem Wunsche, daß Ihnen auch dieses Mal wieder wie früher die Kur in Nauheim gut tun wird.
Wir sind nur 2 Wochen in Swinemünde gewesen teils des schlechten Wetters wegen teils weil weder ich noch meine Frau uns dort erholten. Während ich mich allmählich hier erhole - trotz Wahlzeit und sonstiger Schwierigkeiten - liegt meine Frau und befindet sich in ärztlicher Behandlung: Herz und Nerven.
Ein organischer Herzfehler liegt nicht vor. Deshalb will auch der Arzt von Nauheim nichts wissen, sogar im Gegenteil, sondern es ist Herz-Neurose. Vielleicht werden wir nochmal fortgehen müssen, vielleicht wieder nach Glotterbad bei Freiburg, das uns schon mal gut getan hat. Ich scheue nur etwas die große Reise, die auch erst in 2-3 Wochen nach Wetterbesserung in Frage kommen würde, zumal die neuen hohen Steuern gerade die fest Besoldeten zum Ausraufen der Haare einzeln mehr veranlassen als zum Besuch von Sanatorien. Wir haben noch keine Pläne gemacht, erst muß sich der Zustand meiner Frau mal bessern.
Vorläufig ist ihr der Gedanke, erneut die Koffer zu packen, ein Greuel.
Diese Woche war entgegen der ärztlichen Vorschrift noch ziemlich stürmisch, da mein Stettiner Sohn hier vier politische Prozesse zu führen hatte und zweimal bei uns wohnte. Georg Conrad ist aus Norwegen heimgekehrt, sie hatten auch mäßiges Wetter und waren dann noch in Stockholm zum Besuch von Kreuger[549] und anderen Herren des Konzerns.
Den finnisch-deutschen Handelskonflikt bedaure ich natürlich sehr. M. E. ist er nur eine Folge der deutschen Wirtschaftsnöte und diese wieder eine Folge des Youngplanes und der Aussaugung Deutschlands mit seiner immer bedenklicher steigenden Zahl von Bankrotten und Arbeitslosen.
Als ein Zeichen, daß bei mir die deutsch-finnische Brücke noch besteht, schicke ich Ihnen beifolgendes Bild, das in Lübeck bei Gelegenheit einer Wiedersehensfeier alter Soldaten gemacht wurde, zu der Obstlt. Lilius, Militär-Attaché in Berlin geladen und gekommen war.
Mit vielen herzlichen Grüßen und in der Hoffnung, Sie Mitte September zu sehen in alter Freundschaft Ihr Rüdiger Goltz.

549 Ivar Kreuger (1889-1932) Gründer der Svenska Tändsticks AB (Schwedische Zündhölzer AG) und die zentrale Figur im europäischen Zündwarenmonopol. 1929 gründete er die Firma Svenska Cellulosa Aktiebolaget, die noch heute existiert. Er erschoss sich, als der Konkurs seines Trusts unabwendbar wurde, vermutlich um sich nicht öffentlicher Schmach ausgesetzt zu sehen. https://de.wikipedia.org/wiki/Ivar_Kreuger (entnommen am 14.10.2019).

KA, J. K. Paasikiven arkisto, Kirjeet ja kirjekonseptit, Kotelo 1:3, Seite 213-216

1.9.1930
vor 60 Jahren Schlacht bei Sedan.

Mein lieber Herr Senator!
In dankender Beantwortung Ihres Briefes vom 27.d. M. übersende ich Ihnen

- einen Brief an Goldbeck-Löwe im Durchschlag
- einen Aufsatz von mir, in dem ich auch Finnland erwähne. Letzteren erbitte ich zurück.

Beide Anlagen werden im wesentlichen Ihre politischen Fragen beantworten. Nur noch eins: Wenn das Zentrum in Preußen dauernd mit der S.P.D. regiert, im Reiche nur zeitweise, so dient das einmal am besten seiner Parteiherrschaft, dann aber muß im Reiche ab und zu nach Misstrauensanträgen oder Neuwahlen die S.P.D. zurücktreten, das Zentrum aber ist immer wieder im Sattel, mal mit links, mal mit rechts. In Preußen regieren S.P.D., Zentrum und Demokraten = Weimarer Koalition mit 4 Stimmen Mehrheit von mehreren Hundert (etwa 450).
Daran sieht man die Sinnlosigkeit der Mehrheits-Regierung: „Das Volk will es!“

Wir haben bei den Neuwahlen noch mehr als 13 Parteien, eine Folge des Kampfes gegen Hugenberg. Daß Sie mit 6 Parteien kaum regieren können, ist sehr interessant.-
Meine Frau hat neben Herz und Nerven noch einen hässlichen Kehlkopfhusten seit über 3 Wochen und deshalb schlechte Nächte.
Bei gutem Wetter wird sie das alles aber hoffentlich in 2 Wochen in unserem Garten los werden, reisen kann sie jetzt noch nicht. Wir hoffen Sie also Mitte September bei uns sehen zu können zu einer Zeit, die Ihnen passt, vielleicht abends?
Mir geht es leidlich. Nur ärgere ich mich zu viel. Außerdem bin ich bald 65 Jahre alt. Da kann man froh sein, wenn man ein gesundes Gehirn noch hat und leidlich auf den Beinen ist.
Aber die Leistungsfähigkeit nimmt ab.
Ich hätte mir ein glücklicheres Alter gewünscht, nicht ein Alter, das das Grab alles dessen enthält, wofür ich gelebt und gekämpft habe.
Im Laufe des Monats hätte ich gern noch 1000 Rm von den m. W. verfügbaren Zinsen. Vielleicht können wir das irgendwie bei persönlichem Wiedersehen erledigen.
Dafür wäre ich Ihnen dankbar.
Auf gutes Wiedersehen Mitte des Monats, wol nach dem ominösen 14.9., dem Wahltage.
In alter Freundschaft stets Ihr

R. Goltz

KA, J. K. Paasikiven arkisto, Kirjeet ja kirjekonseptit, Kotelo 1:3, Seite S.217-219

Anlage.[550]
Generalmajor a.D. Graf v.d. Goltz
Berlin-Charlottenburg 9
Kurländerallee 38

Berlin, den 29. August 1930

Herrn Kommerzienrat Goldbeck-Löwe
Hochwohlgeboren
Helsingsfors unionsgatan 22

Lieber Herr Kommerzienrat!
Vielen Dank für Ihren Brief vom 23. ds. Mts., den ich am 24. per Luftpost erhielt einschliesslich 2er vortrefflicher Bilder von Ihrem Landsitz Kissinge.
Dass Sie empört sind über den Artikel im Generalanzeiger von Dortmund vom 22.7. begreife ich vollständig. Aber ich habe ihn gerade deshalb geschickt damit die Richtung der deutschen sozialdemokratischen Partei mal bekannt wird. Ich habe mich deshalb amüsiert darüber, dass Sie empört schreiben: „dass solche Artikel in Deutschland in der Presse überhaupt vorkommen können". Mein lieber Kommerzienrat, solche Artikel stehen im heutigen Deutschland täglich in der Zeitung. Nehmen Sie es mir nicht übel, Sie verkennen das heutige Deutschland vollständig, wenn Sie das schreiben und wenn Sie schreiben: „Ich nehme an, dass Sie gegen denselben energisch Front gemacht haben". Das hätte sich wahrhaftig nicht gelohnt, denn einmal steht in der vernünftigen Presse genau das Gegenteil und dann bekehrt man keinen Sozialdemokraten dadurch, dass man in einem anderen Blatt das Gegenteil schreibt. Er liest es doch nicht und man könnte sich die Finger wund schreiben, noch dazu umsonst.

---

550 2.Anlage sind zwei Artikel aus der „Rote Fahne" vom 4.7.30
„Rüstet zum Antikriegsaufmarsch! Finnland als Aufmarschbasis gegen die Sowjetunion"
„Faschistenregierung in Finnland"
„Faschistenführer Svinhufvud mit der Kabinettsbildung beauftragt. Die finnische Arbeiterklasse im heldenhaften Abwehrkampf
Helsingfors, 3. Juli. Der finnische Staatspräsident hat den Führer der Lappo-Faschisten Svinhufvud nach dem Rücktritt Kallios mit der Regierungsbildung beauftragt. Svinhufvud hat bereits die Erklärung abgegeben, daß er sein Kabinett aus Faschisten zusammensetzen wird.
Der finnische Reichstag hat gestern die neuen Pressegesetze mit 112 gegen 69 Stimmen angenommen. Diese Gesetze sanktionieren nachträglich die Schließung der kommunistischen Druckereien und machen für die Zukunft jede legale Herausgabe revolutionärer Literatur unmöglich.
Gestern abend kam es in Wasa im Anschluß an Kundgebungen der revolutionären Arbeiter zu Zusammenstoßen mit Faschisten und Polizei, wobei ein Polizist erschossen wurde.
In ganz Finnland steigert sich die Erregung von Tag zu Tag. Der Widerstand der Arbeiter gegen den faschistischen Staatsstreich wächst. Die als Kampforganisationen gegen den Faschismus neugebildeten Roten Wehren haben bereits einige Waffenkundgebungen abgehalten."

Handschriftlicher Kommentar von Rüdiger von der Goltz: „Derartige Aufsätze sind natürlich nicht ernst zu nehmen." KA, J. K. Paasikiven arkisto, Kirjeet ja kirjekonseptit, Kotelo 1:3, Seite 220.

Man sollte im Ausland endlich mal erkennen, dass die deutsche sozialdemokratische Partei, die Siegerin des 9. November 1918 mehr oder weniger Deutschland regiert, Preussen fast vollständig. Sie haben zwar nicht die Mehrheit, aber aus Feigheit, hat die bürgerliche Mitte mit ihr meist zusammen regiert und sie dadurch regierungsfähig und massgeblich gemacht, anstatt diesen Wegbereitern des Bolschewismus, diese Zertrümmerer unseres Wirtschaftslebens, diese Untergraber deutscher und christlicher Jugenderziehung und national. und wehrhafter Staatsauffassung als die Totengräber unseres Volkes und Staates hinzustellen.
Die Demokraten, die sich jetzt irreführend Staatspartei nennen, waren ja zu allen Zeiten, um mit Bismarck zu reden, die Schrittmacher der Sozialdemokratie. Sie werden es auch bei den jetzigen Wahlen sein. Unbegreiflicher erscheint Manchem, dass sich das katholische und christliche Zentrum in Preussen seit fast 12 Jahren mit den Sozialdemokraten in die Regierung und die Regierungsämter teilt. Aber beide haben eben das gemeinsame, den Internationalismus und den Hass gegen das nationale Deutschland. Papst Benedict XV. hat erklärt „Luther hat den Weltkrieg verloren." Rom erstrebt die Herrschaft des Weltpriestertums, der Marxismus die Herrschaft des Weltproletariats, deshalb können beide im Kampf gegen Nationalstaaten und Nationalwirtschaft zunächst einmal zusammen gehen.
Endlich scheint ja die Stresemann-Partei, nach dem Tode Ihres klugen aber ganz liberalistischen Führers zu begreifen, dass sie wenigstens mit der S.P.D. nicht mehr zusammen regieren können. Aber ich fürchte, sie werden es doch wieder tun. Das sind die Zustände in Deutschland. Wir haben die kalte Sozialdemokratie, den kalten Bolschewismus. Die Ausdrücke Kulturbolschewismus und Steuerbolschewismus können Sie jeden Tag in der Zeitung lesen. Man sieht es ein, aber man ist zu feige unter dem Druck der Younggesetze und unter der Drohung einer neuen Revolution dagegen energisch anzukämpfen. Das schwarz-rot-goldene Deutschland ist ganz bestimmt nur eine Übergangsform zum roten Deutschland. „Republik, das ist nicht viel, Sozialismus ist das Ziel". Das ist die Parole der Sozialdemokratie. Es ist daher ganz unbegreiflich, wie von seiten des Auswärtigen Amtes unsere Gesandten angewiesen werden können, für dieses schwarz-rot-goldene Deutschland Propaganda zu machen und das Ausland glauben zu machen, dass das alte nationale Deutschland nicht mehr besteht. Es besteht, aber es ist in der Demokratie in der Minderheit gegenüber der schwarzen, roten und goldenen Internationale. Wie die nationalen Kreise angesichs der Zersplitterung, die eine Folge des deutschen Individualismus und jüdisch-jesuitischer Propaganda ist, bei den Wahlen abschneiden werden, müssen wir abwarten. Ich sehe darin ziemlich schwarz. Aber mit dem Stimmzettel können wir in unserem allein konfessionell in zwei Lager geteilten Deutschland schwerlich etwas erreichen. Das aber in unserem nationalen Lager allein Deutschlands Zukunft liegt, kann für den, der geschichtlich zu denken vermag gar kein Zweifel sein. Oder aber wir bleiben ein Tributdeutschland zum Übergang zum Sowjet-Deutschland.
Ich ermächtige Sie gern, bei deutschfreundlichen Leuten von diesen meinen Ansichten Gebrauch zu machen und den Brief auch dem Herrn Gesandten zu schicken. Ein Nebenexemplar übersende ich Paasikivi, der ja augenblicklich in Nauheim weilt und mir auch deshalb schrieb.
Mit allseitigen Grüssen stets Ihr R.G.

KA, J. K. Paasikiven arkisto, Kirjeet ja kirjekonseptit, Kotelo 1:3, Seite 222-225

4.9.1930

Lieber Herr Senator!

Vielen Dank für Ihre Zeilen vom 2.d. M.
Leider kann ich Ihnen im Augenblick keine bestimmte Antwort geben. Der Zustand meiner Frau wird doch noch eine Kur in Glotterbad nötig machen, wohin sie der Nervenarzt durchaus schicken will. Auch ich bin sehr kaput.
Aber im Augenblick kann meine Frau noch nicht reisen, andererseits schreitet die Jahreszeit fort. Falls es Wetter und Gesundheit erlauben, werden wir also doch reisen müssen, da jeder Tag Gewinn ist. Wählen kann man auch auf Reisen.
Ich hoffe aber die Sache so hinzuziehen, daß wir erst am 14. abends abreisen und wir Sie dann hier noch sehen. Denn ich möchte natürlich nicht wegen weniger Tage Sie nicht sehen, wo wir uns so selten sehen und sprechen.
Mit Wahlen habe ich im letzten Augenblick nichts zu tun, meine Tätigkeit ist beendet, so daß ich am 13.9., falls noch hier, Sie gern um 7 Uhr im Bristol aufsuchen und wegen Ihres Kommens zu uns am 14.9. das Nähere verabreden werde.
Ich hoffe also auf ein gutes Wiedersehen hier und bis dahin Ihr stets getreuer

Rüdiger Goltz.

KA, J. K. Paasikiven arkisto, Kirjeet ja kirjekonseptit, Kotelo 1:3, Seite 230/31

22.11.1930

Lieber Herr Senator! An Ihrem 60. Geburtstag werden meine Frau und ich mit den herzlichsten Wünschen zu Ihnen nach Helsinki herüber denken. Wir tun das in alter herzlicher Freundschaft, die wir stets auch von Ihnen in reichem Maße erfahren haben. Mögen Sie den 70. Geburtstag ebenso frisch und arbeitsfähig feiern, wie jetzt den 60. Denn von Pessimismus muß man sich als alternder Mensch noch mehr fernhalten, als in jungen Jahren.

Freilich ist das oft schwer. Auch gerade jetzt für Sie, der Sie offenbar doch in ernster Sorge um Ihre treue Lebensgefährtin sind. Hoffentlich ist das auch nur vorübergehend. Aber natürlich geben wir Ihnen grundsätzlich recht und teilen mit Ihnen Sorge und alles, was Sie bedrückt.

Sie sehen auf 6 Jahrzehnte mit doch im ganzen viel Glück und wol reichlich verdienten Erfolgen mancherlei Art zurück, Sie sind mit Recht ein hoch angesehener und verehrter Mann, so dass doch am 27.d. M. im ganzen das Gefühl des Dankes und berechtigten Stolzes Sie beschleichen und Ihnen neuen Lebensmut geben muß – neben der Sorge, die nicht verstummen wird. Grüßen Sie auch Ihre tüchtigen und wolgeratenen Kinder, mit denen Sie doch auch zufrieden sein können.

Für Ihren Brief vom 17.d. M. vielen Dank. Natürlich interessierten mich auch die politischen Nachrichten, die ja mit dem Bilde übereinstimmen, das ich mir aus der Ferne hier gemacht hatte, das aber durch Ihre Zukunftspläne, die ich für mich behalten werde, wesentlich ergänzt wird. Mögen diese Pläne in Erfüllung gehen.

Tanner ist doch gerade jetzt völlig undenkbar. Auch begrüße ich Ihre scharfe Erklärung. Daß Ingman jetzt Erzbischof ist, interessierte mich sehr. Vielleicht übernehmen Sie eine gelegentliche Empfehlung von mir an ihn.

Hier gährt alles und die Zukunft ist unübersehbar. Der wirtschaftliche und außenpolitische Druck ist zu schwer, als daß an eine innere Gesundung gedacht werden könnte! Die Mittelparteien werden bei der immer größer werdenden Unzufriedenheit immer mehr zerrieben. Nur Schwarz (Rom) hält sich unter dem Einfluß der Ohrenbeichte. Dieser alte Feind des nationalen Deutschland seit 1000 Jahren ist z. Zt. der Hauptgewinner im Kampfe zwischen Nationalismus und Marxismus (Bolschewismus).

Uns geht es leidlich, auch meiner Frau. Wir waren in Stettin, wo mein Sohn überarbeitet ist. Sonst geht es gut, auch dem jetzt 2 Monate alten 6. Enkelkind dort, einem sehr kräftigen Mädchen.

Doch nun genug. Sie werden in diesen Tagen viel zu lesen haben. Nochmals unsere treusten und wärmsten Wünsche zum 27.d. M. für Sie, Ihre Frau Gemahlin insbesondere und Ihr ganzes Haus. In alter Freundschaft Ihr

Rüdiger Goltz

KA, J. K.Paasikiven arkisto, Kirjeet ja kirjekonseptit, Kotelo 1:3, Seite 232/33

20.I.1932

Lieber Herr Senator!

Absicht dieses Briefes ist lediglich, Ihnen zu schreiben, daß meine Frau und ich in diesen Wochen viel zu Ihnen, Ihrer Trauer und Ihrer Einsamkeit hingewandert sind mit unsern Gedanken.
Ihre verstorbene Frau Gemahlin hat sich gewiß oft die Erlösung von Ihrer langjährigen, unheilbaren Krankheit gewünscht und so müßen Sie den Trauerfall auch ansehen als eine Erlösung für die Verstorbene, freilich verbunden mit einem Verlieren für die Zurückgebliebenen, besonders für Sie.
Wir überlegten uns heute, daß Sie in diesem Jahre nun bestimmt eine längere Kur in Nauheim sich gestatten werden, hoffentlich auch mit einer längeren Nachkur, die dazu gehört. Wir raten aber, nicht vor Anfang Mai zu kommen, im ersten Frühjahr. Professor Oehquist war Herbst 1930 in einer gut empfohlenen Pension oberhalb des Kurparks, noch höher als die bekannten Sanatorien liegen. Aber Sie werden wol wieder in Ihr Grand Hotel gehen.
Vor uns liegt das Jahr 1932 noch wie ein riesiges, politisch, wirtschaftlich und persönlich. Jeder sucht sich einzurichten, umzustellen, was freilich in der Praxis nicht so einfach ist. Heute las ich einen Aufsatz hier, daß die Sympathien für Deutschland sich nur noch auf wenige Kreise beschränken. Besonders die akademische Jugend habe sich umgestellt. Ich kann es verstehen: Wer braucht mit uns noch zu rechnen? Meine Frau und ich grüßen Sie in treuer Mittrauer herzlich. In alter Freundschaft Ihr R. Goltz

Die Marken auf dem Briefumschlag sind ein Spiegelbild unserer Verhältnisse.

KA, J. K. Paasikiven arkisto, Kirjeet ja kirjekonseptit, Kotelo 1:3, Seite 234-235

7.8.1932

Lieber Herr Senator!
Wann kommen Sie hier durch, wohin fahren Sie (Nauheim?) und wann kommen Sie wieder durch? Wir möchten das gern mit eigenen Reiseplänen in Übereinstimmung bringen. Bisher war seit dem 15.7. das Wetter hier sehr unzuverlässig und wechselnd, gutes Wachs- und wol auch leidliches Erntewetter aber kein Reisewetter: Schirm statt Stock! Hoffentlich kommt nun wol ein besserer Herbst, vielleicht nach dem Mondwechsel.

Außerdem hinderte die politische Ungewißheit (wol nicht Unsicherheit) meine Abreise, weil wir an Tirol dachten, wo es jetzt billig ist. Also wir möchten auf Hin- oder Rückweg Sie doch sehen und bei uns haben. Ihr letzter Brief sprach von „Anfang September". Wollen wir überhaupt noch reisen, so wäre das der letzte Termin auch für uns. Kommen Sie etwas früher, also etwa gegen Ende August dann verschieben wir natürlich unsere Reise. Kommen Sie aber erst wesentlich nach dem 1. September, dann richten wir uns besser auf Ihren Besuch auf der Rückreise ein. - Wegen der politischen Lage verweise ich auf die Berichte von Tigerstedt in Hufvdstadsbladet, die gut sein sollen. Er hat auch mich 2x besucht und macht einen guten Eindruck: Nationalistisch, aber nüchtern und gründlich beobachtend, kein Fanatiker und wilder Mann.
Was werden die N.S. von der Regierung Papen[551] dulden?
Werden Sie allein mit Schleicher[552] gehen? Die N.S. haben nur 37 %, mit D.N.V.P. 43 %, also keine Mehrheit, aber sie sind wesentlich stärker als die Schwartz-rot-goldenen, die ihrerseits nicht mit den Kommunisten (etwa 15%) gehen können, ohne als Halb-Kommunisten diese Mehrheit und diesen Reichstag auszuschalten.
Papen, der das preuß. Kabinet gestürzt hat, weil es gegen die Kommunisten schwach war, würde ein halb-kommunistisches Reichskabinet, das sich bilden wollte, erledigen. So weit sind wir immerhin. Aber der Gegensatz Papen/Schleicher : Hitler ist auch ernst.
Uns geht es leidlich. Immerhin würde uns ein Urlaub in diesem Jahre sehr gut tun.
Die Fmk steht nur rund 6,3, deshalb muß man kürzer treten. Immerhin wären wol bis 31.12.32 400 Rm noch möglich? Credit und Debet per I.Halbjahr 32 ergeben ein + von 23. Fm, dazu kommen Zinsen von rund 6...Fm per III./IV./ 32, das ergäbe vielleicht auch obige Möglichkeit. Ist Steigen der Fm. zu erwarten, dann wartete man lieber oder verzichte vorläufig. Ich schreibe nur, wie ich es von hier übersehe und überlasse Ihnen die Entscheidung.
Also auf gutes Wiedersehen. Die Zeit-Entscheidung liegt ganz bei Ihnen! In alter Freundschaft mit vielen allseitigen Grüßen
Ihr R. Goltz

Anlage: Zeitungsartikel aus Hamburger Nachrichten 31.7.1932
Parlament oder Staat? Von Hans Joachim von Neuhaus

551 Franz Joseph Hermann Michael Maria von Papen, (1879-1969) deutscher Politiker (1921 bis 1932 Zentrum, dann parteilos, 1938 NSDAP) und Diplomat, der am Ende der Weimarer Republik als Reichskanzler von Juni bis Dezember 1932 entscheidend dazu beitrug, Hitler und die NSDAP an die Macht zu bringen. https://de.wikipedia.org/wiki/Franz_von_Papen (entnommen am 14.10.2019); Siehe auch: Graml, Hermann, Zwischen Stresemann und Hitler. Die Außenpolitik der Präsidialkabinette Brüning, Papen und Schleicher, Schriftenreihe der Vierteljahreshefte für Zeitgeschichte, Band 83, München 2001, S. 206-209.

552 Kurt Ferdinand Friedrich Hermann von Schleicher (1882-1934) deutscher Offizier und Politiker. Von Anfang Dezember 1932 bis Ende Januar 1933 amtierte er als letzter Reichskanzler der Weimarer Republik. https://de.wikipedia.org/wiki/Kurt_von_Schleicher (entnommen am 14.10.2019); Siehe auch: Winkler, Heinrich August, 2000, S. 531-549.

KA, J. K. Paasikiven arkisto, Kirjeet ja kirjekonseptit, Kotelo 1:3, Seite 237

Lieber Herr Senator!
Zu meinem gestrigen Briefe möchte ich mitteilen: Unsere Lage hat sich in meinem Hause inzwischen so geklärt, daß wir bis 1. September hier bleiben müßen, dann aber bald fahren möchten, damit die Jahreszeit nicht zu sehr vorschreitet. Derselbe Grund dürfte auch das spätere Verschieben Ihrer Reise nicht günstig machen. Denn Ende September spätestens pflegt es auch bei uns ungemütlich zu werden. Ausnahmen bestätigten auch hier nur die Regel. Vor dem Kriege unsere Manöver pflegten in den ersten Septembertagen heiß und um den 20. September besonders nachts recht kalt zu sein. Hoffentlich können Sie ihre Reise entsprechend einrichten. Viele herzliche Grüße und auf gutes Wiedersehen. Getreulich Ihr Rüdiger Goltz
8.8.1932

KA, J. K. Paasikiven arkisto, Kirjeet ja kirjekonseptit, Kotelo 1:3. Seite 239-242

20.10.32

Anmerkung am Rand: 24/10 32 (abgeschickt) 1000 RM (Paasikivis Schrift)

Lieber Herr Senator!

Heute fand ich in der deutsch-nationalen Zeitung „Der Tag" anliegenden Aufsatz, der Ihnen vielleicht lesenswert ist. Handelskontingente und Devisen-Zwangswirtschaft haben uns im Auslande unbeliebt gemacht. Der Aufsatz zeigt, daß sie höchster Not ihr Dasein verdanken.
Auch sonst ist aus Deutschland wenig Gutes zu berichten. Ob die jetzige Sachverständigen-Regierung der Gayl, Kurath, Braun, Schleicher u.s.w. unter dem gewandten Weltmann Papen sich halten kann, wird von ihren Erfolgen und der Lebensdauer Hindenburgs abhängen. Die National-Sozialisten sind so wütend, daß man ihnen die Regierungs-Führung nach ihrem Wahlsiege vom 31.7. vorenthalten hat, daß sie nun sehr ungeschickte Opposition im Bunde mit ihren roten und schwarzen Gegnern machen. Sie werden am 6.11. verlieren, aber damit dürfte für die Gesamtlage nichts gewonnen sein. So ist bei uns ein recht unerfreulicher Zustand. Die Not im alten Mittelstand ist groß, sie tritt nach außen weniger in Erscheinung als die Arbeitslosen-Zahl.

Unter diesen Umständen muß ich dankbar sein, dieses Jahr noch eine Reise nach Tirol habe machen zu können. Die Reichsbahn hat billige Ferienzüge eingestellt, man fährt III. Klasse Schlafwagen zu erschwinglichen Preisen und der österreichische Schilling hat nur 0,52 Rm. Wert, so daß wir 1000 m. über Innsbruck zu 4,30 Rm (8,50 Sch.) Pension gut wohnen konnten. Natürlich kommen durch Partien pp noch Neben-Ausgaben und es war auch nicht elegant. Wir haben uns in 4 Wochen gut erholt. M. E. hat man bei dieser Höhenluft denselben Stoff- und Blut-Wechsel wie durch Bäder und denkt nicht immer über seine Gesundheit nach. Die Bevölkerung in Tirol ist sympathisch, freilich steht sie stark unter der Gewalt der römischen Pfaffen, die ich wegen ihrer Unaufrichtigkeit und politischen Herrschaft nicht riechen kann.
Den Söhnen geht es ganz gut. Freilich hat Georg Conrad noch keine feste Stellung wieder. Er arbeitet vorübergehend in Breslau. Es war leichtsinnig, seine Stellung freiwillig aufzugeben, weil es ihn anekelte, 6 Jahre einem Ivar Kreuger gedient zu haben.
Nach meiner Berechnung sind trotz der schlechten – für Finnlands Export vorteilhaften – Valuta noch etwas Zinsen für 1932 verfügbar. Sollte ich mich darin nicht geirrt haben, so wäre ich für einen gelegentlichen Scheck dankbar. Wir haben während unserer Abwesenheit unser Haus im Innern dem Maler übergeben müßen, was nach 8 Jahren nötig war.
Gern wüßte ich, ob Ihre Kur auf dem Lande Ihnen wirklich genützt hat. Meine Frau und ich grüßen Sie herzlich, auch Kinder und Freunde
In alter Freundschaft Ihr Rüdiger Goltz

KA, J. K. Paasikiven arkisto, Kirjeet ja kirjekonseptit, Kotelo 1:3, Seite 243-246

18.12.1932

Mein lieber Herr Senator,
Bei dem diesjährigen Weihnachtsfest werden Ihre Gedanken wehmütig zu dem vorigen Weihnachten zurückgehen an dem Sie Ihre langjährige Lebensgefährtin nach langen Krankheitsjahren der Mutter Erde zurückgeben mußten. Da sollen auch meine Gedanken und mein Mitempfinden zu Ihnen über die Ostsee hinübergehen auch von meiner Frau und Sie sollen wissen, daß ein guter Freund aus großer Zeit auch in Trauerzeit Ihnen, wenn auch nur mit seinem Herzen, zur Seite steht.
Ihre Kinder werden bei Ihnen sein und Ihre wichtige Arbeit wird Ihnen zeigen, daß man Sie hier noch braucht. Also gute Fahrt trotz allem in das Neue Jahr!

Wir waren auch längere Zeit krank, meine Frau an Grippe und anschließend am Herzen und ich wol durch Überanstrengung und durch Ärger. Ich war in einer Woche in Stettin, in Hamburg und in Leipzig-Lützen gewesen, dazwischen immer eine Nacht in Berlin. Menschen, Trubel, auch ein Vortrag waren wol zu anstrengend, besonders weil ich unter unserer politischen Entwicklung, für die ich keinen Ausweg, sondern überall nur die Quadratur des Kreises sehe, seelisch und damit körperlich direkt schwer leide. Vor allem sehe ich bei allem – vielleicht eine Alters-Erscheinung – den Pferdefuß und kann mich in das Schema einer Partei nicht einfügen. Deshalb passe ich gut zum Führer der überparteilichen „Vereinigung der vaterländischen Verbände", sehe aber, daß Mitarbeiter und Führer der Verbände im Grunde begeisterte verrannte Partei-Boxer sind. Also auch hier ein Kampf gegen Windmühlen, den ich am liebsten aufgäbe, wenn man mich nicht beschwöre, zu bleiben. Auch hier also Quadratur des Kreises.
Bei uns gibt es viel gutes Streben, gesunde Reaktion gegen äußere Unterdrückung und römisch-jüdische Minier-Arbeit gegen deutsche Erneuerung und Befreiung, aber da wir auf alle Zersetzungsarbeit dieser Volksfeinde hereinfallen und uns im nationalen Lager die Köpfe einschlagen, ist kein Fortschritt zu erzielen. Dazu kommt, daß man unsere unmögliche Verfassung abwechselnd bekämpft und beim Reichsgericht zur Lösung staatspolitischer Rechtsfragen benutzt. Man will und muß sie ändern und weiß keinen Weg.
Doch nun genug von unseren Sorgen. Die Vertretung Finnlands in Leipzig-Lützen und speziell Mannerheim haben hier besten Eindruck gemacht. Der finnische Gesandte repräsentierte mit einem opulenten Frühstück. Dann hatten wir einen Kultur-Abend mit finnischer Musik und Film der gut bewertet wurde. Meine Rede mußte wegen Erkältung verlesen werden. Alles in allem erfreuliche Annäherung.
Die Söhne arbeiten mehr als gut. Georg Conrad saniert z. Zt. die Bankschulden und andere Schulden der Großstädte Köln und Frankfurt als Finanzbearbeiter und Gehilfe eines bekannten, ehemaligen hohen Beamten (Bail), der ihn sehr lobt. Letzeres ist keine Dauer-Stellung. Rüdiger hat mehrere Ämter in einer Person, er ist ein Schnellarbeiter aber ich fürchte, auf Kosten seiner Nerven. Dazu kommt, daß im Februar Nr. 7 erwartet wird. Also überall fleißig! Auf ein gutes und gesundes Wiedersehen im neuen Schicksalsjahre und viele gute Wünsche und Grüße allen guten Freunden.
Talas sprach ich neulich auf Durchreise wegen Krankheit leider nur telefonisch. Wir verstanden uns gleich wieder sehr gut. Kann er nicht mal Gesandter in Berlin werden?
In alter und neuer guter Freundschaft Ihr Rüdiger Goltz

KA, J. K. Paasikiven arkisto, Kirjeet ja kirjekonseptit, Kotelo 1:3, Seite 247-250

18.4.1933

Lieber Freund!

Mein Erstes soll sein, Ihnen, Ihrer Tochter Anikki und Ihrem hilfsbereiten, liebenswürdigen Sohne allerherzlichst zu danken für die gastliche und behagliche Aufnahme, die ich in Ihrem neuen, von einem starken Können der Architektin zeugenden Heim erfahren habe. Ich habe den Eindruck für mich wenigstens gewonnen, daß diese Tage uns noch näher mit einander verknüpft haben, als es früher schon der Fall war, gewiss auch durch die gemeinsamen Erinnerungsstunden am Charfreitag Vormittag.

Bitte verbreiten Sie auch sonst, daß ich hoch befriedigt von meinem diesmaligen Aufenthalt bin.

Der Ostersonntag auf Regina (besser Terpsichore!) war für ¾ der Reisenden nicht schön. Auch ich habe einen Tag gefastet, vielleicht recht gut nach Porridge, Milch, Eiern und vielen Festen, aber es war erträglich, leider an Bord sehr kalt. Bei Ihnen soll es stark geschneit haben.

Meine Frau war etwas besser, mein ältester Sohn erholt sich eine Woche auf dem Feldberg im Schwarzwald, alles übrige ist gesund. Georg Conrad fährt morgen auf 4 Tage nach London, um seinen Vertrag mit dem Bankhause Schröder als Verwalter seiner Stillhalte-Gelder in Deutschland endgültig zu machen. Er übernahm dies Amt im Einverständnis mit der deutschen Reichsbank.

Nochmals allerherzlichsten Dank und auf gutes Wiedersehen hier. Zunächst verreisen wir nicht. In dankbarer Freundschaft Ihr Rüdiger Goltz.

KA, J. K. Paasikiven arkisto, Kirjeet ja kirjekonseptit, Kotelo 1:3, Seite 251-254

11.5.1933

Lieber Freund!

Vielen Dank für 3 Briefe von Ihrer Reise, insbesondere den vom 6.d. M., der mir den Aufenthalt in Royat[553] meldet. Ich schäme mich von diesem doch gewiß berühmten

553 Royat, Ort im französischen Kanton Chamelières, durch seine vulkanischen Thermalquellen seit dem 19. Jahrhundert ein begehrter Kurort.

Badeort noch nichts gewußt zu haben. Ein neuer Beweis, wie „unser Wissen Stückwerk" ist. Ich wundere mich, daß Sie nur 3 Wochen dort Kur machen wollen, obwol Sie von einer Reise von 7 Wochen sprachen und Ihr Leiden zweifellos Beachtung verdient. Wenn Sie auf meinen Freundesrat hören wollen, so denken Sie nur an die Wiederherstellung Ihrer Gesundheit und verweilen Sie in Großstädten nur so weit es als Reise-Unterbrechung für Ihre Gesundheit nötig ist. Freilich auf Ihren Besuch bei uns freuen wir uns sehr, ebenso auf den von Varma. Es ist so sehr viel bequemer mitten in der Stadt zu wohnen, wenn man hier in kurzer Zeit etwas sehen und Besuche machen will, sonst würden wir uns natürlich freuen, Ihnen unser bescheidenes Logierzimmer anbieten zu können. In jedem Fall bitten wir auch Varma sich bei uns vorher durch den Fernsprecher Westend 1459 zu Mittag, Nachmittag oder zum Abendessen ansagen zu wollen.- Daß Cäsar und Vercingetorix die Helden meiner Träume in Ober-Tertin, dort gebadet, daß sie überhaupt gebadet haben!, freute mich zu hören. - Hier ist es nach sehr warmen Tagen kalt und Gewitter reich geworden. Die Obstblüte in unserem kleinen Garten und die Tulpen-Pracht ist durch Regengüsse vernichtet. Aber der Regen war doch dringend nötig in Ost-Deutschland. Meine Frau hat noch immer unter Katarrhen zu leiden. Heute ging sie zu einem großen Arzt, weil wir Stirnhöhlen-Vereiterung befürchten. Ich bin auf die Diagnose sorglich gespannt. Sonst ist die Familie gesund. Die Politik beherrscht alle Gespräche. Wird Hitler es schaffen? Weil unsere innenpolitische und wirtschaftliche Lage so ernst ist, weil wir eine geistige Revolution noch lange durchmachen werden, ist es eine Verlogenheit, uns, dem entwaffneten Volke Kriegspläne anzudichten. Diese haben nur unsere Feinde, um unsere innere Erhebung zu verhindern. Nur deshalb ist die außenpolitische Lage noch ernster als die innere. Vielleicht haben Sie Gelegenheit, dort Ähnliches auszusprechen. - Auf meine Finnland-Reise werde ich hier viel angeredet. Das Echo in Deutschland war dies Mal stark. Ich habe in der Zeitschrift des „Deutschen Offiziersbundes" auf Wunsch etwas geschrieben, besonders über die ehemaligen 27. Jäger, Talvela u.s.w. - Völlige Erholung wünscht Ihnen in alter Freundschaft Ihr Rüdiger Goltz
Gruß auch an Procopé[554]

554 Hjalmar Johan Fredrik Procopé (1889-1954), finnischer Politiker der Schwedischen Volkspartei und Diplomat. Von 1915 bis 1922 arbeitete Procopé als Anwalt in Helsinki. Ab dem Frühjahr bis Ende 1918 war er in der finnischen Gesandtschaft in Berlin beschäftigt. Als Vertreter der Schwedischen Volkspartei war er von 1919 bis 1922 sowie von 1924 bis 1926 Mitglied des Parlaments. Von 1920 bis 1921 stand er dem Ministerium für Handel und Industrie unter Ministerpräsident Rafael Erich vor. 1924 wirkte er in der gleichen Funktion unter Aimo Kaarlo Cajander. Von 1924 bis 1925 war er Außenminister unter Lauri Ingman; ein Amt, das er durchgehend von 1927 bis 1931 ausübte. Zwischenzeitlich war er von 1924 bis 1926 Botschafter Finnlands in Warschau. Siehe: Rask, Hedvig: Procopé, Hjalmar. Kansallisbiografia-verkkojulkaisu. http://urn.fi/urn:nbn:fi:sks-kbg-002935

KA, J. K. Paasikiven arkisto, Kirjeet ja kirjekonseptit, Kotelo 1:3, Seite 255-258

28.5.1933

Lieber Freund!

Vielen Dank für Ihren Brief vom 22.d. M.. Der Besuch Ihres Varma freute uns, er ist ein kluger Mensch, der gut beobachtet. Das sage ich, obwol ich natürlich bedauerte, daß die französischen Zeitungen ihn sichtlich beeindruckt hatten. Wir halten das ewige Geschrei nach sureté[555] für Verlegenheit. Denn wir haben außer der Reichswehr nichts. Die Kriegssoldaten sind Landsturm-Leute geworden und die S.A. entbehren jedes militärischen Wertes. Leider sind sie „naßforsch", d .h. sie tun so, als ob sie etwas wären. Man läßt ihre Renommirstereien, weil das dem Volke wieder etwas Wehrgeist gibt, aber außenpolitisch schadet es enorm. 14 Jahre verzehrt sich das deutsche Volk in innerpolitischen Kämpfen, die jetzt siegreichen „Nazi" haben durch Agitation gesiegt und können nun den aufgepeitschten Massen nicht sagen: Seid still, artig und vorsichtig. Das ist der Grund der außenpolitischen Schwierigkeit. Aber der Hauptgrund ist, daß Frankreich nicht will und nicht kann. Denn wenn Schneider-Creusot[556] die Pforten schlösse, wären viele Franzosen pleite und noch viel mehr arbeitslos. Darunter leidet die Welt. Darum muß die Genfer Konferenz scheitern und die Londoner ebenso. Die Politik ist der Grund der Wirtschaftskrisis.

Die nat.-sozial. Wirtschafts-Theorie wird nicht bessern, was Politik und Kapitalismus verschuldet haben. Aber schuldig sind sie, mindestens bei uns. Kredite, Schulden, Unmöglichkeit, Zinsen pp zu zahlen, Devisen zu bekommen. Was haben die Bankdirektoren, Industrie-Kapitäne, Städte, Gewerkschaften sich gedacht. Ist es da ein Wunder, wenn der Gedanke auftaucht, eine neue Wirtschaftsform würde es bessern? Das ist natürlich Unsinn. Man kann Zinsen senken u. a., aber das Prinzip wird das alte bleiben. Nur die Korruption wird bei uns hoffentlich verschwinden. Bei uns liegt alles am Sturz des reinen kaiserlichen Beamten-Staates, der Fehler gemacht haben mag, aber sittlich I a war, ebenso wie natürlich das Heer. Nun haben wir die Herrschaft der Massen und müßen froh sein, wenn die national-sozialistisch geführten Massen den Bolschewismus verhindern. Das ist der springende Punkt.

Wenn Schacht Nat.-Soc. geworden ist, so tat er es wol, um Utopien entgegen zu treten. So denken und handeln viele. In richtigen Grenzen mag das richtig sein. Aber ich fürchte, daß viele Spitzel hineingehen, die der Sache sehr schaden.-

Daß Sie nicht nach London gehen, finde ich sehr richtig. Sehr bedauern wir, daß Talas doch nicht nach Berlin kommt, sondern der Gesandte aus Reval. Talas sei „zu deutschfreundlich", haben seine Feinde Svinhufvud eingeblasen. Gründe sind so billig wie Brombeeren, sagt ein deutsches Sprichwort.

---

555 Sicherheit.

556 Schneider-Creusot oder Schneider et Cie war ein 1836 gegründetes französisches Eisen- und Stahlwerk, das zu einem bedeutenden Waffenhersteller wurde. https://en.wikipedia.org/wiki/Schneider-Creusot.(entnommen am 5.6.2019)

Wir freuen uns, Sie in einigen Wochen bei uns zu sehen. Nur die Tage um den 18. Juni bin ich nicht hier. Ich habe einen Vortrag vor der Universität Marburg übernommen, den ich wol Hülsen verdanke, der seinen Posten als Oberpräsident von Hessen einem Nazi-Prinzen von Hessen[557], Sohn des finnischen Königs-Kandidaten, überlassen mußte und nun wieder Kurator in Marburg ist. Am 11. Juni taufen wir in Stettin, kehren am 12. zurück. Sonst sind wir voraussichtlich stets hier. Heute Nacht haben 4 Gäste in unserem Häuschen geschlafen, mein Bruder mit Frau und mein Stettiner Sohn mit Frau, die mit Auto herkamen, weil er heute und morgen hier Termine hat.
Auf gutes Wiedersehen hier! Erholsame Nachkur und völlige Genesung!

Anlage: „Briefe aus Ostdeutschland" Nr. 58 vom 26.5.33, S. 3-8 mit: Reichskanzlerrede und die Reichstagskundgebung vom 17. Mai 33, Reichskanzlerrede und Polen. Die Lage Danzigs u. a.

KA, J. K. Paasikiven arkisto, Muistelmien julkaisematon osa 1917-1918, K VI:21
Anlage zum Brief vom 25.1.1934
Handschriftliche Bemerkung von Paasikivi - „Dies schickte mir von der Goltz mit dem Brief vom 25.1.1934"

25.1.34

Ostkarelien

Über den Wunsch der finnischen Jugend zur Gewinnung Ostkareliens, weil es von Finnlands Bevölkerung bewohnt ist, habe ich mich in meinem Buch „Meine Sendung in Finnland und im Baltikum" in der deutschen Ausgabe auf Seite 59/60 ausgesprochen. Vielleicht ist es in die finnische Übersetzung nicht mit aufgenommen worden, weil man fürchtete, dass ich mich durch diese Bemerkung bei der finnischen Jugend unbeliebt machen könnte. Da es aber einmal meine Überzeugung ist und ich geradezu eine

557 Philipp, Landgraf von Hessen, 1933 von Göring zum Oberpräsidenten von Hessen Nassau ernannt. https://de.wikipedia.org/wiki/Philipp_von_Hessen_(Politiker) (entnommen am 7.9.2019).

Gefahr für Finland darin sehe, so möchte ich noch einmal jetzt Anfang 1934 Folgendes sagen:

Der Gedanke, alle Gebiete zu gewinnen, die von finnischem Volkstum bewohnt sind, setzt voraus, dass Russland sich nach der bolschewistischen Revolution nicht wieder erholen, sondern zerfallen würde. Diese Voraussetzung und diese Prophezeihung ist aber durch die letzten 16 Jahre widerlegt worden und ich hielte es für sehr bedenklich, wenn wir in Zukunft glauben würden, dass trotz allem, was wir von Russland dauernd hören, dieses Riesenreich in seiner Gesamtheit so ohnmächtig werden könnte, dass es Finland niemals gefährlich werden wird. Selbst wenn einige Teile der Peripherie, z. B. die Ukraine sich trennen würden, so bliebe immer noch ein Riesenreich übrig. Dieses Reich kann, ohne westliches Prestige zu verlieren, die Mandschurei und auch Wladiwostok verlieren, es wird aber niemals zugeben, dass eines der letzten Fenster zum Weltmeere nahe an Leningrad und auch nicht allzuweit von Moskau von einem kleinen Volke ihm abgenommen wird. Das zaristische Russland hat nicht umsonst die Murmanbahn nach dem eisfreien Hafen im nördlichen Teil von Ostkarelien gebaut, um es schliesslich kampflos an Finland fallen zu lassen. Finland selbst aber hat vorläufig überhaupt keine eigene Verbindung zur Murmanbahn. Es ist also gar nicht in der Lage, quer durch die sumpfigen Grenzgebiete, in denen man nur im Winter Krieg führen kann, eine nennenswerte Streitkraft zu versammeln und gleichzeitig die Lage bei Wiborg zu verteidigen. Ein solcher Feldzug ist einfach nicht zu führen. Ausserdem ist das vielleicht ertragreiche Ostkarelien wirtschaftlich doch erst dann auszunutzen, wenn die nötigen Verbindungen zu allen Jahreszeiten zum eigentlichen Finland hergestellt sind. Also nicht eine Eisenbahnlinie, sondern mehrere sind aus wirtschaftlichen und strategischen Gründen die Voraussetzung der Besitznahme dieses Landes.

Man hat auch in Finland davon gesprochen, dass es von Deutschland ein Fehler gewesen wäre, das ganze deutschsprechende Elsass, das noch bis vor 250 Jahren zu Deutschland gehört hat und unzählige, auch kulturelle Traditionen zu Deutschland hat, 1871 Frankreich fortzunehmen. Wenn man das in Finnland für einen Fehler seitens des grossen Deutschland Frankreich gegenüber gehalten hat, so sollte man auch die Konsequenz ziehen, dass Finland, das im Verhältnis zu Russland doch sehr klein ist, unmöglich ein Land sich angliedern kann, bei dem die für den Elsass erwähnten kulturellen Traditionen kaum zutreffen oder mindestens 600 Jahre zurückliegen.

Russland hat noch vor wenigen Wochen eine Art Schirmherrschaft über die Randstaaten sich erringen wollen durch den bekannten Verteidigungspakt. Es hat also seine Augen dauernd weiter auf die Ostseeküste gerichtet. Es fühlt sich dann stark genug. Finland muss daher sich zur Verteidigung stark machen, aber alle Eroberungsabsichten und alle Konflikte mit dem grossen Nachbarn vermeiden. Unter diesem grossen Gesichtspunkt, der einfach über Sein oder Nichtsein von Finlands Selbständigkeit entscheiden kann, müssen alle jugendlichen Ideologien, so sympathisch sie auch dem älteren Mann anmuten, als realpolitisch unausführbar zurückgestellt werden.

KA, J. K. Paasikiven arkisto, Kirjeet ja kirjekonseptit, Kotelo 1:3, Seite 263-265

28.12.34

Lieber Freund!

Leider aus dem Bett herzliche Grüße und Wünsche für 1935. Ich bekam überraschend Herzneurose auf organischer Unterlage und habe mich anfangs zu wenig geschont. Strafe: Bett. Meine Frau hatte Gallenkolik, ist besser. Mein Sohn I eine eingreifende Operation an seinem Kriegsbein, anschliessend Fieber, hoffentlich bald allmählich besser. Seine Frau bekam ihr 8. Kind (Bernhard), bald hinterher Rippenfell-Reizungen. Dazu Kinder, Haus-Stütze (bei uns). Kurz Lazarett. Nur (unberufen!) 2. Sohn u. Familie gesund.
Aber nun genug der Klagen."Unkraut vergeht nicht!"
Ihrer und der Ihrigen habe ich an Gedenktagen gedacht, konnte aber nicht schreiben.
Auf gesundes Wiedersehen 1935 mit herzlichen Grüßen von uns Ihnen, Frau Gemahlin und Kindern. In alter freundlicher Gesinnung
Ihr Rüdiger Goltz

Ausschnitt aus „Die Welt 19.12.1934, S. 3/4 Finnlands politisches Antlitz (Eigener Bericht des „V.B.)

KA, J. K. Paasikiven arkisto, Kirjeet ja kirjekonseptit, Kotelo 1:3, Seite 268/69

23.III.1935 Lieber Freund! (Notiz von Paasikivi: 1.4.35 RM 500 geschickt)

Heute komme ich mit der Bitte, mir einen kleinen Teil der Zinsen der Ehrengabe zukommen lassen zu wollen, vielleicht 500 Rm auf dem jetzt hier vorgeschriebenen Wege. Bei dem weiteren Währungsfalle des Pfund-Konzerns weiß ich nicht, wieviel mir anno 1935 überhaupt noch zukommen. Bei der Unsicherheit der Lage müßte man ja entweder schnell möglichst viel abheben oder warten. Ich habe deshalb den in

solcher Lage wol richtigen mir nicht immer und grundsätzlich sympathischen Mittelweg gewählt. Georg Conrad meinte zu der Frage: „Fällt das Pfund immer weiter, dann zieht es auch andere Währungen, so die jetzt im Vordergrunde stehende Belga mit sich.“ Aus diesem Grund würde ich als Laie eine Stabilisierung begrüßen, denn die Weltwirtschaft muß darunter leiden, auch wenn einzelne Länder davon vorübergehend Vorteile haben mögen. Diese akademischen Laien-Betrachtungen haben mit der obigen Bitte nur die Entscheidung zu tun, wieviel man gut tut, im Augenblick sich zu erbitten.- Mir geht es besser. Ich muß nur viel vorsichtiger leben, als ich es bisher getan habe. Deshalb muß ich mir auch das Rheinische Winzerfest im Societätshus leider schenken!! Immerhin würde ich gern mal eine halbe Stunde heimlich hineinschauen. Auch Frau Svinhufvud will ja die „rheinischen Mädel beim rheinischen Wein“ sich ansehen wollen. An sich scheint es mir das richtige zu sein, die finnisch-deutsche Gesellschaft auch zum Treffpunkt der Jugend zu machen. Nur so wird man sie gewinnen. Ruin war dafür vielleicht zu sehr Gelehrter, so hoch ich ihn verehre und liebe. Ob ich angesichts meiner Gesundheit noch jemals wieder nach Finnland kommen kann, ist mir doch sehr zweifelhaft. Umso mehr werde ich mich über jeden Besuch freuen aus Finnland in Berlin, besonders aber den Ihrigen, Ihrer Frau Gemahlin und Ihrer Kinder. Wann kommen Sie dies Jahr? Möglicherweise muß ich auch mal ein Herzbad aufsuchen müssen. Ich tue es nicht gern, ginge lieber irgendwohin ins Gebirge, weil ich die Natur über die Kunst stelle. Auch der schöne Park von Nauheim mit seinen Rot-Buchen kann mir Berge und Natur wol nicht ersetzen. Das ist ja auch der Reiz der unberührten Natur Finnlands. - Meine Frau hatte gelegentlich kleinere Rückfälle ihres Gallen-Anfalls im Dezember. Sonst geht es ihr leidlich. Auch meinem ältesten Sohne geht es besser, aber auch noch nicht ganz gut. Seinen Anwalts- und Notars-Beruf hat er seit 6 Wochen hier Unter den Linden 3a, zwischen Wilhelm-Str. und Ihrem Hotel Bristol aufgenommen. Es liegt in der Natur der Sache, daß er sich erst hier durchsetzen muß, aber er ist „guter Hoffnung“, dies Mal er, nicht seine Frau. Aus Stettin ging er vor einem Jahre fort aus glänzender Praxis, nur weil Minister Schmitt ihn rief, aber dieser erkrankte schwer nach wenigen Monaten und nun ist er wieder Anfänger (noch dazu nach schwerer Krankheit). Leicht macht es ihm das Schicksal nicht. Im übrigen steht hier alles unter dem Eindruck des 16. März, der nach aller Ansicht für Europa nicht Krieg bedeutet, sondern das Gegenteil und dem deutschen Volke wieder den Glauben an sich selbst wiedergibt. Clausewitz sagte vor 100 Jahren: „Sicherheit bedeutet für die Franzosen die Sicherheit ihrer Hegemonie über Europa.“ Diese kann aber nicht in unserem Interesse und dem Europas liegen.-
Nun Schluß mit herzlichen Grüßen von Haus zu Haus in alter Freundschaft Ihr Rüdiger Goltz

KA, J. K. Paasikiven arkisto, Kirjeet ja kirjekonseptit, Kotelo 1:3, Seite 272/273

23.10.35.

Lieber Freund!

Besten Dank für Ihr offizielles Schreiben vom 2.d. M. Ich habe bisher hier nichts veranlaßt, weil mir „ein Brief der K.O.P. in diesen Tagen“ zugehen sollte, den ich dann mit Ihrem Schreiben (als Treuhänder) meiner hiesigen Stelle behufs Einverständnisses zusenden will. Bis heute ist das Schreiben noch nicht da. Dies nur der Ordnung wegen. Von hier ist kaum etwas Neues zu berichten.
Karlsbad scheint meiner Frau und mir etwas besser bekommen zu sein, wie meinem ältesten Sohne Luitpoldbad bei Hindelang/Allgäu(+++) und seiner Frau. Der andere war nur kurz an der Ostsee. Er erwartet bald ein Baby, richtiger gesagt, seine Frau erwartet es.
Sie im September wenigstens kurz wiedergesehen zu haben, ebenso Ihre Frau Gemahlin, beide vergnügt und frisch war mir eine große Freude. Hoffentlich kommen Sie nächstes Jahr wieder, wenn auch schwerlich zur Olympiade, nicht mal als Zuschauer (?). Hier wird schon um Privatquartiere 1.-16.8.36 oder länger öffentlich gebeten, besonders, wie bei uns, in der Nähe der Stadions. Ich kann ein Zimmer mit 2 Betten abgeben, am liebsten Finnen, auf die ich mich natürlich am ehesten verlassen kann.
Als ich neulich äußerte, ich wolle in der Zeit verreisen und mein ganzes Haus zur Verfügung stellen, fing meine 2. Schwiegertochter an, mich für einen kulturlosen „Reaktionär“ zu halten. Aber für uns ist das Ganze doch ein großer Rummel, für den man als nicht mehr Sportler zu alt ist. Ich werde mich hier an die zuständige Stelle wenden – es sei denn, daß einer meiner alten finnischen Freunde hier als Anwärter zum Olympia-Preis auftreten sollte. Dann bleibe ich hier.-
Die Preis-Kegler sagen „Gut Holz“, immer noch besser als die Reiter: „Hals und Beinbruch“. Ich schreibe lieber „Auf gesundes Wiedersehen“ und grüße mit meiner Frau Sie und Ihr ganzes Haus als Ihr getreuer Rüdiger Goltz

KA, J. K. Paasikiven arkisto, Kirjeet ja kirjekonseptit, Kotelo 1:3, Seite 274

Lieber Freund! 19.11.1936

Nach hiesigen Nachrichten sind Sie noch in Helsinki. Sonst schickt man Ihnen diese Zeilen wol nach. Sie sollen Ihnen meiner Frau, Kinder und meine herzlichen Wünsche zum nahen Geburtstage übermitteln, Ihnen, Ihrer Frau Gemahlin und Ihren Kindern, die sich alle wünschen werden, ihren Mann und Vater noch lange lebensvoll behalten zu können. Mit 66 Jahren noch ein neues bedeutungsvolles Amt zu übernehmen und in einer so interessanten Stadt, das ist doch etwas. Auch dazu Glück auf! -

Uns geht es leidlich. Wir müssen ruhiger leben als früher. Das ist klar. Das gefällt aber meiner Frau nicht. Am liebsten möchte die „Gallenlose“ das Leben mit jüngster Kraft wieder aufnehmen, obwol Herz und Blut zur Vorsicht mahnen. Das Temperament der scheinbar ruhigen Frauen! Unsere Zeit erscheint dem alternden – obwol auch sein Temperament noch stark pulsiert – etwas reichlich schnell zu leben. Was hat nicht alles dies Jahr 1936 gebracht – schliesslich doch auf der ganzen Welt. Unterschiedlich scheint mir wesentlich die verschiedene Stellung, die die einzelnen Völker zum vulkanischen Weltgeschehen nehmen, und, weil sie es tun, sich nicht verstehen. Wer spricht jetzt noch viel von Abessinien, das vor ½ Jahr die Weltinteressen beherrschte. Ich fürchte, Spanien wird tiefere Furchen ziehen. Abessinien vielleicht in einigen Jahren wieder.

Meine Söhne, besonders Nr.1, sind mehr als gut beschäftigt. An sich gut, aber auch die jüngere Generation muß in vulkanischer Zeit mit ihren Kräften haushalten. Sonst erleben wir nur Nettes bei ihnen. Das 12. Enkelkind (9+3) va venir.[558] Kürzlich hatten wir General Malmberg[559] hier. Ich sah ihn mehrfach, auch bei dem sehr gastlichen Wuorimaa[560]. Beim Mil-Attaché war ich neulich mit General Karmann[561] zusammen. Wir mögen Snellmanns[562] sehr gern.-

---

558 Noch nicht geboren.

559 Kaarlo Lauri Torvald Malmberg (1888-1948) finnischer Generalleutnant, der zu den Jägern gehörte, die ihre militärische Ausbildung im Ersten Weltkrieg in Deutschland erhielten.1916 erhielt er seine Feuertaufe an der deutschen Ostfront. Als Artilleriekommandeur nahm er am finnischen Bürgerkrieg teil. Von 1924-25 war er Verteidigungsminister, ab 1928 Befehlshaber der Schutzkorps. Siehe: Uola, Mikko: Malmberg, Lauri. Kansallisbiografia-verkkojulkaisu. http://urn.fi/urn:nbn:fi:sks-kbg-000781.

560 Aarne Wuorimaa (1892-1975), Gesandter und Botschafter. Er war fast vier Jahrzehnte, von 1919 bis 1957 im außenpolitischen Dienst Finnlands tätig. Von 1933 bis1940 war er Gesandter in Berlin. Siehe: Uola, Mikko: Wuorimaa, Aarne. Kansallisbiografia-verkkojulkaisu. http://urn.fi/urn:nbn:fi:sks-kbg-001751.

561 Karmann, Kapitän, Stabschef der Ostsee-Division.

562 Aarne Snellman (1894-1942) Jägeroffizier, war für die finnischen Streitkräfte in Schlüsselpositionen in der Feldgymnastik und der Luftwaffe tätig. Er war Mitglied der Schutzkorps. Von 1934-1938 arbeitete er als militärischer Berater in der finnischen Gesandtschaft in Berlin. Sowohl im Winter- als auch im Fortsetzungskrieg war er Divisonskommandeur. Am 12. April 1942 wurde er so schwer verletzt, dass er am 29. April im Militärkrankenhaus Helsinki verstarb. Uola, Mikko: Snellman, Aarne. Kansallisbiografia-verkkojulkaisu. http://urn.fi/urn:nbn:fi:sks-kbg-007772.

Falls Sie noch in Helsinki sind, darf ich Sie um Übersendung von 500 Rm auf dem üblichen Wege bitten? Sonst erbitte ich die Anschrift, an die ich mich künftig wenden muß. Dank, Gruß und gute Wünsche! In alter Freundschaft Ihr Rüdiger Goltz

KA, J. K. Paasikiven arkisto, Kirjeet ja kirjekonseptit, Kotelo 1:3, Seite 275

21.12.36

Lieber Freund!
Vor einem Monat schrieb ich Ihnen zu Ihrem Geburtstage. Ich wiederhole auch im Namen der Meinigen meine Wünsche zum Neuen Jahre und sende herzliche Weihnachtsgrüße Ihnen und Ihrem ganzen Hause.
Inzwischen haben auch wir 3 Svinhufvud-Geburtstagsfeiern hier gehabt[563]. Mögen alle daran geknüpften Erwartungen in Erfüllung gehen! Wrede[564] sah ich 2 mal, er überbrachte mir Ihre Grüße. Mein jüngster Sohn hat ihn einen Abend im Kreise von 12 Personen in seinem Hause gehabt. Obwol es meiner Frau besser geht, konnten wir ihn nicht zu uns laden, da wir beide noch möglichst ruhig leben sollen. Das Leben stellt zu viel und steigend mehr Anforderungen bei schwindender Leistungsfähigkeit von uns Älteren.
Dem Jahre 1937 sehen viele wegen der Sowjet-Gefahr, die gewisse andere Mächte nicht erkennen wollen, mit großer Sorge entgegen. Man sollte endlich anfangen, nur das Große und Gemeinsame der Kulturvölker erkennen und das Kleinliche, Trennende beiseite lassen. Unter letzterem verstehe ich das, was man bei uns „Emigranten-Propaganda“ nennt. Friedrich der Große sagte, man solle „jeden nach seiner Facon selig werden lassen“. Das gilt auch für die Regierungssysteme, soweit sie nicht die Welt-Kultur untergraben, wie Moscau.
Ich bat vor einem Monat um 500 Rm aus dem Fonds der Ehrengabe.
Das Geld ist da, sogar 1000 Rm schon jetzt bar. Ich möchte deshalb meine Bitte wiederholen und falls es noch geht, auf 700 Rm erhöhen. Das Jahr 1936 war schwer.
Natürlich der bei uns vorgeschriebene Weg!
Mit herzlichen Grüßen von Haus zu Haus Ihr alter Freund
Rüdiger Goltz
An wen soll ich künftig meine Bitte richten?

---

563 Die zentrale, vom Deutschlandsender übertragene Festveranstaltung zu Ehren des 75. Geburtstages von Svinhufvud erfolgte am 15. Dezember im Weissen Saal des Berliner Schlosses. Hauptredner war Alfred Rosenberg. Siehe: Menger, 1988, S.37.

564 Baron Wrede, F.W. Gesandtschaftsrat in Berlin.

KA, J. K. Paasikiven arkisto, Kirjeet ja kirjekonseptit, Kotelo 1:3, Seite 276/77

Lieber Freund! 5.III.1937

Da Sie mir auf meine Bitten bisher noch niemand genannt haben, an wen ich mich nach Ihrer Übersiedlung nach Stockholm wegen der „Ehrengabe" zu wenden habe, muß ich mich heute leider nochmal an Sie selbst wenden, mir eine Übersendung des z. Zt noch von 1936 her vorhandenen Barbestands freundlichst zu vermitteln.

Nach der Abrechnung der K.O.P. vom 31.12.1936 war dort ein Saldo von 19.596,75 Fmk. Hiervon habe ich am 4.I.37 erhalten 13.041 Fmk, 5.I.37 also 6.555,75 Fmk., wol gleich rund 3300 Rmk, um die ich heute bitte.

Analog dem Vorjahre sind Dividenden im März und Mai zu erwarten, die ich erbitten werde, nachdem ich den üblichen Bank-Auszug vom 30.6.37 erhalten haben werde.

Also jetzt nur die oben genannten rund 6.555 Fmk.

Verzeihen Sie, dass ich Sie noch in Stockholm deshalb bemühen muß. Ich benutze aber die Gelegenheit, Ihnen und Ihrer Frau Gemahlin einen herzlichen Gruß zu senden und Ihnen von uns zu berichten.

Meine Frau hat im Winter eine Blut- und Herz-Kur durchgemacht und ist z. Zt. ganz wol. Ich auch, obwol ich viel Arbeit und auch Ärger gehabt habe. Die Lichtpunkte hängen oft mit Finland zusammen. Z. B. haben wir heute ein finnisches Konzert:

Arvit Järnefelt[565]: Der Tod. Musik Sibelius

Yrjö Kilpinen[566]: Gesang: Bekannte deutsche Künstler.

Vorige Woche war der Finlandball gut besucht in einem eleganten Lokal. Wenige Tage zuvor ein Abendessen bei Wuorimaa, sehr nette Menschen z. B. Karmann und ich mit unseren Frauen und sonstige Finlandfreunde.

Kindern und Enkeln (12!) geht es trotz mancher Erkältungen im Allgemeinen gut. Mein jüngster Sohn war eben 4 Wochen dienstlich in London. Beide Söhne reichlich angespannt und etwas überarbeitet, wie das die Zeit so mit sich bringt.

Nächste Woche hoffen wir die Journalistin Frl. Norna[567] und Mil. Attaché Snellmann mit netter Frau bei uns zu sehen.

Mit Wuorimaa unterhalte ich sehr freundliche Beziehungen.

Svinhufvud habe ich am letzten Tage seines Amtes einen netten Brief geschrieben. Schade, daß es so kam[568].

Mit nochmaligen herzlichen Grüßen stets in alter Freundschaft Ihr Rüdiger Goltz

565 Arvid Järnefelt (1861-1932), finnischer Schriftsteller.

566 Yrjö Kilpinen (1892-1939) finnischer Komponist.

567 Ada Norna (1896-1976) Übersetzerin und Berlin-Korrespondentin der Zeitung „Uusi Suomi".

568 Svinhufvud unterlag bei der Präsidentschaftswahl am 15. Februar 1937 Kyösti Kallio.

KA, J. K. Paasikiven arkisto, Kirjeet ja kirjekonseptit, Kotelo 1:3, Seite 278/279

Lieber Freund! 8.8.1937

Ihren netten Brief vom 11.7.37 beantworte ich erst heute, weil ich erst die Erledigung der K.O.P., die inzwischen erfolgte, abwarten wollte. Einen Schreibfehler zu meinen Gunsten habe ich nach Rücksprache mit Georg Conrad- leider! - berichtigen müssen. Es ist aber zu unwichtig und zu klar, um Sie damit zu behelligen. Im Gegenteil möchte ich Ihnen nochmals allerherzlichst danken für alle Bemühungen, die Sie sich freundschaftlich für mich lange Jahre gegeben haben. Sollten Sie doch noch über Berlin reisen, so hätte ich mündlich für die Zukunft noch eine Frage in dieser Hinsicht zu besprechen.

Wir wollen den Sommer, der in Garten und Haus hier ja sehr hübsch ist, (noch hübscher wäre es ohne Telefon), verlängern und wol im September bis Anfang Oktober (wol) nach Meran (Oberm.)[569] gehen, sobald wir Devisen erhalten. Da ich annehme, dass Sie in nordischen Ländern, selbst im schönen Stockholm ähnlich denken, kommen Sie vielleicht dies oder nächstes Jahr im Spätherbst auf der Rückreise über Berlin und wir haben die Freude Sie und Ihre Frau Gemahlin in unserm Hause begrüßen und endlich wiedersehen zu können – falls wir noch gesund und lebend sind.

Meine Frau - eben 64 Jahre alt – ist wesentlich woler nach ihrer Gallen-Operation. Aber ich merke dem Arzt an, daß er mit ihrem Herzen nicht ganz zufrieden ist. Ein Herzbad ist ihr voriges Jahr nicht ganz bekommen. So muß eine Dauer-Beobachtung und Behandlung einsetzen. Hoffentlich hilft das noch einige Jahre. Denn wir leben immer noch wie Zwillinge. Mir geht es leidlich wenn ich ruhig lebe. Meine Verbandsführung des Reichsverbandes deutscher Offiziere kann ich ohne wesentliche Ermüdung behalten – man bittet mich darum, ebenso wie andere Ehrenämter, z. B. auch meine sehr erfreulicherweise ziemlich lebhaften Beziehungen zu Finland. Ihr Gesandter kommt alle Paar Wochen einmal allein zum Nachmittagstee zu uns. Er liebt unsere Veranda im Sommer. Frey[570] war neulich allein zum Abendessen bei uns. Die Journalistin von Uusi Suomi, Frl. Norna, kommt öfter zu uns. Wir haben sie gern. Vor 2 Tagen war sie mit dem Militär-Attaché Snellmann (wieder gesund) mit Frau bei uns u.s.w. Sehr erfreulich und gesundheitlich geht es im kleinen Kreise gut. Ob ich aber 1938 zu 20 Jahr Feiern nach Helsinki fahren kann, ist mir sehr zweifelhaft. Übrigens könnte das Kuriosum passieren, daß dort meine beiden Generalsstabsoffiziere von 1918, Karmann und Falkenhorst[571], jetzt als Generalleutnants des neuen Heeres

569 Oberm. = Obermais – Villenviertel von Meran.

570 Alexander Frey (1877-1945), Banker und Politiker. Er war von 1928-1945 Direktor der Pohjoismaiden Yhdyspankki (Nordische Vereinigungsbank). Als Mitglied der Schwedischen Volkspartei war er Mitglied der Stadtverordnetenversammlung von Helsinki und dessen Vorsitzender sowie 1917/18 Parlamentsabgeordneter und Senator. Vihola, Teppo: Frey, Alexander. Kansallisbiografia-verkkojulkaisu. http://urn.fi/urn:nbn:fi:sks-kbg-002166.

571 Paul Nikolaus von Falkenhorst (1885-1968), deutscher Heeresoffizier. Ab Sommer 1918 war er Erster Gneralstabsoffizier beim Deutschen General in Finnland. Während des Zweiten Weltkrieges war er Befehlshaber verschiedener Großverbände des Heeres und Wehrmachtsbefehlshaber des besetzten Norwegen. Nach dem Krieg wurde er wegen Kriegsverbrechen angeklagt und ver-

neben mir stehen, während ich als Königlich preussischer Generalmajor, der 1919 seinen Abschied nahm, stehen werde.
Mein ältester Sohn hat als Rechtsanwalt jetzt (+++) eine große Stellung. So führt er am 9.9. einen Prozeß in der Schweiz. Die Industrie schätzt ihn. Aber er hat auch 9 Kinder. Der jüngere hat nach wie vor sein Büro für englische Banken, mit denen er sich auch menschlich gut versteht. Er hat 3 Kinder, war gestern von 1/2 5 bis 9 Uhr abends bei uns, mit Frau und Kindern, von denen der 9-jährige Sohn mich über die Sterne ausfragte. Er ist etwas besonderes und wird hoffentlich mal etwas. Auch die anderen Kinder gefallen uns sehr.
Nun Schluß, nochmals Dank und gesundes Wiedersehen! Mit Grüßen auch von meiner Frau an die Ihrige Ihr alter Freund Rüdiger Goltz

KA, J. K. Paasikiven arkisto, Kirjeet ja kirjekonseptit, Kotelo 1:3, Seite 280-283

30.4.1938

Lieber Freund!
Das war sehr nett von Ihnen, daß Sie mich in H'fors begrüßten, nachdem ich alle 3 Male, die ich seit 1918 dort war, bei Ihnen wohnen durfte unter sehr verschiedenen Haus- und Familien-Verhältnissen bei Ihnen und in sehr verschiedenen Zeiten. Ich denke dabei in Wehmut Ihrer verstorbenen ersten Frau Gemahlin und wünsche Ihnen und Ihrer ganzen Familie alles Gute für die Zukunft. Grüßen Sie Ihre Kinder und empfehlen Sie uns Ihrer jetzigen Frau Gemahlin.
Unsere Reise ist ohne jeden Misston und wol zu allgemeiner Zufriedenheit verlaufen. Fast sind wir noch freundlicher von weiten Teilen der Bevölkerung und der weißen Garde von 1918 empfangen worden als früher. Vielleicht lag eine gewisse Absicht darin gegen anders Denkende. Auch in Lahti u.s.w. soll es ebenso gewesen sein. Auch der jetzige Staatspräsident war besonders liebenswürdig. Meine 30-40 Finnlandkämpfer haben offenbar auch einen sehr disziplinierten und geschlossenen Eindruck gemacht. Meurer, Hülsen, Brandenstein, Brück, Admiral Bauer waren vorbildliche Repräsentanten. Unsere Gastgeber – leider fehlte mancher, Ruin, Goldbeck u.s.w. - waren sehr liebenswürdig, ja herzlich.
An der Spitze natürlich Svinhufvud, sehr frisch. Auch Mannerheim, der sich wiederholt zeigte. Kurz: I a.
Mein jüngster Sohn war mit seiner sehr hübschen Frau bei Baron Wrede eingeladen. Letztere hiess unter den 40 Finlandkämpfern: „Marie, die Tochter des Regiments". Sie ist als begeisterte Finlandfreundin heimgekehrt. Beide Söhne sind überarbeitet, sonst gesund.
Meine Frau ist zart und mit Herz und Nerven empfindsam. Der Winter war nicht gut. Jetzt geht es besser. Daß ich es so gut ausgehalten habe, ist mir selbst erstaunlich. Ich habe mich hier wieder ausgeschlafen.
In alter Treue und Freundschaft Ihr Rüdiger Goltz

---

urteilt. https://de.wikipedia.org/wiki/Nikolaus_von_Falkenhorst (entnommsen am 9.9.2019).

KA, J. K. Paasikiven arkisto, Kirjeet ja kirjekonseptit, Kotelo 1:3, Seite 284/85

Sanatorium Bühlerhöhe über Baden-Baden 800 m hoch

14.8.1938

Lieber Freund! Heute erhielt ich Ihren netten Brief aus Berlin hierher nachgesandt. Vielen Dank! Trotzdem wir seit 2 Tagen auch hier über Wolken sitzen, sind wir hier an der richtigen Stelle. Denn der Schwarzwald ist ein „Dom“ mit wunderbarem Baumduft, meist hohe Tannen und auch Buchen.

Hier gibt es ein „Kurhaus“ für Erholungsbedürftige und ein „Sanatorium“ für ernstere Kuren. Dieselbe Regie. Wir gingen in letzteres, weil uns die Zimmer besser schienen. Meine Frau braucht Kur. Sie ist recht herunter. Sie hatte im Januar eine Gefäss-Krisis und seitdem viel Schwindel: Herz, Nerven, Kreislauf und Stoffwechsel-Störungen.

Der 72-jährige Greis = ich ist vergleichsweise scheinbar gesunder, aber wer sieht genügend ins Innere des Organismus? Wir hoffen, dass 4 Wochen genügen, meine Frau wieder leidlich herzustellen, was der Zweck wäre. Da wir am 8. August herkamen, würden wir etwa am 6. September wieder in Berlin sein.

Hiernach können wir wol hoffen, Sie auf ihrer Rückreise in Berlin zu sehen – nach Ihrem Briefe. Das wäre sehr schön, wenn wir uns mal wiedersehen könnten. Denn ich fürchte, daß ich zur Olympiade 1940 nicht nach H´fors kommen werde: zu alt für den Trubel. Andererseits möchte ich doch auch Ihnen sagen, wie sehr ich mich für Suomi für diese Ehrung durch die ganze Welt gefreut habe. Das habe ich am 12. April 1918 nicht gedacht, daß die Hauptstadt Finlands, die wir damals vor den Schrecken des Bolschewismus befreien durften, 22 Jahre später der Treffpunkt der gesamten Kulturwelt sein würde – mit Ausnahme des Unkultur-Nachbarreiches, das Svinhufvud so hasst, welches Regime dort auch herrschen mag. Und er hat recht. Mir aber möge man es verzeihen, daß ich als Befreier Ihrer Hauptstadt ein bißchen stolz auf die jetzige Ehrung dieser Ihrer schönen stolzen emperiale bin. -

Mich freut, daß Sie wieder in Gastein sind. Als Freund aber möchte ich Sie warnen, nicht zu viel und nicht zu lange zu baden!! Sie sind inzwischen nicht jünger geworden und die dortigen Bäder sind ein Jungbrunnen nur für den, der weiß, daß er nicht mehr jung ist. Vor allem auch Maß halten beim Gehen und Steigen.

Italien ist im September wol noch heiß, außer dem ehemals deutschen Teile um Bozen/ Meran[572], wol auch dem Gardasee. Mein ältester Sohn war mit Frau und 9 Kindern im

572 Bozen, Landeshauptstadt der autonomen Provinz Italiens Südtirol. Sie gilt auf Grund ihrer Bikulturalität als wichtiger Begegnungsort zwischen dem deutsch- und dem italienischsprachigen Kultur- und Wirtschaftsraum. Meran ist nach der Landeshauptstadt Bozen die zweitgrößte Stadt in der Provinz Südtirol.

Puster Tal[573] 1400 m hoch im Alt Prags[574], jetzt Braies vecchia Schwefelbad. Er kam mit seinem Auto auf der Rückreise mit Frau und 17-jährigem Sohn auf ½ Tag netter Weise hierher, um uns zu „besichtigen". Das Familienleben ist unverändert schön. Der jüngste Sohn war mit Familie in Norwegen, ist wieder da. Er arbeitet bekanntlich mit englischen Banken.
Ich bin seit dem 1. Juli endgültig Pensionär. Ich habe mein nicht leichtes Ehrenamt als Führer des „Reichsverbandes deutscher Offiziere" niedergelegt, weil dieser ein Teil des allgemeinen Kriegerbundes wird. Unter-Führer zu sein, ist natürlich nicht mein Ehrgeiz. Ich bin ja auch 72 Jahre alt und will mich nun mit Dingen beschäftigen, für die ich früher keine Zeit hatte. So lese ich z. Zt. hier: „Die Wunder der Seele" von Schleich[575], großer Arzt, Dichter und Philosoph.
Also auf Wiedersehen hoffentlich allseits gesund um den 10. September in Berlin. Unsere Empfehlungen Ihrer Frau Gemahlin und Ihnen selbst unsere freundschaftlichen Grüße. In alter Treue Ihr Rüdiger Goltz

KA, J. K. Paasikiven arkisto, Kirjeet ja kirjekonseptit, Kotelo 1:3, Seite 286/87

Sanatorium Bühlerhöhe/ Schwarzwald 30.8.1938

Lieber Freund! Wir hoffen, daß meine Frau ihre Kur hier so beendet haben wird, daß wir bis zum 12.9. wieder in Berlin sind. Bitte rufen Sie also am 13.9. bei mir an 93/1459(1459)
Ich werde mich riesig freuen, Sie im Bristol wiederzusehen. Genaueres lässt sich vielleicht auf Reisen 2 Wochen zuvor nicht verabreden – am wenigsten bei dem Nebelwetter, in dem wir hier 800 m hoch und mitten in dem sonst herrlichen Tannenwalde sitzen. Baden-Baden liegt nur 150 m hoch, es ist heiß und laut. Aber das Wetter hält natürlich die Kur und Erholung auf.
Im übrigen herzlichen Dank für Ihren netten Brief und gutes Wetter und Erholung in Brión[576].
Allseitige Grüße von uns. Auf gutes Wiedersehen in alter Treue Ihr R. Goltz

---

573 Das Pustertal ist ein im Wesentlichen in Ost-West-Richtung verlaufendes Alpen-Tal. Der Großteil des Tals liegt in Südtirol, der östlichste Abschnitt in Osttirol.

574 Altprags war ein Heilbad in Südtirol.

575 Carl Ludwig Schleich (1859-1922), deutscher Chirurg und Schriftsteller. Von ihm stammt eine Methode der Infiltrationsanästhesie.https://de.wikipedia.org/wiki/Carl_Ludwig_Schleich (entnommen am 9.9.2019).

576 Brión ist eine Ortschaft in der Nähe von Santiago de Compostela (Spanien).

KA, J. K. Paasikiven arkisto, Kirjeet ja kirjekonseptit, Kotelo 1:3, Seite 288/89

Lieber Freund! 1.1.1939

Sie sind mir mit Ihren freundlichen Zeilen, die ich in der Sylvester-Nacht von meinem ältesten Sohne heimkehrend vorfand, zuvorgekommen. Wir erwidern Ihre Wünsche von Herzen. Auch uns geht es z. Zt. leidlich, auch meiner Frau. Natürlich kann ich mit 73 Jahren weniger unternehmen als noch mit 70. Man spürt jedes Jahr. Z. B. wäre ein Sylvester-Ball, wie ihn mein 2. Sohn mit Frau beim britischen Militär-Attaché Mac Farlane mit machten – Anfang, glaube ich, 10 (22) Uhr – nichts für mich!
Hoffentlich sehen wir uns noch manchmal, wenn Sie Berlin berühren. Ich freue mich stets mit Ihnen zu plaudern, so sehr sich die Zeiten seit 1918 geändert haben und scheinbar weiter mit jedem Jahre ändern werden. Nicht nur wegen des Zusammenbruchs der Genfer Liga, den die Saboteure mit Recht jetzt geschickt ausnutzen, sondern auch weil die Industrialisierung der Welt besonders in eng besiedelten Völkern nicht anders wie in Mittel-Europa gelenkt werden kann. Daß wir uns im Zeitalter der großen Demagogen und Cäsaren befinden, sollten auch die begreifen, denen vielleicht die frühere Zeit besser gefiel. Tempora mutantur.
Z. Zt geht es nicht anders. Sonst kommt der Bolschewismus – den freilich auch ein neuer Weltkrieg herbeiführen könnte. Deshalb wünschen alle vernünftigen Deutschen sich für 1939 in erster Linie Frieden.
In Finnland habe ich weiter viele Freunde. Das merkten wir nicht nur im April 1938 bei unserem Besuche dort. Auch der hiesige Gesandte Wuorimaa hält mit unserm Hause freundschaftliche Beziehungen. Möge er noch lange bleiben, es sei denn, daß Sie oder Talas herkämen, was leider unwahrscheinlich ist. Schade, daß nicht mehr unsere Freunde oder deren Söhne dort regieren. Auch die Vertreterin Ihrer Zeitung ist uns ein lieber Freund geworden. Schade, daß Sie am 1.12.1939 Stockholm verlassen wollen. Warum?
Mit den herzlichsten Wünschen für das ganze Haus Paasikivi in alter Freundschaft Ihr
Rüdiger Goltz

KA, J. K. Paasikiven arkisto, Kirjeet ja kirjekonseptit, Kotelo 1:3, Seite 290

3.4.1939
Lieber Freund!
Ich schreibe aus dem Bett, weil ich seit Januar an perniziöser Anämie[577] leide und eben einen Rückfall hatte. Ich bin so ungeschickt mit meinen Fingerspitzen, daß Sie meine Schrift entschuldigen müssen. Immerhin soll ich angeblich wieder gesund werden, was ich mir nur unter der Bedingung wünsche, daß wir Frieden behalten. Einen neuen Weltkrieg würden meine alten Nerven nicht mehr aushalten. Meine Frau pflegt mich rührend. Sie hat die lange Pflege bis jetzt ausgehalten.
Sie haben des gestrigen Einsegnungstages unserer Enkelin Regina, des Patenkindes Ihrer verewigten unvergesslichen Frau Gemahlin so rührend gedacht, daß auch ich Ihnen herzlich danken möchte. Die Basis für die künftige Heirat der 15-jährigen ist nun da, Dank Ihrer Gabe!!
Ihnen, Ihrer ganzen Familie, Frau und Kindern herzlichen Gruß und Zukunftswünsche.
In alter treuer Freundschaft Ihr Rüdiger Goltz Schönschreiber

KA, J. K. Paasikiven arkisto, Kirjeet ja kirjekonseptit, Kotelo 1:3, Seite 291-293

16.7.39
Lieber Freund!
Wie mag es Ihnen und den Ihrigen gehen?
Wann und wohin reisen Sie dieses Jahr? Wann kommen Sie etwa durch Berlin? Ich vermute, daß Sie erst reisen, wenn Sie Ihren diplomatischen Posten aufgegeben haben und „Freiherr“ sind. Freilich ist dann die Interessiertheit schlecht, falls man nicht weit fort geht. Ob dies dann möglich sein wird, dürften Sie besser übersehen als ein 73-jähriger Privatmann des friedlichen deutschen Volkes, das Frieden ersehnt, wie mir jeder sagt, den ich frage.
Ich habe bisher ein schlechtes Jahr gehabt. Nach meiner langen Blut-Krankheit ging es mir mal ein wenig besser, aber ich hatte kürzlich wieder bedenkliche Schwindel-Anfälle, die freilich nicht vom Klein-Gehirn ausgingen, also scheinbar keinen Schlaganfall

577 Die perniziöse Anämie (perniziös =schädlich, verderbend), auch Morbus Biemer genannt, ist eine Form der Anämie(Blutarmut), die auf einem Mangel an Vitamin B_{12} beruht. https://de.wikipedia.org/ wiki/Perniziöse Anämie. (entnommen am 6.9.2018).

vorbereiten. Aber sie gehen wol von den Gefäßen des Herzens aus. Schliesslich ist es ja gleich, woran man stirbt. Die Tatsache genügt. Meine Frau und ich sind uns einig, daß wir d. h. ich z. Zt. nicht reisefähig bin. Der Arzt, mein ältester Sohn drängen aber in ein Sanatorium, was wahrscheinlich auch nichts helfen kann. Bis Mitte August bleibe ich wol bestimmt hier. Meiner Frau Herz, stets ihre schwache Seite, ist von der langen Pflege auch nicht besser geworden. Besonders seelisch ist sie mitgenommen. Quefaire?[578] Man trägt, was man nicht ändern kann. Die übrige Familie ist gesund, was uns wichtiger ist, als daß ein Greis nach einem inhaltsreichen Leben stirbt. Außerdem erwartet meine ältere Schwiegertochter mit 43 Jahren ihr 10. Kind sehr bald. Was werden diese 13 Enkel erleben in einer Welt, die immer mehr egalisiert, socialisiert und proletarisiert wird schliesslich auf der ganzen weiten Welt. Nur die Form und der Grad sind in den einzelnen Staaten verschieden, noch zeitlich abgestuft. Aber das gleicht sich aus. Kapitalistische Inseln wie Schweden werden dann auch daran glauben müssen. Wird die Tat von 1918 in Finnland auch keinen Dauererfolg haben? Dies und ähnliches geht gewiß manchem durch den Kopf. Freilich denken die meisten auch klugen Leute über die Augenblickslage kaum hinaus. Sonst aber hatte ich nette Briefe aus Suomi. Talas besuchte uns, ganz der Alte.
Bei uns geht sonst alles seinen ruhigen Weg. Man arbeitet wie eben ein Deutscher arbeitet. Abends Kino, Sport, Baden - mehr als in meiner Jugend. Aber die Zeiten ändern sich eben. Das lehrt die Geschichte auf jeder Seite. Auch mein kleiner Garten, das Werk meiner Frau auf märkischem Sande strotzt von Rosen, Lilien und Rittersporn, die ein Paradies darstellen, das in 8 Tagen nicht mehr da ist, um Herbstblumen Platz zu machen. Blumen leben etwa 3 Wochen und wir müssen fort, wenn die 3. Generation ins Leben tritt – spätestens. Lauf der Welt.
Über Währungsfragen wissen Sie besser Bescheid als ich. Nach der Zeitung plant man im Früh-Herbst eine Abwertung des Pfundes, also wol auch der Fmk! Sie ist schon gerade genug gesunken. Was zu tun ist, darf ich nur anregen für die Ehren-Verwalter der „Ehrengabe“, z. Zt. wol noch 18000 Rm wert (?) Sie wo anders in anderer Währung anlegen, ohne daß die Verwaltung der Kansallis O.P genommen wird, kann wol nur dann in Frage kommen, wenn man diese andere Währung für unabhängiger vom Pfund und vom möglichen Wandel der Zeit glaubt. Ist das z. B. in Ihrem jetzigen Tätigkeitsgebiete der Fall? Etwas Geld zum persönlichen Gebrauch zu erbitten, kommt für mich z. Zt. über die Zinsen hinaus, die ich hier auch versteuere, nicht in Frage. Es handelt sich um die noch vorhandene Substanz, die man doch gern retten möchte. Ich schreibe das vertraulich so offen wie Sie mir das stets gestattet haben und weil es wol niemand so gut von höherem Gesichtspunkt beurteilt als Sie und Ihre etwaigen Berater.
Nun aber Schluss für heute. Resignierte fast philosophische Fragen, geschäftliche und freundschaftliche berührte dieser Brief. Ich will mit letzterem schliessen, Ihnen alles für die Zukunft wünschen, was Sie im Herzen bewegt und Sie bitten, mir und den Meinen die alte Freundschaft zu bewahren. Ihr Rüdiger Goltz

578 Was tun?

KA, J. K. Paasikiven arkisto, Kirjeet ja kirjekonseptit, Kotelo 1:3, Seite 294/95

18.11.1939

Lieber Freund! Sie ahnen schwerlich, wie warm und dauernd ich Sie auf Ihren Wegen und bei Ihren Aufgaben verfolgt habe, die man gerade Ihnen anvertraut hat und wie heiß und treu ich das Schicksal meines lieben Suomi verfolge.

Die Lage von uns selbst verhindert leider meine guten Beziehungen zu hiesigen prominenten Vertretern und ihrer Fortsetzung. Ich verstehe, daß man mich meidet. Umso mehr freuten mich Briefe aus Suomi, die das menschliche betonen, zuweilen mit vielen Unterschriften: Wuolle, Thesleff, Mikkola, Munck u. a.

Dem zweit genannten, der leider krank, schrieb ich über mich Persönliches, falls....

Ich möchte heute nur meine Frage wiederholen, die ich vor Monaten betr. Ehrengabe an Sie richtete. Archimedes fragte, wo der Punkt sei, von dem man die Welt bewege. Ich frage, wo das Land sei, unberührt von dem, was heute die Welt erschüttert, wo das Plüschenland, dem man letzte Ressourcen anvertrauen könnte, die längst und stets außerhalb des eigenen Landes und eigenen Verfügungsrechts lagerten. Im Lande Gustav Wasas? Verzeihen Sie dies Persönliche. Aber wir bleiben Menschen auch wenn das große Allgemeine, das alle berührt und das wir längst nicht mehr beeinflussen, „über allem" steht.

Ihren großen geschichtlichen Aufgaben gelten meine weiteren Wünsche, allen den Ihrigen meiner Frau und meine Grüße und Wünsche.

Wir haben neben dem Großen und Allgemeinen manche gesundheitliche Sorgen: ich selbst, meine Frau, die nach meiner langen Pflege jetzt einen Erschöpfungs-Zustand hat, meine ältere Schwiegertochter bedenklich erkrankt und operiert nach ihrer 10.(!!) Entbindung, mein ältester Sohn noch (nach) 4 Wochen nach einer Blinddarm-Operation nicht ganz fieberfrei – wol Trombose: das Leben ein ewiger Kampf auch für den einzelnen. Wir müssen ihn bestehen oder ausscheiden:

„Das ist der Weisheit letzter Schluss: Nur der verdient sich Freiheit und das Leben, der täglich sie erobern muß" (Goethe. Faust II. Teil am Schluss).

Mit herzlichen Grüßen in Freundschaft Ihr Rüdiger Goltz

KA, J. K. Paasikiven arkisto, Kirjeet ja kirjekonseptit, Kotelo 1:3, Seite 297

12.12.1939

Herrn Minister Paasikivi
Lieber Freund!

Wie anderen Ihrer Landsleute möchte ich auch Ihnen sagen, wie schwer ich menschlich unter der jetzigen politischen Entwicklung für Suomi leide und mit Ihnen fühle. Mehr kann ich als Deutscher nicht sagen und erst recht nicht schreiben. Außerdem bin ich ein 74-jähriger Privatmann. -
Verzeihen Sie, wenn ich in dieser schweren Zeit noch eine Privat-Bitte habe:
Die Ehrengabe wurde bisher ohne mein Zutun dort verwaltet. Sie schrieben mir aber s. Zt., daß ich außer den Zinsen auch Geld vom Kapital haben könnte. In Kriegszeiten liegt für mich dieser Wunsch jetzt nahe.
Ich weiß aber nicht, ob für dortige Verhältnisse und ohne Schädigung der Wirtschaft Ihres Landes es überhaupt jetzt noch möglich ist, Geld von dort zu erhalten. Ich bitte Sie das dort nach dem Interesse Ihres Landes zu entscheiden und erst in zweiter Linie nach meinem Interesse. Sollte es möglich sein, bitte ich 1-2000 Rmk dem Berliner Bankhaus Delbrück Schickler Französische Str. 32 zuführen zu lassen. Der Kansallis-Bank sende ich Abschrift dieses Brief-Absatzes.
Vielen Dank dafür, wie Sie sich bisher für das ja noch kleine Kapital interessierten. Viele Grüße den Ihrigen und meine heissen Wünsche für Suomi! In aller Treue Ihr
Rüdiger Goltz

KA, J. K. Paasikiven arkisto, Toimintani Moskovassa ja Suomessa, Talvisodan aika, Kotelo VI: 34
J. K. Paasikivi an v.d. Goltz

Helsinki 5/1 1940

General Graf R. von der Goltz, Kurländerallee 38 Berlin-Charlottenburg 9.

Lieber Freund!
Ich hab Ihre drei Briefe nicht beantwortet und kann diese Nachlässigkeit nur mit den Zeitumständen entschuldigen.
Jetzt bitte ich, anläßlich des neuen Jahres, Ihnen, lieber Freund, und der Frau Gräfin ebenso allen Ihrigen ein so gutes neues Jahr zu wünschen, wie es unter jetzigen Verhältnissen möglich ist. Meine Frau vereint sich mit meinen Wünschen.
Ihr Wunsch, daß Sie einen neuen Krieg nicht mehr erleben müßten, ist nicht in Erfüllung gegangen. Ein großer Krieg zwischen Deutschland und den Westmächten ist doch da. Es ist bedauerlich, daß Europa solche Prüfungen nicht vermeiden konnte. Laß uns hoffen, daß auch wir, Sie und ich, - obgleich wir zu der alten Generation gehören – doch ein Ende dieser traurigen Ereignisse erleben können. Es ist auch zum Krieg zwischen Finnland und Rußland gekommen. Bis jetzt ist der Krieg gut gegangen. Die Russen haben keine Fortschritte gemacht und es wird ihnen sehr schwierig sein, Finnland zu erobern. Es wird den Russen außerordentlich viel Blut kosten – ob es jemals dazu kommt. Und keine Freude werden die Russen davon haben. Wir werden nicht nur bis zum Ende kämpfen, sondern auch noch nach dem Ende. Die Stimmung des Volkes ist ausgezeichnet, das Volk ist ganz einig.
Die Sozialisten sind ebenso kampflustig und entusiastisch wie die anderen. Es gibt keinen Unterschied.
Und wozu dieser Krieg?
Es ist augenscheinlich ein Fehler und eine Fehlberechnung von Stalin und Molotow. Wenn wir, die Unterhändler Moskau den 13. November verliessen, schrieben wir dem Herrn Molotov, dass wir hofften, die Verhandlungen würden in geeigneter Zeit in der Zukunft wieder aufgenommen. Ich war drei Male in Moskau und jedes Mal machten wir den Russen neue Zugeständnisse. Wie es in solchen Fällen gewöhnlich ist, machten sich hier in leitenden Kreisen divergierende Ansichten geltend betreffend die einzelnen Fragen.
Anfang Dezember wurde die Regierung – gerade wegen dieser Frage- umgebildet - ich bin jetzt wieder, wie Sie wissen, Mitglied der Regierung – und zu den Posten des Staatsministers und des Außenministers wurden neue Personen ernannt. Auf der ersten Sitzung fasste die Regierung den Beschluss, sich durch die schwedische Regierung an die Sowjet-Regierung zu wenden, mit einem Vorschlag zur Wiederaufnahme der Verhandlungen und wir gaben kund, daß wir bereit sind, neue positive Vorschläge zu machen.

-Ich bin persönlich der Meinung, dass die resonablen Wünsche der Sowjets durch Verhandlungen befriedigt werden könnten. Aber Sowjet ist nicht auf unsere damalige Eröffnung eingegangen. Unser Außenminister hat sich später durch Radio an Molotov gewandt, aber auch dies war resultatlos.
Für mich als alten Deutschfreund – und mit mir für manchen anderen – hat es etwas eigentümlich zugemutet, dass Deutschland auf diese unsere Lebensfrage so wenig Aufmerksamkeit übrig gehabt hat. Es kann doch für die deutschen Interessen nicht gleichgültig sein, dass der Krieg sich hier im Norden verbreitet und ebenso ob der Sowjet den größten Teil des Ostseegebietes unter sich schlägt.
Im Gegenteil ist es nach unserer Meinung in Deutschlands Interesse, dass der Krieg zwischen Finnland und Russland zu Ende kommt. Deutschland hat gewiss mit Rußland einen Pakt geschlossen und seine Hände sind dadurch etwas gebunden. Aber wenn man durch Verhandlungen zu einem auch für Russland resonablen Resultat kommen würde und der Krieg zu Ende käme - zu einem solchen Ziele sollte wohl Deutschland mithelfen können. Damit würde Deutschland auch seinem Verbündeten Sovjet-Russland einen Dienst leisten.
Und wenn Deutschland in dieser Angelegenheit etwas positives täte, so würde es hier in Finnland geschätzt und Deutschland würde in der Zukunft sowohl wirtschaftlich wie andererweise dadurch einen nicht unbedeutenden Nutzen ziehen – um nicht von der Sympathie zu sprechen.
Mein alter lieber Freund!
Sie sind jetzt ein Privatmann, das weiß ich. Aber können Sie nicht durch irgendeine Kanäle diese Gesichtspunkte weitergehen lassen? Es handelt sich nur: Will Deutschland etwas tun, damit Sovjet-Russland sich mit uns wieder zum Verhandlungstische setzt?
Mein Landsmann Prof. Kivimäki, ehemaliger Staatsminister, der sich jetzt im Auslande befindet, kommt möglicherweise bald nach Berlin. Es ist auch möglich, dass er Sie besuchen wird.
Entschuldigen Sie, lieber Freund, dass ich Sie mit diesen großen und wichtigen Fragen störe. Ich tue es wegen Ihrer großen Liebe zu unserem Land und zu unserem Volk.
Und ich schreibe alles dieses in alter Treue

Ihr ergebener J.K.P

P.S. Ich sende diesen Brief in Kurierpost durch unsere Gesandtschaft. Sie können auf dem selben Wege antworten.

KA, J. K. Paasikiven arkisto, Toimintani Moskovassa ja Suomessa, Talvisodan aika, Kotelo VI: 34
V. d. Goltz an J. K. Paasikivi

19.1.1940

Lieber Freund!
Besten Dank für Ihren sehr diplomatischen Brief vom 5.d. M., den ich am 16.d. M. mittags durch Boten erhielt. Ich habe daraufhin gestern am 18.d. M. alles getan, was nach Lage der Dinge möglich ist. Sobald ich Nachricht habe, schreibe ich Ihnen. Ich bin ebenso gespannt, wie Sie und will mich über die Chancen nicht aussprechen.
Über Suomusalmi[579] habe ich mich riesig gefreut. Ich las einen Bericht in einer norwegischen Zeitung von einem Journalisten, der da gewesen war. Sonst scheint ja alles so verlaufen, wie Sie es auch schildern.
Nur die Flieger-Bomben sollen wol das Volk mürbe machen, auch wenn die Truppe hält – nach 1918 kein neuer Gedanke, auch anderwärts angewandt. Jedenfalls bin ich mit ganzem Herzen bei Ihrer wirklich gerechten Sache. Sie sind Vorkämpfer der europäischen Kultur, im wesentlichen doch auf sich allein gestellt. Allseitige Grüße und warme Wünsche

In alter Treue Ihr Rüdiger Goltz

579 Suomussalmi - Ort in Nordfinnland, grenzt im Osten an die russische Republik Karelien und ist Teil der Landschaft Kainuu. In Suomussalmi fand die blutigste Schlacht des Winterkrieges zwischen Finnland und der Sowjetunion statt. Um die Jahreswende 1939/40 gelang es hier finnischen Verbänden, den Vormarsch der Roten Armee aufzuhalten. Zahlreiche Denkmäler in der betroffenen Region erinnern an das Geschehen, unter anderem Alvar Aaltos „Flammen" in der Nähe des Ortes Suomussalmi.

KA, J. K. Paasikiven arkisto, Toimintani Moskovassa ja Suomessa, Talvisodan aika, Kotelo VI: 34

3.II. 1940 Berlin-Charlottenburg 9 Kurländer Allee 38

An Herrn Minister Paasikivi – Helsinki

Lieber Freund!
Endlich kann ich Ihnen heute eine genauere Antwort geben auf Ihren Brief, den ich am 16.d. M. erhielt. Leider wird Ihnen meine Antwort ebenso wenig gefallen und genügen, wie das bei mir Finlandfreund der Fall ist. Sie werden von mir ohne weiteres annehmen, daß ich alles getan habe, was nach Lage der Dinge mir möglich war und daß ich auch gründlich vorgegangen bin.
Trotzdem kann ich Ihnen als Privatmann natürlich keine irgendwie offizielle Antwort geben, sondern nur schreiben, welchen Eindruck ich gewonnen habe.
Natürlich hat Deutschland keinerlei Interesse daran, daß der finnisch-russische Krieg sich in die Länge zieht, im Gegenteil. Es scheint aber so, daß die Russen ihren Standpunkt nicht geändert haben. Für sie gibt es vorläufig nach wie vor offiziell nur die „Regierung Kuusinen", freilich eine Regierung ohne Land, Volk und Wehrmacht, ein Strohmann des Weltbolschewismus in meinen so scharf antibolschewistischen Augen. So lange dort an diesem Standpunkt offiziell festgehalten wird, kann von einer Vermittlung mit einer von Rußland gar nicht anerkannten Regierung jetzt wol nicht die Rede sein. Die Regierung Finlands, der Sie selbst angehören, besitzt zwar alle Merkmale einer wirklichen und starken Staatsregierung, von denen Sie ja den Sowjet-Russen recht erfreuliche Beweise gegeben hat. Aber wol gerade deshalb möchte Sowjet-Rußland sie durch eine bolschewistische Puppe ersetzen, d. h. Finland zur Sowjet-Provinz machen. So sehe ich selbst die Sache an. Ich sehe deshalb gerade wegen dieses Moments die Lage ernst an. Das ist – betone ich – meine ganz persönliche Auffassung.
Deutschland selbst befindet sich in einem Verteidigungskriege um seine Existenz. Dem Bestreben, diesen Krieg siegreich zu beenden muß sich hier alles andere unterordnen. Dazu gehört besonders, daß es nicht wieder zu einem Zweifrontenkriege kommt. Redner der Westmächte haben ihr Bestreben zu erkennen gegeben, Rußland, das England Anfang 1939 Monate lang vergeblich für sich zu gewinnen versucht hat, doch noch den Deutschen abspenstig zu machen und Zwietracht zu säen. Auch das englische Bestreben den englisch-deutschen Kriegsschauplatz im Norden zu erweitern, ist m. E. allseitig bedenklich, auch für Sie.
Diese Momente stehen begreiflicherweise im Vordergrunde der deutschen Erwägungen und machen es Deutschland zur Pflicht der Selbsterhaltung, sich auf den Standpunkt „strikter Neutralität" zu stellen, wie erst kürzlich offiziell betont wurde.

Ich hatte den Eindruck, daß es sehr glücklich war, daß gerade Sie den Brief an mich geschrieben haben. Denn Sie sind hier als Deutschfreund geschätzt. Dagegen haben die Regierung Cajander-Holsti und verschiedene Presse-Äußerungen mit teilweise üblen Beschimpfungen des heutigen Deutschland der offiziellen deutschen Sympathie für Finnland sehr geschadet. Daß gerade mir und den Finlandkämpfern das sehr leid tut, werden Sie verstehen. Auch sonst gibt es hier viele Finlandfreunde, wie sich gerade jetzt privatim gezeigt hat, besonders auch auf Kulturellem Gebiet. Zwei 1939 erschienene Bücher über Finland bezeugen es. Uns blutet das Herz, daß alle unsere Arbeit und Liebe umsonst gewesen sein soll und unser deutsches Blut 1918 umsonst geflossen sei. Ist es denn wahr, wie mir schon vor Wochen gesagt wurde, daß die deutschfreundliche Volksschicht, die uns noch 1938 so begeistert begrüßt hat, nur eine einflußlose Minderheit gewesen ist, daß also die deutsche Hilfe von 1918 in weiten Kreisen vergessen ist? Das würde hier Finland sehr schaden, das würden weite Kreise hier sehr bedauern. - Die Hauptsache aber ist, was ich eingangs schrieb, daß Ihr russischer Feind an seinem Standpunkt und seiner Kuusinen-Fiktion vorläufig stur festhält und deshalb auf diplomatischem Wege scheinbar jetzt nichts zu erreichen ist. Immerhin halte ich Ihren Versuch nicht ohne weiteres für vergeblich und glaube, daß das lateinische Sprichwort „Semper aliquid haeret“[580] auch auf ihre Bemühungen angewandt werden könnte. Umso mehr werden Finnen und Finlandfreunde ihre heißen Wünsche auf die Erfolge der Waffen – auch in der Luft – zu richten haben, damit Sowjet-Rußland verhandlungsbereit mit Finlands wirklicher Regierung wird und Herrn „Kuusinen“ fallen läßt.
In alter Freundschaft für Sie, Ihre Familie und alle alten Freunde von damals und jetzt bleibe ich stets in unwandelbarer Treue

Ihr Rüdiger Goltz

Ich lege 3 Antwort-Karten mit der Bitte um Weitergabe deshalb ein, damit Sie sehen, daß ich noch immer mit alten Freunden in Finland in Fühlung bin.

Dank auch Ihnen!

R.G.

580 „Verleumde nur dreist, es bleibt immer etwas hängen“. Siehe: https://www..wissen.de/lexkon/semper-aliquid-haeret (entnommen 1.3.2020)

KA, J. K. Paasikiven arkisto, Toimintani Moskovassa ja Suomessa, Talvisodan aika, Kotelo VI: 34

V. d. Goltz an J. K. Paasikivi

Antwortbrief von v. d. Goltz auf Anfragen von J.K.P. zur deutschen Haltung zum Winterkrieg

„Vertraulich. 21.II.1940

Lieber Freund!

Seit meinem Antwortbrief auf die Anfrage haben mehrere Ereignisse die Lage verschoben. Als nur Zeitung lesender Privatmann möchte ich daher einige Gedanken über die Lage Finlands Ihnen durch Kurier aussprechen.

1.Sollte das Gerücht wahr sein, daß die Sowjets auf Kuusinen nicht mehr bestehen und auch mit der Regierung Rytti verhandeln würden, dann muß diese Verbesserung der Lage schnell ausgenutzt werden. Wie, kann ich von hier aus nicht sagen. Ich glaube aber, daß auch Ihr neulicher Brief den Stein ins Rollen gebracht haben kann.

2. Die örtliche Niederlage an der Karelischen Enge hat natürlich die politischen Chancen verschlechtert, weil die Russen ihre Forderungen steigern könnten. Andererseits haben die Russen ihr verlorenes Prestige wiederhergestellt und sind dadurch überhaupt erst in die Lage versetzt worden zu verhandeln. Ich würde raten, Hangö gegen einen Teil Ost-Kareliens abzutreten. Es heisst zwar, ein edles Pferd gegen einen Ackergaul tauschen, aber Ostkarelien ist Ihrem Volk ein völkisches Ziel und Hangö ist vielleicht für Sie nicht mehr als Gibraltar den Spaniern, die 230 Jahre es ohne größere Gefahr entbehrt haben. Ob Sie von den Sowjets Garantien bekommen können, daß sie sich auf lange oder ewig verpflichten, keine Mehrforderungen zu stellen – ob Sie den Versprechen dieser „Herren“ trauen können – ob Sie sich bei Ekenäs nach allen Seiten militärisch abriegeln können, vermag ich von hier aus nicht zu beurteilen. Unser Hangö-Denkmal muss anderswohin transportiert werden.

3. Hangö und Baltischport pp. brauchen die Russen für ihren Imperialismus in der Ostsee, Petsamo und norwegische eisfreie Häfen für ihren Imperialismus in der Nordsee, hier also gegen England.

Finland wird etwa Petsamo-Ivalo Rußland abtreten müssen, weil dies eine Landbrücke zu den nördlichen norwegischen Häfen braucht. Da dort aber nur Lappen wohnen, so hätte das für Sie keine völkischen Bedenken. Politisch hätte es sogar etwas für sich, abseits vom Kampf der 2 Weltmächte England und Russland bei deren Kampf um die eisfreie Arktis zu stehen, wie die erste Reihe des Parkett von der Bühne. Mit diesen beiden Abgaben werden sich die Sowjets vielleicht begnügen und von der Eroberung und Bolschewisierung Finlands vielleicht Abstand nehmen, weil Rußland in Finland stets einen Fremdkörper sehen muß, wie es Irland im Empire ist.

4. Vielleicht ist jetzt noch gerade der Moment, in dem Sie mit gehobenem Welt-Ansehn

und möglichst wenig gerupft aus Ihrer Gefahr herauskommen können. Diese Gefahr ist deshalb so groß, weil Finland außer Flugzeugen, Kriegsmateial und einer Anleihe von niemand Hilfe bekommt, also allein steht. Auch die paar Tausend schwedische Freiwillige bedeuten m. E. nur dann etwas, wenn sie sehr gut ausgebildet sind und viele modernste Waffen haben.

5. Nun haben die Engländer in Norwegen einen Neutralitätsbruch provoziert, offenbar um weiterzugehen. Ihr Ziel ist nicht Finland, sondern die Besetzung der eisfreien Arktis vor den Russen und der Erz-Bergwerke (Blockade gegen Deutschland), Krieg in Skandinavien gegen Rußland und Deutschland, Annektierung Norwegens und Schwedens mit Gewalt gegen ihren Willen. Mir erscheint der englische Plan phantastisch. Denn Deutschland dürfte irgendwie zum Gegenstoß ausholen. Es hat dafür eine gesichertere Etappe als England mit seiner See-Etappe in der Nordsee. England hat Jahrhunderte die See als seine sichere Etappe betrachtet. Es scheint nicht einzusehen, daß jetzt mindestens in der Nordsee wegen Luftwaffen u. U-Booten ihre See-Etappe gefährdet ist. Deutschland könnte bald mit starken Kräften ihnen entgegentreten, Rußland mit geringeren Kräften von Petsamo, mit einer Armee erst, wenn Finland ganz niedergezwungen ist. Aber Finland kann England erst helfen, wenn es Deutschland und Rußland dort in Nordschweden völlig geschlagen hat, was außerhalb der Wahrscheinlichkeit liegt. Wie der Krieg dort oben auch ausfallen mag, für Finland käme englische Hilfe viel zu spät. Aber die Hilfe für Finland ist bestimmt nicht das Ziel Englands, das ist nur Vorwand und Propaganda. England kann überhaupt Finland gar nicht helfen. Man sollte die Grenze des Möglichen endlich erkennen. England kann es nicht und will es nicht. Sein Ziel sind Erze und norwegische Häfen. Hier gilt für Finnland das Wort: „Laßt alle Hoffnung fahren“ - von Englands Hilfe!

6. England kann Finland nur helfen, wenn es seinen Krieg gegen Deutschland aufgibt. Schließt England bald Frieden mit Deutschland, dann wird auch für Sie der Friede kommen. Sonst hat Rußland bei allgemeinem Frieden die ganze englische Kraft gegen sich, die jetzt durch Deutschland gefesselt ist. Das kann Rußland nicht wagen, seine Wehrmacht hat doch seine Schwäche schon gezeigt - trotz modernster Waffen und viel Munition. Rußlands Stärke ist sein Riesenland, seine Naturkräfte und seine Propaganda, aber nicht sein Heer, das anscheinend noch mehr als je ein Analphabeten-Heer ist mit deshalb primitiver Ausbildung.

Da Sie natürlich mit England Fühlung haben, können Ihre Diplomaten Obiges den Engländern täglich sagen: die einzige Hilfe für Finland ist der allgemeine Weltfrieden.

Rußland hat seinen Vorstoß ja überhaupt nur gemacht, weil Deutschland durch England gefesselt war. Fällt diese Voraussetzung fort, dann muß es Frieden schließen, ehe es alle seine Erfolge wieder verliert in Finland und im Baltikum.

Finland hat mehr Interesse am Frieden als Deutschland, dem es ja bisher gut gegangen ist. Wir halten uns für unbesiegbar, auch wirtschaftlich und propagandistisch.

Die innere Front ist fest gegen jede feindliche Propaganda. Nur weitere große Verluste möchten wir gern vermeiden, wie unsere Feinde auch.

Wir halten die englischen Aktien für schlecht. England sollte das einsehen und Frieden machen. Ob freilich die sturen Engländer dafür genügend geistige Elasticität besitzen, bezweifle ich etwas. Deshalb müssen Ihre Diplomaten Obiges täglich an geeigneten

Stellen aussprechen, weil es m. E. Finlands beste oder gar letzte Chance ist, falls auf den militärischen Endsieg Finlands begreiflicherwesie nicht mehr zu hoffen ist. Ich sage das so offen, weil unter Freunden Offenheit selbstverständlich sein muß. Wie sehr ich die Leistungen der finnischen Wehrmacht bewundere, brauche ich kaum zu wiederholen. Sie sind über das Lob erhaben. Das fühlt auch hier jeder Soldat. Wie sehr ich Finland liebe, wissen Sie.
Ich denke täglich und dauernd über unseren deutschen Sieg nach, ebenso auch über Finlands Zukunft. Deshalb diese lange Epistel des größten Finlandfreundes. Mit warmen allseitigen Wünschen und Grüßen stets Ihr getreuer R.G.

KA, J. K. Paasikiven arkisto, Kirjeet ja kirjekonseptit, Kotelo 1:3, Seite 298-301

4.12.1940

Lieber Freund!
Verspätet werden diese Zeilen Sie erreichen, aber von meiner Frau und mir wissen Sie, daß unsere Wünsche zum 70. Geburtstage besonders herzliche sind. Da ich 5 Jahre älter bin, kann ich ihnen im Vertrauen sagen, daß das 70. Lebensjahr besser ist, als sein Ruf bei der Jugend. Es ist gar nicht so schlimm und tut nicht weh!
Aber Scherz beiseite, ich hoffe, daß Sie immer noch eine bedeutende Aufgabe für Ihr Land haben und dann doch noch Zeit haben, Ihre Erinnerungen zu schreiben. Sonst schreibt sie an der Hand Ihres Materials ein anderer. Sie brauchen sich ja nur umzusehen in Ihrer Familie und Ihrem Kreise. Sie sehen, daß wir Ihre Lebenswege mit warmem Interesse verfolgen.-
Uns geht es wieder ziemlich gut. Meine Frau erholt sich langsam von ihrer schweren Operation im März und ich von meiner noch schleichend vorhandenen perniziösen Anämie. Die 5 Jahre, die uns trennen, machen sich doch bemerkbar. Immerhin habe ich noch viel „Beschäftigung", aber keine „Arbeit" mit Pünktlichkeit seit 2 ½ Jahren. Umso mehr Arbeit haben meine Söhne, auch viele Reisen, kürzlich der jüngere 2 mal nach Skandinavien, der ältere nach Prag, Wien Brüssel u.s.w. beruflich. Die 14 Enkel gedeihen und sind scheinbar auch qualitativ etwas. Der älteste ist 15 Jahre und seit 14 Monaten Soldat. Möge dies und anderes so weitergehen.
Wir grüßen Sie herzlich, ebenso Ihre Frau Gemahlin und Familie.
„Lang, lang ist´s her", das alte Lied.
In alter Treue stets Ihr Rüdiger Goltz

KA, J. K. Paasikiven arkisto, Kirjeet ja kirjekonseptit, Kotelo 1:3, Seite 302/03

3.I.1942 Lieber Freund!

Ich hätte gewünscht, in einem am 1.d. M. erhaltenen Brief nach so langer Zeit bessere Nachrichten zu lesen, als den Tod von Varma, den ich in netterster Erinnerung habe und behalten werde. Aber wir wußten ja alle, er hat von seiner so sehr liebenswerten Mutter als jüngster Anlagen geerbt, die bei einer akuten Krankheit leichter zum Tode führen, als bei gesunden Menschen. Ich kann mir denken, wie Sie sein Hinscheiden noch heute bewegt und ich sage Ihnen mein herzlichstes Beileid. Wie schön, daß er als Arzt noch hat etwas leisten können und so Befriedigung im Leben hatte. - Ihr ältester Sohn leistet etwas als Soldat. Das freut mich. Ich habe ihn vor Jahren hier mal näher kennen gelernt. Von Ihren Töchtern schreiben Sie nichts, auch nichts, ob die älteste noch in Genf tätig ist.-
Ihr Urteil über die letzten Jahre, über Rußland, Deutschland und England interessiert mich sehr. Sie haben, wie man bei Rußland sieht, richtig geurteilt. Sprache, die wenige kennen, Riesen-Ausdehnung, leichteste Tarnung u. a. ermöglichen noch heute die Undurchsichtigkeit. Daß das uns unbegreifliche System sich so im Volke durchgesetzt hat, ist mir das Erstaunlichste. In welchen Gegenden hat denn der Sieg der Verbündeten überhaupt als Befreiung gewirkt? Karelien, Ingermannland, Weißrußland, Ukraine? Ist das nur durch Lügen über uns erreicht? Die Soldaten haben wenige Eindrücke von leichten Siegen, die meisten von sadistischen Unmenschlichkeiten, die sie selbst gesehen haben. So z. B. mein ältester 20jähriger Enkel, Infantrie-Leutnant, der einige Zeit leicht verwundet hier war und jetzt wieder nach dem Osten geht.
Ich hoffe, daß der Winter zur Neu-Aufrüstung bei uns besser ausgenutzt werden kann, als im Torso-Rußland, wenn es auch noch manche Hilfsquellen hat.
In England sollen ja zahllose, neu aufgestellte Divisionen kriegsunerfahrener Soldaten vorhanden sein. Aber wie will man sie verwenden? Sie sprechen mit Recht von einem Einfrontenkrieg, auch seit dem 22.6.41. Wird England endlich einsehen, daß es gegen die Japaner offensiv schwerlich etwas tun kann und U.S.A. ein sehr gefährlicher Partner des empire ist? Hier liegen doch lichte Zukunfts-Aussichten.
Denn Deutschland ist doch militärisch und wirtschaftlich jetzt nicht mehr zu schlagen und deshalb auch politisch nicht. Das sieht hier jeder. Alles andere sind Nebensachen.-
Ihre Fragen: Für die zweite ist die Zeit nicht reif. M. E. hat die anschliessende Entwicklung gezeigt, daß der Erfolg nicht ausgeblieben ist, daß es also richtig gedacht war, was Sie taten. Es ist beachtet worden.
Für die erste Frage müßte ich mein Material von 1918 erst durchsehen, wozu ich in der nächsten Zeit nicht komme. M. E. habe ich aber mich in meinem Buche klar über die Sorgen, die man bei Ihnen im November hatte, ausgedrückt.
Ich hoffe, daß Sie mal wieder herkommen, ich selbst bin in einem Alter, daß ich den Anstrengungen einer Finlandreise nicht mehr gewachsen bin. Also Sie müssen mal herkommen!
Ich hatte Weihnachten in meinem Hause wieder einen Todesfall. Eine Hausdame war 36 Jahre bei uns. Sie ist nach starkem Leiden – auch Krebs - ihrer Herrin, der sie so lange treu gedient hat, genau nach 9 Monaten nachgefolgt. Sie starb auf demselben

Korridor meines kleinen Hauses wie ich. Das hat mich bewegt und bedeutet eine Umstellung meines ganzen Lebens. Sonst Gesundheit in der Familie.
Ich grüße Sie in alter Freundschaft und grüße Ihre Frau Gemahlin. Gute Wünsche für 1942 haben wir beide. Mögen Sie in Erfüllung gehen. Meine Treue und Freundschaft bleibt Finland

stets Ihr Rüdiger Goltz

KA, J. K. Paasikiven arkisto, Kirjeet ja kirjekonseptit, Kotelo 1:3, Seite 304/05

Berlin-Charl. 9 Kurländer Allee 38

8.1.1943

Lieber Freund!
Das war ja ein trauriger, freilich sehr netter Brief zur Jahreswende. Meine wärmste Teilnahme am Tode Ihres tüchtigen verstorbenen Sohnes, der schon nach 1 ½ Jahren Ihrem Sohne Varma folgte. Ich werde beide Söhne, jeder in seiner Art in freundlicher Erinnerung behalten. Der älteste stattliche Sohn steht mir in seiner Größe lebhaft vor meinem geistigen Auge, als ich ihn vor Jahren hier in Berlin sah. Ihre jüngste Tochter verheiratet, Zahnärztin, das blieb wol so? Und die ältere, früher in Genf, hat mal bei uns gewohnt. Jetzt habe ich sie aus den Augen verloren seit Genf aufgelöst ist. Sie haben 2 Enkelkinder. Mögen sie zu Ihrer Freude heranwachsen, eine Hoffnung nach viel Schwerem.
Auch hier mehren sich die plötzlichen Todesfälle durch Herzschlacht, an der Front und in der Heimat. Die Anstrengungen, Sorgen, Verantwortlichkeiten sind wol zu groß für 44-jährige und ältere, aber noch aktive. Manche glauben, der Krieg würde 1944 an allseitiger Erschöpfung einschlafen, wie s. Zt. der Ermattungsfrieden von Münster 1648. Vorläufig sind aber noch schwere Kämpfe vor uns in diesem Krisenjahr 1943. An eine Niederlage der Achse glaube ich nicht, keinesfalls, freilich auch nicht an eine baldige voll siegreiche Beendigung. Auch im Osten sieht man noch kein Ende. Ein Durchbruch der Sowjets ist aber m. E. ausgeschlossen. Also Kopf hoch!

Meiner Familie geht es gut. Der jüngere Sohn ist in Stockholm bei der Wehrwirtschaft, einer Abteilung der Gesandtschaft. Dort wurde sogar ein 5. Kind geboren, ein 2. Sohn neben 3 Töchtern. Alles nette begabte Kinder. Der andere Sohn hat noch 9 Kinder, davon 3 Söhne. Die jüngeren wachsen im Allgäu (Oberbayern) auf seinem Wiesengut auf. Er selbst ist teils in Berlin, teils auf dem Gut, er hat sich wol etwas viel auf seine starken Schultern geladen. Vorläufig geht es.
Ich selbst bin für meine 77 J. ziemlich wol. Wie lange noch? Ich bekomme viel Bücher aus Suomi, fast zu viel. 1) Mannerheim, von Kivimäki zugesandt. Ich nahm Stellung gegen eine Kritik an Ihnen auf S.158. M. E. war Ihre Politik 1918 konsequent und zeitgemäß. Sonst ein gutes sachliches Buch. Verfasser heisst Beranek[581]
2) Jaakkola[582] „Geschichte des finnischen Volkes". Neuartige Auffassungen, über die ich kein Urteil habe. Nur seine Auffassungen über 1918 haben mit strategischem Urteil nichts zu tun. Denn die Entscheidung fiel bei Viipuri durch Mannerheim und bei Lahti-Riihimäki durch die Deutschen. Erst als den Roten die Verbindung nach Leningrad abgeschnitten war, mußten sie restlos kapitulieren. Das sollte auch ein Zivilist begreifen oder schweigen! - Auch außer diesen Dingen habe ich noch mancherlei zu tun, obwol ich reiner Privatmann bin, viel Freunde, aber auch Feinde habe, was mich kalt läßt.- Also ein besseres Jahr für Sie und ein erfolgreiches für unsere beiden Völker! In treuer Freundschaft Ihr Rüdiger Goltz
Ihrer Gemahlin ebenfalls besten Gruß
Im Herbst war ich in Rom bei Talas, nett, harmonisch, interessant.

581 August Beranek, Mannerheim, Berlin 1942. Auf Seite 158 warf Beranek der Regierung Paasikivi vor, dass sie den „gehäuften Schwierigkeiten nicht gewachsen" war und ihr „die große klare Linie in dieser Politik" fehlte. „Und es fehlte die Führerpersönlichkeit, die aus dem Bewußtsein ihrer Sendung die Schwierigkeiten des Tages mit dem Blick aufs Ganze gemeistert hätte".

582 Jalmari Jaakkola, Geschichte des finnischen Volkes, Berlin 1943.

Fazit

Die in diesem Band editierten Briefe entstammen einem privaten Briefwechsel zwischen zwei von ihrer Herkunft und ihrer beruflichen Karriere her sehr unterschiedlichen Persönlichkeiten – der eine kam aus einem alten Adelsgeschlecht mit gesicherter Zukunftsperspektive und der andere hatte es aus einfachen sozialen Verhältnissen kommend in eine Führungsposition seines Landes geschafft. Ihre Lebenswege kreuzten sich im Jahre 1918. In knapp neun Monaten gemeinsamen Wirkens wurden die Grundlagen für eine über Jahrzehnte anhaltende Freundschaft gelegt, die u. a. in einem relativ regen Briefwechsel ihren Niederschlag fand. Leider ist dieser Briefwechsel aber nicht mehr in vollem Umfang zugänglich. Namentlich von Paasikivis Briefen und Briefentwürfen sind wohl vor allem wegen der Kriegseinwirkungen nur noch sehr wenige erhalten geblieben. So stammen die meisten in dem Band editierten Briefe aus der Feder von Rüdiger v. d. Goltz. Obwohl daher manches fragmentarisch und einseitig bleiben muss, vermitteln die überlieferten Schriftstücke dennoch einen authentischen Eindruck über die Art der Kontakte zwischen den beiden Persönlichkeiten, über ihre Ansichten zu politischen Entwicklungen der 1920er und 1930er Jahre sowie ihre Famlien und familiären Beziehungen.

Der Edition vorangestellt ist eine komprimierte Darstellung des Lebens von Rüdiger v. d. Goltz, namentlich seiner „finnischen Mission" im Jahre 1918 und deren Nachwirkungen. Die Angaben zur Person J. K. Paasikivis, über den fundierte Biographien und zahlreiche andere Darstellungen vorliegen, beschränken sich weitgehend auf Fakten und Vorgänge, die für das Verständnis und die historische Einordnung seiner Beziehungen zu v. d. Goltz gravierend waren und bleiben.

Generalmajor Graf Rüdiger v. d. Goltz, erfolgreicher kaiserlicher Offizier, für den Finnland bis zum März 1918 ein unbekanntes Land war, erlebte zwischen April und Dezember 1918 in Finnland den Höhepunkt seiner militärischen und politischen Karriere und blieb bis an sein Lebensende mit Finnland verbunden, was ihm - zumindest im Rahmen der Familie - den Namen „Finnland-Goltz" einbrachte.

Er gehörte gemeinsam mit den finnischen konservativen Politikern Pehr Evind Svinhufvud und Juho Kusti Paasikivi 1918 zu den einflussreichsten Persönlichkeiten in Finnland. Nachdem die von ihm geführte Ostsee-Division zu einem relativ schnellen Ende des Bürgerkrieges beigetragen, den Weißen zum Sieg und zur Sicherung der bestehenden gesellschaftlichen Verhältnisse verholfen hatte, agierte er bis zum Dezember 1918 in einer mit weitgehenden Befugnissen ausgestatteten Machtstellung – als „Deutscher General in Finnland“. Er erstrebte den Aufbau der finnischen Armee nach deutschem Muster und unter deutschem Kommando. An der Seite der finnischen Monarchisten engagierte er sich entschieden für die Wahl eines deutschen Prinzen, möglichst eines Sohnes von Wilhelm II., zum finnischen König als sicherste Garantie, Finnland auf Dauer in den deutschen Herrschaftsbereich zu integrieren.

Juho Kusti Paasikivi, von Mai bis November 1918 Ministerpräsident des Landes, bewertete das deutsche Eingreifen in den finnischen Bürgerkrieg als Befreiungstat und den Verbleib der deutschen Truppen als Garantie für die Bewahrung der gerade erst errungenen Selbständigkeit seines Landes. Neben dem Reichsverweser P. E. Svinhufvud gehörte er zu den Politikern, die sich am stärksten für ein monarchisches Finnland unter einem deutschen König engagierten.

Die Niederlage des kaiserlichen Deutschland im Ersten Weltkrieg beendete abrupt die strikt deutschorientierte Politik des bürgerlichen Finnland, was blieb, war die Dankbarkeit weiter Teile des finnischen Bürgertums gegenüber den deutschen „Befreiern“.

V. d. Goltz hatte in dem ihm bis dahin unbekannten Land aus nachvollziehbaren Gründen schnell Fuß gefasst - dank der im Gegensatz zur Lage an der Westfront von der Ostsee-Division gegen militärische Amateure schnell erreichten militärischen Erfolge und seiner danach gewonnenen exponierten Machtstellung, verbunden mit einer überschwänglichen Verehrung des „Befreiers“ nicht nur seitens der meisten führenden weißen Politiker, sondern fast der gesamten Elite des Landes und anderer Bevölkerungskreise, die ihn und seine Soldaten offen und freundschaftlich aufnahmen, als „Retter“ feierten und deren Dankbarkeit Jahre und Jahrzehnte überdauerte. So wurde Finnland für Rüdiger v. d. Goltz und seine Frau bald geradezu zu einer Art „zweiten Heimat“.

Die Finnlanderlebnisse von Rüdiger v. d. Goltz wogen um so schwerer und nachhaltiger, als er offen in Opposition zur Weimarer Republik stand und Parlamentarismus und Demokratie ablehnte. Ihn schmerzte der widerstandslose Abschied des Adels von der Macht, die erzwungene Abdankung des Kaisers 1918 hat er bis an sein Lebensende als Schmach empfunden. Sein Denken und Handeln blieb bestimmt durch ein aus adeliger Herkunft und Korpsgeist geprägtes Elitebewusstsein.

Angesichts der in der Heimat zunehmend marginalen Stellung des Erfolg und Macht gewöhnten Generals genoss er die Ehrung und Dankbarkeit von bürgerlicher finnischer Seite um so mehr. Er entfaltete mannigfache Aktivitäten, um die Kontakte nach Finnland nicht abreißen zu lassen und war fortgesetzt bemüht, das Finnlandbild in Deutschland und das Deutschlandbild der Finnen mit zu prägen sowie die Erinnerung an seine „finnische Mission" wach zu halten. Er schrieb Memoiren, wirkte publizistisch, gründete und dirigierte eine "Deutsch-Finnische Vereinigung von 1918", reiste an der Spitze verschiedener Delegationen als gefeierter Kriegsheld und Befreier 1923,1928, 1933 und 1938 zu den Jahrestagen der Einnahme von Helsinki nach Finnland und scheute keine Mühe, um viele seiner in der exponierten Stellung als Chef der Ostsee-Division und dominanter „Deutscher General" 1918 aufgenommenen dienstlichen wie privaten Kontakte aufrechtzuerhalten – durch Briefwechsel oder persönliche Treffen. Sein Haus in Berlin-Charlottenburg, Kurlandallee 38 wurde zu einer Anlaufstelle für viele konservative deutschfreundliche, zum Teil einflussreiche Finnen. Zu den Verbindungen zu den alten Freunden des Jahres 1918 kamen vor allem in den 1930er Jahren neue Bekanntschaften. Dazu gehörten insbesondere in Berlin wirkende finnische Diplomaten und Journalisten.

Die von ihm gegründete und geleitete Deutsch-Finnische Vereinigung von 1918 war ein Traditionsverein von Finnlandkämpfern. An der Spitze der Ortsgruppen der Vereinigung in verschiedenen Städten Deutschlands standen meistens ehemalige Offiziere der Ostsee-Division.

Die Vereinigung und deren Wirken war Teil einer Traditionslinie, die systematisch in spätwilhelminischem Geist und in Konfrontation zur Weimarer Republik aufgebaut wurde.

V. d. Goltz prägte nicht nur den Charakter der Vereinigung, sondern auch die inhaltliche Gestaltung der von ihr herausgegebenen Zeitschrift „Deutsch-Finnische Brücke" und des dann von 1931 bis 1936 erscheinenden, wegen finanzieller Probleme auf ein „Nachrichtenblatt" reduzierten Publikationsorgans der Vereinigung. Sowohl die Deutsch-Finnische Brücke als auch das Nachrichtenblatt veröffentlichten zweifellos vielseitige Informationen über Finnland, über dessen Geschichte, Kultur, Wirtschaft und Bräuche, über verschiedene finnische Hilfsaktionen für deutsche Kinder und ehemalige deutsche Soldaten sowie über ähnliche finnische Aktivitäten. Ihr Hauptthema war jedoch immer wieder die deutsche Intervention 1918. Der Befreiermythos wurde facettenreich kultiviert. Besonders ausführlich wurde der Jahrestage der Einnahme Helsinkis durch die deutschen Truppen 1923, 1928, 1933 und 1938 gedacht, zu denen Abordnungen von Finnlandkämpfern unter Führung von Rüdiger v. d. Goltz zu Feierlichkeiten nach Helsinki reisten. Während seiner Finnlandaufenthalte wohnte v. d. Goltz – mit Ausnahme des Jahres 1938 – bei der Familie Paasikivi.

Die deutschen Gäste, allen voran Rüdiger von der Goltz, wurden gefeiert, an den Veranstaltungen nahmen hochrangige finnische Politiker und Militärs teil – ein Beleg dafür, dass der Mythos von der „uneigennützigen Hilfe" des kaiserlichen Deutschland 1918 gepflegt wurde und die Dankbarkeit vieler führender politischer Persönlichkeiten und großer Teile der bürgerlichen Bevölkerung Finnlands über fast drei Jahrzehnte anhielt. Mit ihrer Art des Umgangs mit dem Einsatz der Goltzschen Truppen 1918 trugen sie – ebenso wie die Finnisch-Deutsche Gesellschaft – zu einer Atmosphäre bei, in der die Gräben zwischen Weißen und Roten eher vertieft als überwunden wurden.

Die Regierungen beider Länder waren an diesen Zeremonien nicht sonderlich interessiert. Für sie waren die Ehrungen der kaiserlichen deutschen Truppen aus verschiedenen Gründen politisch problematisch. Für die finnischen Regierungen waren die Treffen innenpolitisch und mit Blick auf die außenpolitischen Kontakte zu anderen Ländern, vor allem zu Russland und Frankreich, konfliktgeladen. Auch in der Weimarer Republik gab es kein besonderes Interesse an der Pflege der kaiserlichen militärischen Tradition. Anders verhielt es sich 1933, als v. d. Goltz mit Billigung der höchsten politischen Führung in Deutschland zu den Feierlichkeiten nach Finnland fuhr, darauf hoffend, zu einer Stärkung der konservativen, deutschnationalen Kräfte und der Lapuabewegung beizutragen – eine Hoffnung, die sich – wie sich spätestens bei seinem Besuch 1938 zeigen sollte – nicht erfüllte.

Die intensivsten Kontakte unterhielt Rüdiger v. d. Goltz zu J. K. Paasikivi. Die Erinnerungen an die gemeinsame Zeit während des dramatischen Geschehens im Jahre 1918 waren Grundlage ihrer stabilen freundschaftlichen Verbindungen. Sie fanden ihren Ausdruck in einem intensiven Gedankenaustausch über mehr als zwei Jahrzehnte, gegenseitigen Besuchen in Berlin und Helsinki, gemeinsamen Kuraufenthalten und einem intensiven Briefwechsel. In diesen Briefen tauschten beide private Informationen aus und äußerten sich darüber hinaus auch zu den politischen Entwicklungen in Finnland, Russland und Deutschland. Dazu gehörten aber auch finanzielle Transaktionen, die Paasikivi als Direktor der größten finnischen Privatbank Kansallis-Osake-Pankki zu Gunsten von Rüdiger v. d. Goltz vornahm. Durch sie hatte Paasikivi als der denkbar beste „Bankberater" einen beachtlichen Anteil am materiellen Auskommen der Familie v. d. Goltz, was sicher nicht unwesentlich für die dauerhaften intensiven Kontakte und die Freundschaft zwischen beiden war.

Der Briefwechsel zeugt davon, dass zwischen diesen beiden sehr unterschiedlichen Persönlichkeiten ein tiefes Vertrauensverhältnis herrschte. Die Erlebnisse des Jahres 1918 blieben für beide ein starkes, verbindendes Element und die Grundlage ihrer Freundschaft. Ihr Verhältnis war von Toleranz und gegenseitiger Akzeptanz geprägt. Sie waren am Gedankenaustausch interessiert, auch wenn sie in wichtigen politischen Fragen unterschiedlicher Meinung waren.

Das betraf insbesondere ihre Einstellung zum Nationalsozialismus und Rechtsextremismus. V. d. Goltz unterstützte anfangs das Hitlerregime aktiv, weil er in

Hitler eine kaiserähnliche Gestalt sah, die in der Lage schien, die „alte Größe" des kaiserlichen Deutschland wiederherzustellen und den „Bolschewismus zu verhindern"[583]. Als sich das auf Dauer als Illusion erwies, ging er zu Zielen und Methoden des Nationalsozialismus auf Distanz. Ähnliche Hoffnungen verband er mit dem zeitweiligen Aufstieg der Lapuabewegung in Finnland. Paasikivi, der sich nach anfänglichem vorsichtigen Agieren gegenüber der Lapuabewegung in Finnland von ihr deutlich distanzierte und parlamentarisch-demokratische Positionen verteidigte, beobachtete die positive Haltung von Rüdiger v. d. Goltz gegenüber dem Nationalsozialismus mit zunehmender Verwunderung, was jedoch keine sichtbaren negativen Auswirkungen auf ihr Verhältnis gehabt zu haben schien. Substanzielle Unterschiede gab es auch in ihrer Einstellung zum Bolschewismus. Beide waren 1918 strikte Antibolschewisten. Für v. d. Goltz blieb der Antibolschewismus bis an sein Lebensende ein bestimmender Faktor bei der Einschätzung politischer Entwicklungen und das Hauptmotiv seines politischen Agierens. Sein Ruf als hasserfüllter Antibolschewist erfüllte ihn mit Stolz. Paasikivi hingegen ging letztlich aus Erfahrung und politischer Verantwortung mit mehr Durchblick und Weitsicht als Goltz an politische Einschätzungen heran und gelangte nicht zuletzt im Hinblick auf die nationalen Interessen Finnlands am Rande der sowjetischen Großmacht zu wesentlich differenzierteren Wertungen.

Auch wenn es sich bei Rüdiger v. d. Goltz und Paasikivi um Persönlichkeiten handelt, die in den 1920er und 1930er Jahren (Paasikivi bis 1936) keine hochrangigen Funktionen innehatten und damit kaum an wichtigen Entscheidungsfindungen beteiligt waren, 1918 aber eine herausragende und auch in den 1920er und 1930er Jahren eine gewisse Rolle in den deutsch-finnischen Beziehungen spielten, gibt die Freundschaft und der Briefwechsel zwischen beiden Einblicke in ihre Denkmuster, ihre Auffassungen über die politischen Entwicklungen sowohl in Finnland als auch in Deutschland bis hin zu ihrem jeweiligen familiären Umfeld. Rüdiger v. d. Goltz blieb bis an sein Lebensende in seinem Denken und Fühlen kaiserlicher General, hielt an den Traditionen des Jahres 1918 fest, verherrlichte das damalige Geschehen als weitgehend uneigennützige Hilfe zum Wohle Finnlands und überhöhte seine eigene Rolle. Paasikivi lag in dieser Zeit mit v. d. Goltz in vielen politischen Fragen „auf gleicher Wellenlänge". In seinen Auffassungen über das finnisch-russische Verhältnis und über die Politik der Großmächte waren indessen schon seit Beginn seines politischen Wirkens realpolitische Erwägungen im Spiel. Spätestens in der Zeit des Zweiten Weltkrieges und noch ausgeprägter während seiner Präsidentschaft (1946-1956) erwies er sich indessen als ausgesprochener Realpolitiker.

583 Goltz an Paasikivi vom 28.5.1933.

Anlagen:

1. Dienstanweisung für den deutschen General in Finnland
2. Merkblatt für das Verhalten deutscher Offiziere in Finnland vom 8. Oktober 1918
3. Auszug aus einem Brief von Frau v. d. Goltz an Frau Paasikivi vom 30.12.1918
4. Satzungen der „Deutsch-Finnischen Vereinigung von 1918“
5. Brief von Goldbeck-Löwe an Rüdiger v. d. Goltz vom 19.11.1921
6. Brief von Georg Conrad v. d. Goltz an Paasikivi, Berlin 10.9.1926
7. Auszug aus Tägliche Rundschau vom 4.III.1927 „Deutschland und Finnland. Nicht Dankbarkeit, aber Gerechtigkeit!“
8. Artikel von Rüdiger v. d. Goltz in der „Deutschen Zeitung“ vom 24.10.1927 als Antwort auf einen Artikel von Dr. Th. Haubach im „Vorwärts“ vom 6.10.1927
9. Brief von Georg Conrad v. d. Goltz an Paasikivi, Berlin 20.IV. 1928
10. Artikel von Oberleutnant zur See a. D. Dr. Beyer „Finnland im Zeichen der Lappo-Bewegung“ im „Marine Offizier Blatt“ September 1930
11. Rüdiger v. d. Goltz, An die Weisse Garde der Hauptstadt Finnlands vom 6.1.1938
12. Brief von Astrid v. d. Goltz an Paasikivi vom 14.2. 1939
13. Brief von Regina v. d. Goltz an Paasikivi vom 6.4.1939
14. Interview des Generalleutnants Graf v. d. Goltz, 1942, Dr. Kauko Rekola („Rintamamies“)
15. Brief von Wanda Goltz an Paasikivi vom 15. Dezember 1946

1. Chef des Generalstabes des Feldheeres.
Anlage zu Nr. 33973 P.I.

Gr. H. Qu.,I den 29. Juli 1918

Dienstanweisung.[584]

für den deutschen General in Finnland.

Im Einvernehmen mit dem Admiralstab, Reichsmarineamt und Kriegsministerium werden dem Generalmajor Graf v. d. Goltz zur Sicherung einheitlicher Tätigkeit unterstellt:

1. Sämtliche deutschen militärischen Stellen in Finnland.
2. Sämtliche zur Organisation der finnischen Marine kommandierten deutschen Offiziere und Mannschaften.
3. Die Kommandanten aller finnische Häfen anlaufenden deutschen Kriegsfahrzeuge erhalten Weisung, daß für alle Angehörigen der Marine in Finnland die vom deutschen General in Finnland gegebenen Bestimmungen und Befehle Gültigkeit haben.

Generalmajor Graf v. d. Goltz führt unter Beibehalt seiner Stellung als Kommandeur der Ostsee-Division den Titel:

„Der deutsche General in Finnland".

Er hat allen Stellen die politischen Richtlinien zu geben, nach denen in Finnland zu arbeiten ist.

Abgesehen von der Ostsee-Devision unterstehen dem deutschen General in Finnland:

A. Die Abteilung für Organisation der finnischen Armee und Marine.

Chef: Oberst im Generalstabe v. Redern.

Die Abteilung besteht aus:

1. Abteilung für Organisation der finnischen Armee (unmittelbar unter Oberst von Redern).
2. Abteilung für Organisation der finnischen Marine. Chef: ein Korvettenkapitän des Admiralstabes.

Aufgabe des Oberst v. Redern: Aufbau und Organisation der finnischen Armee und Marine. Oberst v. Redern ist der erste Berater des finnischen Oberbefehlshabers und Kriegsministers. Er hat in allen grundlegenden Fragen das Einverständnis des deutschen Generals, der mein Vertreter für Finnland ist, einzuholen und ihn über alle Vorkommnisse von Bedeutung unterrichtet zu halten. Berichte des Oberst v. Redern gehen durch den deutschen General an die O.H.L. Anforderungen an Material gehen durch den deutschen General an das Kriegsministerium.

Dem Oberst v. Redern unterstehen sämtliche zur Organisation der finnischen Armee kommandierten Offiziere und Beamte der deutschen Armee. Diese werden der Ostsee-Division zur besonderen Verwendung zugeteilt. Sie erhalten ihr Gehalt aus deutschen Stellen, rangieren in der finnischen Armee zwei Dienstgrade höher und bekommen, soweit erforderlich, nach näherer Vereinbarung zwischen dem deutschen General und dem finnischen Kriegsminister eine finnische Zulage. Die Offiziere erhalten Pferde und deutsche Burschen, wie die in anderen mobilen Stellen befindlichen Offiziere.

584 KA, OD, Deutscher General in Finnland, Kansio 5, Siehe auch: Goltz,1920, S. 293-296

Als Chef der Abteilung für Organisation der finnischen Marine wird ein Korvettenkapitän des Admiralstabes bestimmt. Ihm werden sämtliche der finnischen Marine zur Verfügung gestellten Offiziere und Mannschaften unterstellt. Sie erhalten ihr Gehalt aus deutschen Stellen, rangieren in der finnischen Marine zwei Dienstgrade höher, der Armee entsprechend, und bekommen, soweit erforderlich, eine finnische Zulage nach näherer Vereinbarung zwischen dem deutschen General und dem finnischen Staat. Der Chef der Abteilung für Organisation der finnischen Marine wird dem Oberst v. Redern unterstellt. Er bearbeitet alle reinen Marineangelegenheiten selbständig und berichtet an Admiralstab bzw. Reichsmarineamt unmittelbar. Den Oberst v. Rederm hat er fortlaufend unterrichtet zu halten. Er ist gleichzeitig der Berater des deutschen Generals in Marineangelegenheiten.
Oberst v. Redern hat über die ihm unterstellten deutschen Offiziere und Mannschaften die Befugnisse eines Brigadekommandeurs. Die von den Truppen der Ostsee-Division zur Ausbildung der finnischen Armee kommandierten Instrukteure bleiben der Ostsee-Division unmittelbar unterstellt.

B. Die militärpolitischen Abteilungen

Sie umfassen die nach Finnland entsandten Vertreter der Abteilungen der D.O.H.L.
Zur Bearbeitung der allgemeinen Angelegenheiten dieser Abteilung wird dem deutschen General ein zweiter Adjutant – Leutnant oder Hauptmann – und ein Intendantur-Sekretär überwiesen.
Es werden folgende Abteilungen gebildet:

Abteilung I. (Presseabteilung)

Vertreter der Auslandsabteilung der O.H.L.

Aufgabe: Ausbau des finnischen Pressetelegramm-Dienstes zur Verbreitung deutscher Nachrichten.

Übersetzung der finnischen Presse.
Verbreitung der deutschen Presse und Literatur.
Bild- und Filmverbreitung
Versorgung der deutschen Presse mit Nachrichten aus Finnland.

Zu ihr werden dauernd ein finnischer und ein schwedischer Dolmetscher kommandiert.

Abteilung II. (Abwehr-Abteilung)

Vertreter von IIIb. Abwehr.

Einrichtung der Kontrolle über die Entente-Spionage und Entente-Propaganda in Finnland.

Abteilung III. (Agenten-Abteilung)

Vertreter von IIIb. Kriegsnachrichten

Sammlung von Nachrichten aus Rußland und von Nachrichten aus Schweden und Norwegen, soweit sie für Finnland von Bedeutung sind.
Die Abteilung III kann im Einverständnis mit dem deutschen General ihren Sitz an die russische oder schwedische Grenze verlegen. Ihr ist zur besonderen Pflicht zu machen, sich jeder politischen Tätigkeit in Finnland zu enthalten.

Abteilung IV. (Nachrichtenmittel-Abteilung)

Vertreter des Chefs des Nachrichtenwesens

Verbesserung der Verbindung nach Deutschland
Ausbau und Regelung des Funkverkehrs
Erreichen der Meistbegünstigung deutschen Baustoffs und deutschen Gerätes für sämtliche Nachrichtenmittel
Beobachtung und Auswertung des Funkverkehrs der Entente.

Die Chefs der militärpolitischen Abteilungen stehen mit ihren Stammabteilungen in unmittelbarem Verkehr, der sich jedoch auf das rein fachliche ihrer Tätigkeit zu beschränken hat. Nach näherer Anordnung des deutschen Generals in Finnland ist diesem über diese Tätigkeit fortlaufend Bericht zu erstatten. Der übrige Schriftverkehr, insonderheit alle durch mich für die einzelnen Arbeitsgebiete zu erlassenden Weisungen gehen über den deutschen General.

Im Verkehr mit ihren Stammabteilungen haben sich die militärpolitischen Abteilungen der Berichterstattung und Stellungnahme zu allgemein politischen, wirtschaftlichen oder militärischen Fragen zu enthalten. Erfahrungen und Beobachtungen auf diesen Gebieten sind dem deutschen General zu melden, der sie mir nebst seinen eigenen Beobachtungen in Berichtsform zugänglich macht.

Die Offiziere der miliärpolilischen Abteilungen erhalten je einen Burschen, aber kein Pferd. Die Verpflegung erfolgt deutscherseits durch Magazin-Empfang. Die Bewilligung einer besonderen, deutscherseits zu zahlenden Zulage behalte ich mir vor und sehe einem entsprechenden Antrage des deutschen Generals nach Ablauf eines Monats entgegen.

C. Der Bevollmächtigte des Kriegsministeriums in Finnland

Der Bevollmächtigte des Kriegsministeriums untersteht persönlich dem deutschen General in Finnland. Er hat den deutschen General fortlaufend unterrichtet zu halten und mit ihm in Übereinstimmung zu handeln.

D. Der Marinevertreter in Finnland

Der Marinevertreter in Finnland untersteht persönlich dem deutschen General in Finnland, er hat ihn fortlaufend unterrichtet zu halten und mit ihm in Übereinstimmung zu handeln. Für die sachlichen Aufgaben ist er an die Weisungen des Reichsmarineamts gebunden. Liegen nach Ansicht des deutschen Generals Bedenken gegen die Weisungen vor, so ist von beiden Stellen die Entscheidung ihrer vorgesetzten Behörde anzurufen. Der Marinevertreter in Finnland ist berechtigt, über seine sachlichen Aufgaben dem Admiralstab und Reichsmarineamt unmittelbar zu berichten.

Sämtliche mit besonderen Aufträgen nach Finnland entsandten Offiziere und Beamte haben sich bei Eintreffen in Finnland beim deutschen General zu melden und ihn über die ihnen erteilte Aufgabe zu unterrichten. Bei der Abmeldung vor Verlassen des Landes muß der deutsche General über das Ergebnis ihrer Tätigkeit in Kenntnis gesetzt werden.

Dem deutschen General stehen über die ihm unterstellten Offiziere und Mannschaften die Befugnisse eines Divisions-Kommandeurs zu.

Die Vertretung des deutschen Generals übernimmt für die Führung der Ostsee-Division der älteste Offizier der Division, im übrigen der Oberst v. Redern.

I.A.:
Ludendorff

2.„Deutscher General in Finnland.
Persönlich den 8. Oktober 1918

Merkblatt [585]
für das Verhalten deutscher Offiziere in Finnland.

1. Der deutsche Offizier soll dem finnischen Offizier und Soldaten in jeder Richtung hin vorbildlich sein, er hat sein Auftreten und Verhalten in Finnland entsprechend einzurichten.

Auf der Strasse: Guter Anzug, umgeschnallt – finnischen Offizieren gegenüber zuvorkommend im Gruß – Acht geben darauf, dass Unteroffiziere und Mannschaften des deutschen Heeres und der Marine vorschriftsmässig grüssen, auch finn. Offiziere, jeden Verstoss gegen die Strassendisziplin sofort melden (dem betr. Kommandant oder dem „Deutschen General in Finnland“) - Rücksichtsvolles Verhalten den Landeseinwohnern gegenüber. Entgegenkommen, wenn diese die Hilfe eines deutschen Offiziers in Anspruch nehmen – Einhaken bei Damen ist verboten.

2. Verkehr in finn. Lokalen sehr teuer. Besuch dieser im Interesse der Sparsamkeit wie der ernsten Verpflegungslage Finnlands möglichst einzuschränken.
3. In Gesellschaften oder Lokalen keine sogen. „Schiebetänze“.
4. Keine Unterhaltung mit Landeseinwohnern in der Sprache unserer Feinde, es sei denn, dass eine Verständigung anders nicht möglich. Gegen Anwendung der finnischen oder schwedischen Sprache nichts einzuwenden.
5. Politische Gespräche mit Landeseinwohnern (in Gesellschaften, Kasinos finnischen Offizieren gegenüber usw.) möglichst vermeiden; pessimistische Aeusserungen über Zustände in Deutschland, gegenwärtige Kriegslage, Friedensaussichten, Friedensbedingungen usw. verbieten sich von selbst.
6. Mit Rücksicht auf die von unseren Feinden gerade hier im neutralen Ausland betriebene Spionage grösste Vorsicht in Gesprächen, die von Unberufenen nicht gehört werden dürfen!
7. Für Finnland besteht Ein- und Ausfuhrverbot von Waren und Lebensmitteln jeder Art. Schmuggel sowie Tauschhandel oder Verkauf von Waffen, Ausrüstungsstücken von aus Heeres- oder Marineverpflegungsämtern empfangenen oder gekauften Spirituosen und Lebensmitteln sind streng verboten. Es ist Pflicht eines jeden Offiziers, diese Verbote mit zu überwachen, Verstösse sofort dem „Deutschen General in Finnland“ zu melden.

Graf v. d. Goltz
Generalmajor und Deutscher General in Finnland“

585 KA, OD, Kansio 4, „Deutscher General in Finnland“, vom 3. Oktober 1918.

3. Auszug aus einem Brief von Frau v. d. Goltz an Frau Paasikivi vom 30.12.1918[586]

Berlin -Wilmersdorf, Güntzelstraße 62

Liebe verehrte Frau Paasikivi,
Haben Sie herzlichsten Dank für Ihren lieben Brief, den mir mein Mann von Ihnen gab. Ihre liebevolle Freundschaft wie sie aus Ihrem und Ihrer Fräulein Tochter Brief klingt, tut uns sehr wohl und sie wird ein bleibendes Band zwischen uns sein!
Für meinen Mann und mich war die Zeit, die wir in Ihrem schönen Vaterland verleben durften, eine schöne Unvergeßliche! Der Abschied von Finnland wurde meinem Mann und mir nicht leicht, wo er mit den deutschen Truppen Ihnen Hilfe bringen konnte und so viel Liebe und Dankbarkeit dafür für Deutschland ernten durfte! Sie können sich denken, wie wir darum stets die größte Freundschaft Ihnen und Ihrem Vaterland bewahren werden.
Mein Mann wird in diesen Tagen wieder seine Truppen übernehmen, um das arme Deutschland gegen die Polen zu verteidigen. Die schwere innere Lage wird hoffentlich noch in letzter Stunde abgewandt werden können. Die russische Revolution arbeitet hier immer noch stark, doch scheint sich die Lage zu klären. Wenn Deutschland von dieser aus Rußland überkommenen furchtbaren Krankheit genesen wird, wird es sich wieder erheben schneller als man glaubt. Wie schwer aber diese Zustände für den Einzelnen, besonders aber für das Militär wird, können Sie sich denken. Ich bin seit ich hier bin nicht wohl. Daher sind meine Gedanken um so mehr bei Ihnen gewesen, an all die schönen Stunden denkend, die ich in Finnland verleben durfte und an Ihrer Aller großer Liebe und Freundschaftlichkeit, die wir auch bei Ihnen und in Ihrem Haus so besonders empfunden haben..........

586 KA, J. K. Paasikiven arkisto, Kansio X:1.

4.Satzungen der „Deutsch-Finnischen Vereinigung von 1918“ in Berlin W 62, angenommen durch einstimmigen Beschluß der außerordentlichen Mitgliederversammlung vom 15. Januar 1921[587]

Eingetragen in das Vereinsregister des Amtsgerichts Charlottenburg unter Nummer 407 am 14. November 1922

I. Zweck und Tätigkeit.

§ 1.

Die Deutsch-Finnische Vereinigung ist ein gemeinnütziger Verein. Sie bezweckt die Förderung der kulturellen Beziehungen zwischen Deutschland und Finnland, insbesondere die Aufrechterhaltung und den Ausbau der warmen Freundschaft, die durch gemeinsamen Kampf für Freiheit, Ordnung und Recht zwischen diesen Ländern aufgeblüht ist. Sie strebt ferner nach Einigung und Verständigung aller Klassen und Berufe innerhalb der Volksgemeinschaft zum Wohle des Vaterlandes.

§ 2.

Die Tätigkeit der Vereinigung besteht in der Unterstützung der Hinterbliebenen der in Finnland gebliebenen Kameraden, der Pflege ihrer Gräber sowie jeglicher Fürsorgetätigkeit. Ferner in der Veranstaltung von geselligen Zusammenkünften, Vortragsabenden, Theatervorstellungen, gemeinsamen Reisen und ähnlichen Unternehmungen, die geeignet sind, die gegenseitigen persönlichen Beziehungen unter den Mitgliedern zu unterstützen und zu festigen und das Interesse und das Verständnis für die Kultur der beiden Länder zu fördern.

Zu demselben Zwecke gibt die Vereinigung nach Maßgabe der zu Gebote stehenden Mittel eine periodisch erscheinende Zeitschrift heraus.

§ 3.

Der Sitz der Vereinigung ist Berlin. Sie führt, nachdem sie ins Vereinsregister eingetragen worden ist, den Namen „Deutsch-Finnische Vereinigung von 1918 E.V.“.

II. Mitglieder

§ 4.

Die Mitgliedschaft in der Vereinigung wird dadurch erworben, daß man beim Vorstand seine Aufnahme beantragt und, nachdem dieser Antrag genehmigt worden ist, die vorschriftsmäßigen Zahlungen leistet.

§ 5.

Der Austritt aus der Vereinigung erfolgt durch schriftliche Anzeige an den Vorstand mit Ende des laufenden Kalenderjahres bzw. -vierteljahres. Über Ausschließung von Mitgliedern befindet auf Vorschlag des Vorstandes die Mitgliederversammlung.

§ 6.

Die Höhe des Eintrittsgeldes und des jährlichen Mitgliedsbeitrages wird jedes Jahr von der Hauptversammlung bestimmt. Zahlung des laufenden Beitrages in Vierteljahresraten ist statthaft. Ehrenmitglieder sind von den laufenden Zahlungen befreit.

III. Versammlungen der Vereinigung

§ 7.

Nach Möglichkeit soll einmal monatlich eine Mitgliederversammlung stattfinden, die hauptsächlich bezweckt, die Mitglieder zu geselligen Beisammensein zu vereinigen. In

587 LAB, A Pr.Br.Rep.030-04 Nr. 1279, Dokument 5.

den monatlichen Mitgliederversammlungen muß der Vorstand stets durch ein Mitglied vertreten sein.

§ 8.

Mitgliederversammlungen, auf welchen Wahlen stattfinden oder durch Abstimmung Beschlüsse gefaßt werden sollen, müssen tunlichst einen Monat vorher unter Angabe der zur Behandlung gelangenden Fragen den Mitgliedern bekannt gegeben werden. In solchen Versammlungen muß stets ein Protokoll geführt werden und der Vorstand durch mindestens drei Mitglieder vertreten sein.

§ 9.

Bei Wahlen und Abstimmungen hat jedes Mitglied eine Stimme. Bei Stimmengleichheit entscheidet die Stimme des Vorsitzenden oder des die Versammlung Leitenden. Wahlen haben, falls solches beantragt wird, mit geschlossenen Stimmzetteln zu erfolgen.

§ 10.

Im Lauf des Februar findet die ordentliche Hauptversammlung statt, die einen Monat vorher unter Angabe der auf ihr zur Behandlung gelangenden Gegenstände den Mitgliedern bekannt zu geben ist. In derselben Weise kann der Vorstand, falls er es für nötig findet, auch außerordentliche Hauptversammlungen einberufen. Die Form der Bekanntgabe bestimmt der Vorstand.

Zweigvereine können sich in den Hauptversammlungen durch ein Mitglied mit gültiger Vollmacht vertreten lassen. Diese Vollmacht muß auf die in der Tagesordnung bekannt gegebenen Punkte lauten und gilt ausschließlich für diese. Aus ihr muß der im Zweigverein bezüglich der betreffenden Tagesordnung gefaßte Beschluß und die dafür abgegebene Stimmenanzahl hervorgehen.

§ 11.

Die ordentliche Hauptversammlung hat über folgende Gegenstände zu beraten und Beschluß zu fassen:

a) Jahresbericht des Gesamtvorstandes;

b) Rechnungsbericht des Schatzmeisters und Kassierers;

c) Bericht des Prüfungsausschusses;

d) Entlastung des Vorstandes;

e) Wahl von Vorstandsmitgliedern an Stelle der laut § 13 Ausscheidenden;

f) Wahl des Prüfungsausschusses für das neue Berichtsjahr;

g) Festsetzung des Eintrittsgeldes und des Mitgliedsbeitrages für das laufende Jahr;

h) Arbeitsplan für das neue Jahr:

i) Anträge, Anfragen und Mitteilungen.

§ 12.

Anträge, die in einer Hauptversammlung zur Beratung kommen sollen, sind tunlichst sechs Wochen vorher dem Vorstand einzureichen.

IV. Leitung

§ 13.

Die Leitung der Vereinigung liegt in den Händen eines Vorstandes, der von der ordentlichen Hauptversammlung gewählt wird.

Jedes Jahr scheiden fünf Mitglieder des Vorstandes aus und ihre Plätze werden zur Wahl gestellt. Die Reihenfolge ihres Ausscheidens wird durch Los bestimmt. Wiederwahl ist statthaft.

§ 14.

Der Vorstand besteht aus:

1. einem ersten Vorsitzenden;
2. einem geschäftsführenden Vorsitzenden;
3. einem stellvertretenden geschäftsführenden Vorsitzenden;
4. einem ersten Schriftführer;
5. einem stevllervertretenden ersten Schriftführer;
6. einem zweiten Schriftführer;
7. einem stellvertretenden zweiten Schriftführer;
8. einem Schatzmeister;
9. einem stellvertretenden Schatzmeister;
10. einem ersten Kassierer;
11. einem zweiten Kassierer;

12-15 vier Beisitzern.

Der laut § 11 gewählte Prüfungsausschuß besteht aus drei Mitgliedern der Vereinigung, die nicht zum Vorstand gehören.

§15

Der Vorstand hat folgende Obliegenheiten:

a) Er verwaltet das Vermögen der Vereinigung, das sich aus folgenden Posten zusammensetzt:

I. Eintritts- und Jahresabgaben der Mitglieder;
II. Einnahmen aus Veranstaltungen;
III. Einnahmen aus Veröffentlichungen der Vereinigung;
IV. Stiftungen, Legaten, letztwilligen Verfügungen, Schenkungen und dergleichen.

b) Er führt die Beschlüsse der Hauptversammlung aus und gibt hierüber der folgenden Hauptversammlung Rechenschaft.

c) Er ergreift im Rahmen der ihm von der Hauptversammlung eingeräumten Befugnisse nach eigenem Ermessen die Maßregeln, die für den Weiterausbau, die Verwaltung und die Förderung der Vereinigung nötig erscheinen.

d) Er überwacht die Tätigkeit der Zweigvereine an Hand der von den letzteren eingesandten Berichten und unterstützt nach Kräften deren Fortgang und Gedeihen.

§ 16

Die einzelnen Mitglieder des Vorstandes haben folgende Obliegenheiten:

1. Der erste Vorsitzende, und im Falle seiner Behinderung der geschäftsführende Vorsitzende, beruft und leitet die Versammlungen des Vorstandes und der Vereinigung und vertritt die Vereinigung nach außen. Bei Behinderung der Vorsitzenden tritt der erste Schriftführer an deren Stelle.

2. Der erste Schriftführer oder sein Stellvertreter hat über die Verhandlungen des Vorstandes und der Hauptversammlungen Protokoll zu führen. Die Protokolle sind vom Schriftführer und von demjenigen Vorstandsmitglied, das die betreffende Sitzung leitete, zu unterschreiben.

3. Der Schatzmeister, und im Falle seiner Behinderung, der stellvertretende Schatzmeister, verwaltet das Vermögen der Vereinigung und hat über seine Tätigkeit und die finanzielle Lage der Vereinigung in der Hauptversammlung einen mit Belegen versehenen Rechnungsbericht zu erstatten.
4. Der erste Kassierer, und im Falle seiner Behinderung, der zweite Kassierer, verwaltet die Kasse der Vereinigung und führt Buch über die Einnahmen und Ausgaben.
Über die Leitung der Geschäftsstelle und der Zeitschrift, sowie über die Verteilung der sonstigen Arbeiten, die nicht in den Bereich des Schatzmeisters und des Kassierers fallen, bestimmt der Vorstand.
Spätestes am 1. Januar jedes Jahres haben Schatzmeister und Kassierer den Rechnungsbericht nebst den dazu gehörigen Belegen dem Prüfungsausschuß zu überreichen, der ihn spätestens zwei Wochen vor der Hauptversammlung nebst seinen Anmerkungen dem Schatzmeister zurückgeben soll.

§ 17

Das Barvermögen der Vereinigung soll der Schatzmeister zinstragend anlegen. Für Abhebungen ist außer seiner Unterschrift stets auch die eines der Vorsitzenden oder des ersten Schriftführers erforderlich.
Dem Kassierer dürfen für Deckung laufender Ausgaben auf Postscheckkonto oder laufendem Bankkonto höchstens bis zu eintausend Mark zu Verfügung stehen. Überschüsse sind von ihm unverzüglich an den Schatzmeister abzuführen.
Der Vorsitzende ist ermächtigt, nach eigenem Ermessen und ohne vorherige Meldung selbst oder durch ein Vorstandsmitglied Revisionen der Kassen der Vereinigung vorzunehmen.

§18.

Der Vorstand versammelt sich, so oft der Vorsitzende es notwendig findet oder Vorstandsmitglieder dies beantragen.

§ 19.

Der Vorstand ist berechtigt, den Vorsitzenden oder ein anderes Mitglied zur Vornahme von Rechtsgeschäften jeder Art für die Vereinigung zu ermächtigen. Urkunden, die die Vereinigung verpflichten sollen, sind wie folgt zu vollziehen. „Der Vorstand der Deutsch-Finnischen Vereinigung von 1918 E.V.", darunter die eigenhändige Unterschrift eines der Vorsitzenden und des Schriftführers oder eines Stellvertreters desselben.

§20

Der Vorstand ist beschlußfähig, wenn mindestens drei Mitglieder anwesend sind und sich unter diesen einer der beiden Vorsitzenden und der erste Schriftführer befinden. Andernfalls ist für die Beschlußfähigkeit die Anwesenheit von fünf Vorstandsmitgliedern erforderlich. Die Beschlüsse jeder Vorstandssitzung sind unverzüglich den Vorstandsmitgliedern schriftlich mitzuteilen.

V. Zweigvereine

§ 21.

Im Interesse einer möglichst wirksamen Förderung der der Vereinigung gesetzten Ziele werden außer dem Hauptverein in Berlin an anderen Orten in Deutschland und in Finnland Zweigvereine errichtet, deren Verhältnis zum Hauptverein folgendermaßen bestimmt wird:

a) Zweigvereine tragen den Namen „Deutsch-Finnische Vereinigung von 1918 E.V. Zweigverein X“.
b) Zweigvereine wählen ihren eigenen Vorstand und errichten ihre eigenen Satzungen; diese letzeren müssen jedoch vom Vorstand des Hauptvereins genehmigt werden und dürfen den Satzungen des Hauptvereins nicht widersprechen.
c) Die Zweigvereine haben für jedes ihrer Mitglieder vierteljährlich dem Hauptverein einen Beitrag zu entrichten, der den Mitgliederbeiträgen im Hauptverein gleichkommt, doch unter Abzug von 20 Prozent, die den Zweigvereinen verbleiben. Im übrigen steht es den letzteren frei, ihre Mitgliedsbeiträge nach eigenem Ermessen festzusetzen.
d) Für jeden, laut Punkt c) entrichteten Mitgliedsbeitrag erhält der betreffende Zweigverein kostenfrei ein Exemplar der vom Hauptverein herausgegebenen Zeitschrift.
e) Sämtliche Mitglieder des Hauptvereins wie der Zweigvereine genießen gleiche Rechte hinsichtlich der vom Verein ausgehenden Unterstützungen, Unternehmungen oder Veranstaltungen. Ausschließlich für die Berliner Mitglieder bestimmte Veranstaltungen dürfen nicht aus der Kasse des Hauptvereins bestritten werden.
f) Die Vorstände der Zweigvereine haben alljährlich vor dem 15. Januar dem Vorstand des Hauptvereins eine Abschrift ihres Jahres- und Rechnungsberichtes einzusenden.
g) Der Vorstand hat in einem der Hauptversammlung zu überreichenden Rechnungsbericht über die Jahresberichte der Zweigvereine eine gutachtliche Mitteilung zu machen und die Anmerkungen oder Einwände vorzutragen, zu denen sie möglicherweise Anlaß geben können.

§ 22.

Das Verhältnis zwischen der „Deutsch-Finnischen Vereinigung von 1918“ und dem Schwesterverein in Finnland wird durch besondere Vereinbarungen geregelt.

§ 23.

Wenn ein Zweigverein aufhört zu bestehen, geht sein Vermögen in den Besitz des Hautpvereins über. Ohne Wissen und Einverständnis des Vorstandes des Hauptvereins etwa entstandene Schäden werden nicht übernommen.

VI. Besondere Bestimmungen.

§ 24.

Wird in einer Hauptversammlung eine Veränderung dieser Satzungen beantragt, so darf ein solcher Antrag in der betreffenden Hauptversammlung nur beraten, jedoch erst in einer folgenden, mindestens einen Monat später stattfindenden Hauptversammlung beschlossen werden. Ein solcher Beschluß ist nur dann gültig, wenn mindestens zwei Drittel der anwesenden Stimmen dafür abgegeben worden sind.

§ 25.

Dieselben Bestimmungen wie für die Veränderung der Satzungen gelten für den Beschluß über die Auflösung des Vereins.

Die Geschäftsstelle der Vereinigung befindet sich in Berlin W 50, Augsburger Straße 44. Telefon: Steinplatz 13862[588]

---

588 In den 1930er Jahren war die Adresse der Geschäftsstelle: Berlin W 8, Friedrichstr.75

5. Brief von Goldbeck-Löwe an Rüdiger v. d. Goltz[589]

19.Nov.1921
An Seine Exzellenz Herrn General Graf Rüdiger v. d. Goltz, Berlin-Wilmersdorf Güntzelstr. 62

Hochverehrter Herr Graf,
Meinem Versprechen gemäss sprach ich in Ihrer Angelegenheit mit Herrn Senator Paasikivi. Wir beide kamen zu der Überzeugung, dass es wohl das Verständigste sei, mit der endgültigen Plazierung des Geldes noch etwas zu warten. Wir sind uns auch in der Ansicht einig, dass es wohl am besten sein wird, einen Teil des Geldes in gute Industrie- oder Bankaktien anzulegen, welche augenblicklich nicht übertrieben hoch notiert werden. Im allgemeinen hat man die Auffassung, dass die verhältnismässig günstige Entwicklung der finnischen Mark auf gesunder Basis steht und dass für die nächste Zeit wenigstens ein ernstlicher Fall nicht zu befürchten ist, wenn nicht unvorhergesehene Ereignisse eintreten, wovor man ja allerdings in dieser traurigen Zeit niemals sicher ist.
Meine Frau und ich machten die Rückreise über Stockholm und freuen uns seit acht Tagen wieder daheim zu sein. Es gilt immer noch das alte Wort: „Das Heim kann wohl die Welt ersetzen, niemals aber die Welt das Heim.“
Mit verbindlichem Gruß und Empfehlungen an Frau Gemahlin
Ihr ergebenster G.L (Goldbeck-Löwe)

589 KA, J. K. Paasikiven arkisto, Kotelo I:2, S. 482.

6. Georg Conrad v. d. Goltz an Paasikivi 10.9.1926[590]

Deutsche Unionsbank Aktiengesellschaft
Dr. jur. Graf v. d. Goltz Berlin N.W. 7 Unter den Linden
Sept. 1926
S.H.

Herrn Generaldirektor Paasikivi, c/o Kansallis Osaki Pankki
Helsingfors
Finland

Sehr verehrter Herr Paasikivi!
In der deutschen Handelszeitung erschien der in der Anlage beiliegende Bericht über den Kongress der Nationalökonomen der nordischen Länder, der hier allgemeine Beachtung gefunden hat.
Da ich annehme, dass die in diesem Artikel wiedergegebene Rede von Ihnen, sehr verehrter Herr Paasikivi, gehalten wurde, möchte ich nicht verfehlen, Ihnen diesen Artikel zu senden, der Sie gewiss interessieren wird.
Ich selbst habe auch mit grossem Interesse die dort ausgesprochenen Sätze gelesen und es scheint mir, als ob auch in Deutschland diejenige Richtung, die die Wichtigkeit des Einflusses der Steuern auf die Produktion und Kapitalbildung vor die fiskalischen Interessen stellt, im Wachsen ist.
Mit verbindlichen Grüssen an Sie und Ihre Familie bin ich Ihr sehr ergebener Georg Conrad Goltz

590 KA, J. K. Paasikiven arkisto, Kotelo I:2, S. 512.

7. Auszug aus Tägliche Rundschau vom 4.III.1927 „Deutschland und Finnland. Nicht Dankbarkeit, aber Gerechtigkeit!“ [591]

„...Dieser Tage kritisierte der bekannte Abgeordnete der Schwedischen Volkspartei, Universitätsbibliothekar Dr. Georg Schauman in ‚Hufvudstadsbladet‘ Motive und Ziele der deutschen Hilfsexpedition nach Finnland in der Richtung, daß das deutsche Große Hauptquartier die Expedition nur im deutschen politischen und militärischen Interesse unternommen habe, um die Bildung einer neuen Ostfront gegen Deutschland zu verhindern und eventuell auch in Finnland einen neuen Bundesgenossen im Krieg zu gewinnen. Die Motive und Ziele stellt er also als rein egoistische dar.“
Das wird für unzeitgemäß und ungerechtfertigt und im Interesse beider Staaten und der guten Beziehungen zwischen ihnen als bedauerlich bezeichnet.
„Was nun die Behauptung von Dr. Schauman betrifft, daß die Motive und Ziele der deutschen Finnlandexpedition ausschließlich egoistische waren und nur den deutschen militärischen und politischen Interessen dienten, so ist diese Auffassung schon einmal von dem damaligen Sektionschef beim deutschen Generalstabe des Feldheeres, der die finnischen Angelegenheiten zu bearbeiten hatte, Herrn Ernst von Hülsen, in der ‚Zeitschrift für Politik‘ (1925, 15. Band, Heft 3) Punkt für Punkt widerlegt worden, so dass es sich erübrigt, nochmals hierauf einzugehen. Daß neben dem von Dr. Schauman zitierten General Ludendorff, der die deutschen Interessen als allein maßgebend für die Expedition bezeichnet hat, doch auch eine politische Leitung vorhanden war, für deren Motive der General nicht verantwortlich zeichnet, sei nur nebenbei bemerkt.
Daß mit der deutschen militärischen Expedition zugleich deutschen militärischen Interessen gedient wurde, wird, wie Herr von Hülsen selbst, jeder zugeben. Reinen Altruismus gibt es nur im Paradies, und paradiesisch war die Lage im Jahre 1918 weder bei uns noch in Finnland. Aber folgendes ist Tatsache: Die beiden verbündeten Völker haben in gemeinsamem Kampf gemeinsamen Zielen zugestrebt. Das große dauernde Ergebnis dieses Kampfes ist die Freiheit Finnlands, für die deutsche Truppen mit Begeisterung ihre Kraft und ihr Leben eingesetzt haben. Dieses historische Erlebnis mit einer ironischen Bemerkung abzutun wie es Herr Schauman versucht, würde dem ritterlichen Sinn des finnischen Volkes schlecht anstehen.“

---

591 KA, J. K. Paasikiven arkisto, Kirjeet ja kirjekonseptit, Kotelo I: 3, S. 151-152

8. Die Deutschen in Finnland. Nachdenkliches über Landsleute.
Von Dr. Th. Haubach[592]

Die heutige Stellung des Deutschtums in Finnland ist entscheidend bedingt durch das Eingreifen des deutschen Expeditionskorps unter von der Goltz im finnischen Bürgerkrieg. Es ist nicht unbekannt, daß ein erheblicher Teil des finnischen Volkes diesen Krieg als „Freiheitskrieg" bezeichnet (ob mit Recht soll hier nicht erörtert werden) und demgemäß haben die Deutschen als „Befreier" und „Retter in der Not" jahrelang eine außerordentliche Stellung eingenommen. Daraus ist bei uns die keineswegs unschädliche Legende von den enthusiastischen finnischen Sympathien für Deutschland entstanden, eine Legende, die zu teilweise recht schofler Ausnutzung dieser Freundschaftsgefühle geführt hat. Außerdem haben sich unsere, auf ihre legendäre Befreierrolle sehr stolzen Landsleute zu ihrem eigenen Schaden viel zu wenig darum gekümmert, daß die prodeutschen Sympathien im wesentlichen von der bürgerlichen und vielleicht auch bäuerischen Klasse getragen wurden, daß aber bei der Arbeiterschaft ein Gefühl tiefster Erbitterung in Erinnerung an heroische Niederlagen und furchtbare Leiden zurückbleiben mußte. In dem Maße nun, in dem der Bürgerkrieg aufhört aktueller Gegenstand der finnischen Tagespolitik zu werden, in dem Maße, in dem Haß und Leidenschaften der Parteien abklingen und sich neben der heroisierenden Legende auch die nüchterne geschichtliche Untersuchung einen Platz in der öffentlichen Meinung erobert – in dem gleichen Maße kann der Deutsche nicht mehr von dem Ruhme des Befreiungskrieges Nutzen ziehen, der ihm in den ersten Jahren nach Errichtung der finnischen Republik verschwenderisch zuteil wurde. Man kann heute sagen, daß die Sympathien der finnischen Bourgeoisie für Deutsche recht erheblich abgekühlt und einer mehr nüchternen Betrachtung der Motive gewichen sind, die der deutschen Intervention in Finnland zugrund lagen. Gleichzeitig aber hat wohl auch der finnische Proletarier gelernt, in dem Deutschen nicht mehr ausschließlich den Anstifter seiner Niederlage zu sehen, und wenn er auch kaum direkte prodeutsche Sympathien entwickelt, so unterscheidet er doch heute sachlich von Fall zu Fall.
Geht man in Helsingfors die Boulevardgassen entlang, so entdeckt man auf einem freien Platz das Denkmal, das die Stadt den im April 1918 gefallenen deutschen Soldaten gesetzt hat. Ein anscheinend ständig erneuerter Kranz mit großer schwarzweißroter Schleife charakterisiert die Art der Sympathien, die zwischen der „weißen" Partei Finnlands und den Deutschen bestanden haben und auch noch bestehen. Bis heute scheint noch niemand in der finnischen Hauptstadt auf den Gedanken gekommen zu sein, daß die Mehrzahl der hier geehrten Toten eine Schmückung mit schwarzweißroten Bändern ganz energisch sich verbitten würde, wenn sie es noch könnte. Trotzdem scheinen heute die letzten Stunden dieser sonderbaren deutsch-finnischen Freundschaft gekommen zu sein. Der Ruhm der deutschen Intervention im „Freiheitskriege" beginnt zu verblassen und damit zugleich die Legende über diesen Krieg – der Finne denkt heute lebhaft daran, welch abenteuerliche Pläne die deutsche Oberste Heeresleitung beim Eingreifen in die Kämpfe seines Landes verfolgt hat.

592 Vorwärts vom 6.10.1927.

Gerade in nationalfinnischen Kreisen, die Jahre hindurch die lebhaften Beziehungen zu den v.-d.-Goltz-Leuten unterhalten haben, hört man heute harte Urteile über die Thronkandidatur des Prinzen Friedrich Karl von Hessen, die die Weisheit der OHL sich als Kaufpreis für die Truppenlandung ausgedacht hatte. Die egoistischen Motive der deutschen Intervention werden heute vielfach unterstrichen und sogar das Verhalten der Interventionstruppen einer teilweise recht lebhaften Kritik unterzogen. Besonders nach dem Kriege haben ehemalige deutsche Offiziere, geflohene Kappisten, Verschwörer aller Art, Finnland überschwemmt, die Gastfreiheit und Freundschaft des finnischen Bürgertums weidlich ausgenutzt und anscheinend des öfteren schmählich vergolten. Noch heute, wenn auch nur noch vereinzelt, kann man auf den nach Finnland fahrenden Schiffen solche deutschvölkischen Abenteurer entdecken, die durch wüste Intrigenwirtschaft und Schnorrereien dem deutschen Namen in Finnland schwer schaden.

Alles in allem: das finnische Bürgertum, auch diejenigen Kreise, die noch so „national" und „weiß"gesonnen sind, scheinen die Nase von den schwarzweißroten deutschen Freunden allmählich voll zu kriegen. Ein nicht unwichtiges Symptom für diese Entwicklung ist die lebhafte und recht unfreundliche Kampagne, die plötzlich im Sommer dieses Jahres, von der hauptstädtischen Presse gegen den deutschen Handel geführt wurde. Bloßes Interessentengezänk? Wer ein Gefühl für Tonarten hat, weiß, woran er ist. Noch ein anderes: die abgetakelten v.-d.-Goltz-Leute, die die von ihnen glücklich „befreiten" finnischen Bürger jahraus, jahrein weidlich besuchten, sind meistens als Faschisten, als völkische Abenteurer, als Demokratentöter und Diktaturhelden erschienen. Die finnischen Bürger aber sind Demokraten, durch und durch Demokraten, was sie damit bewiesen haben, daß sie ihren völligen Sieg über die „Roten" zum Aufbau einer Republik mit vielleicht ein wenig bedenklicher Verfassung, aber immerhin einer Republik benutzt haben. Für das Geschrei und Geschnurre der „völkisch-nationalen" Finnlandbefreier hat der finnische Bürger, je länger es dauert, desto weniger Interesse. Die Sympathie klingt ab – auch die finnische Bourgeoisie geht ihre eigenen Wege.

Und die in Finnland lebenden Deutschen? Das ist eine merkwürdige Geschichte. Solange der schneidige völkische „Befreierton" den Finnen genehm schien, solange scheint es den Leuten mit der großen Hohenzollernschnauze vorbehaltlos gelungen zu sein, der deutschen Kolonie die Heldenflötentöne beizubringen. Gewiß gab es auch da schon Leute, die geekelt und geärgert von gewissen schwarzweißroten Lausbubenmanieren beiseite standen. Heute aber und das ist das erfreuliche, beginnen sie sich zu regen – zwar langsam und heimlich noch, aber sie regen sich. Bittere Worte bekommt man zu hören über den bisherigen Führer der Deutschen, Kommerzienrat Goldberg-Löwe, dessen Aeußerungen auf der Dresdener Auslandsdeutschentagung teilweise überaus heftig kommentiert wurden. Der Reichsdeutsche, der sich durch das ständige Herauskehren der deutschnationalen Parteifahne provoziert fühlt, kann heute bei einem nicht ganz unerheblichen Teil seiner Landsleute in Helsingfors auf Verständnis stoßen. Daß diese Leute bis jetzt nicht nach außen hin geschlossen auftreten konnten, daß sie nicht imstande waren, dem schnoddrig-nationalen Ton entgegenzutreten, der sich so übel bemerkbar macht – das liegt vor allem an der wirtschaftlichen Abhängigkeit, unter deren Druck die allermeisten oppositionell gestimmten Deutschen stehen. (Ueber diese wirtschaftliche Abhängigkeit wäre viel zu sagen – sie ist für viele geradezu zu einem Martyrium geworden.) Dann aber liegt alles an dem völligen Mangel organisatorischer Unterstützung von Deutschland aus. Der schwarzweißrote Deutsche hat von der Heimat alles, was er braucht – private und sogar amtliche Unterstützung, er hat den famosen Verein für das Deutschtum im Auslande, der trotz tausendfacher Ableugnung als nationalistische Organisation wirkt, er hat selber Geld und einflußreiche Verbindungen. Nur so konnte es kommen, daß unter Verfälschung der tatsächlichen Lage eine Minderheit das politische Gesicht des finnischen Auslandsdeutschtums bestimmen konnte, ein Zustand, der endlich heute sich zu lösen beginnt, der aber immer noch unerträglich genug ist. Es war ein schweres Versäumnis der deutschen Republikaner, die Auslandsarbeit solange vernachlässigt zu haben. Heute sind die Möglichkeiten, die sich bieten, zweifellos groß. Man muß zupacken, mit allen Mitteln zupacken. Eine politische Aufgabe ist hier zu lösen.

Die deutsche Waffenhilfe für Finnland. Abwehr der Angriffe von Generalmajor d. D. Graf v.d. Goltz[593]

Die „Deutsche Zeitung" hat bereits die im „Vorwärts" gegen die Finnland-Deutschen erhobenen Vorwürfe zurückgewiesen. Nachfolgend nimmt nunmehr der ehemalige Führer der deutschen Truppen in Finnland Graf v. d. Goltz selbst hierzu das Wort.
Unter dem Titel „Die Deutschen in Finnland"schrieb ein Dr. Th. Haubach im „Vorwärts" vom 6. Oktober einen Leitartikel, der die angesehene Stellung der Deutschen in Finnland untergraben muß. Ich sehe ab von den Schimpfworten des Herrn Doktor wie „ große Hohenzollernschnauze", „schwarz-weiß-rote Lausbubenmanieren" und manchem anderen. Wichtiger ist, daß er im „Vorwärts" sich mit den Bolschewiken von 1918 solidarisch erklärt, wenn er von der Niederlage des finnischen Proletariats spricht und daß er Waffen der Entente-Propaganda liefert, die das Deutschtum in Finnland zu schädigen und dafür den Entente-Einfluß zu erhöhen sich bemüht. Aber schließlich ist das alles ja nur ein neuer Beweis dafür, daß die Sozialdemokratie nur eine Abart des Bolschewismus ist und daß sie im Interesse unserer Feinde dem Deutschtum stets gern einen Dolchstoß zu versetzen bereit ist. Ich will daher nur sachlich den Entstellungen des Herrn Doktor entgegentreten.

593 Deutsche Zeitung vom 14.10.1927.

Den Behauptungen des „Vorwärts-Literaten" von den „egoistischen Motiven der deutschen Intervention" stelle ich die nachfolgenden Worte des finnischen Staatsmannes gegenüber, der in Deutschland die maßgebenden deutschen Stellen für die deutsche Waffenhilfe gewonnen hat und dann des befreiten Finnlands erster Gesandter in Berlin wurde. Staatsrat Dr. Hjelt schreibt: "Die deutsche Hilfe war eine Kulturtat ohne gleichen. Sie hatte natürlich ein mit den deutschen Interessen übereinstimmendes militärisches politisches Ziel - anderes wäre ja nicht denkbar – aber sie wurde zugleich von einer starken Idealität getragen, dieser sachlichen Idealität, die für die deutsche Nation kennzeichnend ist, dem klaren Bewußtsein einer menschlichen Pflicht gegenüber einem bedrängten, freundschaftlich gesinnten Volke."
Ein anderer Finnländer, Johannes Oequist, spricht von der „rücksichtsvollen Klugheit und vornehmen Zurückhaltung der deutschen Führung".
Die Behauptung, daß die Thronkandidatur des Prinzen Friedrich Karl von Hessen der „Kaufpreis für die deutschen Truppensendungen" war, ist die Umkehrung der Wahrheit. Die finnischen Staatsmänner von 1918 waren nach den Erfahrungen der Bolschewiken-Herrschaft damals überzeugte Monarchisten und überzeugte Anhänger Deutschlands, das ihnen geholfen hatte und im Frühjahr 1918 noch auf der Höhe der Macht stand. Sie glaubten daher, daß nur durch eine Monarchie das neue selbständige Staatswesen sich im Innern und nur durch einen deutschen Throninhaber sich nach außen würde halten können. Nach langen Verhandlungen willigte Deutschland in die Thronkandidatur des Prinzen Friedrich Karl von Hessen, dem der jetzt nach Paris versetzte finnische Gesandte in Berlin, Dr. Homa[594], finnischen Unterricht gab. Die Initiative zur Wahl eines deutschen Thronkandidaten ist also von Finnland und nicht von Deutschland ausgegangen. Ich kann beeidigen, daß ich immer wieder damals erklärt habe, Deutschland wolle sich in die inneren Verhältnisse Finnlands nicht einmischen. Uns ging es gar nichts an, ob Finnland Monarchie oder Republik würde. Wir legten nur Wert darauf, daß wir Freunde des völlig freien neuen Staates Finnland würden. In gleichem Sinne wirkte der erste deutsche Gesandte in Finnland, Baron Brück. Aber auch die damaligen Staatsleiter Finnlands haben ihre Entschlüsse ganz freiwillig, aus reinster Vaterlandsliebe und im Glauben, ihrem Volke am besten zu nutzen, gefaßt.
Ihr Grundsatz war „Finnland über alles" - ein Grundsatz, für den freilich ein „Vorwarts"-Literat keinerlei Verständnis hat.
Wenn ferner der Herr Doktor der Sozialdemokratie „das Verhalten der Interventionstruppen" bemängelt, so ist auch das unwahr. Natürlich kamen Vergehen Einzelner vor. Aber ich weiß als damaliger Gerichtsherr, daß die Zahl der Vergehen gering war und überhaupt nicht in einem Atem zu nennen ist mit der Zahl der Vergehen und Verbrechen, die nach der Revolution vorgekommen sind, als die Propaganda der Sozialdemokratie die Moral des alten Heeres untergraben hatte. Vor allem aber beweist das damalige Verhalten des finnischen Volkes meinen Truppen gegenüber, wie hoch man sie schätzte. Ebenso würden schwerlich bis 1927 immer wieder deutsche Soldaten und Invaliden nach Finnland eingeladen worden sein, wenn man sie nicht kennen und lieben gelernt hätte. Ich muß daher die Behauptung, daß sich meine

594 Gemeint ist Dr. Holma.

Truppen in Finnland schlecht verhalten hätten, als unwahre Beleidigung zurückweisen. Der Herr Doktor behauptet ferner, die deutschen Finnland-Reisenden nach dem Kriege seien „Verschwörer aller Art", „geflohene Kappisten", „völkische Abenteurer", „Demokratietöter und Diktaturhelden" gewesen. Mir ist nicht ein Fall bekannt, daß die Reisen nach Finnland zu irgendwelchen deutschen innenpolitischen Dingen mißbraucht worden sind, wie doch aus obigen Kraftausdrücken gefolgert werden müßte. Daß die deutschen Reisenden in ihrer großen Mehrzahl national dachten, ist nach den Ereignissen von 1918 erklärlich. Jedenfalls haben sie Deutschland dadurch mehr genützt als sozialistische Internationalisten es getan hätten. Von letzteren will das Auslandsdeutschtum bekanntlich wenig wissen, weil sie ihrem Ansehen und ihrer geschäftlichen Stellung schaden. Deshalb hält es ja bekanntlich auch an der Flagge des einst mächtigen Deutschland fest, das ihnen soviel genützt hat, und will von der neuen Flagge, dem Produkt des Zusammenbruchs, nichts wissen. Das gilt von Finnland in besonderem Maße. Daher ist es selbstverständlich, daß am Grabe der deutschen Soldaten, die die schwarz-rot-gelbe Fahne gar nicht kannten, nur schwarz-weiß-rote Kranzschleifen möglich sind. Herrn Dr. Haubach wurmt das schwer. Doch es lohnt nicht, auf seine unhaltbaren Parteiansichten einzugehen. Denn die alten deutschen Soldaten, die in Deutschland 1928 die zehnjährige Wiederkehr der Befreiung Finnlands feiern wollen, denken darüber anders, als der Gesinnungsgenosse ihrer damaligen Feinde, der jetzt im "Vorwärts" schwarz-weiß-rot beschimpft.

Herr Dr. Haubach empfiehlt am Ende seines Aufsatzes Auslandspropaganda der deutschen Republikaner, soll heißen der deutschen Sozialdemokratie. Er wird damit bei den Auslandsdeutschen wenig Glück haben, am wenigsten in Finnland. Denn dort hat man den schrecklichen Winter 1917-18 nicht vergessen. Man dankt es dem alten Deutschland, daß es der Bitte des weißen Finnland um Waffenhilfe stattgegeben hat. Man denkt dankbar der deutschen Soldaten, die damals wesentlich zur schnellen Befreiung Finnlands beitrugen. Man erinnert sich des guten Geistes und der Manneszucht dieser Truppe, auch als im Innern Deutschlands längst Soldatenräte ihr Unwesen trieben. Man wird daher ganz bestimmt „Vorwärts"-Leitartikler ablehnen, die ihre Freundschaft für russische und finnische Bolschewiken bezeugen. Selbst innerhalb der finnischen Sozialdemokratie würden nicht alle mit diesem deutschen Parteigenossen einverstanden sein. Dafür ist die Gefahr, die dort von Sowjet.-Rußland droht, viel zu groß.

9. Dr. Jur. GRAF G.C.v. d. Goltz

Matthaeikirchstrasse 16[595]
Berlin W.B. Unter den Linden 17/18
20.IV.28

Sehr verehrter Herr Senator!

Erst heute bin ich in der Lage Ihnen für die schönen Tage, die ich in Ihrem Hause und dadurch gewissermassen in Helsingfors verleben durfte, auf das herzlichste zu danken! Ebenfalls möchte ich Ihnen vielmals danken für die interessante Führung durch Ihre Kansallisbank und die vielen interessanten Unterhaltungen, die sich damit verbanden. Ich hoffe sehr, dass Sie den mir freundlichst in Aussicht gestellten Besuch in meinem Büro und meiner Wohnung zur Ausführung bringen werden! - In meiner Bank erwartete mich in den letzten Tagen viel Arbeit; am 18. hatten wir Jahresgeneralversammlung, in der 10% Dividende beschlossen und das Aktienkapital auf 4 Millionen Reichsmark erhöht wurde, da die effektive Bilanzsumme bereits 50 Mill. erreicht hat; nach Drucklegung werde ich mir erlauben, Ihnen Bilanz und Geschäftsbericht zu senden. - Am 19. IV. hatten wir Generalversammlung des Zündholzsyndikats., dann folgt am 30.IV. die Preussische Hypothekenbank, verschiedene alkoholische Essen mit Aufsichtsräten und viel laufende Arbeit. - Die Zeit in Finnland war ein so starker Eindruck und war trotz vielleicht körperlicher Anstrengung eine so grosse geistige Erfrischung, dass ich trotz vieler neuer Inanspruchnahmen noch eigentlich ganz in Finnland lebe und denke; die oft gehörten Märsche, die Chöre, Reden, verschiedenen Unterhaltungen, die infolge zu schnellem Aufeinanderfolgen zeitweise vergessen waren, kommen in das Gedächtnis wieder zurück.
Die mitgebrachten Bilder, Photographien, Zeitungen etc. habe ich vielen Menschen gezeigt, die sich sehr dafür interessierten. Auch in deutschen Zeitungen, z. B. der Nachtausgabe des Localanzeiger, erschienen Bilder über die Feiern in Finnland – In Stettin erwartete mich meine Frau am Kai; ihr und meiner kl. Tochter geht es recht gut. Hoffentlich haben auch Sie gute Nachrichten von Ihrer Frau Gemahlin! Bitte wollen Sie Ihren Kindern, insbesondere Ihrer Tochter Grüße bestellen, Ihrem Sohne werde ich noch schreiben.
Mit nochmals herzlichem Dank
Ihr sehr ergebener Georg Conrad Goltz

595 KA, J. K. Paasikiven arkisto, Kotelo I:2, S.513.

10. „Finnland im Zeichen der Lappo-Bewegung“ von Oberleutnant zur See a. D. Dr. Beyer, Potsdam[596]

Vorbemerkung der Schriftleitung: Der Verfasser, der während einer vierwöchigen Studienreise durch Finnland nachstehenden Aufsatz für unser Blatt verfaßt hat, schreibt uns dazu noch Folgendes: „Mein Studium finnländischer Verhältnisse, zu denen mich meine Tätigkeit als Flaggleutnant von Grz. Meurer 1918 anregte, meine persönliche Bekanntschaft mit führenden finnischen Politikern und Militärs und der persönliche Augenschein jetzt haben mich mit finnischen Fragen ziemlich vertraut werden lassen. Ich habe auch während meines jetzigen Aufenthalts mit den in Finnland ansässigen, in Frage kommenden Deutschen, insbesondere auch mit Herrn Kapitän z. S. Bartenbach in Helsingfors, Fühlung genommen.“

Nachdem nun die erste Erregung über den Aufmarsch der Lappoleute am 7. Juli in Helsingfors sich gelegt hat, ist eine gewisse Konsolidierung eingetreten, die die Grundzüge der jetzigen politischen Lage Finnlands klar erkennen läßt.

Die Lappoleute, deren wundervolle Disziplin und Ordnungsliebe die Vorbereitung des Aufmarsches, dieser selbst und das Auseinandergehen zeigten, haben erreicht, was sie wollten: die Niederringung des Kommunismus in Finnland auf gesetzmäßigem Wege. (Die Festnahme zweier kommunistischer Reichstagsabgeordneter aus einer Ausschußsitzung des Parlaments ist eine allgemein bedauerte, einmalige Entgleisung jugendlicher Lappoleute geblieben.)

Das neue Antikommunistengesetz – dieser Name wird klugerweise nirgendwo im Gesetz erwähnt – verbietet die Wahl und Betätigung von Reichstagsabgeordneten und Personen im öffentlichen Dienst soweit diese Politik „mit ungesetzlichen Mitteln“ treiben. Da es entsprechende andere politische Bewegungen in Finnland nicht gibt, wirkt das Gesetz praktisch nur als Kampfmittel gegen den finnländischen Kommunismus.

Seine sofortige Annahme im jetzigen Reichstage war zwar wegen des wahlpropagandistischen Verhaltens einiger Sozialdemokraten bei der für verfassungsändernde Gesetze vorgeschriebenen Fünfsechstelmehrheit nicht möglich. Das hat aber auch niemand erwartet. Wohl aber hat der Reichstag das Gesetz für dringlich erklärt und damit seine Auflösung eingeleitet. Nach den Neuwahlen (am 2. und 3. Oktober) braucht der neue Reichstag das Gesetz nur noch mit Zweidrittelmehrheit anzunehmen. Diese Mehrheit aber steht außer Zweifel, wie ja schon die Annahme des Vertrauensantrages für die Regierung Svinhufvud mit erdrückender Mehrheit am 9. Juli bewies. Bis zum Inkrafttreten des Anti-kommunistengesetzes ist das Verbot öffentlicher kommunistischer Betätigung durch entsprechende Notverordnungen erlassen worden.

Wenn die Lappoleute so auf gesetzmäßigem und parlamentarischem Wege ihr Ziel erreichen – ihre in deutschen Blättern zu findende Bezeichnung als „Lappo-Faschisten“ und die ihres Einflusses als „diktatorische Nebenregierung“ ist völlig abwegig -, so erkennen sie doch nicht die Bedeutung der politischen Macht im Staate. Bezeichnend dafür ist die Inschrift, die sie am 7. Juli in Helsingfors auf dem Grabe der finnischen Freiheitskämpfer

596 KA, J. K. Paasikiven arkisto, Kirjeet ja kirjekonseptit, Kotelo I:3, S. 227-229, Zeitungsartikel aus „Marine Offizier Blatt“ September 1930.

von 1918 niederlegten. „Recht hat nur, wer sich Recht schafft." - ein Spruch, der aus einem alten finnischen Volksliede stammt. Die Lappo-Bewegung besitzt aber zur Zeit die politische Macht im Staate, ihr gehört die Mehrzahl der Amtsträger an, auf ihrer Seite steht die Regierung Svinhufvud, steht die bewaffnete Macht (Heer und Marine, Schutzkorps – eine Art staatlich unterstützte, von Offizieren geführte, in den Rahmen der allgemeinen Wehrpflicht eingespannte, bis in die kleinsten Lappendörfer verbreitete Einwohnerwehr mit militärischer Disziplin – und Polizei.) Er hat hier gehorchen und befehlen gelernt –eine Führereigenschaft, die gerade bei den disziplinierten Schutzkorpisten hoch im Kurs steht.
Als Mitarbeiter hat sich Kosola neben seinen ehemaligen Jägerkameraden hauptsächlich Geistliche gewählt. Es war daher kein Zufall, dass die Lappo-Kundgebung am 7. Juli auf dem Senatsplatz in Helsingfors eingeleitet wurde mit dem kraftvollen Bekenntnis: „Ein' feste Burg ist unser Gott:" In ergreifender Andacht wurde dieses alte Trutzlied von den etwa 12000 Lappoleuten (Kosola hatte im Einvernehmen mit der Regierung nur Abordnungen seiner Ortsgruppen aufgeboten) und der wohl ebenso zahlreichen Zuschauermenge gesungen. Und die erste Ansprache hielt von der Freitreppe der Nikolai-Kirche ein finnischer Probst. Erst nach ihm kamen Kosola und der Reichspräsident Relander zu Wort.
Eine gewisse Ueberraschung, aber hellen Jubel erregte bei der Feier das Erscheinen des Heerführers von 1918, des späteren Reichsverwesers Generals Baron Mannerheim, der von vier Lappoleuten aus seiner Wohnung abgeholt worden war. Ob er freilich aktiv in die Bewegung eingreifen wird, ist bei seiner bisher geübten politischen Zurückhaltung mehr als fraglich. Es wäre wahrscheinlich für die Bewegung und für Finnland auch nicht gut. Denn die Ziele dieses ehemaligen russischen Rittergenerals liegen letzten Endes außerhalb der finnischen Grenzen.
Außenpolitisch, insbesondere Sowjet-Rußland gegenüber, birgt die Lappo-Bewegung vielleicht gewisse Reibungsflächen in sich. Sie sollten aber bei energischer Führung von Finnlands Außenpolitik kaum Bedeutung erlangen können. Rußlands immerhin mögliche formale Proteste dienen wohl mehr der eigenen, innerpolitischen Propaganda. Das auch in deutschen Zeitungen zu lesende Gerücht, ein russisches Unterseeboot habe in den finnischen Schären flüchtende finnische Kommunistenführer aufgenommen, ist eine Ente. Rußland muß in der Ostsee mit anderen machtpolitischen Gefahren rechnen. Dabei wird ihm aber ein politisch starkes und selbständiges Finnland geradezu erstrebenswert erscheinen, erstrebenswerter jedenfalls als ein Finnland im Verbande der Sowjets, das für Zentralrußland strategisch recht unangenehm werden kann. Vorbedingung für diese außenpolitische Bedeutung Finnlands allerdings ist seine Fähigkeit und sein fester Wille, seine Neutralität jederzeit und gegen jedermann zu verteidigen Die Bereitschaft Finnlands dazu wird aber wohl hinreichend bewiesen durch die Aufstellung und Ausbildung seiner sehr regen Armee und durch die gerade jetzt in das entscheidende Stadium getretene Organisation einer für Ostseeverhältnisse sehr beachtenswerten Marine.
Die Lappo-Bewegung hat nun nebenbei noch einen wesentlichen, für die politische Gesundung erheblichen Vorteil im Gefolge gehabt. Dadurch, daß ihr unterschiedslos ebenso die finnisch- wie die schwedisch-sprechenden Bauern angehören, ist sie vielleicht berufen, die leidige Sprachfrage zu lösen (Man sollte übrigens deren Bedeutung nicht überschätzen. Daß das Finnentum bei seiner so jungen Eigenstaatlichkeit das Nationale auch gelegentlich bei unpassender Gelegenheit überbetont, ist eine ungefährliche Kinderkrankheit)

Und die glückliche Lösung der Sprachenfrage ist wohl auch der Weg, auf dem man jetzt zu dem überall propagierten Ziel kommen will, Finnlands Parteiwesen zu reformieren. Man hat das vorübergehend erwogene Projekt, an Stelle der herrschenden Verhältniswahl das Mehrheitswahlrecht einzuführen, fallen gelassen. Stattdessen zielen die Bestrebungen darauf: Die schwedische Partei, die im Parlament bisher oft mit den Sozialdemokraten und sogar Kommunisten paktierte, um auf sprachlichem Gebiete deren Unterstützung zu erlangen, wird durch die Lappo-Bewegung wohl für die Zukunft vorbehaltlos in die Front der bürgerlichen Parteien Finnlands (Agrarpartei, Sammlungskonservative Partei, liberale Partei) einschwenken, wie sie es bereits bei der Vertrauenskundgebung für die Regierung Svinhufvud am 9. Juli tat. Selbst die Sozialdemokraten ziehen in vielen Fällen mit den bürgerlichen Parteien an demselben Strange. Denn sie hatten bisher im Kommunismus einen sehr gefährlichen Konkurrenten bei den Wahlen. Bezeichnenderweise hatte sich übrigens das kommunistische Einflußgebiet seit 1918 völlig verlagert. Im ehemaligen „weißen“ Finnland, also im Norden, waren die kommunistischen Lehren auf fruchtbaren Boden gefallen, weil diese Gebiete 1918 davor bewahrt geblieben waren, die bolschewistischen Segnungen am eigenen Leibe zu studieren. In Südfinnland dagegen, das 1918 von der kommunistischen Welle überflutet worden war, findet der Kommunismus kaum mehr Gegenliebe.
Lappo hat nun bereits jetzt auf der ganzen Linie gesiegt, der Kommunismus in Finnland ist praktisch erledigt, ohne sich ernsthaft gewehrt zu haben.

Ausschlaggebend für die richtige Beurteilung der jetzigen politischen Lage Finnlands ist der Umstand, daß offiziell und von selbst der Reichspräsident sich mit einer Ansprache in die Feier der Lappoleute am 7. Juli in Helsingfors einschaltete, und daß auch die gesamte Regierung und fast sämtlich offiziellen Personen an ihr teilnahmen. Damit – wie auch in dem weiteren Verhalten der Regierung - ist erwiesen, daß nicht Lappo und Regierung nebeneinander regieren, sondern daß die Regierung mit fester Hand die Führung ergriffen hat und den Strom der durch Lappo hervorgerufenen Volksbewegung zu weiterer politischer Kraftsteigerung einlenkt in das gerade Bett kluger und energischer Staatspolitik.
Die gehorsamgewohnten Lappoleute aber haben das Vertrauen zur Regierung, daß sie ihre nationalen Aufgaben erfüllen wird, und daß sie ihre Versprechungen hält. Dafür bürgt ihnen nicht nur die verehrte Gestalt des Reichspräsdenten Relander, dessen Bild überall zu finden ist, sondern vor allem der jetzt 69jährige Ministerpräsident Pehr Edvin Svinhufvud. Er, den seit seiner sibirischen Gefangenschaft während der russischen Herrschaft und seit dem Befreiungskriege 1918 der Nimbus des Nationalheros umgibt, hat trotz seines hohen Alters wie 1918 wieder die politische Führung des Landes auf inständiges Bitten der Lappoleute übernommen.
Er sowohl als auch mehrere Mitglieder des Kabinetts, insbesondere der Justizminister Söderholm (ein alter Freund Svinhufvuds) und der Finanzminister Vennola, sind übrigens bekannte Verehrer deutschen Wesens.
Wir Deutschen können dem befreundeten Finnland, das jetzt mit fester Hand aus eigener Kraft und auf legalem Wege seine innerpolitischen Verhältnisse geordnet hat, nur wünschen, daß diese Politik der starken Hand das Land weiter aufwärts führen möge zu einer freien, selbständigen Zukunft. Helsingfors, den 12. Juli 1930.

11. Rüdiger v. d. Goltz[597]

AN DIE WEISSE GARDE DER HAUPTSTADT FINNLANDS

Wenn im April 1938 die Weisse Garde der Hauptstadt Finnlands die Befreiung vor 20 Jahren feiert, so soll sie wissen, dass die deutschen Truppen, die ich damals zu führen die Ehre hatte, gern und dankbar der finnischen Weissen Garde gedenken, die ihnen bei ihrer Rettungstat behilflich war.

Jede siegreiche militärische Strategie muss dafür sorgen, dass das eroberte Gebiet nicht von der Flanke, dem Rücken oder inneren Aufruhr wieder verloren geht. Denn dort liegen Gefahren. General Theslff versicherte mir aber schon in Danzig, dass in jeder von den Deutschen befreiten Stadt sich sofort Jugend mit weissen Binden finden würde, die den Schutz wenigstens gegen die örtlichen Roten übernehmen würde. Freilich seien sie militärisch unausgebildet, wir müssten also Offiziere und Unteroffiziere zu einer natürlich nur flüchtigen Ausbildung stellen. So geschah es auf der ganzen langen Etappe von Hangö bis Helsinki und in der Hauptstadt ganz besonders. Aus dieser Zeit wird man in der Hauptstadt Finnlands den leider verstorbenen damaligen Kommandanten, Oberst von Tschirschky, in seiner fröhlichen und doch energischen Art wohl noch nicht vergessen haben.

Natürlich mussten wir in der Hauptstadt Truppen zurücklassen, als wir später nach Norden bis Hämeenlinna-Tavastehus weiter marschierten.

Auch hielten die Kanonen der deutschen Flotte jeden neuen Aufruhr-Versuch drohend nieder.

Aber für die Stimmung der Bevölkerung war die Mithilfe der Weissen Garde doch wesentlich.

Ausserdem gab es für den Nachrichten- und Verbindungsdienst kleine aber wertvolle Aufgaben für die weisse Jugend. Daher denke ich dankbar und gern der Kameraden von der Weissen Garde und sende ihr im Namen der deutschen Befreier zu ihrem 20. Geburtstage in alter Freundschaft für Suomi herzliche Grüße

Berlin-Charlottenburg, d. 6.1.1938

Rüdiger v. d. Goltz

597 Barch, Nachlaß Rüdiger v.d. Goltz N 714/7.

12. Brief von Astrid v. d. Goltz an Paasikivi vom 14.2.1939[598]

Sehr verehrter Herr Paasikivi,
am 2. April wird unsere Tochter Regina, Patenkind Ihrer lieben verstorbenen Frau, eingesegnet (konfirmiert) und ich möchte es Ihnen doch gern erwähnen, obgleich ich sehr fürchte, dass Sie uns nicht die grosse Freude machen können dazu herzukommen. Es wäre wunderhübsch – aber wohl doch zu viel verlangt! Die Feier in der Kirche ist um 10 Uhr. Nachher Mittagessen hier bei uns im Famlien- und Patenkreise. Regina ist schon grösser als ich und ein tüchtiges Mädchen, die uns viel Freude macht. Mein ältester Sohn, Rüdiger, kommt schon 10. Oktober nach Potsdam zum Militär – die Zeit vergeht so schnell!
Meinem Schwiegervater geht es leider nicht sehr gut. Er hat eine starke Anämie und muss zu Bett liegen und eine strenge Kur durchmachen. Wir haben aber alle die grosse Hoffnung, dass die Kur ihm gut tun wird.-Mein Mann und ich reisen am 2.3. bis kurz vor der Konfirmation nach Italien auf Urlaub – darum schreibe ich Ihnen jetzt schon -
Mit den besten Grüssen auch an Ihre Töchter und an Ihre Frau Gemahlin, unbekannterweise, von meinem Mann und mir
Ihre Astrid v. d. Goltz

13. Regina v. d. Goltz an Paasikivi Kinsegg, d. 6.4.39[599]

Lieber Herr Paasikivi,
vielen Dank für das grossartige Geschenk zu meiner Konfirmation. Ich finde das Silber fabelhaft und werde es mit als Anfang für meine Aussteuer aufheben. Ich habe mich sehr darüber gefreut. Der Tag meiner Konfirmation war wunderschön. Leider konnte mein Grossvater Goltz nicht dabei sein; denn er war sehr krank gewesen. Zwar ist er schon wieder viel besser, doch er muss noch sehr geschont werden und hält solche grossen Feiern noch nicht aus. Ich hatte ihn abends noch besucht und habe ihm Ihr Geschenk gezeigt. Da hatte er sich sehr gefreut, dass Sie mir ein so schönes Geschenk geschickt haben.
Nun wünsche ich Ihnen ein recht frohes Osterfest und grüsse Sie sehr herzlich, Ihre Regina v. d. Goltz

Auch von uns den allerherzlichsten Dank für Ihren lieben Brief und für den wundervollen Silberkasten. Es war wirklich ganz rührend von Ihnen, Regina ein so wundervolles Geschenk zu machen. Es war ein wunderschöner Tag, der uns unvergesslich bleiben wird. Mit vielem herzlichen Dank nochmals und herzlichen Grüssen auch von meinem Mann, Ihre Astrid v .d. Goltz

598 KA, J. K. Paasikiven arkisto, Kotelo I:2, S. 514.

599 KA, J. K. Paasikiven arkisto, Kotelo I:2, S. 515.

14. Interview des Generalleutnants Graf v. d. Goltz 1942 Dr. Kauko Rekola („Rintamamies")[600]

Frage: Welche Meinung hat Herr General über die deutsch-finnische Waffenbrüderschaft?

Antwort: Rüdiger v. d. Goltz:
Natürlich freue ich mich sehr, dass die Waffenbrüder von 1918 jetzt wieder Waffenbrüder sind.
Damals wie jetzt gilt es der Abwehr desselben Feindes aller europäischen Kultur, nur heute auf sehr viel grösserer Basis. Damals und im Winterkriege 1939/40 kämpfte Russland nur gegen Finnland, heute gegen ganz Europa, in erster Linie gegen Gross-Deutschland und Finnland. Damals 1918 half Deutschland Finnland, heute kämpft Finnland an der Seite des geeinten Kontinents Europa in seinem Kreuzzuge gegen den Bolschewismus.

Welche persönliche Meinung hat Herr General über die deutsche Expedition 1918, waren es nur eigene deutsche Interessen oder welche weiteren Motive haben dabei mitgespielt?

G.: Im März 1918 hatte Deutschland mit dem geschlagenen Russland den Frieden von Brest-Litowsk geschlossen. Es konnte aber nicht dulden, dass der am Boden liegende, durch 2 Revolutionen geschwächte Feind indirekt weiter seine imperialistischen Ziele in Europa verfolgte, noch dazu im bolschewistischen Gewande. Ein bolschewistischer Staat im Norden der Ostsee bedrohte nicht nur ganz Skandinavien, sondern auch Deutschland. Die deutsche Revolution vom November 1918 und 1919 unter kommunistischer Führung beweist das. Finnland als Nachbar sollte 1918 das erste Opfer werden, obwohl seine Unabhängigkeit auch von Sowjet-Russland anerkannt war. Finnland sollte von aussen und innen bolschewisiert werden. Das war eine Kultur-Gefahr für ganz Europa. Das hatte allein und sofort Deutschland erkannt, kein anderes Land! Mit Finnland aber bestanden in Deutschland seit Jahrhunderten kulturelle und wirtschaftliche Interessen und freundschaftliche Beziehungen. Diese verlangten schon aus Selbsterhaltungstrieb, dass Deutschland Finnland half und seine hohe Kultur und Wirtschaft vor dem Untergang rettete. Finnische und deutsche Interessen deckten sich 1918, denn der Bolschewismus war beider Feind, genau wie jetzt!

Was halten Herr General vom finnischen Heer und dessen Führern, insbesondere während des Freiheitskrieges 1918?

G.: Finnland besass 1918 kein eigenes, ausgebildetes Heer. Deshalb hatten sich finnische Freiwillige im deutschen 27. Jäger-Batallion ausbilden lassen. Sie bildeten dann 1918 nur wenige Wochen finnische Jugend aus und stellten ihr eine damals selbst noch wenig erfahrene Unterführerschicht. Auch die Waffen schickte Deutschland.

---

600 GstA FA v. d. Goltz 09.03 Aufzeichnungen, Publikationen Nr. 590, Siehe auch: Barch, Nachlaß Rüdiger v.d. Goltz N 714/8.

Finnlands Oberster Führer war 1918, wie 1939, wie jetzt der erfahrene, stets bewährte General, Feldmarschall Mannerheim, dem ich an seinem kürzlichen 75. Geburtstag durch den deutschen Rundfunk einen von Herzen kommenden Glückwunsch durch den Aether senden konnte.
Es ist bewundernswert, was 1918 unter den eben geschilderten Verhältnissen von dem tapferen Bauernheer geleistet wurde. Hass gegen die Russen und Liebe zur schwerstens bedrohten Heimat zwangen zum letzten Einsatz aller Kräfte.
Diese Bewunderung wiegt umso mehr, als sie von den kriegserfahrenen, durch die allgemeine Wehrpflicht ausgebildeten deutschen Finnlandkämpfern unter meiner Führung ausgesprochen wird.

Welche Empfindungen hatte Herr General während des Winterfeldzuges 1939/40 und des jetzigen Krieges in Bezug auf die finnische Sache, welche Gedanken haben Herrn General darüber bewegt?

G:. Finnland besitzt seit Sommer 1918 die allgemeine Wehrpflicht. Deutsche Offiziere und Soldaten waren damals die ersten Instrukteure. Die alten 27. Jäger setzten die Arbeit fort und stellen jetzt unter Mannerheims Oberbefehl die Führer. Die finnische Wehrmacht hat sich ausgezeichnet entwickelt und 1939/40 glänzend bewährt. Meine Sympathie und hohe Bewunderung gehört ihr. Ich freue mich, dass auch das offizielle Deutschland diese Anerkennung jetzt oft ausgesprochen hat. Ich selbst bin jetzt nur Privatmann.

Was halten Herr General von den zukünftigen Möglichkeiten Finnlands in Europa?

G:. Ich bin weder Prophet noch aktiver Politiker. Aber ich glaube, dass das tapfere und hochkultivierte finnische Volk, das dreimal sein letztes im Kampf gegen den Bolschewismus eingesetzt hat, besondere Beachtung geniessen wird in den künftigen geeinten Staaten von Europa, für die doch die schärfste Ablehnung der bolschewistischen Unkultur und Grausamkeit aller oberster Gesichtspunkt sein dürfte.

Haben Herr General irgendeine kleine persönliche Erinnerung an Finnland, insbesondere waren Herr General nach 1918 noch einmal in Finnland?

G:. An Finnland habe ich unzählige persönliche Erinnerungen nach 1918 bis heute. Ich besitze dort viele Freunde und Kriegskameraden, auch in der jetzigen Wehrmacht. Ich habe 1923,1928,1933 und 1938 als Ehrengast an der Feier der Befreiung von Helsinki durch deutsche Truppen am 12. April teilgenommen, zweimal an der Spitze von einigen 30 alten Finnlandkämpfern. Zu meinem 75. Geburtstage erhielt ich - wie zum 70. - von extra hergekommenen Abordnungen 6 künstlerische Adressen überreicht, davon eine von der finnischen Armee mit Mannerheims Unterschrift.
Schliesslich erhalte ich hier öfter Besuch aus Finnland und gedenke im Oktober zum 2. Male einer Einladung meines alten Freundes, des finnischen Gesandten in Rom, Minister Talas, zu folgen Diese Einladung ist Symbol der Waffenbrüderschaft von Deutschland, Finnland und Italien.

15. Brief von Wanda Goltz an Paasikivi vom 15. Dezember 1946[601]

Målarhöjden/Stockholm/Klubbacken 19 d.15 Dez. 1946

Sehr geehrter Herr Präsident!
Ich wende mich heute an Sie als eine Frau, die ihrem Mann in einer schweren Situation helfen möchte. Mein Mann ist vor einem Jahr nach Deutschland gefahren und musste dort, wie alle aus dem Ausland zurückkommenden Deutschen, zunächst in einem Lager eine Untersuchung über sich ergehen lassen, er wurde aber schon nach kurzer Zeit entlassen und lebt seither in Hamburg bei meiner verheirateten Tochter. Es ist aber für ihn unter den gegebenen Verhältnissen in Deutschland sehr schwer wieder Fuss zu fassen. In seiner früheren Arbeit kann er ja im Augenblick nicht fortsetzen. Er schrieb mir nun und bat mich, ihm Leumundszeugnisse von maßgebenden ausländischen Bekannten beizubringen, da er sich davon eine wesentliche Stütze verspricht. Nun hat mir mein Mann seinerzeit von den Gesprächen erzählt, die er im Februar-März 1944 mit Ihnen hatte und von denen er damals sehr beeindruckt war. Mein Mann hat sich ja immer für Probleme internationaler Kooperation interessiert. Glauben Sie, Herr Präsident, mir ein paar Zeilen zur Verfügung stellen zu können, die Ihren Eindruck über meinen Mann und diesen Gesprächen wiedergeben?
Anlässlich dieses Briefes möchte ich Ihnen dann auch noch mitteilen, dass mein Schwiegervater vor kurzem gestorben ist. Er hatte am 4/11 einen Schlaganfall. Er war bis zum Schluss klar und frisch und in einem seiner letzten Briefe schrieb er mir, dass er jeden Tag vorbereitet ist zu sterben, und dass niemand ihm eine Träne nachweinen sollte. Einfach und schlicht, wie er im Leben war, ging er auch in den Tod.

Ihre sehr ergebene Wanda Goltz född[602] Hjort

601 KA, J.K. Paasikiven arkisto, Kotelo I:3, S. 306.

602 Geborene.

Quellen und Literatur

Ungedruckte Quellen

Kansallisarkisto/Nationalarchiv Helsinki (KA)

Ostsee-Division (KA OD), Kansiot 1-7

– Chef des Deutschen Generalstabs beim Finnischen Heere (von Redern) Kansio 8

– Der deutsche General in Finnland

J. K. Paasikiven arkisto

– Paasikiveltä saapuneet kirjeet Kotelo X: 2 b

–Toiminta Senaatin talousostaston varapuheenjohtana eli pääminsterinä 1918-1919, Kotelo III:10

– Kirjeet ja kirjekonseptit Kotelo I:2, I:3, II:1

– Muistelmien julkaisematon osa 1917-1918 (1890-1960) VI: 17, 18, 19, 21, 23

– Käsikirjoitukst (1906-1955) II:21

– Päiväkirjat ja muistiinpanot (1932-1935) II:7

– Toimintani Moskovassa ja Suomessa Talvisodan aikana Kansio VI:34

Suomalais-Saksalainen Seura ry:n arkisto

– Pöytäkirja 1918-1944

Valtion tiedostuselimet 1939-1948 EL 2

– Valtion poliisin Tilannekatsaukset 1939-1940

Auswärtiges Amt Abteilung AA 3, AA 5

– IV-Norden-Finnland, Kotelo 25, 46, 48, 49, 50, 51, 53, 57, 58, 59, 113,124, 132, 133, 137,142

– Pol. VI Politk 2 Finnland Politische Beziehungen Finnlands zu Deutschland Bd. 1 (23.10.1936- 26.7.1938)

– Pol. II, Politik 3 Finnland Russland A Finnisch-russischer Krieg Bd. 1 (25.8.1939-14.11.1939) Kotelo 107

Maila (Talvio) Mikkolan Arkisto,

– Saksalaiset tulleet kirjeet, Kansio 40;

– Matkat, kongressit ym. Ulkomainen toiminta, Kansio 58

Svenska Litteratursällskapet i Finland (SLS)

– SLSA 990, 1210.1, 1210.3, 1103, 1332, 996, 1102, 1331

Geheimes Staatsarchiv Preußischer Kulturbesitz, Berlin (GstA)

- Persönliches /Familie 09.01
- Dienstliches 09.02
- Deutscher General in Finnland 09.02.01
- Reichsverband deutscher Offiziere 09.02.02
- Aufzeichnungen Publikationen 09.03
- Korrespondenz 09.04

Archiv des Auswärtigen Amtes (PAAA)

Büro Reichsminister
Abteilung IV Norden, I A Finnland
Diplomatische und konsularische Beziehungen Finnland und Deutschland
Diplomatische und konsularische Vertretungen Finnlands in Deuschland
  Militärangelegenheiten Finnland
  Militärattaches Finnland
  Währung, Valuta - Finnland
Politik 12
  Pressewesen in Finnland,
  Periodische Presseberichte betreffend Finnland
Politik 13 Finnland
Politik 25 Finnland
  Deutschtum im Ausland - Finnland
RAV Helsinki

Bundesarchiv Berlin Lichterfelde-Ost (Barch)

Reichskommissar für die Überwachnung der öffentlichen Ordnung, betr. Deutsch-Völkische Freiheitspartei, Wiking R 1507/2022,2023,2025,2028,2029
Personenbezogene Unterlagen der NSDAP, Parteikorrespondenz R 9361 I/950, R9361 II/307702/72/1981
NSDAP-Mitgliederkarteikarte
Reichsverband Deutscher Offiziere R 72/1981

Militärarchiv Freiburg (Barch)

Nachlaß Rüdiger v. d. Goltz N 714/1 – N 714/27, N 714/31
Vereinigte vaterländische Verbände MSG 2/17652, MSG 2/17653

Stadtarchiv Lübeck (AHL)

AHL 50.4 Deutsch-Finnische Vereinigung, Fasz.91 1927-1939 Zusammenschluss der Deutsch-Finnländichen Vereinigungen in Deutschland

Landesarchiv Berlin (LAB)

A Pr.Br.Rep. 030-04-1279 Polizeipräsidium Berlin -Vereine
A Rep-001-02 Magistrat der Stadt Berlin, Generalbüro

Gedruckte Quellen

Jahresberichte der Finnisch-Deutschen Gesellschaft von 1918 bis 1938 und von 1940 bis 1943 (Deutsche Bibliothek in Finnland)

Satzungen Finnisch-Deutsche Gesellschaft (KA Suomalais-Saksalainen Seura ry:n arkisto, Pöytäkirja liitteineen (1918-1944)

Satzungen der Deutsch-Finnischen Vereinigung von 1918 (LAB, A Pr.Br.Rep.030-04 Nr. 1279, Dokument 5)

Internetquellen

Kansallisbiografia-verkkojulkaisu (Nationalbiografie Onlineveröffentlichung)

Aho, Jouko: Ruin, Waldemar, http://urn.fi/urn:nbn:fi:sks-kbg-006369

Autio, Veli-Matti: Nurmi, Paavo, http://urn.fi/urn:nbn:fi:sks-kbg-001786

Kolbe, Laura: Frenckell, Erik von, http://urn.fi/urn:nbn:fi:sks-kbg-001853

Marjomaa, Risto: Goltz, Rüdiger von der, http://urn.fi/urn:nbn:fi:sks-kbg-005459

Mäkinen, Riitta: Jännes, Juho, http://urn.fi/urn:nbn:fi:sks-kbg-004950

Polvinen, Tuomo: Paasikivi, Juho Kusti, http://urn.fi/urn:nbn:fi:sks-kbg 000631

Rask, Hedvig: Procopé, Hjalmar, http://urn.fi/urn:nbn:fi:sks-kbg-002935

Reitala, Aimo: Munsterhjelm, John, http://urn.fi/urn:nbn:fi:sks-kbg-003454

Ristilä, Esa: Bergroth, Kersti, http://urn.fi/urn:nbn:fi:sks-kbg-004841

Uola, Mikko: Malmberg, Lauri, http://urn.fi/urn:nbn:fi:sks-kbg-000781

Uola, Mikko: Snellman, Aarne, http://urn.fi/urn:nbn:fi:sks-kbg-007772

Uola, Mikko: Wuorimaa, Aarne, http://urn.fi/urn:nbn:fi:sks-kbg-001751

Vares, Vesa: Nevanlinna, Ernst, http://urn.fi/urn:nbn:fi:sks-kbg-006278

Vihola, Teppo: Frey, Alexander, http://urn.fi/urn:nbn:fi:sks-kbg-002166

Wikipedia

https://de.wikipedia.org/wiki/Rüdiger_von_der_Goltz_(Jurist)

https://no.wikipedia.org/wiki/Johan_Bernhard_Hjort.

http://de.wikipedia.org/wiki/Rüdiger_ von_der Goltz_ (Offizier)

https://en.wikipedia.org/wiki/Lotta_Svärd

https://de.wikipedia.org/wiki/Pawel_Michailowitsch_Bermondt-Awaloff.

https://de.wikipedia.org/wiki/Anton_Iwanowitsch_Denikin.

https://de.wikipedia.org/wiki/Alexander_Wassiljewitsch_Koltschak

https://de.wikipedia.org/wiki/Erzberger-Helfferich-Prozess

https://de.wikipedia.org/wiki/Talmi

https://de.wikipedia.org/wiki/Maurice_Paléologue

https://de.wikipedia.org/wiki/Volksentscheid_gegen_den_YoungPlan

https://de.wikipedia.org/wiki/Ivar_Kreuger

https://de.wikipedia.org/wiki/Royat

https://en.wikipedia.org/wiki/Schneider-Creusot
https://de.wikipedia.org/wiki/Philipp_von_Hessen_(Politiker)
https://de.wikipedia.org/wiki/Nikolaus_von_Falkenhorst
https://de.wikipedia.org/wiki/Carl_Ludwig_Schleich
https://de.wikipedia.org/wiki/Perniziöse Anämie.

Sonstige

https://melinda.kansalliskirjasto.fi/F/
BTIAE2CUR3KCM2NTGXTT1V8
LHGHT126T8TSUR24V7SB9Y17696-
05933?func=short-jump&jump=000121.
http://vesta.narc.fi/cgi-bin/db2www/sotasurmaetusivu/stat2;
http://vesta.narc.fi/cgi-bin/db2www/sotasurmaetusivu/results
www.zeit.de/1953/21/was-war-eigentlich-locarno
http://www.wirtschaftslexikon24.com/d/young-plan/young-plan.html
http://www.philfak.uni-rostock.de/imd/41/ungarn_finnland/Inhalt/Kapitel6/de/Epoche.html
https://www.wissen.de/lexkon/semper-aliquid-haeret
https://www.mv.helsinki.fi/home/evasara/skpolhist.html

Zeitungen und Zeitschriften

Åbo Underrättelser 1923,1933
Ajan Suunta 1933
Deutsch-Finnische Brücke (DFB) 1919-1930
Deutsche Allgemeine Zeitung 1923
Deutsche Wehr, Militärische Wochenbeilage der Deutschen Zeitung 1923
Deutsche Warte, Mitteilungsblatt der Deutschen Kolonie bzw. der Deutschen Gemeinschaft in Finnland 1936-1944
Deutsche Zeitung 1927
Dresdner Anzeiger 1933
Finnländischer Merkur 1923,
Helsingin Sanomat 1923,1925, 1933
Hufvudstadsbladet 1923, 1925, 1933
Nachrichtenblatt 1931-1936
Suomen Kuvalehti 1923, 1928
Suomen Sosialidemokraatti 1923, 1925, 1928, 1933
Svenska Pressen 1925
Uusi Suomi 1923, 1925, 1933
Vorwärts 1923, 1928

Literatur

Afflerbach, Holger, Kaiser Wilhelm II. Oldenburg, München 2005

Ahti, Martti, Salaliiton ääriviivat. Oikeistoradikalismi ja hyökkäävä idänpolitiikka 1918-1919, Espoo 1987

Baumgart, Winfried, Deutsche Ostpolitik 1918. Von Brest-Litowsk bis zum Ende des Ersten Weltkrieges, Wien und München 1966

Beranek, August, Mannerheim, Berlin 1943

Beyer, Franz, Das deutsche Eingreifen in Finnland 1918 als völkerrechtsmäßige Intervention. Diss. phil. Münster, Braunschweig 1927

Blücher, Wipert von, Gesandter zwischen Diktatur und Demokratie, Wiesbaden 1951

Breuer, Stefan, Die Völkischen in Deutschland- Kaiserreich und Weimarer Republik, Darmstadt 2008

Buchheit, Eva, Der Briand-Kellogg-Pakt von 1928 – Machtpolitik oder Friedensstreben? Münster 1998

Buck, Kurt D., 50 Jahre Deutsch-Finnische Vereinigung e.v. 1918-1968, 1968

Diehl, James M. Von der Vaterlandspartei zur nationalen Revolution, in: Vierteljahreshefte für Zeitgeschichte, München 33 /1985, S. 617-139

Dickmann, Heinrich, Rückblick auf die Tätigkeit der Finnisch-Deutschen Gesellschaft, Helsinki 1918-1944, Helsinki 1975

Deutsches Soldatenjahrbuch 1965, Dreizehnter deutscher Soldatenkalender, München-Lochhausen

Forsén, Annette, Tysk föreningsverksamhet i Finland och Sverige 1910-1950, Jelgava 2015

Gandlau, Thomas, Rudolf Steiner, in: Biographisch-Bibliographisches Kirchenlexikon (BBKL), Band 10, Bautz, Herzberg 1995

Gerlach, Hans, Nachrichten über die Familie der Grafen und Freiherren v. d. Goltz 1885-1960, Bibliothek familiengeschichtlicher Arbeiten, Band 27, Neustadt an der Aisch 1960

Gerwarth, Robert, Die Besiegten. Das blutige Erbe des Ersten Weltkrieges, München 2016

Goltz, Prof. D. Eduard, Freiherr von der, (Hrsg.), Verzeichnis der gegenwärtig lebenden Glieder des Geschlechts der Grafen und Freiherrn v. d. Goltz, Greifswald 1934

Goltz, Hans von der, (Red.), Goltz Briefe 2017, 2018 und 2019, Nürnberg 2017, 2018, 2019

Goltz, Hans Graf von der, Unwegsames Gelände, Erinnerungen, Wien 1997

Goltz, Dr. Joachim, Freiherr von der (Hrsg.) Verzeichnis der gegenwärtig lebenden Glieder des Geschlechtes der Grafen und Freiherren v. d. Goltz, Sprockhövel I.W. 1952

Goltz, Rüdiger Graf von der, Meine Sendung in Finnland und im Baltikum, Leipzig 1920,

Goltz, Rüdiger Graf von der, Als politischer General im Osten (Finnland und Baltikum) 1918 und 1919, Leipzig 1936

Graml, Hermann, Zwischen Stresemann und Hitler. Die Außenpolitik der Präsidialkabinette Brüning, Papen und Schleicher, Schriftenreihe der Vierteljahrshefte für Zeitgeschichte, Band 83, München 2001

Grupp, Peter, Deutsche Außenpolitik im Schatten von Versailles 1918-1920, Paderborn 1988

Guth, Ekkehart P., Der Loyalitätskonflikt des deutschen Offizierkorps in der Revolution 1918-20, Frankfurt am Main, Bern, New York 1983

Hentilä, Marjaliisa, Kenraali Rüdiger v. d. Goltzin suomalainen ystäväpiiri, in: Jussi Nuorteva & Pertti Hakala, Pro Finlandia, Suomen tie itsenäisyyteen. 2. Näkökulma Saksa, Iso-Britaannia, Itävalta ja Unkari; Synvinkel Tyskland, Storbritannien, Österrike och Ungern, Helsinki 2015, S. 428-435

Hentilä, Marjaliisa, Hentilä, Seppo, Saksalainen Suomi 1918, Helsinki 2016

Hentilä, Marjaliisa, Hentilä, Seppo, 1918 Das deutsche Finnland. Die Rolle der deutschen im finnischen Bürgerkrieg, Regensburg 2018

Hentilä, Seppo, Pitkät varjot 1918. Muistamisen historia ja politiikka, Helsinki 2018

Hentilä, Seppo, Saksa tunnustaa Suomen itsenäisyyden, in: Jussi Nuorteva & Pertti Hakala, Pro Finlandia, Suomen tie itsenäisyyteen. 2. Näkökulma Saksa, Iso-Britaannia, Itävalta ja Unkari; Synvinkel Tyskland, Storbritannien, Österrike och Ungern, Helsinki 2015, S. 402-406.

Hentilä, Seppo, Sisällissota 1918 ja Suomi sen jälkeen, in: Jussi Nuorteva & Pertti Hakala, Pro Finlandia, Suomen tie itsenäisyyteen. 2. Näkökulma Saksa, Iso-Britaannia, Itävalta ja Unkari; Synvinkel Tyskland, Storbritannien, Österrike och Ungern, Helsinki 2015, S. 407-416.

Hentilä, Seppo, Saksan sotilaallinen interventio Suomeen 1918, in: Jussi Nuorteva & Pertti Hakala, Pro Finlandia, Suomen tie itsenäisyyteen. 2. Näkökulma Saksa, Iso-Britaannia, Itävalta ja Unkari; Synvinkel Tyskland, Storbritannien, Österrike och Ungern, Helsinki 2015, S. 420-427

Hiedaniemi, Britta, Kultuurin verhottua politiikkaa, Kansallissosialistisen Saksan kulttuuripropaganda Suomessa 1933-1940, Keuruu 1980

Hietala, Marjatta, Finnisch-deutsche Wissenschaftskontakte, Zusammenarbeit in Ausbildung, Forschung und Praxis im 19. und 20. Jahrhundert, Berlin 2017

Hildesheim, Jürgen; Michael, Elisabeth, Lexikon nationalsozialistischer Dichter, Würzburg 1993

Häikiö, Martti, Suomen leijona. Svinhufvud itsenäisyysmiehenä, Juva 2017

Höcker, Paul Oskar, Finnland, Bielefeld und Leipzig 1923

Huldén, Anders, Finnlands deutsches Königsabenteuer 1918, Reinbek 1997

Hyytiä, Osmo, Suomi ja Hitlerin Saksa 1933-1939, Hämeenlinna 2012

Ikonen, Kimmo, J. K. Paasikiven poliittinen toiminta Suomen itsenäistymisen murrosvaiheessa, Helsinki 1990

Jägerskiöld, Stig, Mannerheim 1867-1951, Herford 1985

Jokisipilä, Markku, Könönen, Janne, Kolmannen valtakunnan vieraat, Suomi Hitlerin Saksan vaikutuspiirissä 1933-1944, Keuruu 2013

Jonas, Michael, NS-Diplomatie und Bündnispolitik. Wipert von Blücher, das Dritte Reich und Finnland, Paderborn 2011

Jussila, Osmo,Hentilä, Seppo, Nevakivi, Jukka, Vom Großfürstentum zur Europäischen Union. Politische Geschichte Finnlands seit 1809, Berlin 1999

Jutikkala, Eino, Korhonen, Arvi, Puntila, L.A. (Hrsg.), Itsenäisen Suomen ulkopolitiikan alkutaival, Helsinki 1962

Krüger, Peter, Die Außenpolitik der Repuiblik von Weimar, Darmstadt 1985

Laati, Iisakki, Rauhanneuvottelija Paasikivi, in: Kauko Kare (Hrsg.) J. K. Paasikivi Itsenäisyys – rauha – valtiollinen sivistys, Hämeenlinna 1960

Lähteenkorva, Pekka; Pekkarinen, Jussi, Ikuisen poudan maa. Virallinen Suomi-kuva 1918-1945, Helsinki 2004

Lappalainen, Matti, Hannes Ignatius. Mannerheimin harmaa eminenssi, WSOY 2005

Liertz, Uta (Hrsg.) Vertrauensmann in finnischen Angelegenheiten. Berichte, Briefe und Erinnerungen von Albert Goldbeck-Löwe zu Finnland und Deutschland im Ersten Weltkrieg, Helsinki 2014

Longerich, Peter, Propagandisten im Krieg. Die Presseabteilung des Auswärtigen Amtes unter Ribbentrop. Studie zur Zeitgeschichte 33, eBook, München, Oldenburg 2009

Ludendorff, Erich, Meine Kriegserinnerungen 1914-1918, Berlin 1919

Lutzhöft, Hans-Jürgen, Der Nordische Gedanke in Deutschland 1920-1940, Stuttgart 1971

Malinowski, Stephan, Vom König zum Führer. Sozialer Niedergang und politische Radikalisierung im deutschen Adel zwischen Kaiserreich und NS-Staat, Berlin 2003

Mannerheim, Carl Gustav, Erinnerungen, Zürich und Freiburg im Breisgau 1952

Mannerheim, Carl Gustav, Marskalkens minnen, Helsingfors 1954

Mannerkorpi, Matti, Tarton rauhasta Porkkalan palauttamiseen, in: Kara, Kauko (Hrg.) J. K. Paasikivi, Itsenäisyys – rauha – valtiollinen sivistys, Hämeenlinna 1960

Meier-Welcker, Hans, Kuhl, Hermann von, in: Neue Deutsche Biographie (NDB), Band 13, Berlin 1982

Meinander Henrik, Finnlands Geschichte. Linien, Strukturen, Wendepunkte, Regensburg 2017

Meinander, Henrik, Gustaf Mannerheim. Aristokraatti sarkatakissa, Otava 2017

Meinander, Henrik, Finnland 1944, Zwischen Hitlers Deutschland und Stalins Sowjetunion, Regensburg 2019

Menger, Manfred, Die Finnlandpolitik des deutschen Imperialismus 1917-1918, Berlin 1974

Menger, Manfred, Das Scheitern der Ambitionen des Herzogs Adolf Friedrich zu Mecklenburg auf den finnischen Königsthron im Jahre 1918, in: Edagr Hösch, Olivia Griese und Hermann Beyer-Thoma (Hrsg.) Finnland-Studien III, Wiesbaden 2003, S. 113-124

Menger, Manfred, Feuer über Suomi, Berlin 1962

Menger, Manfred, Deutschland und Finnland im zweiten Weltkrieg, Berlin 1987

Menger, Manfred, Deutschland und Finnland 1914-1918, in: Arcturus. Deutschsprachiger Raum und europäischer Nordosten, Blätter der Aue-Stoiiftung für Geschichte und Kulturkontakt, Veröffentlichungen der Aue-Stiftung 7/2018, S. 81-97

Mueller-Elmau Dietmar, Schloss Elmau – Eine deutsche Geschichte, München 2015

Nurmio, Yrjö, Suomen itsenäistyminen ja Saksa, Helsinki 1957

Nyberg, Renė, Der letzte Zug nach Moskau, München 2019

Öhquist, Johannes, Finnnland. Land und Volk - Geschichte - Politik - Kultur, Berlin 1928

Paasikivi, Juho Kusti, Meine Moskauer Mission 1939-41, herausgegeben und eingeleitet von Gösta von Uexkull, Hamburg 1964

Paasivirta, Juhani, Finland and Europe. The early years of independence 1917-1939, Helsinki 1988

Paasivirta, Juhani, Suomi vuonna 1918, Porvoo 1957

Paasivirta, Juhani, Ensimmäisen maailmansodan voittajat ja Suomi: Englannin, Yhdysvaltain ja Ranskan sekä Suomen suhteita vv. 1918-1919, Helsink 1961

Peltovuori, Risto O., Saksa ja Suomen Talvisota, Keuruu 1975

Perko, Touko, Haastaja Saksasta 1918 V. d. Goltz ja Mannerheim, Jyväskylä 2018

Pohls, Maritta, Ellen Svinhufvud suomalainen säätyläisnainen maaalta, Vantaa 2011

Polvinen, Tuomo, Venäjän vallankumous ja Suomi 1917-1920, I. Helmikuu 1917 – toukokuu 1918, Porvoo 1967

Polvinen, Tuomo, Venäjän vallankumous ja Suomi 1917-1920, II, Toukokuu 1918- joulukuu 1920, Porvoo 1971

Polvinen, Tuomo, Juho Kusti Paasikivi (1870-1956), President of Finland. In: Marjomaa, Ulpu (Hrsg.): 100 faces from Finland – a biographical kaleidoscope. Helsinki 2000

Polvinen, Tuomo, Heikkilä, H, Immonen, H, J. K. Paasikivi: Valtiomiehen elämäntyö 1870-1918, WSOY 1989

Polvinen, Tuomo, Heikkilä, H, Immonen, H, J. K. Paasikivi: Valtiomiehen elämäntyö 1918-1939, WSOY 1992

Polvinen, Tuomo, J. K. Paasikivi: Valtiomiehen elämäntyö 1939-1944, WSOY 1995

Rauch von, Georg, Die Geschichte der baltischen Staaten, München 1977

Rautkallio, Hannu, Kaupantekoa Suomen itsenäisyydellä. Saksan sodanpäämäärät Suomessa 1917-1918, Helsinki 1977

Räikkönen, Erkki, Svinhufvud baut Finnland. Abenteuer einer Staatsgründung, München 1936

Rumpunen, Kauko (toim.) „Olen tullut jo kovin kiukkuiseksi“. J. K. Paasikiven päiväkirjoja 1914-1934. Kansallisarkiston ystävät-Riksarkivets vänner ry, Helsinki 2000

Rumpunen, Kauko (toim.) „Ei pienillä ole mitään turvaa“. J. K. Paasikiven päiväkirjat 1934-1939, Kansallisarkiston ystävät – Riksarkivets vänner ry, Helsinki 2004

Saarinen, Hannes, Finnisch-Deutsche Gesellschaft 1918-1944, in: Silta-Brücke 102/2017

Saarinen, Hannes, Finnland und die Außenpolitik der Weimarer Republik, Berlin 1973

Sauer, Bernhard, Vom ,,Mythos eines ewigen Soldatentums“ Der Feldzug deutscher Freikorps im Baltikum im Jahre 1919, in: Zeitschrift für Geschichtswissenschaft 10/1995, S. 875

Schauman, Georg, Valtiomuototaistelu Suomessa 1918, Tosiasioita, mietelmiä muistoja, Porvoo 1924

Screen, J.E.O., Mannerheim, Keuruu 2001

Seelig, Michael, Alltagsadel. Der ehemalige ostelbische Adel in der Bundesrepublik Deutschland 1945/49 -1975, Köln, Weimar, Wien 2015

Sentzke, Geert, Deutsche Gemeinde Helsinki-Helsingfors 1858-1971 Geschichte der ev. luth. Gemeinde deutscher Sprache in Finnland, Helsinki 1972

Schulze, Hagen, Freikorps und Republik 1918-1920, Boppard am Rhein 1969

Schweitzer, Robert, Fischer, Bernd, v. Knorre, Erik, 100 Jahre Deutsch-Finnische Vereinigung 40 Jahre Deutsch-Finnische Handelskammer, Festschrift zur Jubiläumsveranstltung vom 3. bis 5. Juni 2018, Helsinki, Lübeck 2018

Sirola, Anna, Vuoden 1918 saksalaiset sotilasmuistomerkit Suomessa, Väyläkirjat 2018

Sohkanen, Viljo, Punakaartilaisen päiväkirja, Helsinki 1967

Tanner, Väinö, Kuinka se oikein tapahtui, Helsinki 1957

Tuchtenhagen, Ralph, Geschichte der baltischen Länder, München 2016

Ulrich, Volker, Die nervöse Grossmacht 1871-1918. Aufstieg und Untergang des deutschen Kaiserreichs, Frankfurt/Main 2013

Vares, Vesa, Kuninkaan tekijät. Suomalainen monarkia 1917-1919. Myytti ja todellisuus, Juva 1998

Vares, Vesa, Suomalainen monarkia ja Saksan varjo, in: Jussi Nuorteva & Pertti Hakala, Pro Finlandia, Suomen tie itsenäisyyteen. 2. Näkökulma Saksa, Iso-Britaannia, Itävalta ja Unkari; Synvinkel Tyskland, Storbritannien, Österrike och Ungern, Helsinki 2015, S. 436-445

Vares, Vesa, Viileää veljeyttä. Suomi ja Saksa 1918-1939, Otava 2018

Virrankoski, Pentti, Suomen historia, Bd. 2, Helsinki 2001

Virrankoski, Pentti, Suomen historia. Maa ja kansa kautta aikojen, Helsinki 2012

Westerlund, Lars, Otto v. Zwehl Deutscher Artillerieoffizier, Handelskammersyndikus, „Mischling“ und Finnlandfreund, Helsinki 2016

Westerlund, Lars, Itsehostuksesta nöyryyteen. Suomensaksalaiset 1933-1946, Helsinki 2011

Westerlund, Lars, Absturz einer Oberschicht. Zur Situation der Finnlandeutschen 1933-1945, in: Manfred Menger, Burkhart Poser (Red.) Finnland im Blick. Historische und zeitgeschichtliche Studien, Festschrift für Dörte Putensen, Berlin 2014

Wette, Wolfram, Gustav Noske, Eine politische Biografie, Düsseldorf, Droste 1988,

Winkler, Heinrich August, Weimar 1918-1933. Die Geschichte der ersten deutschen Demokratie, München 1993.

Winkler, Heinrich August, Der lange Weg nach Westen, Erster Band, Deutsche Geschichte vom Ende des Alten Reiches bis zum Untergang der Weimarer Republik, München 2000

Wuorimaa, Aarne, Lähettiläänä Hitlerin Saksassa, Helsinki 1967

Ylikangas, Heikki, Der Weg nach Tampere. Die Niederlage der Roten im finnischen Bürgerkrieg 1918, Berlin 2002

Ylikangas, Heikki, Käänekohdat Suomen historiassa, Helsinki 1986

Personenregister
(ohne Rüdiger Graf von der Goltz und Juho Kusti Paasikivi)

Abkürzungsverzeichnis

a.D.	–	außer Dienst
AHL	–	Stadtarchiv Lübeck
Barch	–	Bundesarchiv Berlin Lichterfelde-Ost; Militärarchiv Freiburg
DNVP	–	Deutschnationale Volkspartei
FA	–	Familienarchiv
Fmk	–	Finnmark
FSV	–	Finnischer Studenten Verein
finn.	–	finnisch
GstA	–	Geheimes Staatsarchiv Preußischer Kulturbesitz, Berlin
Hfors	–	Helsingfors
IKL	–	Isänmaallinen kansanliike (Vaterländische Volksbewegung)
i. A.	–	im Auftrag
KA	–	Kansallisarkisto, (Nationalarchiv Helsinki)
KOP	–	Kansallis-Osake- Pankki (Nationale Aktienbank)
LAB	–	Landesarchiv Berlin
nat.soz.	–	nationalsozialistisch
NSDAP	–	Nationalsozialistische Arbeiterpartei Deutschlands
OD	–	Ostsee-Division
OHL	–	Oberste Heeresleitung
OY	–	Osakeyhtiö (Aktiengesellschaft)
PAAA	–	Politisches Archiv des Auswärtigen Amtes
RAM	–	Reichsaußenminister
RDO	–	Reichsverband Deutscher Offiziere
Rmk, Rm	–	Reichsmark
SDP	–	Suomen Sosialidemokraattinen Puolue (Sozialdemokratische Partei Finnlands)
SLS	–	Svenska Litteratursällskapet i Finland (Schwedische Literaturgesellschaft in Finnland)
SPD	–	Sozialdemokratische Partei Deutschlands
UdSSR	–	Union der Sozialistischen Sowjetrepubliken
USA	–	Vereinigte Staaten von Amerika
VVVD	–	Vereinigte Vaterländische Verbände Deutschlands